金融市场刑事法律适用与风险防控

谢杰　朱以林／著

上海人民出版社

目录 CONTENTS

导论：金融市场刑事法律制度的资源优化配置与风控措施完善

一、概述

金融犯罪是促生与催化金融市场欺诈与非理性繁荣、危机与崩溃的主要诱因，更是累积金融风险的关键元素。金融市场刑事立法与司法通过对金融犯罪的惩治与震慑，将金融风险维持在可控水平，实现对金融市场及其投资者权益的有效保护。金融市场是对金融资本进行资源优化配置的平台。相应的，金融市场刑事法律保护也是政府将其金融立法、监管、司法等制度资源进行配置并获得金融风险控制这一收益的动态过程。

然而，当前金融市场刑事法律保护存在比较严重的资源错配问题。金融刑事立法与司法资源导入不应当配置的领域，或者应当进行充分且有效的刑事法律保护的金融市场领域却出现资源配置不充分——其一，部分领域资源配置过剩，即维持既有的非效率刑事立法，使得过多的金融市场刑事法律保护资源被配置到效率水平较低的金融司法工作之中，造成惩治金融市场其他领域的犯罪类型分享到的金融司法资源不足。这主要表现为《刑法》设置的恶意透支型信用卡诈骗犯罪占用绝大多数金融司法资源，导致技术含量更高、更为疑难的金融犯罪案件类型查处数量较少。其二，资源配置不均衡，即维持既有的非效率金融行政立法，使得金融市场刑事法律保护资源无法均衡地配置到不同金融市场结构之中。这主要表现为直接金融市场中的犯罪案件(例如,欺诈发行股票债券罪,违规披露、不披露重大信息罪)查处数量显著低于间接金融市场中的犯罪案件(例如,非法吸收公众存款罪)查处数量。其三,资源配置不充分,即维持既有的非效率财政与人力资源安排,使得政府投入的刑事法律保护资源无法充足地配置到金融监管市场规模很大、金融司法技术难度很高的机构及其监管者、司法者之中。这主要表现为中国证监会等金融监管机构以及公安、检察、法院等司法机关及其工作人员分配到的财政与人力资源相对于其承担的监管与司法职责而言明显不足。

基于此,有必要以问题意识为导向揭示我国金融市场刑事法治实践中存在的立法、司法、财政、人力等资源错配现象,以法律与经济分析的理论视角解释金融市场刑事法律保护发生资源错配问题的经济机理与法律实质,从金融市场、金融立法、金融监管、金融司法之间交互的实质特征中探究金融市场刑事法律保护资源错配的根源并提出针对性的应对策略,其目的是提升金融市场刑事法律保护效率,从而从刑事法治实践的角度更好地履行控制与管理金融市场风险的职责。

二、金融市场刑事立法资源错配及其解决:恶意透支型信用卡诈骗的非犯罪化

近几年来,我国金融领域的刑事犯罪案件查办数量大且呈快速上升趋势。2014 年 1 月至 2015 年 6 月,全国检察机关批准逮捕破坏金融管理秩序和金融诈骗类犯罪案件 20 665 件、27 253 人,受理公安机关移送审查起诉的破坏金融管理秩序罪和金融诈骗犯罪案件 34 611 件、51 504 人,向人民法院提起公诉 24 913 件、33 291 人,决定不起诉 3 001 人。其中,2014 年的批捕与公诉数据分别同比上升 59.4%(件)、66%(人)和 13.46%(件)、12.25%(人);2015 年上半年批捕与公诉数据分别同比上升 54.7%(件)、67.2%(人)

和23.6%（件）、29.76%（人）。①从绝对数量层面分析，我国对金融市场的刑事法律保护力度不断加强。然而，从司法机关惩治金融犯罪的类型分布结构来看，受案量最多的依然是信用卡诈骗犯罪案件。同期全国检察机关共批准逮捕信用卡诈骗犯罪8 654件9 323人，受理移送审查起诉19 677件20 970人。例如，北京市2013年至2015年查办的信用卡诈骗犯罪案件约占金融犯罪的80%；②《2015年度上海金融检察白皮书》显示，信用卡诈骗案件连续七年居金融犯罪首位，共计1 701件，占总量的79.5%。③这意味着金融犯罪司法资源主要配置于信用卡市场的刑事法律保护。更进一层分析，金融司法资源实际上向恶意透支型信用卡诈骗犯罪全面倾斜。根据上海市高级人民法院《2015年度金融审判系列白皮书》的统计数据，2015年上海法院审结信用卡诈骗案件1 076件，占全部金融犯罪的81.5%，信用卡诈骗犯罪中以恶意透支型为主，占此类案件的94.6%，故仅恶意透支型信用卡诈骗一种犯罪类型就占据金融犯罪的77.1%。④

金融司法资源偏向性地投入信用卡市场的刑法保护存在资源错配的疑问。

其一，金融司法资源错配入信用卡市场，挤占了金融市场其他重要组成部分的刑事法律保护资源。应当看到，信用卡市场确实构成了金融市场的重要领域。中国人民银行数据显示，截至2015年年底，全国信用卡在用发卡数量共计3.9亿张，信用卡期末应偿信贷余额为3.1万亿元，占国内居民人民币短期消费贷款比重约75%。⑤互联网金融机构推出的电子信用卡更是进一步地拓展了信用卡市场的整体规模。⑥但是，信用卡在整体金融市场

① 徐日丹：《检察机关保持对金融犯罪高压打击态势》，《检察日报》2015年9月24日第1版。

② 徐日丹：《关注新趋势聚焦新问题严厉打击金融犯罪》，《检察日报》2015年9月24日第2版。

③ 李万祥：《打击金融犯罪　守护市场安全》，《经济日报》2016年8月17日第16版。

④ 余东明：《上海逾九成金融犯罪为信用卡犯罪》，《法制日报》2016年6月21日第3版。

⑤ 毛宇舟：《银行信用卡滞纳金“铁饭碗”被打破》，《证券日报》2016年4月19日第B2版。

⑥ 2004年全国人大常委会《关于〈中华人民共和国刑法〉有关信用卡规定的解释》规定：刑法规定的“信用卡”，是指由商业银行或者其他金融机构发行的具有消费支付、信用贷款、转账结算、存取现金等全部功能或者部分功能的电子支付卡。诸如蚂蚁金融服务集团的“蚂蚁花呗”、京东金融的“白条”等消费支付与信贷产品，实际上就是非银行金融机构发行的具有消费支付、信贷等功能的电子支付卡，应当属于刑法规定的“信用卡”。

中所占的体量并不至于使其有必要占据绝大多数的金融司法与刑事法律保护资源。票据市场与信用卡市场具有规模上的可比性，但其所享受的刑事法律保护资源却极其匮乏。2015年前三季度，在供给端，企业累计签发商业汇票16.6万亿元，未到期金额10.6万亿元；在需求端，金融机构累计贴现75.2万亿元，贴现余额4.3万亿元；截至2015年11月末，金融机构票据融资规模为4.64万亿元，占各项贷款总额的比例接近5%；票据融资新增规模超过1.7万亿元，在新增贷款中的占比超过15%。[①]在市场资金短缺与银行业不良资产率高企的背景下，接连发生票据挪用等刑事犯罪会进一步加剧市场流动性紧张，潜在的票据腾挪等犯罪行为还会掩盖信用风险，加大银行业系统性风险控制难度。对于规模如此之大且亟须配置有效风险控制的票据市场，在2016年农业银行、中信银行、天津银行等连续爆出巨额票据被非法套出挪用至资本市场炒股等票据窝案[②]之前，除了传统的票据诈骗案件之外，金融犯罪刑事司法并未有效介入，更遑论系统性地投入金融司法资源从而控制因票据犯罪引发的银行流动性风险。

其二，金融司法资源倾向性地错配于惩治恶意透支型信用卡诈骗犯罪，导致刑事法律保障措施的低水平重复，过度介入本应当由平等主体法律对抗解决的债务问题，过于严格地规制个人信用问题。相对于其他类型的信用卡诈骗以及在整个金融犯罪体系中，恶意透支型信用卡诈骗犯罪实际上属于技术含量较低的犯罪类型。特定数量的司法资源配置于金融市场刑事法律保护的产出绝大部分属于惩治恶意透支型信用卡诈骗犯罪，一定程度上意味着资源配置的低水平与重复性。同时，恶意透支的法律关系本质上属于信用卡经营机构与持卡人之间的债权债务纠纷，理应通过平等主体之间的民事诉讼解决相应债务问题。恶意透支的行为本质是信用卡持卡人对

---

① 肖小和、修晓磊：《转变票据市场经营模式更好服务实体经济》，《上海证券报》2015年10月24日第6版。

② 赵琳琳：《票据大案频发　破行业“潜规则”需监管发力》，《中国产经新闻》2016年8月16日第7版。

其个人信用的滥用并造成发卡机构提供的短期融资无法收回从而造成经济损失。刑法设置恶意透支型信用卡诈骗犯罪本来就在一定程度上介入了应当由民事法律规制的债务问题与个人信用滥用问题，而金融司法资源的绝大部分产出最终都是对恶意透支型信用卡诈骗犯罪的打击，则明显会引发“过度”的质疑。

刑事法治实践已经充分认识到了恶意透支信用卡诈骗犯罪占据金融犯罪绝大多数、消耗绝大多数金融市场刑事法律保护资源这一问题的严重性，但仍从传统逻辑出发，将恶意透支型信用卡诈骗犯罪高发的主要原因归结为金融机构发卡、征信、催收环节的监管不力，从而提出优化金融机构信用卡管理制度是惩防恶意透支型信用卡犯罪的关键。《2015 年度金融审判系列白皮书》提出，银行核发信用卡审查不严、业务不规范是恶意透支型信用卡犯罪高发、多发的主因，亟须构建防控机制。①还有观点认为，恶意透支行为会造成银行大量不良债务，进而影响金融秩序、削弱银行及市场抵御风险的能力，而作为受害者的滥发信用卡的银行本身是这一恶果的重要原因，应当通过强化银行的风控与责任出发惩防恶意透支型信用卡诈骗犯罪。②

局限于传统因果关系论的框架桎梏而提出强化信用卡市场中金融机构的防控力度，改变当前发卡与审核模式，由此解决金融市场刑事保护资源错配——这种金融犯罪刑事政策建议显得过于简单与流于形式。诚然，发行信用卡的银行等金融机构风控乏力、监管缺位肯定是恶意透支型信用卡诈骗犯罪案发率居高不下、大量占用金融司法资源的极为重要甚至是最为主要的原因：(1)发卡环节片面追求信用卡业务量，随意控制申请人、担保人条件、申领信用卡手续；(2)信用审核环节信息把关功能缺失，导致信用级别较低、失信人员获取信用额度，甚至在不同金融机构获取多张信用卡；(3)用卡环节风险失控，数据分析技术乏力，持卡人出现恶意透支风险后仍可以正常

---

① 余东明：《上海逾九成金融犯罪为信用卡犯罪》，《法制日报》2016 年 6 月 21 日第 3 版。

② 刘勋：《银行别做信用卡犯罪始作俑者》，《法制日报》2016 年 6 月 23 日第 7 版。

用卡。[1]但是，上述原因既是恶意透支泛滥造成银行损失的原因，实际上也是金融机构从大规模的信用卡市场与业务中获取高额利润的交易成本。在权衡交易成本与实际收益的情况下，只要前者远低于后者，经营信用卡的金融机构目前所存在的监管与风控缺失问题实际上就只是信用卡经营模式的一部分，其根本没有正当的经济激励去改变这一现状。

从信用卡收入来源的角度分析，发行信用卡的金融机构的利润实际上主要源自信用卡持卡人的高昂用卡成本。以信用卡规模最为庞大的美国和中国市场为例：美国信用卡行业收入 50%源于账单利息收益，33%源于刷卡手续费，17%源于非利息收益（例如，违约滞纳金）。[2]利息与分期、滞纳金收费以及刷单回佣同样构成了中国信用卡行业收入最为重要的三方面收入。以招商银行年报为例，截至 2015 年年末，逾期贷款 803.68 亿元，信用贷款占比 20.47%，其中主要为信用卡逾期贷款，非利息收入（滞纳金）达 95.98 亿元；[3]截至 2013 年末，招商银行卡手续费已增长到 83.09 亿元，比上年增加 24.84 亿元，增长 42.64%，主要受信用卡分期等收入快速增长影响。[4]尽管主管部门一直都在调整信用卡手续费等费率政策，[5]但持卡人仍然需要承担不小的使用成本。可见，信用卡盈利的绝大部分源自持卡人的用卡成本，而将逾期利息、分期手续费、未归还最低还款额滞纳金等信用卡使用成本实际转化为发行信用卡金融机构的现实营收，除了依靠持卡人主动支付、经催收后支付等之外，恶意透支刑事法律风险的震慑与刑事责任的现实归咎也是极为重要的路径。寄希望于经营信用卡的金融机构强化监管从而降低恶意透支型信用卡诈骗犯罪、节省金融司法资源并不现实。所以，尽管刑事法

---

① 谢杰、洪瑜、胡胜训：《财经犯罪刑法理论与实务》，上海人民出版社 2015 年版，第 43 页。

② George A. Akerlof & Robert J. Shiller. Phishing for Phools[M]. Princeton University Press, 2015, 69.

③ 毛宇舟：《银行信用卡滞纳金"铁饭碗"被打破》，《证券日报》2016 年 4 月 19 日第 B2 版。

④ 毛宇舟：《银行卡手续费收入 5 年翻 3 倍　多家银行依赖信用卡分期》，《证券日报》2014 年 8 月 12 日第 B2 版。

⑤ 毛宇舟：《信用卡手续费今日起上不封顶》，《证券日报》2016 年 9 月 6 日第 B2 版。

治理论与实践反复强调发卡机构提高风控水平，但长期以来信用卡经营模式、恶意透支型信用卡诈骗犯罪的情况以及金融刑事法律保护的资源配置结构没有实质性改变。

从结果与形式层面分析，这属于金融司法资源错配，即市值规模较小的金融领域、犯罪行为技术含量较为低端的金融犯罪案件配置了过剩的金融司法资源，从而过度挤占了市值规模更大的、犯罪行为技术含量更高且对滋生金融风险影响因子更大的金融犯罪案件所应当分配到的金融司法资源。然而，其根源与实质则在于立法资源错配——《刑法》第196条将恶意透支规定为信用卡诈骗罪的行为模式，不仅在刑事实体法律责任的设置层面忽略了对信用卡市场的本质与金融消费者行为心理的全面考量，而且没有系统性地关照到大规模的恶意透支刑事处罚对于金融司法经济效率与社会效果的现实影响。

刑法理论对于恶意透支犯罪化的问题一直都存在争议。很早就有学者提出，即使持卡人违反双方协议超限额或超期透支乃至不足或不能偿还信贷资金，也只能对持卡人进行民事制裁而不能滥用刑罚手段。①经过二十余年的司法实践之后，新近的观点进一步认为，银行对信用卡申请人的基本情况和资信状况审查形同虚设，却对不诚信的持卡人以刑罚来威慑，这种恶意透支行为入罪的应罚性是成问题的；②面临当下畸高的恶意透支入罪率，恶意透支的刑法规范是否已经突破了刑法规制的必要性和比例性原则值得反思，立法机关有必要对该罪的制度设计进行重新评估。③但也有不同观点主张，在立法上“一刀切”式将恶意透支型信用卡诈骗罪予以出罪并不具有正当性。即使要调整恶意透支型信用卡诈骗犯罪的打击政策，可以在遵循立法的前提下，通过司法非犯罪化的方式对特定恶意透支型信用卡诈骗行为予以出罪。除了司法解释中明确规定的司法上的犯罪化与非犯罪化之情

---

① 于英君：《银行信用卡犯罪的类型及定性研究》，《法学》1995年第6期。

② 赵永林：《信用卡安全机制与法律问题研究》，法律出版社2011年版，第77页。

③ 王华伟：《恶意透支的法理考察与司法适用》，《法学》2015年第8期。

形，还存在司法解释之外、自由裁量权之内的刑事诉讼活动中的犯罪化与非犯罪化。[①]由于传统刑法理论在争论恶意透支型信用卡诈骗犯罪化与非犯罪化问题时完全限定于纯粹的刑法解释既有框架，无法从信用卡市场与金融行为的本质出发探索金融犯罪立法资源配置的合理性问题，往往是犯罪化与非犯罪化的正反观点均无法提供优势论据，造成刑事立法长期以来未作改变。尽管司法解释限定恶意透支的非法占有目的、限制恶意透支刑事归责的数额范围、强调最后归还欠款对于定罪量刑的影响，[②]但事实证明这种司法努力的效果并不明显，恶意透支型信用卡诈骗犯罪始终稳居金融犯罪案件数量榜首。

因此，在传统刑法解释框架难以进行充分逻辑供给的情况下，有必要使用法律与经济分析方法剖析信用卡市场及其业务操作中的经济实质或者经济特征，从中发现恶意透支型信用卡诈骗行为犯罪化或者非犯罪化的合理性基础及其对金融市场刑事法律保护效率的实际影响。

其一，信用卡市场的设计与运作蕴藏着信用卡经营机构对金融消费者行为心理的操纵性。信用卡经营机构对持卡人的金融消费心理具有深刻的把握与操控力。从行为心理的角度分析，使用信用卡支付比传统现金支付

---

① 张建、俞小海：《恶意透支型信用卡诈骗罪出罪之实践反思与机制重构》，《中国刑事法杂志》2013 年第 6 期。

② 2009 年最高人民法院、最高人民检察院《关于办理妨害信用卡管理刑事案件具体应用法律若干问题的解释》第 6 条规定："持卡人以非法占有为目的，超过规定限额或者规定期限透支，并且经发卡银行两次催收后超过 3 个月仍不归还的，应当认定为刑法第一百九十六条规定的'恶意透支'。有以下情形之一的，应当认定为刑法第一百九十六条第二款规定的'以非法占有为目的'：(一)明知没有还款能力而大量透支，无法归还的；(二)肆意挥霍透支的资金，无法归还的；(三)透支后逃匿、改变联系方式，逃避银行催收的；(四)抽逃、转移资金，隐匿财产，逃避还款的；(五)使用透支的资金进行违法犯罪活动的；(六)其他非法占有资金，拒不归还的行为。恶意透支，数额在 1 万元以上不满 10 万元的，应当认定为刑法第一百九十六条规定的'数额较大'；数额在 10 万元以上不满 100 万元的，应当认定为刑法第一百九十六条规定的'数额巨大'；数额在 100 万元以上的，应当认定为刑法第一百九十六条规定的'数额特别巨大'。恶意透支的数额，是指在第一款规定的条件下持卡人拒不归还的数额或者尚未归还的数额。不包括复利、滞纳金、手续费等发卡银行收取的费用。恶意透支应当追究刑事责任，但在公安机关立案后人民法院判决宣告前已偿还全部透支款息的，可以从轻处罚，情节轻微的，可以免除处罚。恶意透支数额较大，在公安机关立案前已偿还全部透支款息，情节显著轻微的，可以依法不追究刑事责任。"

会使得消费者进行更多的花费与支出。例如，实证研究表明，信用卡持有人会在百货商场花更多的钱。[①]在面对具有融资功能的信用卡与直接现金支付时，消费者于前者的情景下更具有消费意愿，这也合理地解释了广大商户宁可向信用卡机构支付结算手续费，也情愿接受顾客进行信用卡支付。[②]为了让客户更多地激活并使用信用卡，信用卡经营机构提供多种免费商品或者服务作为奖品引导消费者办卡，并设计林林总总的刷卡奖励，例如，特定商品、商铺、地区的刷卡返现、折扣活动等。当然，多数消费者能够全额还款，但也有相当数量的人变得入不敷出，从而需要支付相当高的信用卡使用成本（支付最低还款额后承担高昂利息、分期手续费等），最后形成无法还款后的恶意透支犯罪风险。信用卡构成了个人高负债甚至破产的主要原因。[③]可见，信用卡本身的诞生、发行、使用等就是导致人们容易出现财务管理不善的重要诱因，信用卡机构本身的市场行为系统化地对金融消费者的行为心理进行了操纵。

其二，信用卡市场的业务与经营蕴藏着资金出借人对借款人的掠夺性。信用卡本质上是资金出借人（发卡机构）与借款人（持卡人）之间的短期融资关系。传统刑法分析通常只关注对融资法律关系的所谓平等保护，即通过刑法强制力保障发卡机构应当按照合约规定提供信用卡透支服务（出借资金），持卡人应当按照合约规定使用信用卡并归还本息（归还资金及其成本），却往往忽略信用卡市场中实质上现实存在的不平等的经济因素或现象——掠夺性贷款，即出借人利用系统性且不为贷款人知悉的不公平合同条款与业务设计造成贷款人难以维护权益的行为，[④]其本质是利用信息不

---

① Elizabeth C. Hirschman. Differences in Consumer Purchase Behavior by Credit Card Payment System[J]. 6 Journal of Consumer Research 58(1979).

② Richard A. Feinberg. Credit Cards as Spending Facilitating Stimuli[J]. 13 Journal of Consumer Research 349(1986).

③ Michelle J. White. Bankruptcy Reform and Credit Cards[J]. 21 Journal of Economic Perspectives 178(2007).

④ Stanley I. Foodman. Predatory Lending and Mortgage Fraud[J]. 126 Banking Law Journal 254, 256(2009).

对称与议价能力不对等的优势而滥用贷款权利、掠夺客户财富。掠夺性贷款的行为模式包括但不限于使用各种推陈出新的手段与技巧，对借款人进行信息误导、过度推销、过度收费、利息包装、不根据借款人还款能力滥放贷款等，[①]其常见性的结果便是借款人在缺乏充分信息披露与违约责任警示的情况下接受苛刻且不公平的贷款合同条款与条件，实际缺乏还款能力却获得不相匹配的融资，到期后无法归还高额债务与利息，进而丧失抵押品赎回权、破产等。掠夺性贷款的基础性融资关系表现为出借人履行义务提供了融资，而借款人没有履行到期还款义务，法律形式上似乎是后者对前者造成损害，但在经济实质上则是前者对后者的压榨与剥削。对比上述信用卡市场中系统化的野蛮营销、滥发信用卡、信用审核失控、高昂的利息与滞纳金收益等行业特征，至少可以确认信用卡市场中现实存在着诸多掠夺性贷款的实质因素。多数掠夺性贷款是依靠抵押品拍卖实现金融机构的本金保障与利息收益，而信用卡只是信用贷款，发卡机构没有担保权益，故只能通过恶意透支型信用卡诈骗犯罪的刑法震慑与现实的刑事法律责任，强制尚有一定经济能力的透支者本人或其家属还款。

可见，银行或者非银行金融机构通过信用卡这一金融工具提升了短期资金的融通效率，促进了消费与实体经济发展，但其在建构信用卡经营模式、追逐信用卡业务利润最大化的同时，必然伴随着一定程度的操纵金融消费者行为心理、掠夺金融消费者财富。信用卡交易关系中固有的实质经济特征决定了这已经是金融机构一方占尽优势的金融市场，刑事法律不应当再通过设置恶意透支型信用卡诈骗犯罪的制度安排进一步强化对发行信用卡的金融机构的倾向性保护。经济上的操纵性与掠夺性，配合法律上的刑事风险性，一方面，对金融消费者进行了过于严苛的压制，导致没有还款能力的金融消费者获得信用卡经营机构授信、透支并由此承担刑事责任，甚至相当部分透支者在亲属代为还款之后仍然被处以实刑；另一方面，潜在地促

---

① Patricia A. McCoy. A Behavioral Analysis of Predatory Lending[J]. 38 Akron Law Review 725, 726(2005).

使金融司法者选择技术含量较低却更容易“跑量”的恶意透支型信用卡诈骗犯罪堆积金融犯罪案件打击数据，导致低水平重复的金融司法工作显著拉低金融市场刑事法律保护的整体效能。

所以，信用卡恶意透支应当通过市场化的竞争、平等的民事法律诉讼来解决相关的债务与信用问题，不应当耗费金融刑事立法资源设置恶意透支型信用卡诈骗犯罪进而导致后续的金融司法资源错配。即使在短期内无法通过刑事立法修正的方式在信用卡诈骗罪中删除恶意透支的行为模式，也应当尽快在刑事司法考核体系中剔除恶意透支型信用卡诈骗犯罪的数据，合理地引导金融司法资源更有效率地配置到更需要刑法强化惩治与震慑的金融犯罪行为类型之中。

信用卡犯罪司法解释也确实呈现出我们分析的上述发展趋势。最高人民法院、最高人民检察院发布《关于修改〈关于办理妨害信用卡管理刑事案件具体应用法律若干问题的解释〉的决定》（法释〔2018〕19 号，以下简称《修改决定》），自 2018 年 12 月 1 日起施行。根据《修改决定》，对《最高人民法院、最高人民检察院关于办理妨害信用卡管理刑事案件具体应用法律若干问题的解释》（法释〔2009〕19 号，以下简称《解释》）作相应修改并调整条文序号后，重新公布。修改完善恶意透支的定罪量刑数额标准，以进一步明确恶意透支罪与非罪、罪重罪轻的界限，是《修改决定》最为重要的内容之一。《修改决定》对《解释》相关规定作了修改完善，形成了修改后《解释》第 8 条、第 9 条，适度调整了恶意透支的定罪量刑数额标准，进一步完善了恶意透支数额的计算方法。恶意透支定罪量刑数额标准的适度上调。根据我国经济社会发展情况和维护信用卡管理秩序的实际需要，在充分总结司法办案经验、实际做法和听取有关主管部门意见的基础上，经慎重研究，《修改决定》将恶意透支定罪量刑的数额标准提升至《解释》规定标准的五倍。修改后《解释》第 8 条规定：“恶意透支，数额在五万元以上不满五十万元的，应当认定为刑法第一百九十六条规定的‘数额较大’；数额在五十万元以上不满五百万元的，应当认定为刑法第一百九十六条规定的‘数额巨大’；数额在五百万元以上的，应当认定为刑法第一百九十六条规定的‘数额特别巨大’。”调整后的标准更加科学合理，更加符合宽严相济刑事政策的要求，在一定程度上能够有效改变目前对恶意透支犯罪的处罚面偏宽、量刑偏重的情况，实现此类案件的量刑更加适当，确保罪责刑相适应原则得到切实贯彻，从而实现金融司法资源的优化配置。

三、金融市场刑事司法资源错配及其解决：直接金融市场的强化保护

金融市场可以划分为直接金融市场与间接金融市场。[①]直接金融是指无需通过金融机构或者其他金融中介而由融资者直接获取投资者资金、投资者直接完成资本配置的金融模式，其主要形式表现为股票、公司债券发行、证券交易中的融资或者配资、互联网金融中的P2P网贷等。间接金融则是指融资者并不从投资者处直接获取资金，投资者也不直接通过购买金融工具的形式直接向融资者配置资本，而是以银行等传统金融机构或者互联网金融作为交易中介，间接完成融资端与投资端连接的金融模式，其主要形式包括银行、信托、保险、基金、理财等一系列金融产品。

相应的，金融犯罪也可以类型化为直接融资犯罪与间接金融犯罪。直接金融犯罪是指利用金融工具与投资者直接进行非法金融交易，侵害直接金融市场投资者权益与融资秩序的金融犯罪行为。现行《刑法》设置的欺诈发行股票、债券罪，违规披露、不披露重要信息罪，擅自发行股票、债券罪，内幕交易、泄露内幕信息罪，利用未公开信息交易罪，操纵证券、期货市场罪，非法经营罪及集资诈骗罪等，基于保护证券发行与交易制度、证券业务许可经营制度以及投资者免受证券欺诈等目标价值，承担预防与惩治直接金融犯罪的规范功能。间接金融犯罪是指未经国家许可利用金融工具与投资者间接进行非法金融交易，侵害间接金融市场投资者权益与融资秩序的金融

① Frederic Mishkin. The Economics of Money, Banking and Financial Markets[M]. Pearson Education, 2012, 68.

犯罪行为。《刑法》规定的非法吸收公众存款罪、骗取贷款罪、非法经营罪、集资诈骗罪、贷款诈骗罪等,从保护银行等金融机构的金融业务许可经营制度、投资者免受金融诈骗等方面对间接金融市场进行刑法规制。

如果仅仅从形式上对刑法条文进行静态分析,现行《刑法》似乎对金融市场设置了包括证券发行、吸收公众存款专营、金融业务许可经营、投资者财产权等在内的诸多层次的规范保障机制,直接金融与间接金融的刑事法律保护在立法上的资源配置是均衡的。然而,一旦将金融犯罪刑法规范放置于当前的司法实践中进行动态考察,就会发现刑事司法资源结构性错配问题——直接与间接互联网金融市场在刑事司法保障上存在资源配置不均衡。

间接金融市场一直是刑事司法保护的重要领域。统计数据显示:2014年至2015年4月,全国公安机关共破获非法集资案件7 500余起,为群众挽回经济损失逾130亿元。其中,网络借贷等领域案件多发,成为当前非法集资犯罪的重灾区和潜在高发案区。2015年下半年开始,公安部门大规模调查违规P2P平台,中国人民银行等七部门也强调规范民间融资,加大力度打击非法吸收公众存款、集资诈骗等金融违法犯罪活动,维护地方金融秩序和金融稳定。①“e租宝”涉嫌非法集资犯罪②、泛亚有色金属交易所被公安机关立案侦查③、大大集团“自融自保”④、中晋公司涉嫌集资诈骗⑤等一系列直接金融犯罪案件连续受到刑事责任追究。可见,保护银行等传统金融机构垄断下的间接金融体系仍然是当前金融犯罪刑事司法资源配置的主要导向。各类以互联网金融公司、私募公司等平台实施的非法吸收公众资金以及被证明具有非法占有目的的集资诈骗行为,由此构成的非法吸收公众存

① 崔启斌、岳品瑜:《七部门联合打击非法集资》,《北京商报》2015年12月18日第7版。

② 杨佼:《21个月吸金740亿:e租宝的异常生长》,《第一财经日报》2015年12月7日第A6版。

③ 孟凡霞:《泛亚交易所被公安机关立案侦查》,《北京商报》2015年12月23日第7版。

④ 杨子湄:《大大集团被调查 投资者资金无法兑付》,《21世纪经济报道》2015年12月16日第18版。

⑤ 常若贝、张静:《金融监管体制缺陷及改善——从“e租宝”“中晋系”事件中看中国金融监管》,《时代金融》2016年第21期。

款罪和集资诈骗罪，属于间接金融犯罪行为，是当前金融犯罪刑事处罚的主要对象。

反观直接金融市场中的刑事司法保护，除了极少数通过网络擅自发行证券或者以发行证券的方式进行集资诈骗等直接金融违法犯罪行为受到查处之外，直接金融市场中的欺诈发行、擅自发行证券等犯罪行为很少受到定罪处罚。欺诈、擅自发行证券、违规披露、不披露重要信息等犯罪明显存在刑事定罪数量少、处罚程度轻的问题，近几年来仅查处数例上市公司欺诈发行、违规信息披露的虚假陈述犯罪案件。典型案例表现为：(1)万福生科在2008年至2011年累计虚增收入约7.4亿元，于2011年9月6日骗取中国证监会股票发行核准，共计募集资金4.25亿元。法院判决，万福生科（湖南）农业开发股份有限公司犯欺诈发行股票罪，判处罚金人民币850万元；原公司董事长龚永福犯欺诈发行股票罪，判有期徒刑三年，犯违规披露重要信息罪，判有期徒刑一年，并处罚金人民币10万元，决定执行有期徒刑三年六个月，并处罚金人民币10万元；其他相关责任人员均被判处缓刑。① (2)绿大地在不具备首次公开发行股票并上市的情况下，为达到在深圳证券交易所发行股票并上市的目的，经过被告人何学葵、蒋凯西、庞明星的共谋、策划，于2004年至2009年间，由被告人赵海丽、赵海艳登记注册了一批由绿大地实际控制或者掌握银行账户的关联公司，并利用相关银行账户操控资金流转，采用伪造合同、发票、工商登记资料等手段，少付多列，将款项支付给其控制的公司组成人员，虚构交易业务、虚增资产、虚增收入3.4亿余元。该案一审判决被告人何学葵有期徒刑三年、缓期四年执行，判决宣布后市场哗然，普遍认为量刑过轻，随后引发检方抗诉并被改判。②(3)欣泰电气

① 湖南省长沙市中级人民法院刑事判决书（[2014]长中刑二初字第00050号）。

② 2013年云南省昆明市中级人民法院对云南绿大地生物科技股份有限公司欺诈发行股票一案进行宣判。法院认定被告单位云南绿大地公司犯欺诈发行股票罪、伪造金融票证罪、故意销毁会计凭证罪，对其判处罚金1 040万元。被告人何学葵被判处有期徒刑十年，被告人蒋凯西、庞明星、赵海丽、赵海艳等分别被判处相应刑期及罚金。参见王翁阳、魏文静：《云南绿大地公司欺诈发行股票案一审宣判》，《人民法院报》2013年2月8日第3版。

在创业板上市申请文件中相关财务数据存在虚假记载，上市后披露的定期报告中存在虚假记载和重大遗漏，虚构 4 亿余元收入，前期中国证监会已经予以行政处罚。2016 年 8 月 26 日，中国证监会依法向公安机关移送欣泰电气及相关人员涉嫌欺诈发行及其他犯罪行为案件，公安机关已经部署相关刑事侦查工作。①

从直接与间接金融犯罪刑事法律规制的案件数量与刑罚强度可见，金融市场刑事立法基于平等保障直接与间接金融市场而配置的金融犯罪刑法规范资源，在司法实践中发生了偏向保护间接互联网金融市场的司法资源结构性失衡现象。

直接金融市场中出现的刑事法律保护资源缺失，本质上是新型市场创新机制受到传统金融监管与金融刑法压制、正常的融资与投资风险受到扭曲、金融市场本身没有实现有效竞争、金融法律存在盲区等一系列资源配置越位、错位、缺位和更新缓慢状态下的刑事法律适用僭越行为。对于证券发行等应当弱化事前管制、强化事后欺诈责任追究的直接金融市场领域，但法律制度迟迟没有作出针对性安排。所以，在证券发行注册制改革、提高直接融资比重等一系列金融市场结构性改革的背景下，刑事司法有必要以金融犯罪及其刑法规范为整体进行系统化分析，在把握直接与间接互联网金融市场的功能与结构的基础上，对当前直接金融市场的前置性行政监管行为与法律、刑事法治实践存在的资源错配问题进行反思性审视，从而加快推进金融体制改革，通过金融市场法律制度安排的完善提高金融服务实体经济效率。

解决直接金融市场刑事法律保护资源配置不足的方案在于调整前置性金融行政法律法规。

欺诈发行、违规信息披露等直接金融市场中的虚假陈述犯罪之所以刑事规制数量较少、处罚程度较轻，主要受制于体系性的制度因素，即证券一

① 杨建：《欣泰电气案进入公安刑侦阶段　金雕资产全身而退》，《每日经济新闻》2016 年 8 月 29 日第 10 版。

级市场仍然坚持股票、债券发行核准制。既然证券发行环节的合规性完全由监管机构审批权主导，那么一旦股票、债券上市交易之后被刑事司法机关查处相当数量的虚假陈述犯罪案件，就意味着证券监管失控，而虚假陈述案件的行政调查权归属于证券监管机构。因此，实际上很难期待证券监管机构系统化地启动否定其自身前期审批工作的行政案件调查程序。同时，既有的金融市场法律框架对证券发行设置了极为严格的实体规范框架限制。①根据2015年8月3日中国证监会《关于对通过互联网开展股权融资活动的机构进行专项检查的通知》的规定，未经国务院证券监督管理机构批准，任何单位和个人不得开展股权众筹融资活动。这就导致互联网金融实践中只存在网络私募而无法形成真正意义上的股权众筹市场，从而造成直接金融市场在互联网金融时代的极度萎缩。直接金融市场本身缺乏活跃度，也就导致金融违法犯罪发生概率较低，刑事司法查办案件的数量相应较低。上述分析也从一个非常重要的侧面说明，金融司法资源错配很大程度上是由金融监管紊乱造成的。所以，优化直接金融市场刑事法律保护的前提是弱化证券发行市场的事前审批与实体管制。

证券监管机构通过核准权控制证券发行的节奏、规模、价格等本应当由市场机制形成的要素，对于我国建构特定发展阶段的资本市场发挥了重要作用。但作为一种典型的行政干预，证券发行核准权已经难以符合党的十八届三中全会提出的“使市场在资源配置中起决定性作用和更好发挥政府作用”的全面深化经济体制改革的要求。2020年3月1日施行的新《证券法》全面实施发行注册制，通过更为市场化的制度安排，优化上市公司信息披露效率、明确中介机构职责、全面从严执法。证券发行注册制的实施对于

---

① 根据《公司法》《证券法》等有关规定，未经国务院证券监督管理机构批准，任何单位和个人都不得向不特定对象发行证券、向特定对象发行证券累计不得超过200人，非公开发行证券不得采用广告、公开劝诱和变相公开方式。根据《证券投资基金法》《私募投资基金监督管理暂行办法》等有关规定，私募基金管理人不得向合格投资者之外的单位和个人募集资金，不得向不特定对象宣传推介，合格投资者累计不得超过200人，合格投资者的标准应符合《私募投资基金监督管理暂行办法》的规定。

协调金融市场刑事法律保护资源配置具有重要价值。

新《证券法》实行的证券发行注册制，其核心是以信息披露为监管重点，由申请证券发行的市场主体建构合规的公司治理、财务会计报告、股权关系、资信能力等标准从而符合基本发行条件，依法向国务院证券监督管理机构或者其授权的部门进行发行注册。注册制要求证券发行人在证券中介机构的服务与把关下，向投资者披露充分和必要的投资决策信息并对信息真实性负责，证券监管机构不对拟发行证券对应的基础资产质量及其投资价值进行判断但对信息披露文件的齐备性、一致性和可理解性负责。①注册制的本质是把资本市场融资的自主权交给市场投融资主体，发行价格、发行时机应该由投资者和融资者决定。放开发行价格可能会出现破发现象，但这也能促使投资人理性投资。②在证券发行注册制下，政府与市场之间的关系得以进行更为顺畅的梳理——资本市场机制在资本资源优化配置过程中发挥决定性作用，证券监管机构进行信息披露监管，后续的刑事司法环节负责惩治直接金融犯罪，金融监管与刑事司法共同保护投资者权益。证券监管机构一旦发现股票、债券发行过程中存在欺诈、违规信息披露问题，涉嫌刑事犯罪的，直接移送司法机关严格追究其刑事责任。由于在注册制的制度安排下证券监管机构不存在对证券发行事项的审批或者核准，就不会存在系统性地控制查案规模、掩饰事前监管失控的内部制约因素。因此，进入注册制下的证券发行信息披露的审核将会更为严格，对于欺诈发行等直接金融犯罪的查处和打击会更加有力，对于投资者合法权益的保护措施会更加有效，直接金融市场刑事法律保护资源配置的效率得以提升。

此外，从市场效率的角度出发，对于众筹发行、小额发行、向合格投资者等风险承担能力较强的市场参与者发行等可以适用发行注册豁免。③股权

---

① 朱宝琛、肖钢：《推进注册制改革　继续引导长期资金入市》，《证券日报》2015 年 1 月 17 日第 A1 版。

② 吴晓灵：《明年应从证券法修法等方面推进注册制改革》，《证券时报》2016 年 11 月 19 日第 A2 版。

③ 毛明江：《证券法修订核心是扩大投融资自主权》，《上海证券报》2014 年 9 月 20 日第 2 版。

众筹等互联网金融市场中的证券发行注册豁免省却的是证券监管机构管理注册发行的执法成本，但仍然要求证券发行主体按照证券法律规定的程序与信息披露内容要求，在证券中介机构与互联网金融平台的服务与经营下，及时地就发行计划、财务会计报告、资信证明等信息予以真实、准确、完整、充分的披露。这就更需要刑事司法资源针对股权众筹等可以适用注册豁免的直接金融市场进行专门配置，通过严格的刑事责任追究控制新型金融市场的风险。

四、金融市场刑事保护财政与人力资源错配及其解决：金融司法机构与人员的制度改革

由于金融犯罪在实体刑法上具有二次违法性的特征，其首先构成行政违法，继而构成刑事违法，因此，金融市场刑事法律保护必然先后覆盖金融监管与金融司法两组法律程序。金融市场刑事法律保护实际上是市场治理政府职能与司法保障最为重要的内容之一。查处金融市场违法行为的金融监管对于改善金融市场信息部对称性、提升社会公众和普通投资者信息知情能力具有显著作用，惩治金融市场犯罪的金融司法则有助于震慑严重侵害市场信息效率的危害行为。金融史已经充分证明，市场中的违法犯罪行为循环性地催生资产泡沫、积累系统性风险并触发萧条。①考虑到金融监管与金融司法对于控制金融市场违法犯罪行为的重要责任与功能，确实非常有必要有效评估并确保监管与司法在财政与人力资源方面的投入足以合理应对金融违法犯罪风险。

从金融市场监管机构的预算与金融司法实务人员的收入等角度进行初步的经济分析即可发现，目前金融监管与金融司法的财政与人力资源配置水平可能存在十分明显的错配性，即应当投入更多的资金与人力保障金融

① John Kenneth Galbraith. The Great Crash of 1929[M]. Mariner Books, 1997, 2.

市场刑事保护工作的高效运转，但实际情况却是财政与人员配置上显而易见的不充分性。以证券监管为例，中国证监会2016年财政拨款收支总预算105 100.23万元，收入全部为一般公共预算拨款，金融（类）金融部门监管支出（款）金融稽查与案件处理（项）2016年财政预算数为6 739.21万元，比2015年执行数增加199.43万元，增长3.05％。①尽管直接投入金融监管与稽查一线的成本有所增长，但与中国证监会监管的庞大市值规模对比，金融监管资源便显得极为捉襟见肘。仅2015年12月证券市场中的A、B股市价总值就达到了372 546.96亿元，②证券监管资源配置金额与被监管主要市值（不包括期货、基金等）比竟然只有0.018‱。在金融监管资源与市场发展规模匹配性严重不足的情况下，一种很自然的预期便是，监管机构对金融市场违法行为及其风险控制力不可能处于有效的水平。再从金融司法实务人员经济收入的角度分析，法院、检察院、公安局等已经形成了不同程度的金融司法专业化办案机构（例如，金融审判庭、金融检察处、证券犯罪侦查局等），承担金融司法业务的司法工作人员实际上也都是相应机构中业务能力拔尖的群体，但司法实务人员的整体薪资水平与金融司法重要职责之间仍然存在明显差距。经济较为发达地区提出法官年收入30万元，尚且存在一定障碍，而偏远地区的法官月薪更是低至数千元。③对比系统性爆发刑事犯罪风险的网络贷款市场前期动辄数亿元的广告成本与人员薪酬投入，④金融司法人力资源成本投入的局限性可见一斑。高密度、高成本的广告投入与薪酬意味着高程度的刑事风险在广阔的金融市场领域蔓延，而低水平的金融司法人力资源投入意味着刑事司法震慑刑事风险的匹配度不充分，所

---

① 王小伟：《证监会2016年财政拨款收支总预算10.51亿元》，《中国证券报》2016年4月18日第A2版。

② 中国证券监督管理委员会：《2015年12月份证券市场概况统计表》，http://www.csrc.gov.cn/pub/zjhpublic/G00306204/zqscyb/201603/t20160321_294531.htm（访问日期：2016年8月5日）。

③ 王姝：《法官待遇和职业尊荣感需提高》，《新京报》2014年3月13日第A8版。

④ 刘琪：《P2P广告下架小范围先行 砸钱过度营销将成往事》，《证券日报》2016年1月16日第B2版。

以确实较难期待金融司法实务人员有效控制金融市场刑事犯罪风险。

有限的财政与人力资源配置与金融市场违法犯罪行为实际规制情况证明，金融监管与金融司法在实践中确实是尽职尽责的。例如，2015 年，中国证监会系统共受理违法违规有效线索 723 件，较上年增长明显，新增立案案件共计 345 件，同比增长 68%；新增涉外案件 139 起，同比增长 28%；办结立案案件 334 件，同比增长 54%。立案案件调查周期平均为 86 天，较上年减少 40 天。累计对 288 名涉嫌当事人采取限制出境措施。冻结涉案资金共计 37.51 亿元，金额为历年之最。向公安机关移送案件 55 件，通报犯罪线索 50 余起。移交处罚审理案件 273 件，对 767 个机构和个人作出行政处罚决定或行政处罚事先告知，同比增长超过 100%，涉及罚没款金额 54 亿余元，超过此前十年罚没款总和的 1.5 倍。案件查处数量持续攀升，查处周期大幅缩短，罚没力度明显增长。①再如，根据公安部发布的打击互联网金融犯罪的数据，截至 2016 年 5 月，已在全国范围内排查出 600 多家问题网贷平台，立案 500 多起。②可见，金融监管机构与金融司法机关客观上是十分注重履行金融违法犯罪风险防控职责的，甚至在有限资源匹配条件下超负荷运转。但是，社会公众乃至政府本身对于提高财政投入是秉持相当审慎态度的，尤其是在近年来厉行节约、精减支出的国家治理背景下，加大特定领域的财政资源配置势必应当建筑在具有充分合理性与效率性的基础之上。如果金融监管与金融司法对于金融市场违法犯罪风险控制效果亟待进行实质性的提升，那么优化财政与人力资源配置显然是改变当前境遇最为有效的措施之一。因为特定规模的监管与司法的资金投入只能产生与之相匹配的、在一定数量级范围内浮动的金融市场违法犯罪风险控制效果产出。抑制提高金融监管与金融司法财政资源配置的现实需求，不仅会造成金融监管机构、司法机关在实践运作中难以创造足够充沛且高质量的监管或者

① 中国证券监督管理委员会：《2015 年度中国证监会稽查执法情况通报》，http://www.csrc.gov.cn/pub/newsite/jcj/gzdt/201601/t20160122_290097.html（访问日期：2016 年 8 月 5 日）。

② 岳品瑜：《京粤再现问题平台》，《北京商报》2016 年 5 月 23 日第 7 版。

司法产品，更会导致庞大的金融市场消费者成为潜在违法犯罪行为受害者的风险难以得到有效控制。金融监管与金融司法的财政与人力资源增量配置应当充分利用本轮司法体制改革的契机，倾斜或者甚至全部投入一线稽查、预防与司法办案，从而改变金融市场刑事法律保护财政与人力资源错配的现状，进一步提升金融监管与司法的效率。

金融市场刑事法律保护的财政与人力资源错配性除了体现在绝对数值层面的资金总量与人员待遇不充沛性之外，在资源配置的结构层面亦存在错配性。金融市场风险在结构上主要可以类型化为非系统性风险与系统性风险，由一系列具有关联性的金融犯罪冲击而发生的整个金融市场的危机与剧烈波动显然构成单个市场参与者无法避免、分散投资无法幸免的系统性风险，①金融监管与司法理应针对性地进行资源配置。但既有的金融市场刑事法律保护的财政与人力资源配置实际上都是以解决金融市场犯罪个案与类案等非系统性风险为导向的，并没有对金融市场系统性风险配置针对性的资源。例如，2015 年资本市场“股灾”期间中国证监会向公安机关移送 22 起涉嫌资本市场犯罪案件，②多名金融机构高管被刑事调查，③但对这种引发与扩大资本市场危机的犯罪所展开的刑事程序并未对系统性风险进行针对性的资源配置，这实际上会影响金融市场刑事法律保护的效率。在没有针对系统性风险专门配置金融市场刑事保护资源的情况下，金融犯罪案件调查机构很难就应当对金融市场危机承担刑事责任的主体启动有效的追究程序。这并不是中国金融市场监管与金融犯罪惩治的资源配置失衡独有特征，而是全球金融市场法律体系的共有矛盾。各国金融监管权力都在金融市场危机的制造、应对及其风险管理中具有相应的责任，在风险与危机过后应当予以清算最为严重的金融犯罪与渎职犯罪刑事责任时，很难期待

---

① Daniel Richman. Corporate Headhunting[J]. 8 Harvard Law & Policy Review 265, 266 (2014).

② 程丹：《证监会向公安部移送 22 起涉嫌犯罪案件》，《证券时报》2015 年 8 月 29 日第 A2 版。

③ 李东亮：《中信证券总经理程博明被警方调查》，《证券时报》2015 年 9 月 16 日第 A2 版。

拥有金融市场监管权与刑事犯罪处罚机制触发权的金融监管机构对自身及其体系内个体进行刑事归责。这些都预示着金融市场系统性风险刑事法律保护资源配置的疲软与薄弱。①

笔者建议，对于引发或者加深金融市场系统性风险的金融犯罪系列案件，有必要在先期行政调查与后续刑事侦查、起诉环节，对金融监管者与刑事侦查员配置更为充分的资源，其中，最为坚实且有力的制度安排便是成立目标明确、司法资源充沛的处理金融市场危机犯罪特别工作组，专门办理引发与加深金融市场系统性风险的犯罪案件。特别工作组可以设在最高人民检察院，由承担最高法律监督职能的最高人民检察院组建并负责协调，完成侦查监督与审查起诉，并提前介入，协调公安部进驻中国证监会进行具体案件侦查。在具体的侦查工作层面，由公安部与中国证监会、中国银保监会等金融监管机构合作与协调，可以指定办理金融市场犯罪案件经验最为丰富的上海等地区的公安经侦部门具体查办案件。金融市场危机犯罪特别工作组授权应当清晰地聚焦于侦查与起诉对触发金融市场系统性风险与危机具有责任的机构与个人。由于这是全国性特定案件类型的特别工作组，其必须是集中承办具有全国影响、情节特别严重、震慑效应最大化的金融市场犯罪案件。发生在金融市场危机期间、与金融交易有关的常规类型金融犯罪案件，则仍然按照基本程序，由中国证监会行政调查后将涉嫌刑事犯罪案件移送公安部的普通模式具体展开。金融市场危机犯罪特别工作组中，承担组织、协调、指导等工作的成员与一线办案成员，应当主要由具有丰富金融市场犯罪案件审查逮捕与审查起诉经验的检察官构成，不仅在侦查环节提前介入并以审查逮捕与审查起诉的证据标准控制案件证据质量、事实精准度与法律适用正确性，更需要在金融监管机构、证券、期货交易所排查线索、行政调查环节予以提前协助、配合与支持。尽管我国多年来并未发生过系统性风险与整体的金融市场危机，但在金融市场刑事保护层面有效预设金

① Jed S. Rakoff. The Financial Crisis：Why Have No High-Level Executives Been Prosecuted? [J] 61 New York Review of Books 1，2(2014).

融危机犯罪特别工作组的人力资源配置，有助于突发的系统性风险爆发时快速予以应对，从而最大程度地控制金融犯罪风险与金融市场系统性风险。

五、展望

金融市场刑事法律保护是通过惩治与震慑金融犯罪实现对金融市场风险的控制与管理，其职责履行与功能发挥的效率有赖于政府对与金融违法犯罪行为有关的金融监管、司法以及立法资源的有效配置。但在当前的实践中，金融市场刑事法律保护资源配置出现结构性过剩、不均衡、不充分等资源错配问题。其一，《刑法》设置恶意透支型信用卡诈骗犯罪属于金融市场刑事立法资源错配，导致信用卡市场吸收了过剩的金融司法保护资源，挤占了金融市场其他重要组成部分的刑事法律保护资源，同时加深了金融司法低水平重复，过度介入本应当由平等主体法律对抗解决的债务问题与个人信用问题。有必要超越传统刑法理论解释框架，运用法律与经济分析，洞察信用卡市场的设计与运作蕴藏着信用卡经营机构对金融消费者行为心理的操纵性，以及信用卡市场的业务与经营蕴藏着资金出借人对借款人的掠夺性，继而以此为修法依据，通过刑法修正案的形式在信用卡诈骗罪中删除恶意透支的行为模式，引导金融司法释放出更多的资源配置于更应当强化刑事法律保护的金融市场其他领域。其二，金融司法严格规制间接金融犯罪而明显忽略直接金融犯罪的惩治属于金融市场刑事司法资源配置不均衡，导致直接金融市场刑事法律保护资源的萎缩，这将影响到当前国家积极发展直接金融市场、提高直接融资比重的结构性改革。证券发行核准制是阻碍金融司法有效规制直接金融犯罪的根源。尽快推行注册制改革能够对证券监管机构的信息披露审批权与信息披露违规调查权进行充分剥离，理顺金融监管与金融司法的程序运作，确保金融监管机构查处欺诈发行、违规信息披露等直接金融违法行为，并将涉嫌犯罪的案件移送司法机关，从而增加直接金融犯罪的查处和打击力度，提升直接金融市场刑事法律保护资源配置效率。其三,金融监管、司法机构的预算不足以及监管者、司法者的工作模式欠缺科学化设计属于金融市场刑事法律保护在财政与人力资源配置上的不充分,直接影响金融犯罪案件的查处效能。应当增加金融监管机构与金融司法机关的财政投入,同时提高监管者、司法者的薪酬待遇,并通过优化办案机构运作模式的途径强化金融司法对金融市场系统性风险的控制能力。

第一章　融资犯罪刑事法律适用与风险防控

融资犯罪是指非法从事融资活动，严重侵害金融市场机制与投资者权益，根据刑法规定应当予以刑事处罚的犯罪行为。根据非法融资犯罪行为形式以及融资犯罪所侵害的金融市场机制进行区分，融资犯罪包括直接融资犯罪与间接融资犯罪两种类型。直接融资犯罪是融资者与投资者直接就资金吸收与交付非法达成协议，侵犯直接融资市场机制的犯罪行为。间接融资犯罪是行为人非法经营投资与融资中介业务，非法吸收资金或者非法占有投资者资金，侵犯间接市场机制的犯罪行为。关于直接金融或者间接金融的问题，我们将在互联网金融犯罪中进行更为深入的分析，本章着重从融资的角度系统性地解释刑法分则中与社会融资环节紧密关联的相关犯罪行为类型。根据我国刑法分则的规定，融资犯罪可以进一步类型化为以下层次：(1)非法集资犯罪，包括非法吸收公众存款罪、集资诈骗罪，通过变相吸收公众存款的方式汇集资金是间接融资的表现形式。(2)非法发行证券犯罪，包括《刑法》第160条[①]欺诈发行股票、债券罪，第161条违规披露、不

① 《刑法》第160条规定："在招股说明书、认股书、公司、企业债券募集办法中隐瞒重要事实或者编造重大虚假内容，发行股票或者公司、企业债券，数额巨大、后果严重或者有其他严重情节的，处五年以下有期徒刑或者拘役，并处或者单处非法募集资金金额百分之一以上百分之五以下罚金。单位犯前款罪的，对单位判处罚金，并对其直接负责的主管人员和其他直接责任人员，处五年以下有期徒刑或者拘役。"

披露重要信息罪，第179条①擅自发行股票、债券罪，第225条②非法经营罪，通过发行证券的方式获取资金是直接融资的表现形式。(3)贷款犯罪，包括《刑法》第175条之一③骗取贷款罪，第193条④贷款诈骗罪等，贷款显然是资金融通手段（主要适用于公司等机构）。(4)信用卡犯罪，包括妨害信用卡管理罪、信用卡诈骗罪等，信用卡是个人的主要短期融资工具。本章主要集中论述融资犯罪的基础性法律问题以及非法集资犯罪、非法发行证券犯罪，关于贷款犯罪等将在金融诈骗犯罪中予以专题分析。

第一节　融资犯罪的基本问题

一、非法占有目的

分析融资犯罪刑法规范体系的纵深结构可知，欺诈发行、擅自发行证券

---

① 《刑法》第179条规定："未经国家有关主管部门批准，擅自发行股票或者公司、企业债券，数额巨大、后果严重或者有其他严重情节的，处五年以下有期徒刑或者拘役，并处或者单处非法募集资金金额百分之一以上百分之五以下罚金。单位犯前款罪的，对单位判处罚金，并对其直接负责的主管人员和其他直接责任人员，处五年以下有期徒刑或者拘役。"

② 《刑法》第225条规定："违反国家规定，有下列非法经营行为之一，扰乱市场秩序，情节严重的，处五年以下有期徒刑或者拘役，并处或者单处违法所得一倍以上五倍以下罚金；情节特别严重的，处五年以上有期徒刑，并处违法所得一倍以上五倍以下罚金或者没收财产：(一)未经许可经营法律、行政法规规定的专营、专卖物品或者其他限制买卖的物品的；(二)买卖进出口许可证、进出口原产地证明以及其他法律、行政法规规定的经营许可证或者批准文件的；(三)未经国家有关主管部门批准非法经营证券、期货、保险业务的，或者非法从事资金支付结算业务的；(四)其他严重扰乱市场秩序的非法经营行为。"

③ 《刑法》第175条之一规定："以欺骗手段取得银行或者其他金融机构贷款、票据承兑、信用证、保函等，给银行或者其他金融机构造成重大损失或者有其他严重情节的，处三年以下有期徒刑或者拘役，并处或者单处罚金；给银行或者其他金融机构造成特别重大损失或者有其他特别严重情节的，处三年以上七年以下有期徒刑，并处罚金。"

④ 《刑法》第193条规定："有下列情形之一，以非法占有为目的，诈骗银行或者其他金融机构的贷款，数额较大的，处五年以下有期徒刑或者拘役，并处二万元以上二十万元以下罚金；数额巨大或者有其他严重情节的，处五年以上十年以下有期徒刑，并处五万元以上五十万元以下罚金；数额特别巨大或者有其他特别严重情节的，处十年以上有期徒刑或者无期徒刑，并处五万元以上五十万元以下罚金或者没收财产：(一)编造引进资金、项目等虚假理由的；(二)使用虚假的经济合同的；(三)使用虚假的证明文件的；(四)使用虚假的产权证明作担保或者超出抵押物价值重复担保的；(五)以其他方法诈骗贷款的。"

犯罪以及非法吸收公众存款罪、骗取贷款罪系不具有非法占有目的且在行为上表现为欺诈的直接或者间接非法集资犯罪；集资诈骗罪、贷款诈骗罪是基于非法占有目的且使用欺诈方法的直接或者间接非法集资犯罪。欺诈与诈骗、非法融资目的与非法占有目的分别从客观与主观构成要件的角度确定了融资欺诈犯罪与融资诈骗犯罪的界限。只有符合诈骗行为与非法占有目的的主客观双重核心要件的非法融资行为才能认定为集资诈骗犯罪，而其中的非法占有目的显然应当是一个主观见之于客观的证明过程，故理论上非法集资犯罪客观构成要件的证明压力应当略强于主观构成要件。然而，就现阶段非法集资犯罪刑法理论与实践中的争议焦点来看，各方观点集中于非法占有目的的推定与反驳问题，①对于诈骗行为的论证存在明显不足，这实际上导致非法集资犯罪主观构成要件证明压力过大。这在所有的融资犯罪中都有体现。

尽管最高司法机关制定的司法解释②在很大程度上强调通过客观事实推定非法占有目的，但融资者主观上的犯罪目的更倾向于一个基于个案具体情形下的区别化判断规则论证问题，司法解释有关非法占有目的的规定仍然存在过于原则、过于依赖实质判断或者价值判断、以客观结果机械化反推主观目的等重重弊端，有必要从非法集资犯罪的角度切入进行深入解释，尝试解决这一实践难题。

中国非法集资犯罪相关刑法条文本身实际上对融资欺诈犯罪与融资诈骗犯罪之间的界限设定了确定的主观与客观构成要件标准，刑事司法实践应当充分运用准确的司法解释予以深入阐释，不能异化非法集资犯罪构成

---

① 参见侯婉颖：《集资诈骗罪中非法占有目的的司法偏执》，《法学》2012 年第 3 期。

② 司法解释是最高人民法院、最高人民检察院对法律、法规具体应用问题所作出的解释与说明。1981 年全国人民代表大会常务委员会《关于加强法律解释工作的决议》第 2 条规定：凡属于法院审判工作中具体应用法律、法令的问题，由最高人民法院进行解释。凡属于检察院检察工作中具体应用法律、法令的问题，由最高人民检察院进行解释。最高人民法院和最高人民检察院的解释如果有原则性的分歧，报请全国人民代表大会常务委员会解释或决定。2007 年最高人民法院《关于司法解释工作的规定》第 2 条规定：人民法院在审判工作中具体应用法律的问题，由最高人民法院作出司法解释。2006 年《最高人民检察院司法解释工作规定》第 2 条规定：对检察工作中具体应用法律的问题，由最高人民检察院进行解释。

要件的应有之义。

其一，是否存在诈骗犯罪行为是界分融资欺诈犯罪与融资诈骗犯罪的第一层甄别机制。

刑法理论与司法实践中一般认为，贷款诈骗罪、集资诈骗罪与欺诈发行股票、债券罪、非法吸收公众存款罪、骗取贷款罪之间在客观上的差异并不明显，均表现为不同欺骗形式的非法融资行为，区别的关键在于行为人是否具有非法占有的目的。但是，《刑法》非法集资犯罪条文实际上严格区分诈骗方法与欺诈（欺骗）方法。对于侵害间接融资市场机制的贷款诈骗罪而言，《刑法》第 193 条明确将诈骗行为类型化为编造引进资金、项目等虚假理由的、使用虚假的经济合同的、使用虚假的证明文件的、使用虚假的产权证明作担保或者超出抵押物价值重复担保的以及其他与上述行为手段具有同质性的贷款诈骗行为，疑难问题表现为《刑法》第 192 条以及近期司法解释均未细化规定或者解释的集资诈骗罪中的“诈骗方法”。[①]1996 年最高人民法院《关于审理诈骗案件具体应用法律的若干问题的解释》（以下简称《诈骗解释》）第 3 条尽管将集资诈骗罪中的“诈骗方法”规定为“行为人采取虚构集资用途，以虚假的证明文件和高回报率为诱饵，骗取集资款的手段”。但是，由于《诈骗解释》内容上的原则性以及诈骗犯罪司法解释文本上的频繁更迭性，造

① 2010 年最高人民法院《关于审理非法集资刑事案件具体应用法律若干问题的解释》第 2 条规定：“实施下列行为之一，符合本解释第一条第一款规定的条件的，应当依照刑法第一百七十六条的规定，以非法吸收公众存款罪定罪处罚：（一）不具有房产销售的真实内容或者不以房产销售为主要目的，以返本销售、售后包租、约定回购、销售房产份额等方式非法吸收资金的；（二）以转让林权并代为管护等方式非法吸收资金的；（三）以代种植（养殖）、租种植（养殖）、联合种植（养殖）等方式非法吸收资金的；（四）不具有销售商品、提供服务的真实内容或者不以销售商品、提供服务为主要目的，以商品回购、寄存代售等方式非法吸收资金的；（五）不具有发行股票、债券的真实内容，以虚假转让股权、发售虚构债券等方式非法吸收资金的；（六）不具有募集基金的真实内容，以假借境外基金、发售虚构基金等方式非法吸收资金的；（七）不具有销售保险的真实内容，以假冒保险公司、伪造保险单据等方式非法吸收资金的；（八）以投资入股的方式非法吸收资金的；（九）以委托理财的方式非法吸收资金的；（十）利用民间‘会’、‘社’等组织非法吸收资金的；（十一）其他非法吸收资金的行为。”第 4 条规定：“以非法占有为目的，使用诈骗方法实施本解释第二条规定所列行为的，应当依照刑法第一百九十二条的规定，以集资诈骗罪定罪处罚。”可见，尽管该司法解释明确了“诈骗方法”是集资诈骗罪的构成要件，但仅对非法集资行为的主要表现形式进行了细化规定，并未对“诈骗方法”进行实质性的解释。

成集资诈骗犯罪司法实践习惯性忽视该司法解释对“诈骗方法”的规范解释，从而导致部分存在不符合“诈骗方法”《诈骗解释》规定的情形在没有经过充分法理论辩的情况下被直接认定为构成集资诈骗犯罪中的诈骗行为。①

笔者认为，融资诈骗犯罪在客观行为上的实质特征在于编造不存在或者无法成立的资本运作项目或者资金经营计划，以给付高额融资利益为诱饵骗取融资款项。其中，贷款诈骗方法具体表现为隐瞒确定坏账或者高度坏账风险，骗取金融机构贷款；集资诈骗方法具体表现为虚构根本不存在的集资用途或者完全不可能盈利的投资计划，骗取社会公众集资款。因此，司法解释有必要对集资诈骗罪中的诈骗方法予以类型化，建议将以下行为方式认定为诈骗方法：虚构投资项目，以后续投资者资金作为盈利给付先前投资者；②严重资不抵债，编造经营项目，以集资款项归还债务；③恶意建构投资或者经营项目，诱使投资者购买不具有使用价值或者交换价值的实物资产或者金融资产。④

---

① 例如，在“吴英案”中，吴英在融资过程中并没有伪造虚假的证明文件，没有编造实际上并不存在的企业或项目，其借款时只是称做生意，或者称缺少资金，在行为特征上并不符合1996年《诈骗解释》的规定，故不能直接认定其实施了虚构事实或隐瞒真相的行为。参见“吴英案”一审判决书：(2009)浙金刑二初字第1号；“吴英案”二审刑事裁定书：(2010)浙刑二终字第27号。

② 这种诈骗方法实际上就是“庞氏骗局”。“庞氏骗局”是美籍意大利裔投机商查尔斯·庞兹(Charles Ponzi)于1919年“发明”的一种诈骗手段。庞兹欺骗他人向一个子虚乌有的企业投资，虚构该企业购买欧洲的邮政票据再转卖至美国，许诺投资者将在三个月内得到40%的巨额利润回报。实际上，庞兹是把新投资者的钱作为快速盈利付给最初投资人，以诱使更多人上当。庞兹欺骗了数万名投资者，诈骗数额高达1 500万美元。参见Robert Sobel, The Great Bull Market: Wall Street in the 1920's, New York: Norton, 1968, p.17。尽管“以新还旧”“拆东补西”的“庞氏骗局”是一种传统的诈骗方法，但至今仍是一种最为主要的集资诈骗犯罪行为模式。2008年，纳斯达克股票市场公司前董事会主席伯纳德·麦道夫因其运营的同名证券投资公司涉嫌500亿美元的证券欺诈(Securities Fraud)而被逮捕，最后美国纽约南区联邦法院认定麦道夫编造“庞氏骗局”，利用没有断裂的后期资金滚动支付前期投资，判处其150年监禁。参见Jack Healy, Madoff Sentenced to 150 Years for Ponzi Scheme, The New York Times, June 29, 2009。

③ 例如，向被害人编造、虚构募集资金是因为公司经营或者对外投资缺少资金，同时隐瞒公司的实际经营状况为严重资不抵债的事实以及所募集资金的真实用途，以支付高额利息为诱饵，公开募集大量资金并支付前期债务。

④ 例如，设立完全不具有资产价值或者股权流动性的空壳公司，在美国纳斯达克OTCBB、OTCQX等自动报价系统挂牌，诱使投资者购买此类公司股权。

其二，应将客观行为作为核心依据分析融资者是否具有非法占有目的。

根据2010年最高人民法院《关于审理非法集资刑事案件具体应用法律若干问题的解释》(以下简称《非法集资解释》)第4条的规定，使用诈骗方法非法集资，具有下列情形之一的，可以认定为"以非法占有为目的"："(一)集资后不用于生产经营活动或者用于生产经营活动与筹集资金规模明显不成比例，致使集资款不能返还的；(二)肆意挥霍集资款，致使集资款不能返还的；(三)携带集资款逃匿的；(四)将集资款用于违法犯罪活动的；(五)抽逃、转移资金、隐匿财产，逃避返还资金的；(六)隐匿、销毁账目，或者搞假破产、假倒闭，逃避返还资金的；(七)拒不交代资金去向，逃避返还资金的；(八)其他可以认定非法占有目的的情形。"司法实践中对于第三项至第七项规定的非法占有目的的情形争议不大，疑难问题集中在集资款无法返还的情况下，如何根据融资者的资金使用情况推定非法占有目的。

同时，根据2019年最高人民法院、最高人民检察院、公安部现联合印发《关于办理非法集资刑事案件若干问题的意见》第4条"关于主观故意的认定问题"的规定，认定犯罪嫌疑人、被告人是否具有非法吸收公众存款的犯罪故意，应当依据犯罪嫌疑人、被告人的任职情况、职业经历、专业背景、培训经历、本人因同类行为受到行政处罚或者刑事追究情况以及吸收资金方式、宣传推广、合同资料、业务流程等证据，结合其供述，进行综合分析判断。犯罪嫌疑人、被告人使用诈骗方法非法集资，符合《非法集资解释》第4条规定的，可以认定为集资诈骗罪中"以非法占有为目的"。办案机关在办理非法集资刑事案件中，应当根据案件具体情况注意收集运用涉及犯罪嫌疑人、被告人的以下证据：是否使用虚假身份信息对外开展业务；是否虚假订立合同、协议；是否虚假宣传，明显超出经营范围或者夸大经营、投资、服务项目及营利能力；是否吸收资金后隐匿、销毁合同、协议、账目；是否传授或者接受规避法律、逃避监管的方法；等等。

对此，笔者认为，司法实践中首先应当避免根据事后造成的损失来倒推"非法占有目的"，从而倾向于将造成较大损失的案件认定为集资诈骗罪，而损失较小的案件认定为非法吸收公众存款罪。其次,资金无法归还与明显非法占有资金行为之间应当具有因果关系,基于市场风险、经营判断失误等原因造成集资款无法收回的,不能推定其具有非法占有目的,而应当通过民事诉讼程序予以追偿。再次,推定融资者具有非法占有目的的基础事实应当具有典型性与明确性,用于生产经营活动与筹集资金规模明显不成比例以及肆意挥霍情形中的"明显""肆意"等应当综合个案事实予以重点分析,不能简单地根据"不成比例""挥霍"等基础事实对非法占有目的进行推定。最后,应当充分允许涉嫌融资诈骗犯罪的行为人就其不具有非法占有目的进行反驳。应当看到,2001 年《全国法院审理金融犯罪案件工作座谈会纪要》不仅从正面规定了非法占有目的的客观表现形式,即推定行为人具有非法占有目的的客观行为类型,而且从反面强调了应当谨慎认定或者不认定非法占有目的的两个要点:一是不能仅凭较大数额的非法集资款不能返还的结果,推定行为人具有非法占有的目的;二是行为人将大部分资金用于投资或生产经营活动,而将少量资金用于个人消费或挥霍的,不应仅以此便认定具有非法占有的目的。但 2010 年《非法集资解释》只是从正面强调了推定非法占有目的的情形,并没有从反面论证或者突出反驳非法占有目的的行为事实类型,在实体规范层面存在一定程度弱化非法占有目的推定与反驳对抗性的问题。故在司法实践中有必要彰显非法占有目的反驳的作用与意义,防止非法集资犯罪司法解释出现技术性倒退。

二、刑事违法性认定问题

超越金融机构垄断存贷款业务框架寻求融资渠道,很大程度上具有融资市场竞争与多层次金融市场创新探索的性质,但是,《证券法》《商业银行法》等法律法规明确禁止违法证券发行核准制度与存贷款业务审批制度的情况下,违反法律规定的融资行为符合刑事处罚标准的,即构成非法集资犯罪。可见,非法集资犯罪刑事违法性认定,即合法融资(合法民间融资、私募等）与非法融资（非法发行证券、非法集资等）判断问题，是划分非法集资犯罪的罪与非罪界限的基础。但是，非法集资犯罪刑事司法实践对于合法融资与非法融资的界限认定问题一直没有摆脱司法机制扭曲的状态。

在刑事司法规范建构与适用层面，非法集资犯罪司法实践始终难以明晰地梳理融资自由与金融安全两种法律所保护的社会利益的关系，最终导致司法规范文本受制于行政调控为主导的金融政策。一方面，刑事司法实践通过严厉打击非法集资等犯罪稳定金融秩序与维护金融垄断；另一方面，通过不同程度地认可民间融资的合法性保障民间资本最低限度的流动性。在融资自由与金融安全两种价值不断冲突与企图调适的过程中，现有金融体系稳定在持续处于优先保护价值地位的同时，深刻地凸显刑事司法规范文本的摇摆性与非独立性。1995 年全国人大常委会《关于惩治破坏金融秩序犯罪的决定》设立非法吸收公众存款罪和集资诈骗罪之后，基于对国有垄断金融机构的保护需要，刑事司法实践对非法集资案件持续进行严厉打击。①尤其是在通过大量投资推动增长的经济过热时期，刑事司法解释文本对于非法集资犯罪的刑事控制尤为严厉。例如，2004 年宏观调控时期，中国政府提出严格控制新开工项目，认真清理在建项目，加强金融调控和信贷管理，适度控制货币信贷增长等针对性调控措施。②2004 年 11 月最高人民法院发布《关于依法严厉打击集资诈骗和非法吸收公众存款犯罪活动的通知》（以下简称《严打非法集资通知》）。《严打非法集资通知》第 2 条提出：坚决贯彻依法严惩集资诈骗和非法吸收公众存款犯罪的方针，加大对集资诈骗和非法吸收公众存款犯罪的打击力度。法院要积极配合有关部门，开展严厉打击这类犯罪的专项行动，切实维护金融市场秩序和社会政治稳定。贯彻依法严惩的方针，保持对犯罪的高压态势，以有效震慑不法分子，保护人民群众利益。对集资诈骗数额特别巨大并且给国家和人民利益造成特别

---

① 参见彭冰：《治理之道更在法律之外》，《财经》2012 年第 6 期。

② 参见新华社北京 4 月 11 日电：《继续加强宏观调控　控制投资过快增长保持经济平稳较快发展》，《人民日报》2004 年 4 月 12 日第 1 版。

重大损失，罪行极其严重的犯罪分子，依法应该判处死刑的，要坚决判处死刑，决不手软。

在非法集资犯罪行为刑事违法性实践判断层面，以行政主管部门行为违法性认定为主导的实体性判断结论与程序性运作流程更是实际控制了合法融资与非法融资的界限甄别。尽管2011年最高人民法院《关于非法集资刑事案件性质认定问题的通知》(以下简称《非法集资性质认定通知》)明确规定：行政部门对于非法集资的性质认定，不是非法集资案件进入刑事程序的必经程序。行政部门未对非法集资作出性质认定的，不影响非法集资刑事案件的审判；对于案情复杂、性质认定疑难的案件，人民法院可以在有关部门关于是否符合行业技术标准的行政认定意见的基础上，根据案件事实和法律规定作出性质认定。但是，《非法集资性质认定通知》又规定，非法集资刑事案件的审判工作涉及领域广、专业性强，法院在审理此类案件当中要注意加强与有关行政主(监)管部门以及公安机关、人民检察院的配合。这实际上意味着司法机关在坚守非法集资犯罪行为刑事违法性认定独立判断的同时，仍然基于权力配置、技术条件、影响领域等各方面障碍与困惑而出现摇摆。

实践中，对于侵害间接融资市场机制的非法吸收公众存款、集资诈骗行为违法性认定，于2007年1月形成了以中国银监会牵头成立的处置非法集资部际联席会议①以及省级人民政府为核心进行判断的行政控制模式，此类非法集资犯罪行为刑事违法性的司法审查对于行政认定程序与结论具有实质性的依赖。根据《处置非法集资部际联席会议制度》的规定，处置非法集资部际联席会议组织有关部门对涉嫌非法集资案件进行性质认定，由有关部门依法作出认定结论。重大案件的认定意见按程序报批。同时，根据

① 处置非法集资部际联席会议是2007年1月经国务院同意建立，由中国银监会牵头，国家发改委等18个部门参加，负责处置非法集资活动组织协调的工作机制。其主要职责是，在国务院的领导下，组织协调有关部门和省级人民政府，建立“疏堵并举、防治结合”的综合治理长效机制，切实有效地贯彻落实党中央、国务院处置非法集资的方针和政策。

《处置非法集资部际联席会议工作机制》的规定，事实清楚、证据确凿、政策界限清晰的，由案发地省级人民政府组织当地银监、公安、行业主管或监管等部门进行认定。性质认定后，由当地省级人民政府组织进行查处和后续处置。重大案件，跨省（自治区、直辖市）且达到一定规模的案件，前期调查取证事实清楚且证据确凿、但因现行法律法规界定不清而难以定性的，由省级人民政府提出初步认定意见后按要求上报，由联席会议组织认定，由有关部门依法作出认定结论。同样，对于侵害直接融资市场机制的擅自发行证券、非法经营证券业务等非法集资犯罪行为的违法性认定，司法机关通常将中国证监会对涉案经营行为的性质所出具的书面结论（一般以复函的形式出现），作为认定涉案直接融资行为或者非法经营证券融资业务行为违法性的核心依据。

犯罪的违法性始终被认为是理所当然的特征。[①]非法集资犯罪行为刑事违法性的认定不能仅仅是对《商业银行法》《证券法》等相关行政法律规定的静态援引，而是必须对整个融资过程中行为的刑事违法性进行全面的证明，即司法机关通过严格的司法审查，论证非法集资犯罪行为的违法事实及其规范依据。司法机关自主性地对非法集资犯罪行为刑事违法性问题进行论证与分析的能动性作用受到了明显的限制，不仅是源于外部性行政力量与金融利益的压制，而且在一定程度上是因为司法机关面对金融专业性问题时主动采取"司法克制"的态度，转而依托专业性行政部门的力量判断非法集资犯罪行为的刑事违法性。实际操作中，中国银监会负责非法集资的认定、查处和取缔及相关的组织协调工作；中国人民银行、公安部、国家工商总局、中国证监会、中国保监会等有关部门及非法集资行为发生地的地方政府密切配合中国银监会开展有关工作。具体而言，涉及银行业金融机构的，由中国银监会负责认定、查处、取缔；涉及证券期货、保险机构、工商企业的，由中国银监会会同中国证监会、中国保监会、国家工商总局以及有关部门负

---

① ［德］李斯特：《德国刑法教科书（修订译本）》，徐久生译，法律出版社2006年版，第202页。

责认定、查处、取缔。[1]但是，犯罪行为的刑事违法性与违法行为的行政违法性明显处于两种实体性质与两种程序判断下的法律判断问题，在非法集资犯罪行为刑事违法性认定程序中，以金融监管部门主导形成的处罚决定、书面复函、调查笔录、认定函等文件材料，只能在行政处罚程序中具有行政法律效力，在刑事司法程序中不具有司法效力，不应当以此为依据认定非法集资犯罪行为的刑事违法性。

同时，基于涉案行为刑事违法性认定而产生的争议、困惑、分歧等频繁见诸非法集资犯罪案件司法实践：其一，融资行为违法性认定证据合法性争议。非法集资犯罪实践中，辩方经常提出的一种辩护意见是，金融监管部门出具的《认定函》等文件不属于《刑事诉讼法》规定的七种证据之一，证据形式不合法，不能作为定案依据。但是，控方通常坚持认为中国证监会出具的《认定函》等从形式上看属于公文书证，具备证据能力，依法可以采信作为定案的依据。其二，非法集资犯罪二次违法性认定障碍与矛盾。根据犯罪二次违法性理论，刑法具有二次性规范的属性，犯罪具有二次性违法的基本特征。[2]在认定犯罪的过程中，涉案行为的违法性依据根植于前置性规范，违法行为只有在超越其他法律规范的情况下，才能通过刑法规范进行二次评价与检讨。故金融监管部门对涉案融资行为提出的行政违法认定意见尽管在刑事违法性证明环节没有司法效力，却是非法集资犯罪行为二次违法性判断中不可或缺的第一次违法性判断基础。《非法集资性质认定通知》规定的行政部门对于非法集资的性质认定不是非法集资案件进入刑事程序的必经程序，实际上明显违背犯罪二次性违法原理。这就导致非法集资犯罪行为刑事违法性判断出现重大的内部冲突与矛盾：在部分案件中，行政违法认

---

① 参见 2005 年中央机构编制委员会办公室《关于明确认定、查处、取缔非法集资部门职责分工的通知》。2018 年，国家工商行政管理总局改为国家市场监督管理总局；组建中国银保监会，不再保留银监会、保监会。

② 参见杨兴培：《犯罪的二次性违法理论探究》，载《社会转型时期的刑事法理论》，法律出版社 2004 年版，第 415 页。

定程序与实体结论完全替代刑事违法判断；在部分案件中，司法机关在没有行政违法认定意见的基础上直接判定相关行为构成非法融资。①

笔者认为，融资行为违法是认定非法集资犯罪刑事违法性的基础，行政程序中的融资行为违法认定意见可以直接作为非法集资犯罪第一次违法性判断的依据。但是，对于非法集资、非法发行证券等直接或者间接非法集资犯罪案件中相关行为的刑事违法性认定问题，司法机关必须进行独立且全面的司法审查与判断。金融监管部门制作的行政处罚决定书、行政复函等可以作为涉案行为刑事违法性司法判断的证据，但不能直接作为定案依据，而应当对此类证据的合法性、关联性等进行刑事转化、综合论证、分析以及司法释理。

其一，金融监管部门提供的书面文件可以作为公文书证纳入非法集资犯罪全案的证据体系，具有可采性。国家机关在法定职权范围内行使职权所制作的书面文件，包括各种命令、决定、通告、指示、信函、证明文书等，属于公文书证，可以作为刑事案件的证据。中国银保监会、中国证监会等作为国务院银行业、证券业等监督管理机构，依照中国相关金融行政法律规定，具有认定非法融资行为的法定职权。中国银保监会、中国证监会等根据稽查的事实、证据，并结合《商业银行法》《证券法》的有关规定出具《认定函》《批复》等，对涉案行为的行政违法性进行说明，符合法律规定，应当作为非法集资犯罪第一次违法性的直接认定依据以及第二次违法性（刑事违法性）的判断基础。

其二，金融监管机构在行政程序中形成的相关证据及其在刑事程序中

---

① 例如，在中富证券有限公司、彭某等非法吸收公众存款案中，中富证券在从事资产管理过程中具有资质，对与此类有资产管理资质的证券机构吸收资金的行为（明知从事资产管理业务不得向客户作出保证其资产本金不受损失或者取得最低收益的情况下，故意采取上述方法吸收存款）是否可认定为非法吸收公众存款，显然应当由中国银监会先行认定其行政违法性。但该案在未经行政确认涉案行为违法性的情况下，一审、二审均认定非法吸收公众存款罪成立。参见中富证券有限责任公司、彭某等非法吸收公众存款案一审判决书：(2005)沪二中刑初字第 117 号；中富证券有限责任公司、彭军等非法吸收公众存款案二审刑事裁定书：(2005)沪高刑终字第 160 号。

出具的文书具有证据可采性，并不意味着司法机关可以直接按照公文书证中的结论性意见认定案件事实与相关行为的刑事违法性。金融监管机构认定非法融资的法定职权限于行政程序，其对融资行为违法性进行确认的行政法律文件具有的既定效力仅覆盖行政程序环节，是一种行政违法性的认定，金融监管机构无权对涉案融资行为的刑事违法性进行认定。所以，在金融监管机构出具认定函件等公文书证的情况下，司法机关必须对其所阐释的理由与结论进行独立分析，不能直接按照中国证监会提供的意见认定案件事实与法律性质。司法机关不得以节省司法资源、金融技术性知识能力低于金融监管机构等理由直接将行政文件作为认定非法集资犯罪行为刑事违法性的依据。

其三，金融监管机构在查处融资违法案件过程中形成的证据材料，经过合法性认定与转化之后，可以作为刑事案件的证据使用。司法实践中，非法集资犯罪案件通常由行政执法部门在调查结束后移送司法机关。非法集资犯罪行为刑事违法性司法审查必然滞后于行政调查。大量的能够证明非法集资犯罪行为刑事违法性的证据势必都由行政执法部门先行调取、采集、固定、制作。[1]对于非法集资犯罪涉及大量融资数据、资金流动、账户信息、被害人证言等证据材料，司法机关只能在经过审查认可这些证据合法性的基础上，对涉案行为的刑事违法性进行判断，不可能作为取证主体重新收集与固定非法集资犯罪的证据。因此，认定非法集资犯罪行为刑事违法性的具体依据只能是金融监管机构移送司法机关的证据。此类能够证明非法集资犯罪行为刑事违法性的依据进一步可以区分为直接依据与间接依据：金融监管机构向证券公司、证券交易所、银行、工商行政执法机构等调取的记录资金走向、账户资料、工商登记等信息的书证、物证、电子证据等客观性材

---

① 在非法集资犯罪案件中，涉案的融资行为通常涉及相关地区甚至是全国投资者，涉案投资者动辄成百上千人，涉案金额动辄千万元甚至上亿元，金融监管机构移送司法机关的资金流向、投资者证言等证据繁多。参见王晓林：《集资诈骗罪和非法吸收公众存款罪的构成及异同》，载陈辐宽主编：《金融证券犯罪疑难问题解析》，中国检察出版社 2009 年版，第 275—284 页。

料，经司法机关确认具备证据合法性的，可以直接作为司法机关判断非法集资犯罪行为刑事违法性的依据。金融监管机构在办案过程中形成的涉案人员供述、证人证言、调查笔录等主观性材料，在刑事司法中不具有证据合法性，必须经过司法机关依法转换为刑事诉讼证据，从而成为判断非法集资犯罪行为是否刑事违法的间接依据。

第二节　非法集资犯罪

“吴英集资诈骗案”在中国引发了一场跨越市民社会与政治国家、普通民众与金融精英、自由市场与金融垄断、规范现实与制度改革、生存与死亡的广泛讨论。相关法治论辩涉及金融犯罪刑法适用与完善、民间金融与法律规制、金融体制改革等一系列问题。应当看到，“吴英集资诈骗案”实际上是在信息互动高度发达时代背景下，通过个案将现有金融监管制度下的投资冲动、融资困境以及法律控制之间的冲突问题予以极度放大，民间融资、非法吸收公众存款罪以及集资诈骗罪的规范界限模糊在中国刑法理论与实务长期存在并持续形成争议。随着社会经济的发展，近几年来非法集资犯罪数量与危害持续攀升。根据上海市人民检察院发布的《2015 年上海金融检察白皮书》统计，非法集资犯罪持续增长。2015 年，非法金融活动犯罪加剧，特别是非法集资案件连续四年出现增长，非法吸收公众存款案 101 件、集资诈骗案 37 件。案件还呈现出以下特点：非法集资犯罪主体多为投资管理类公司，采用多层级、跨区域、集团化运作的新模式；销售产品多为性质模糊的“理财产品”，多借用保障安置房、养老产业等国家政策扶持项目等名义混淆视听；传播手段仍使用常见手段，部分借助公众媒体传播集资虚假信息。

一项针对 1995 年至 2008 年中国 311 起非法集资案件的实证研究指出，个人集资与“债权”型财产关系的高度重合，反映的实质问题是刑法对待非法集资和民间借贷的界限问题所持的模糊态度。由于现行刑法及其配套规定缺乏区分民间借贷和非法集资的明确且具有可操作性的标准，导致司法裁量权呈现滥用的趋势，使各地处理非法集资案件的实践极为混乱。①同时，21世纪以来中国接连发生的数额特别巨大的非法集资个案也深刻地体现出民间融资事前与事中监管机制阙如与事后刑法规制严苛的法律监管错位状态。

例如，“孙大午非法吸收公众存款案”：河北省响水县孙大午创办的民营农业企业大午集团向银行贷款遇到困难，孙大午动员本企业职工及附近的乡镇村民将钱存在大午集团，用于企业经营。2003年7月5日，徐水县检察院以涉嫌非法吸收公众存款罪批准逮捕孙大午。法院审理认定，大午集团未经中国人民银行批准，经孙大午决策，大午集团招收代办员，设立代办点，于2001年1月至2003年5月间，以高于银行同期存款利率、承诺不交利息税等方式，向社会公众变相吸收存款1 627单，共计1 300多万元，涉及611人。2003年11月17日法院以非法吸收公众存款罪判处孙大午有期徒刑三年，缓刑四年。②但是，提供存款者与大午集团从未发生信用纠纷，甚至在孙大午案发后也没有出现储户挤兑，储户非但没有出现投资损失反而有相当数量的投资者获利。由于孙大午吸收存款的利息、用途均不存在违法情形，加之吸收存款对象是否具有不特定性较难明确，导致其行为是构成非法吸收公众存款罪还是属于合法的民间借贷存在极大争议。

再如，“曾成杰集资诈骗案”：原湖南三馆房地产开发集团有限公司（以下简称“三馆公司”）总裁曾成杰以非法占有为目的，采用诈骗方法非法集资总金额34.5亿余元，集资诈骗金额近8.3亿元，金额特别巨大，且情节严重，被告人曾成杰犯集资诈骗罪，于2012年1月19日被湖南省高级人民法院判处死刑。③然而，在剔除已退本息及集资奖励的情况下，三馆公司实际可

---

① 王开元、施东沂、骆梅婷：《非法集资实证研究》，《金融法苑》2010年第1期。

② 邱伟：《孙大午案一审落定》，《21世纪经济报道》2003年11月3日第5版。

③ 张力、万涛：《湘西曾成杰“集资诈骗”获死刑　类“吴英案”再引争议》，《21世纪经济报道》2012年3月19日第9版。

以用于生产经营活动的融资总额是 7.1 亿元，且经湖南省华信司法鉴定所出具的司法会计鉴定意见书显示，三馆公司的资产总计 7.7 亿元，即实际投入生产活动的资金就是 7.7 亿元，所以，在三馆公司实际投入生产活动的资金大于可以使用的资金将近 0.6 亿元的情况下，认定其非法占有集资款存在疑问。同时，该案集资行为是以三馆公司等单位的名义实施的，集资款项用于单位经营、建设项目，符合单位犯罪的两个构成要件；三馆公司具有合法的公司主体资格，从事的经营活动合法，对外集资的决策由公司集体作出或者公司负责人依据公司决策程序作出，集资所得款归单位使用，认定为自然人集资诈骗犯罪同样存在争议。

可见，以"吴英案"为典型代表的与民间融资有关的犯罪案件在凸显出中国金融监管不力（金融法律规范不明确、融资监管信息收集与披露机制缺失、民间融资风险预警与防控不健全）的同时，均不同程度地体现出刑法控制过度与刑法规范适用不明确的问题。在面对民间融资合法与非法的界限、非法集资犯罪构成要件的解释、违法吸收资金故意与诈骗故意的判断等疑难问题时，刑法理论往往难以通过全面且有效的论证在刑法规范条文与民间融资现实冲突之间化解个案争议或者弥合制度断裂。

对此，笔者认为，刑法理论有必要超越民间融资、非法吸收公众存款、集资诈骗等非法集资犯罪案件的传统规范思维框架，从此类案件频发的金融动因，即市场融资需求的角度出发，拓展刑法规范分析视野。深度反思刑法分则非法集资犯罪的规范文本、理论探索以及司法实践，不仅对于参与中国金融市场的交易者可以起到重要的规范指引作用，而且对于非法集资犯罪刑法理论亦有重大意义。

一、非法集资犯罪中社会公众性的界定

根据《非法集资解释》第 1 条的规定，"违反国家金融管理法律规定，向社会公众（包括单位和个人）吸收资金的行为，同时具备下列四个条件的，除

刑法另有规定的以外，应当认定为刑法第一百七十六条规定的‘非法吸收公众存款或者变相吸收公众存款’：（一）未经有关部门依法批准或者借用合法经营的形式吸收资金；（二）通过媒体、推介会、传单、手机短信等途径向社会公开宣传；（三）承诺在一定期限内以货币、实物、股权等方式还本付息或者给付回报；（四）向社会公众即社会不特定对象吸收资金。未向社会公开宣传，在亲友或者单位内部针对特定对象吸收资金的，不属于非法吸收或者变相吸收公众存款”。

根据2014年最高人民法院、最高人民检察院、公安部《关于办理非法集资刑事案件适用法律若干问题的意见》第2条关于“向社会公开宣传”的认定问题的规定，《非法集资解释》第1条第1款第2项中的“向社会公开宣传”，包括以各种途径向社会公众传播吸收资金的信息，以及明知吸收资金的信息向社会公众扩散而予以放任等情形。

结合上述法律与司法解释的规定可知，如果没有证据证明行为人向社会进行公开宣传，其只是向少量客户或者长期交往的朋友吸收资金，也没有证据证明行为人进一步利用这些客户或者朋友扩散募资信息，应当认为募资行为是非公开、特定的。

并且，非法吸收公众存款罪要求的社会公众性表明，公众是由自然人构成的公众，而不包括公司、企业等法人或者单位。2015年8月6日，最高人民法院《关于审理民间借贷案件适用法律若干问题的规定》第11条规定：“法人之间、其他组织之间以及它们相互之间为生产、经营需要订立的民间借贷合同，除存在合同法第五十二条、本规定第十四条规定的情形外，当事人主张民间借贷合同有效的，人民法院应予支持。”第12条规定：“法人或者其他组织在本单位内部通过借款形式向职工筹集资金，用于本单位生产、经营，且不存在合同法第五十二条、本规定第十四条规定的情形，当事人主张民间借贷合同有效的，人民法院应予支持。”第26条规定：“借贷双方约定的利率未超过年利率24%，出借人请求借款人按照约定的利率支付利息的，人民法院应予支持。借贷双方约定的利率超过年利率36%，超过部分的利息约定无效。借款人请求出借人返还已支付的超过年利率36%部分的利息的，人民法院应予支持。”1999年1月26日，最高人民法院《关于如何确认公民与企业之间借贷行为效力问题的批复》规定：“公民与非金融企业之间的借贷属于民间借贷，只要双方当事人意思表示真实即可认定有效。”可见，法律法规对于自然人与单位之间借贷的法律规制是并无明显限制。所以，向公司、企业等单位募集资金并不涉及非法吸收公众存款的刑事法律风险问题。

二、资产管理、财富管理、委托理财与非法吸收公众存款

当前金融市场中存在名目繁多的资产管理、财富管理、委托理财等业务，各种金融机构、类金融机构基于各法的牌照从事相关业务。例如，中国证监会《基金管理公司特定客户资产管理业务试点办法》第2条规定：基金管理公司向特定客户募集资金或者接受特定客户财产委托担任资产管理人，由托管机构担任资产托管人，为资产委托人的利益，运用委托财产进行投资的活动，适用本办法。中国证监会《关于规范证券公司受托投资管理业务的通知》第1条规定：受托投资管理业务是指证券公司作为受托投资管理人，依据有关法律、法规和作为投资委托人客户的投资意愿，与客户签订受托资产管理合同，把客户委托的资产在证券市场上从事股票、债券等金融工具的组合投资，以实现委托资产收益最优化的行为。可见，基金公司、证券公司可以代理客户进行资产管理，由公司通过向客户提供投资方法和投资时机的建议，让客户参考建议自己操盘或者由客户全权委托公司操盘等形式进行投资理财，以实现客户资产保值、增值的业务。但是，实践中也存在大量的公司不具有资管资质，而以委托理财等名义从事非法集资行为。

笔者认为，资管业务、委托理财的本质在于合法建立委托关系，基于客户利益代理客户从事金融交易，风险由客户自行承担，而非法吸收公众存款实际上是违法从事本质上应当由银行实施的吸存、揽储业务，违反法律规定与社会公众约定或者承诺本金与利息(收益)。

在没有资管、委托理财等资质的情况下，实践中一般很容易即可辨识承诺本息的非法吸收公众存款行为，疑难问题在于部分有资管、理财牌照的机构，以各种形式客观上保本付息从事资产管理、财富管理、委托理财行为，对此究竟能否认定为非法吸收公众存款犯罪行为？

刑法理论与实务中通常认为，保本付息的所谓委托理财活动，已经脱离了委托理财的内在含义，与委托理财的本质特征也不相符合，其实质是变相的非法吸收公众存款行为。因为在保本付息的活动中不存在委托关系。保本付息的行为虽然形式上也存在所谓的委托，但是，资管公司与客户之间实质上不存在委托—代理关系。公司与客户之间签订的资产管理合同不是真正的委托—代理协议，其实质是公司向客户约定到期兑现的承诺书。正因为资管公司与客户之间不存在委托关系，因此，保本付息活动不具有委托理财的最本质的特征。同时，在保本付息活动中的投资行为并未体现客户的意愿。保本付息的活动中，公司在取得客户投资的资产后，完全是以自己名义进行对外投资的，投资方法和投资时机等都是由资管公司自己决策或决定的，这种活动体现的是公司的意愿，而并没有体现客户的意愿。客户关注的是公司向其所作出的承诺，但并不关心公司如何使用其投入的资产。由于体现客户意愿是委托理财内在的应有之义，因此，保本付息活动难以归入正常的委托理财业务范围之中。此外，客户在保本付息活动中并不承担投资风险。委托理财的重要特征之一在于客户须承担投资风险，但是，在保本付息活动中，由于公司无论盈亏情况如何，都要在约定期限内兑现承诺保本付息，即客户投入资产的风险不是由客户而完全是由公司承担的。①

然而，主张委托理财保本付息就是非法吸收存款的理论观点在司法实践中很容易被各种形式的合约安排所架空，从而丧失据此追究非法吸收公众存款罪刑事责任的空间。从当前的各类资管产品合约安排分析，所谓的承诺利息实际上都是关于预期收益(率)的合约设计。从法律属性上讲，预

① 王拓：《P2P 网贷平台非法吸收公众存款行为的司法认定》，《中国检察官》2016 年第 2 期。

期收益就是一种不确定性，显然是客户自己应当承担的风险，不能据此否定资管机构与客户之间的委托—代理关系。资管公司通过各种历史收益数据或者刚性兑付巧妙地淡化合约中具有法律效力的“预期”收益，强化客户认为其肯定会保本付息的预期。在这个过程中，资管机构在法律层面规避了承诺保本付息的非法集资风险，在商业上也没有因此造成客户的顾虑而损失客源。所以，将证券公司、基金公司等金融机构实施的保本付息行为定性为吸收公众存款并无实际意义，实践中也鲜见具有合法资管牌照的机构因此而被认定为非法吸收公众存款罪。更为合理的规制路径应当是通过强化金融监管控制这种变相吸收公众存款行为。同时，刑法规制的重点应当是那些并无资管资质的机构承诺保本付息的行为。

三、私募与非法吸收公众存款

近几年来私募基金行业发展迅速，截至 2016 年 4 月 26 日，登记备案的私募基金 2.58 万家，运作产品 2.8 万只，其中，机构数量多、增数快，但质量不高，100 亿元以上管理规模的有 94 家，50 亿元以上的有 216 家，20 亿元以上是 538 家。2 万多家私募管理人有产品的是 8 500 家，平均规模是 6.7 亿元。与此同时，私募基金行业暴露出很多问题，尤其是私募基金变相公募，向不特定对象公开推介，变相降低投资者门槛，“跑路”事件时有发生，最突出的问题表现在非法集资的风险。从 2016 年第一季度发生的私募基金非法集资来看，涉案的备案登记的私募基金规模有 5.7 亿元，涉及投资者 1 700 多人。①

私募的宣传范围有限、宣传对象有限。这种有限性是启动民间资本又同时防范民间炒作，最大限度防范法律风险的应有之义。然而，目前私募基金为募集资金所雇用的投资理财顾问、咨询平台无疑打破了这种限制。制作私募基金网站、理财讲座、投资研讨会等宣传形式无形当中把私募基金资

① 李丹丹:《私募基金行业暴露四大问题　非法集资高发态势未根本扭转》,《上海证券报》2016 年 4 月 30 日第 2 版。

金募集行为推向了犯罪的边缘。同时,“代持”是私募基金在资金募集过程中常见的现象。所谓“代持”是指受托人(股东)以本人名义代替多名投资人出资。代持股人为显名投资人,出资人为隐名投资人。实践中,某些私募基金为了扩大“资金池”规模,同时规避我国对私募基金投资数额的最低门槛限制以及投资人数量的上限限制,采用“代持股”的方式,汇集小额资金参与私募投资。实质上,“代持股”行为改变了投资人结构的一元化状态,形成了投资人群体的二元化多层次的结构。形式上的投资人为发起人、有限合伙人,实质上还包含不特定的实际投资人。这种看似平淡无奇的行为,实则隐藏着巨大的形成非法集资犯罪的风险。“代持股”现象产生于发起人邀约有限合伙人参与投资阶段,由于缺乏对投资资金来源的合法性保障机制,实践中主要依靠商业银行的客户信誉保障。对于部分股东的出资行为是否存在非法集资行为的可能性难以作出准确的判断,无形当中为私募基金带来了产生非法集资犯罪的风险。以委托方式募集集资的行为容易产生“代持股”现象。我国现行法律并未明文承认“代持股”行为。因此,代位持股在给当事人带来便利的同时,也给代持股带来某些麻烦。虽然国家发展与改革委员会2009年发布的《加强创业投资企业备案管理严格规范创业投资企业募资行为的通知》明确规定,存在代持股方式的将不予备案。但目前尚无法律法规将私募基金中的“代持股”行为界定为违规甚至非法行为,仅仅在备案门槛中加以限制。“代持股”也就成为投资人与发起人以暂时性规避法律为代价,实现增资扩容与保本增值的有效途径。实践中,某些私募发起人为了获取注册,默许甚至明示投资能力不足的投资者,借助“代持股”的方式进入企业作为隐名股东,募集对象的实际人数远超过特定投资人人数的标准。特定投资人以显名方式参与投资,而不特定投资人以隐名方式参与投资或者通过“保本付息”的方式获取收益,无形中为非法集资犯罪的生成创造了空间。[①]可见,通过私募有限合伙等形式公开宣传并违反监管规则超越人数

① 王荣芳:《合法私募与非法集资的界定标准》,《政法论坛》2014年第6期。

限制地吸收投资，以行公募之实的，应当认定为非法吸收公众存款。

然而，应当看到，司法实践中并非所有参与私募环节的行为人都对于整个利用私募平台公开推介的事实具有明确认知。例如，私募基金在推介金融产品过程中，除了通过公司内部的自有销售团队进行推介之外，还大量通过外部中介机构、独立中介人员等中间渠道进行销售，而这些外部销售渠道实际上并不知悉其募集资金的模式。对于这些外部行为人的刑事责任问题，就应当进行谨慎的分析。

中介渠道并不明知或者应知本案中的募资模式涉嫌利用有限合伙的形式非法吸收公众存款，其在行为过程中一直认为从事的是私募的推介与中介行为，不能认定为非法吸收公众存款共犯。如果没有证据能够证明中间渠道人对假借私募形式实质进行公开发行的行为模式、经营方式、管理结构、吸收资金的具体操作等信息具有任何形式、程度的知悉，没有任何书证能够证明其参与了公司内部的特定环节，没有任何证人证言能够证明其对公司及其相关人员的行为本质与具体内容具有明知或者应知，就不能认定其具有实施非法吸收公众存款罪的共同故意。

从行为角度分析，一般而言，参与中介的有限合伙私募合同，实际上都是审阅过合法的律师事务所拟定的协议，相关财务信息也是经过会计师事务所审计的，同时也会通过实地考察对私募资金所投入的项目进行评估，基于其行业经验与合理的审慎调查，认为其行为是在推介、中介合法的私募。在这种情况下，不能认定中介渠道人利用私募有限合伙非法吸收公众存款。

从合规性的角度分析，中介渠道人的行为符合《证券投资基金法》《合伙企业法》《私募投资基金监督管理暂行办法》等法律法规规章对以有限合伙形式进行私募的规定，则并不具备非法性，不应当认定为非法吸收公众存款。《证券投资基金法》第 87 条规定："非公开募集基金应当向合格投资者募集，合格投资者累计不得超过二百人。前款所称合格投资者，是指达到规定资产规模或者收入水平，并且具备相应的风险识别能力和风险承担能力、其基金份额认购金额不低于规定限额的单位和个人。合格投资者的具体标准由国务院证券监督管理机构规定。”2014 年 6 月 30 日《私募投资基金监督管理暂行办法》第 12 条规定：“私募基金的合格投资者是指具备相应风险识别能力和风险承担能力，投资于单只私募基金的金额不低于 100 万元且符合下列相关标准的单位和个人：（一）净资产不低于 1 000 万元的单位；（二）金融资产不低于 300 万元或者最近三年个人年均收入不低于 50 万元的个人。”如果中介业务的对象基本上都是高净值的合格投资者，符合私募投资的法律法规规章的规定，则无论私募基金公司本身公开募集了多少数额、向多少不特定人吸收资金，中介渠道者推介成功的相关数额不应当认定为非法吸收公众存款数额。因为这与实践中典型的利用有限合伙形式向不具有合格的投资资质与风险承担能力的人非法吸收 50 万元或者 100 万元以下投资款的行为存在明显的差异。《合伙企业法》第 61 条规定：“有限合伙企业由二个以上五十个以下合伙人设立。”根据《私募投资基金监督管理暂行办法》第 13 条的规定，以合伙企业、契约等非法人形式，通过汇集多数投资者的资金直接或者间接投资于私募基金的，私募基金管理人或者私募基金销售机构应当穿透核查最终投资者是否为合格投资者，并合并计算投资者人数。市场中的独立中间人，在履行合理审查义务的前提下，如果并未发现公司存在汇集多数投资者资金投资于有限合伙，规避 50 人人数上限的法律规定。同时，其本人推介的投资者也不存在汇集资金投资有限合伙的问题，则显然并不存在通过其中介行为默认、协助等汇集多人资金投资于有限合伙。

对非公开募集基金（私募）进行推介、中介，与非法吸收公众存款罪中的公开募集公众资金存在本质区别。《证券投资基金法》第 91 条规定：“非公开募集基金，不得向合格投资者之外的单位和个人募集资金，不得通过报刊、电台、电视台、互联网等公众传播媒体或者讲座、报告会、分析会等方式向不特定对象宣传推介。”如果并无证据表明中介渠道人向合格投资者之外的单位和个人募集资金，也无证据表明其通过公开宣传方式向不特定人募集资金，则推介、中介完全局限于非公开募资的范畴。

中介渠道人向特定的、合格的投资者推介、中介的私募基金，如其合同内容是符合法律规定的，不应当认定为非法吸收公众存款。根据《证券投资基金法》第3条的规定，通过非公开募集方式设立的基金的收益分配和风险承担由基金合同约定。实践中，作为中介人参与的、相关投资者签署的有限合伙投资协议，其所审阅的合同一般均是经过合法的律师事务所出具的文本，相关财务资料都是合法的会计师事务所出具的信息内容，相关收益和风险承担均由基金合同按照意思自治原则进行约定。在中介渠道人已履行中介人合理的注意义务、审查义务的情况下，不能基于基金投资出现风险、私募公司及其负责人、业务员等存在涉嫌非法吸收公众存款罪的问题等原因，而对中介人追究非法吸收公众存款罪的刑事责任。

四、非法吸收公众存款罪与非罪的界定及其数额边界

《非法集资解释》第3条对非法吸收公众存款罪的数额边界进行了量化规定："非法吸收或者变相吸收公众存款，具有下列情形之一的，应当依法追究刑事责任：(一)个人非法吸收或者变相吸收公众存款，数额在20万元以上的，单位非法吸收或者变相吸收公众存款，数额在100万元以上的；(二)个人非法吸收或者变相吸收公众存款对象30人以上的，单位非法吸收或者变相吸收公众存款对象150人以上的；(三)个人非法吸收或者变相吸收公众存款，给存款人造成直接经济损失数额在10万元以上的，单位非法吸收或者变相吸收公众存款，给存款人造成直接经济损失数额在50万元以上的；(四)造成恶劣社会影响或者其他严重后果的。具有下列情形之一的，属于刑法第一百七十六条规定的'数额巨大或者有其他严重情节'：(一)个人非法吸收或者变相吸收公众存款，数额在100万元以上的，单位非法吸收或者变相吸收公众存款，数额在500万元以上的；(二)个人非法吸收或者变相吸收公众存款对象100人以上的，单位非法吸收或者变相吸收公众存款对象500人以上的；(三)个人非法吸收或者变相吸收公众存款，给存款人造成直接经济损

失数额在50万元以上的，单位非法吸收或者变相吸收公众存款，给存款人造成直接经济损失数额在250万元以上的；(四)造成特别恶劣社会影响或者其他特别严重后果的。非法吸收或者变相吸收公众存款的数额，以行为人所吸收的资金全额计算。案发前后已归还的数额，可以作为量刑情节酌情考虑。非法吸收或者变相吸收公众存款，主要用于正常的生产经营活动，能够及时清退所吸收资金，可以免予刑事处罚；情节显著轻微的，不作为犯罪处理。”

五、集资诈骗罪

集资诈骗犯罪活动严重危害市场经济秩序、损害人民群众利益、影响社会稳定，属于典型的涉众型金融诈骗犯罪，具有极为严重的社会危害性。重大的集资诈骗刑事案件，涉案金额大，受害人数多，作案周期长，案发后大部分集资款已被挥霍、转移、隐匿，资金返还率低，集资群众损失惨重，频频引发聚众上访等大规模群体性事件和受害群众自杀等恶性事件。当前集资诈骗犯罪活动持续高发，涉及各个领域，形势严峻。统计数据显示，2005年至2010年6月，非法集资类案件共计超过1万起，涉案金额1 000多亿元，每年约以2 000起、集资额200亿元的规模快速增加。特别是自2008年以来，受全球金融危机影响，国内资金供需紧张，不但引发催生了各种新型集资诈骗犯罪活动，原有的集资诈骗犯罪活动也在加速暴露。犯罪分子往往依托合法注册的公司、企业，以响应国家产业政策、支持新农村建设、项目投资、委托理财等为幌子，巧妙伪装，故意混淆非法集资与合法融资的界限；新的非法集资手法层出不穷，利用经营投资、商品销售、电子商务、基金运作、风险投资、新能源开发、外汇交易、消费返利、黄金期货交易等形式的非法集资纷纷涌现，并不断由传统的种植业、养殖业向房地产、商贸、金融、旅游、医疗卫生、教育等行业渗透，极具隐蔽性和欺骗性。①对于各种集资诈骗犯罪活

① 刘为波:《〈关于审理非法集资刑事案件具体应用法律若干问题的解释〉的理解与适用》，《人民司法》2011年第5期。

动，实践中其他相关的法律规定不够明确、具体，政策法律界限不易把握，法律适用疑难问题较多，有必要研究集资诈骗犯罪的法律适用问题。

（一）数额标准问题

对于数额较大的起点，《非法集资解释》起草过程中存在两种不同意见。一种意见主张降低集资诈骗罪数额较大的起点标准，理由是：与其他诈骗的数额标准协调平衡；有利于司法机关及早介入，“打早打小”。另一种意见主张调高数额较大的起点标准，理由是：多数集资诈骗犯罪属于单位犯罪，有一定的生产经营规模；有利于重点打击严重犯罪，控制打击面。经研究，确定入罪门槛，既要考虑与其他诈骗犯罪的平衡，更要考虑与非诈骗类集资犯罪如非法吸存罪的内在平衡。鉴于当前集资诈骗案件动辄上千万元这一实际情况，降低追诉标准所希望的“打早打小”的初衷能否如愿，会不会因标准降低而导致罪刑失衡，均不无疑问。同时考虑到上调的空间已经极为有限，故两种意见均未被采纳。同时，考虑到实践中在集资诈骗数额的具体认定上存在各种意见分歧，《非法集资解释》明确规定：“集资诈骗的数额以行为人实际骗取的数额计算，案发前已归还的数额应予扣除。行为人为实施集资诈骗活动而支付的广告费、中介费、手续费、回扣，或者用于行贿、赠与等费用，不予扣除。行为人为实施集资诈骗活动而支付的利息，除本金未归还可予折抵本金以外，应当计入诈骗数额。”①

在适用集资诈骗犯罪的定罪量刑标准过程中，应当注意对集资诈骗犯罪数额的认定。实践中，有的观点认为，诈骗数额指犯罪行为获取的全部数额，但也有观点认为，诈骗数额包括犯罪行为所指向的数额。实际上，集资诈骗罪属于目的犯，应当从非法占有目的实现的角度来认定诈骗数额。非法集资的规模或者非法集资的标的数额可以作为量刑情节适当予以考虑，但是，集资诈骗数额应以行为人实际骗取的数额计算。据此，集资诈骗犯罪当中已返还部分没有实际占有，也难以根据客观情形认定行为人具有非法

---

① 刘为波：《〈关于审理非法集资刑事案件具体应用法律若干问题的解释〉的理解与适用》，《人民司法》2011 年第 5 期。

占有目的，不应计入诈骗数额。

(二) 集资诈骗犯罪的规范界限把握

总体上，集资诈骗犯罪表现为行为人使用诈骗的方法非法集资，数额较大的行为。所谓集资，是指在社会上募集资金。集资诈骗，就是使用诈骗的方法募集资金，例如虚构集资单位、集资用途，或者许诺高利率汇报等，使他人轻易交付资金，以至于上当受骗。集资诈骗犯罪主观方面表现为故意的罪过性质，即行为人是明知而故犯，并且具有非法占有的目的。

在认定集资诈骗罪时，应该注意以下问题：一是集资诈骗犯罪的罪质界限。这主要是指本罪与集资借贷的民事纠纷之间的区别。如果为了正常的经济需要，临时性集资借贷，后因客观原因无力归还或未能及时按约归还而发生纠纷，应通过民法调整加以解决。二是集资诈骗犯罪的罪量界限。集资诈骗罪和欺诈发行股票、债券罪、非法吸收公众存款罪在客观上均表现为向社会公众非法募集资金。区别的关键在于行为人是否具有非法占有的目的。对于以非法占有为目的而非法集资，或者在非法集资过程中产生了非法占有他人资金的故意，均构成集资诈骗罪。但是，在处理具体案件时要注意以下两点：一是不能仅凭较大数额的非法集资款不能返还的结果，推定行为人具有非法占有的目的；二是行为人将大部分资金用于投资或生产经营活动，而将少量资金用于个人消费或挥霍的，不应仅以此便认定具有非法占有的目的。同时，要区分本罪与非法吸收公众存款罪的区别。两者的区别主要表现在：(1)主观方面的目的内容不同：本罪具有非法占有的目的，而非法吸收公众存款罪则不具有如此目的；(2)客观方面的行为表现不同：本罪具有诈骗的特征，而非法吸收公众存款罪则是违法吸收公众的存款。

在处罚上，还应当注意，金融诈骗犯罪是图利型犯罪，惩罚和预防此类犯罪，应当注重同时从经济上制裁犯罪分子。刑法对金融诈骗犯罪都规定了财产刑，人民法院应当严格依法判处。罚金的数额，应当根据被告人的犯罪情节，在法律规定的数额幅度内确定。对于具有从轻、减轻或者免除处罚情节的被告人，对于本应并处的罚金刑原则上也应当从轻、减轻或者免除。

单位金融犯罪中直接负责的主管人员和其他直接责任人员，是否适用罚金刑，应当根据刑法的具体规定。刑法分则条文规定有罚金刑，并规定对单位犯罪中直接负责的主管人员和其他直接责任人员依照自然人犯罪条款处罚的，应当判处罚金刑，但是对直接负责的主管人员和其他直接责任人员判处罚金的数额，应当低于对单位判处罚金的数额；刑法分则条文明确规定对单位犯罪中直接负责的主管人员和其他直接责任人员只判处自由刑的，不能附加判处罚金刑。

第三节　非法发行证券犯罪

通过发行股票、债券的方式募集资金是直接融资的重要模式，为了保护融资市场的效率与投资者的权益，刑法对证券发行市场设置了相关犯罪类型。其中，擅自发行股票、债券罪，欺诈发行股票债券罪，违规披露、不披露重要信息罪等各自从不同的侧面对证券发行市场提供了刑法保护。

一、擅自发行股票、公司、企业债券罪

擅自发行股票、债券罪在相当长的一段时间是与非法集资犯罪同时存在的融资犯罪行为类型，前者主要侵害直接融资市场，后者主要侵害间接融资市场。擅自发行股票、债券罪主要是通过编造公司即将在境内外上市或股票发行获得政府批准等虚假信息，以转让股份的面目出现，通过中介机构以各种公开方式向社会公众销售所谓“原始股”。

2008年，最高人民法院、最高人民检察院、公安部、中国证监会四部门联合下发《关于整治非法证券活动有关问题的通知》（以下简称《非法证券通知》），严打非法证券活动。《非法证券通知》规定：公司、公司股东违反有关规定，擅自向社会公众转让股票，应当追究其擅自发行股票的责任，公司与其股东合谋实施上述行为的，公司与其股东共同承担责任。擅自发行证券

的，根据犯罪事实，依照刑法分别追究擅自发行股票罪、非法吸收公众存款罪、集资诈骗罪等；未经批准经营证券业务，涉嫌犯罪的，以非法经营罪追究刑事责任；未构成犯罪的，依照证券法和有关法律的规定给予行政处罚。关于非法证券活动受害人的救济途径问题，通知明确规定，如果非法证券活动仅是一般违法行为而没有构成犯罪，当事人符合民事诉讼法规定的起诉条件的，可以通过民事诉讼程序请求赔偿。据不完全统计，非法证券活动中90%以上都涉嫌犯罪，而最终被追究刑事责任的只占很小一部分。2007年，中国证监会协助公安部督办的8起重点案件均已侦查终结，8起案件共抓获犯罪嫌疑人48人，取缔非法中介机构19家。由于非法证券行为具有智能性、专业性、隐蔽性、手段多样性的特点，实践中仍然存在查处案件难、法律适用理解难、监管部门等行政机关与司法机关协调难等问题，这在一定程度上影响了对非法证券活动的打击力度，损害了法律的权威。①

《非法证券通知》实施后，随着刑事规制力度的强化，擅自发行股票、债券罪的构成要件与刑事违法性边界也在司法实践中不断明晰。

擅自发行股票、债券罪，是指未经国家有关主管部门批准，擅自发行股票或者公司、企业债券，数额巨大、后果严重或者有其他严重情节的行为。在客观方面，本罪表现为未经国家有关主管部门批准，擅自发行股票或者公司、企业债券，数额巨大、后果严重或者有其他严重情节的行为。根据国家的有关规定，发行股票、债券的主体必须具有法定的资格；发行股票、债券必须具备国家规定的条件；发行股票、债券必须获得国家主管部门的批准。擅自发行股票、公司、企业债券的行为就是违法的行为，数额巨大、后果严重或者具有其他严重情节的行为，就构成了刑法规定的犯罪。最高人民检察院、公安部《关于经济犯罪案件追诉标准的规定》第28条规定，未经国家有关主管部门批准，擅自发行股票或者公司、企业债券，涉嫌下列情形之一的，应予追诉：(1)发行数额在五十万元以上的；(2)不能及时清偿或者清退的；(3)造

① 肖中华：《〈通知〉强调严惩非法证券违法犯罪》，《中国证券报》2008年1月10日第A2版。

成恶劣影响的。根据《刑法》第 179 条的规定，犯擅自发行股票、公司、企业债券罪的，处五年以下有期徒刑或者拘役，并处或者单处非法募集资金金额 1%以上 5%以下罚金。单位犯前款罪的，对单位判处罚金，并对其直接负责的主管人员和其他直接责任人员，处五年以下有期徒刑或者拘役。

典型案例：2001 年 12 月至 2007 年 8 月期间，被告人郑某担任被告单位安基公司的董事长、法定代表人，为了给单位募集资金，经股东会集体决定，在未经证券监管部门批准的情况下，擅自委托中介公司与个人代理，向社会不特定公众转让安基公司自然人股东的股权，共计向 260 余人发行股票 322 万股，募集资金人民币 1 109 万余元，用于单位的经营活动及支付代理费用。

上述案件中，非上市股份有限公司为筹集经营资金，在未经证券监管部门批准的情况下，委托中介机构向不特定社会公众转让公司股东的股权，其行为属于未经批准擅自发行股票的行为，数额巨大、后果严重或者有其他严重情节的，应当以擅自发行股票罪定罪处罚。①

本罪司法实践中还存在一个疑难问题是非法发行销售非上市公司股票涉嫌共同犯罪如何确定罪名。《非法证券通知》第 2 条第 3 项"关于非法经营证券业务的责任追究"规定，非上市公司和中介机构共谋擅自发行股票，构成犯罪的，以擅自发行股票罪的共犯论处。运用刑法共犯原理对该条规定进行解析，不仅有利于在司法实践中正确贯彻执行《非法证券通知》，而且能够有效解决非法公开发行销售非上市公司股票共同犯罪的罪名确定难题。

司法实践中存在两个规制非法发行销售非上市公司股票行为的重要文件，即国务院办公厅《关于严厉打击非法发行股票和非法经营证券业务有关问题的通知》和国务院《关于同意建立整治非法证券活动协调小组工作制度的批复》。相当一部分公开发行销售非上市公司股票案件进入刑事司法程序。此种破坏社会主义市场经济秩序的犯罪行为通常由非上市公司与中介销售机构经事先约定后分步实施，涉及刑法分则擅自发行股票罪与非法经

---

① 上海市浦东新区人民检察院诉上海安基生物科技股份有限公司、郑某擅自发行股票案，见《最高人民法院公报》2010 年第 9 期。

营罪两个罪名。司法机关对于如何确定不同行为主体的犯罪性质问题存在较大争议。

否定共同犯罪的观点认为，非上市公司与中介销售机构虽有事先约定，却非犯意联络，行为双方存在不同的犯罪故意内容，应当分别认定为擅自发行股票罪与非法经营罪。肯定共同犯罪中有观点认为，非上市公司制作发行股票、向不特定对象转让股权，属于中介公司公开销售股票的准备行为与实现销售收益的必经环节，其行为构成擅自发行股票罪实行犯与非法经营罪共犯的想象竞合。所以，行为双方均应当按照重罪即非法经营罪定性。但也有观点认为，应当根据犯罪事实支配理论确定公开发行销售股票共同犯罪的性质。非上市公司发行股票在共犯结构中处于核心地位、实施核心行为，代理公司是实现利益的一个中间环节。故应当以擅自发行股票罪追究行为双方的刑事责任。

《非法证券通知》出台后，实践中有观点指出，公开发行销售非上市公司股票共同犯罪性质确定问题已有操作规则，司法机关应当统一按照擅自发行股票罪定性。笔者认为，《非法证券通知》对非法发行销售非上市公司股票共犯定性问题作出了定纷止争的规定，但并没有涵盖此类共同证券犯罪罪名确定的全部问题。以擅自发行股票罪共犯论处的前提是非上市公司与中介机构进行"共谋"，且犯意联络的内容是"擅自发行股票"。因此，适用擅自发行股票罪追究共犯刑事责任具有高度限定性，只有在行为主体共同策划向社会公众擅自转让非上市公司股票的情况下才能按照擅自发行股票罪共犯定罪处罚。

实践中非上市公司与中介机构共谋的内容并不限定于发行股票，司法机关需要区分情况进行定性。(1)非上市公司与中介机构共谋向社会公众发行股票募集资金进行投资活动的，构成非法吸收公众存款罪共犯；(2)非上市公司与中介机构共谋发行销售虚假股票，利用空壳公司骗取公众投资股票，或者募集资金后卷款潜逃的，构成集资诈骗罪共犯；(3)非上市公司与中介机构共谋，通过编造即将在国外上市或公司良好业绩等虚假陈述的方式欺诈不特定对象，诱使其购买非上市公司股票的，股权交易价格严重偏离公司股票实际价值的，应当以非法经营罪共犯论处；(4)非上市公司与中介机构事先约定，前者每股收取固定价款，后者自行处理销售股票剩余利润的，应当分别以擅自发行股票罪与非法经营罪论处。上述情形在某种程度上均对非法发行销售非上市公司股票进行了共谋，但由于意思联络的内容不同，能否以及如何按照共犯论处在实体上应当具有不同的处理结果。

此外，随着互联网金融的发展，利用互联网擅自发行证券的问题在实践中有所展现。中国证监会于 2013 年 5 月 24 日通报了淘宝网上部分公司涉嫌擅自发行股票的行为。作为首次利用网络平台向社会公众非法发行股票的案例，中国证监会提示投资者提高对网络非法证券活动的风险防范意识和识别能力，自觉远离非法证券活动。互联网上出现了一种新的非法证券活动模式，部分公司利用淘宝网等平台，擅自向社会公众转让股权。如北京某文化传播公司在淘宝网上开设“会员卡在线直营店”，公开销售“凭证登记式会员卡”。2013 年 1 月先后两次以销售会员卡附赠股权的方式转让其“原始股”。据统计，其通过淘宝网公开转让原始股共 161 笔，涉及 153 人，累计获得转让款 18 万余元。几乎与此同时，另有一家公司在微博上声称将通过淘宝网募集资金，组成私募股权投资基金。查明情况后，中国证监会立即约谈该文化传播公司负责人，告知其行为涉嫌擅自发行股票，要求其立即停止违法行为并及时纠正，责令其按照募资说明承诺的条款主动退还所募集资金，通过互联网对其行为进行公开澄清并消除不良影响。随后，该公司通过微博公开发表声明，称认识到其募资行为的错误性，并及时组织退款。截至 2013 年 4 月底，已将所获转让款全部退还投资者。对于另一家公司的募资行为，中国证监会及时协调淘宝网叫停该业务，直接删除相关商家和商品信息，由于处理及时，没有交易成交。淘宝网承诺，以后将加强对包含“股权”“股票”等关键字商品的监控，禁止该类商品上架销售。①

---

① 袁定波：《证监会叫停借淘宝网擅发股票》，《法制日报》2013 年 11 月 28 日第 5 版。

应当看到，由于互联网行为先在性地具有受众不特定的特点，通过网络平台发布证券发行信息，其潜在受让人的不特定性非常明确。当然，通过互联网发行证券并非完全都属于擅自发行。私募机构通过有条件的网页宣传，设置投资者的选择程序、承担风险能力与人数等因素综合分析，不通过相关筛选，网民无法浏览发行信息的，就不能一概认定为擅自公开发行。因为网络筛选机制已经甄别了合适的投资人，审查投资人的资产价值与申报财产内容的真实性、是否具备识别并承担风险能力等内容，明确提示投资风险，有明确的人数和资金总量的限制。这种情况实际上就属于私募互联网化，并不能认定为擅自发行证券犯罪。

二、虚假陈述犯罪：欺诈发行股票、债券罪与违规披露、不披露重要信息罪

欺诈发行股票、债券罪与违规披露、不披露重要信息罪具有一个共性，那就是都属于直接融资市场中的虚假陈述行为，在证券发行或者交易过程中对财务、资产交易等重大信息进行虚假、欺诈或者不实披露，严重损害融资市场信息效率、严重侵害投资者权益。

其中，欺诈发行股票、债券罪，是指违反公司管理法规，在招股说明书、认股书，公司、企业债券募集办法中隐瞒重要事实或者编造重大虚假内容，发行股票或者公司、企业债券，数额巨大，后果严重或者有其他严重情节的行为。在客观方面，违反《公司法》《证券法》等上市公司管理法律法规，在招股说明书、认股书，公司、企业债券募集办法中隐瞒重要事实或者编造重大虚假内容、发行股票或者公司、企业债券，数额巨大，后果严重或者有其他严重情节的行为。公司经核准向社会公开发行证券，必须公告新股说明书和财务会计报表及附属明细表，并制作认股书。发行公司、企业债券的申请经核准后，应当公告公司、企业债券募集办法。欺诈发行公司、企业股票、债券的行为，首先违反了国家对公司、企业发行股票、债券的有关规定。同时，欺诈发行的行为集中表现为在招股说明书、认股书、公司、企业债券募集办法

中隐瞒重要事实或者编造重大虚假事实。

最高人民检察院、公安部《关于公安机关管辖的刑事案件立案追诉标准的规定(二)》第5条规定:"在招股说明书、认股书、公司、企业债券募集办法中隐瞒重要事实或者编造重大虚假内容,发行股票或者公司、企业债券,涉嫌下列情形之一的,应予立案追诉:(一)发行数额在五百万元以上的;(二)伪造、变造国家机关公文、有效证明文件或者相关凭证、单据的;(三)利用募集的资金进行违法活动的;(四)转移或者隐瞒所募集资金的;(五)其他后果严重或者有其他严重情节的情形。"

违规披露、不披露重要信息罪,指依法负有信息披露义务的公司和企业,向股东和社会公众提供虚假的或者隐瞒重要事实的财务会计报告,或者对依法应当披露的其他重要信息不按照规定披露,严重损害股东或者其他人利益的行为。最高人民检察院、公安部《关于经济犯罪案件追诉标准的补充规定二》第6条规定:"依法负有信息披露义务的公司、企业向股东和社会公众提供虚假的或者隐瞒重要事实的财务会计报告,或者对依法应当披露的其他重要信息不按照规定披露,涉嫌下列情形之一的,应予立案追诉:(一)造成股东、债权人或者其他人直接经济损失数额累计在五十万元以上的;(二)虚增或者虚减资产达到当期披露的资产总额百分之三十以上的;(三)虚增或者虚减利润达到当期披露的利润总额百分之三十以上的;(四)未按照规定披露的重大诉讼、仲裁、担保、关联交易或者其他重大事项所涉及的数额或者连续十二个月的累计数额占净资产百分之五十以上的;(五)致使公司发行的股票、公司债券或者国务院依法认定的其他证券被终止上市交易或者多次被暂停上市交易的;(六)致使不符合发行条件的公司、企业骗取发行核准并且上市交易的;(七)在公司财务会计报告中将亏损披露为盈利,或者将盈利披露为亏损的;(八)多次提供虚假的或者隐瞒重要事实的财务会计报告,或者多次对依法应当披露的其他重要信息不按照规定披露的;(九)其他严重损害股东、债权人或者其他人利益,或者有其他严重情节的情形。"

因欺诈发行、违规披露重大信息等虚假陈述犯罪行为而被追究刑事责任的融资犯罪案例在我国极为鲜见。

早期的代表性案例：2005 年 3 月 28 日，山东省潍坊市奎文区人民法院刑事判决，山东巨力因虚增利润骗取配股资格，犯欺诈发行股票罪，判处罚金 160 万元。公司原董事长王某某犯欺诈发行股票罪，被判处有期徒刑二年缓刑三年。财务处原副处长张某某犯欺诈发行股票罪，判处有期徒刑一年缓刑二年，成为国内首例上市公司及其高管因欺诈配股而被追究刑事责任的案件。①

近几年受到市场各界高度关注的绿大地虚假陈述犯罪案：2004 年至 2009 年间，绿大地在不具备首次公开发行股票并上市的情况下，未达到在深圳证券交易所发行股票并上市的目的，经过被告人何学葵、蒋凯西、庞明星的共谋、策划，由被告人赵海丽、赵海艳登记注册了一批由绿大地实际控制或者掌握银行账户的关联公司，并利用相关银行账户操控资金流转，采用伪造合同、发票、工商登记资料等手段，少付多列，将款项支付给其控制的公司组成人员，虚构交易业务、虚增资产、虚增收入。其中，在上市前的 2004 年至 2007 年 6 月间，绿大地使用虚假的合同、财务资料，虚增马龙县旧县村委会 960 亩荒山使用权、马龙县马鸣乡 3 500 亩荒山使用权以及马鸣基地围墙、灌溉系统、土壤改良工程等项目的资产共计 7 011.4 万元。绿大地还采用虚假苗木交易销售，编造虚假会计资料，或通过绿大地控制的公司将销售款转回等手段，虚增营业收入总计 2.96 亿元。绿大地的招股说明书包含了上述虚假内容。绿大地欺诈发行股票一案曾经由昆明官渡区人民法院审理，官渡区人民法院判决何学葵有期徒刑三年，缓期四年，判决宣布后市场普遍认为量刑过轻，这一结果随后引发检方抗诉。2012 年 3 月，昆明市中级人民法院做出裁定，撤销了官渡区人民法院对绿大地案的刑事判决，发回重审。2013 年云南省昆明市中级人民法院对云南绿大地生物科技股份有限公司欺诈发行股票一案进行宣判。法院认定被告单位云南绿大地公司犯

---

① 徐玉海：《山东巨力及原高管被判欺诈发行股票罪》，《中国证券报》2005 年 3 月 29 日第 A5 版。

欺诈发行股票罪、伪造金融票证罪、故意销毁会计凭证罪，对其判处罚金1 040万元。被告人何学葵被判处有期徒刑十年，被告人蒋凯西、庞明星、赵海丽、赵海艳等分别被判处相应刑期及罚金。①

虚假陈述犯罪在司法实践中之所以较少出现刑事判例，一方面是因为证券发行环节受控于监管机构的审批与信息披露监管，刑事司法大规模查处虚假陈述犯罪等于是说明证券监管的失控，融资市场的证券监管与金融司法主要或者也只能聚焦于内线交易、市场操纵等交易环节的犯罪类型；另一方面，虚假陈述犯罪的构成要素与抗辩事由的刑法解释缺乏广度与深度。

“信息公开是现代工业社会综合治理的良方；阳光是最好的防腐剂；黑夜中的明灯是最好的警察。”②上市公司信息全面公开与强制性披露义务是证券市场监管最为重要的组成部分。所以，虚假陈述犯罪应当成为最普遍的证券刑事诉讼案由。虚假陈述犯罪包括虚假陈述与隐瞒信息两种行为方式。前者属于积极作为——发布重要且失实的证券信息误导投资者；后者属于消极不作为——具有信息披露义务的上市公司及其高级管理人员掩盖重要证券信息，导致投资者在非透明的情况下进行证券交易。在虚假陈述犯罪的构成要素中，犯罪故意、重要性标准、连带责任等问题的具体认定值得深入分析。我国融资市场正逐步走向成熟，为了获取更为广阔的发展空间，境内公司也不断寻求在境外证券市场上市，以图筹集资金、大展宏图。所以，有必要细致分析虚假陈述犯罪的构成要素与抗辩事由，为规范我国融资市场信息披露、完善刑事罚则的制度设计提供借鉴思路，同时为已经或期望上市公司提供刑法指导、及早考虑进行证券犯罪风险控制。

（一）虚假陈述犯罪的构成要件

1. 犯罪故意

犯罪故意虽然隐藏于行为主体的内心世界，但在司法判断层面，可以从

① 王翁阳、魏文静：《云南绿大地公司欺诈发行股票案一审宣判》，《人民法院报》2013年2月8日第3版。

② Louis Brandeis, Other People's Money, Harper Torch Books, 1967, p.92.

行为人一系列客观行为进行证券犯罪故意的法律推断:上市公司错误的经营判断是经济行为的普遍风险,不能因此认定被控公司及其管理者具有犯罪故意;上市公司执行会计准则时的计算误差、财务记录混乱等不规范行为属于业务疏忽,不具欺诈证券投资者的意图;上市公司执行官、运营官或财务总监伪造文件影响证券价格,明显属于蓄意欺诈。特定的犯罪性认识并不是虚假陈述犯罪的故意内容,但控方必须证明行为人对涉嫌证券犯罪行为的概括认识。行为人只有认识到涉嫌犯罪的虚假陈述或隐瞒信息行为的违法性质才构成犯罪。但事实上部分主体对于行为的违法性认识可能出现偏差,会在非法行为与犯罪行为、此罪与彼罪、重罪与轻罪之间产生模糊。因此,控方无需证明行为人认识到了涉嫌证券犯罪行为的违法性,证明概括性地认识到自己从事的行为偏离了证券从业制度的规范性要求即可。

2. 重要性标准

上市公司虚假陈述或隐瞒的信息只有在达到重要性标准时才构成证券犯罪。重要性信息的基本界定为正常且理性的投资者在其从事证券投资行为时应当被适度告知的事件。当然,抽象的法律规则势必无法应对证券犯罪司法实践所面对的层出不穷的案例。审查证券信息是否满足重要性犯罪要素的要求,首先需要根据客观标准精确地估算一个理性的投资者在当时的情况下基于相关信息所能作出的合理推论,进而评价该推论对理性投资者的影响及其与其他证券信息组合的互动性作用。如果理性的投资者认为某证券信息决定了其是否补仓,该信息便具有重要性;[①]上市公司公布失实的合同交易费用,对投资者的证券交易行为而言不属于重要信息。[②]

首先,准确区分并梳理完整性、误导性、重要性三大衡量尺度的关系是最为重要的。并不是所有与买卖证券相关的信息都必然满足重要性标准——仅欠缺完整性而非误导性的信息,纵然可能引起投资者建仓或抛售,却不属于重要性信息。其次,证券市场上市公司业绩预期分析汗牛充栋,部

① United States v. Cannistraro, 800 F. Supp.30(D.N.J. 1992).

② Feinman v. Dean Witter Reynolds, 84 F.3d 539(2d Cir. 1996).

分预期报告涉嫌虚假陈述犯罪，因此，实践中，区分“概览式的乐观前景估计”[①]与“数据性的特定业绩预报”[②]是分辨一般侵权行为与犯罪的关键。“概览式的乐观前景估计”是一种上市公司远期发展的模糊叙述，通常在罗列盈利项目的同时作出投资风险提示，对证券投资决策而言属于非重要性信息。偏离事实的“概览式的乐观前景估计”充其量是上市公司对经营状况的鼓吹，面对诸如“显著的销售额增长预期”“零售业最优质的管理之一”“具有高附加值及高增长率的新兴业务”等措辞，资本市场的一般投资者能够进行理性分析与风险判断。“数据性的特定业绩预报”以细化且具有表面说服力的数据与事实对上市公司财务状况进行乐观预期，暗示了证券价格变化的动向与脉络，属于重要性信息。除去基本面的宏观考察，以上市公司财务数据为核心的技术面分析是证券市场投资者从事风险行为的基础，若对此类预期予以虚假陈述，必然撼动广大投资者正确决策的理性依据。

3. 相关性判断

在因果关系层面刑法理论一般坚持“But For”规则：如果没有必要条件中的一个因素的存在，另一个事件便不会发生，那么这个事件就是由那个因素造成的。虚假陈述犯罪相关性要素是检验上市公司虚假陈述或隐瞒信息行为与投资者财产损失之间因果关系的法律标准，整体上亦遵循“But For”规则的要义，强调控方无需证明投资者买卖证券行为与上市公司违反信息披露义务行为特定且直接的相关性，但必须证明虚假陈述或隐瞒信息对证券投资者的实质影响。由于证券价格走向的多变性与证券交易行为的特殊性，控方在实践中根本无法直接证明最低程度的实质性影响，可能导致虚假陈述犯罪刑事条款整体虚置的尴尬局面。故美国联邦最高法院通过判例建构了市场欺诈理论，并以此为中心形成了虚假陈述犯罪可辩驳的相关性推

① Pension Trust Fund v. Clorox Co., 353 F.3d 1125, 1132(9th Cir. 2004).

② Brody v. Transitional Hospitals Co., 280 F.3d 997, 1006(9th Cir. 2002).

定规则。

美国判例在此可供参考：在列文森案件[①]中，美国联邦最高法院认为：证券投资者即使没有依靠误导性陈述进行具体的决策行为，上市公司在事实上仍然对投资者进行了欺骗。经过大量判例[②]的实践总结，可以将适用可辩驳的相关性推定的前提条件归纳为：(1)存在公开的虚假陈述行为或者隐瞒应当进行披露的证券信息；(2)违反公开披露义务的信息符合重要性标准；(3)误导性或被隐瞒的信息可能促使投资者错误判断证券价格；(4)涉及的相关证券在市场上进行了交易；(5)证券交易发生的时间在涉嫌犯罪的信息发布或隐瞒行为之后、真实信息被公开之前。对于充分公开且成熟稳健的高效率证券市场环境而言，证券价格由上市公司的业绩与市场信息决定，因此误导性信息应当被推定为投资行为的影响力要素。可见，可辩驳的相关性推定规则得以产生并不断发展的基础是存在一个高效率证券市场环境——其高效性主要体现在：(1)巨大的交易量；(2)数量可观的证券分析机构的信息报告；(3)充沛的证券交易经纪体系；(4)根据公司业绩与财政情况发布而同步启动的证券价格运行机制；(5)证券价格对上市公司信息敏锐的反应能力。

4. 上市公司与市场分析机构虚假陈述的连带责任

为了强化上市公司与市场分析机构的财务状况、业绩前景预期信息发布的管理，有必要运用连带责任理论追究虚假陈述的刑事责任。根据传统证券犯罪判例，上市公司及其高级管理人员仅可基于自身的虚假陈述或者隐瞒信息行为承担刑事责任，相关证券市场管理条例规定的信息披露文件若是由他人制作，并不存在对上市公司及其高级管理人员进行归责的客观基础。但是，美国联邦第二巡回上诉法院的判例[③]提出了充分卷入判断规

---

① Basic Inc. v. Levinson, 485 U.S. 224(1988).

② Bell v. Ascendant Solutions, 422 F.3d 307(5th Cir. 2005); Molecular Tech. Corp. v. Valentine, 925 F.2d 910(6th Cir. 1991); Freeman v. Laventhol & Horwath, 915 F.3d 193(6th Cir. 1990).

③ Albind v. Cigmetty & Myners Co., 635 F.2d 156, 163(2d Cir. 1995).

则，创造了虚假陈述证券犯罪连带责任的归责模式，可以供我们参考：当上市公司及其高管在呈递公司利润预期过程中明知、纵容、漠视预期业绩报告分析机构的行为时，上述所有当事人均应当对此承担虚假陈述的刑事责任。

充分卷入判断规则的法理依据在于：上市公司及其高管在公司业绩预期报告发布前，应当知晓业绩预期对证券价格波动的影响，有义务对报告结论进行谨慎审查，对疑惑问题进行必要询问。上市公司有责任纠正分析报告的明显错误，应对过度乐观的利润预期进行评注或者风险警示。考虑到充分卷入判断规则所设定的连带责任打击范围过度，美国联邦法院系统通过判例①对充分卷入适用的前提条件作出解释。追究虚假陈述证券犯罪连带责任的基础是：公司内部人与报告实际披露人之间存在双向信息交流；或上市公司明示采纳由他方制作的证券披露文件；或发行证券的公司在先地、不计后果地向财务报告的制作者提供失实的分析性信息。这意味着容易引起市场虚假信息本身并不能直接导致上市公司证券犯罪连带责任，控方还须证明：(1)上市公司向证券分析机构提供了易误解的初步材料；(2)上市公司旨在将分析机构以上述初步材料为基础作出的业绩预期传递至资本市场；(3)上市公司在相关信息披露前对分析机构的失实报告传递至证券市场存在明知或者不计后果的犯罪意图；(4)上市公司高级管理人员在虚假报告公布之前或之后认可或核准其“真实性”。

（二）虚假陈述犯罪的抗辩

1. 故意抗辩

实践中行为人通常会辩解对证券市场管理规则要求报送的信息披露文件的性质没有认识。实际上，因无知而脱卸罪责的前提是行为人无需对认识对象承担“真实性的正确认识义务”。②故意无视信息披露文件的真实性或应当审查而不予审查，不能作为虚假陈述的抗辩事由；行为人在已经意识

---

① Eisenstadt v. Allen, 1997 WL 2113(9th Cir. 1999); In re Syntex Corp., 95 F.3d 922(9th Cir. 1997).

② United States v. Mabrook, 301 F.3d 503, 508(7th Cir. 2002).

到待披露文件存在虚假可能性的情况下人为地避免知悉虚假文件的性质，不得在事后的指控中以欺诈故意缺失为由进行辩护。并且，证券欺诈的故意不必完全通过直接证据予以证明，间接证据亦可推断出行为人的欺诈意图。

如果行为人证明其对证券市场规则产生认识错误，并且基于此违反了对应的证券市场规则，行为人对此不受自由刑的刑事处罚。行为人不受自由刑处罚，但必须接受罚金刑。[①]传统刑法理论认为，法律认识错误原则上不阻却犯罪故意，所以不能基于法律认识错误脱卸罪名。对此，应当认识到，证券市场规范性法律文件的认识错误虽然不能作为无罪的犯罪性抗辩，却可作为不受自由刑处罚的刑罚性抗辩。[②]但此类实践拓展在实体与程序上仍旧存在前后关联的疑问：(1)对证券市场规则的认识错误抗辩是否完全阻却犯罪故意？(2)该抗辩究竟是属于否定性抗辩还是肯定性抗辩？(3)在刑事诉讼中由谁对此承担证明责任？一种解决方案是，刑罚性抗辩的存在基础是被告人承认其行为充足了受控罪名的所有犯罪构成要素，故证券市场法律规则认识错误本质上属于肯定性抗辩，并不是对犯罪故意的直接否定，应当由辩方承担达到优势证据的证明标准。[③]证券市场规则认识错误抗辩要求被告人证明确实不知其行为与证券法律规则相悖——而非仅证明其对于特定的证券市场规范缺少认识。

2. 善意抗辩

成功的善意抗辩可以直接阻却虚假陈述的犯罪故意。善意是指行为人诚恳地相信由其提供的误导性证券信息是真实的。[④]如果行为人基于其所处的环境无从怀疑上市公司相关报告的真实性进而作出相关陈述，即使客观上误导了上市公司的股东，但在本质上仍然不存在欺诈证券市场投资者

---

① United States v. Peltz, 433 F.2d 48, 54(2d Cir. 1970); United States v. Schaefer, 299 F.2d 625, 629(7th Cir. 1962).

② United States v. Dixon, 536 F.2d 1388, 1395(2d Cir. 1996).

③ United States v. O'Hagan, 139 F.3d 641, 647(8th Cir. 1998).

④ United States v. Mabrook, 301 F.3d 503, 509(7th Cir. 2002).

的犯罪故意。行为人未能承担正当的勤勉义务对证券信息真实性进行审查的事实将否定善意抗辩的有效性；不计后果地漠视公众证券信息是否准确，无法符合善意的标准。由于善意抗辩与故意犯罪要素属于一个问题的两个方面，控方对行为人在实施虚假陈述行为过程中不存在善意承担排除一切合理怀疑的证明责任。

由于证券市场涉及众多专业性的技术规定，上市公司及其高级管理人员无法完全知悉所有的技术性规范，聘用顾问负责专项证券业务的操作成为普遍现象。事实上，相当部分的上市公司及其高级管理人员是在毫无认识的情况下听从了顾问的建议，实施了涉嫌证券犯罪的行为。采纳顾问建议是一种特殊的善意抗辩。①有效的采纳顾问建议抗辩要求被告人提供以下事实的优势证据：(1)曾就涉案行为的合法性征求过顾问意见；(2)向被询问的顾问披露了所有相关的事实；(3)顾问确信涉案行为合法；(4)基于顾问提供的解释合理地采纳了建议。对于顾问显然非法的证券信息披露或者证券交易建议，被告人无权提出抗辩。如果提供建议的顾问与证券交易具有利害关系，则行为人根本不应当予以采纳，所以不存在适用采纳顾问建议抗辩的基础。

3. 市场真实规则

市场欺诈理论认为，在有效率的资本市场中，证券欺诈行为直接影响证券价格，但证券投资者基于可信赖的证券交易市场并不怀疑证券价格受到虚假陈述或者隐瞒信息行为的不正当影响，从而自愿地从事证券交易。当上市公司及其高级管理人员进行虚假陈述或者隐瞒信息行为时，证券价格产生波动，投资者根据价格变化改变投资策略。这说明涉嫌犯罪的证券信息欺诈行为与投资者财产损失之间存在因果关系。市场欺诈理论诞生于美国联邦第九巡回上诉法院 1975 年巴瑞克案。②该案的法院意见主张：证券投资者间接从股票价格所依据的市场信息或上市公司陈述进行证券交易，

---

① United States v. Surgical Supply Corp., 989 F.2d 1390, 1403(4th Cir. 1993).

② Blackie v. Barrack, 524 F. 2d 891, 907(9th Cir. 1975).

无论其是否确切意识到了虚假陈述或隐瞒信息行为对其产生的因果作用，存在证券欺诈行为与证券投资损失之间的普适性推定。在此之后，美国各巡回上诉法院纷纷采纳市场欺诈理论；美国联邦最高法院于1988年列文森案[①]予以全面确认。

市场欺诈理论所建构的是相关性的可辩驳推定，从判例中发展而成的市场真实规则可以相关性的否定性抗辩事由。美国联邦第七巡回上诉法院在维尔古斯案[②]中首次提出了市场真实的概念。有效的市场真实抗辩必须证明：(1)虚假陈述或隐瞒信息行为与证券交易价格变动之间的相关性切断；或者(2)虚假陈述或隐瞒信息行为与投资者证券交易决定之间的相关性切断；或者(3)证券投资者进行的交易与证券价格之间的相关性切断。当行为人提供信息以纠正原始的虚假陈述时，证券市场即可通过真实渠道获取决定证券价格变动方向的可信资讯，以切断证券欺诈与投资者损害之间的相关性。例如，美国联邦第九巡回上诉法院在苹果公司案[③]中判决，稀释虚假陈述所导致的损害影响，行为人必须证明证券市场接受了由其事后提供的相当正确的纠正信息。如果行为人披露的虚假信息或者隐瞒的重要信息经由自己通过其他透明且畅通的市场渠道予以撤回或纠偏，市场欺诈状态便被市场真实状态所代替，证券市场从虚假陈述与隐瞒信息中恢复，相关性随之被切断。美国部分联邦巡回上诉法院在新近的判例中主张拓展市场真实规则：行为人若能呈递客观上已经向证券市场披露了与虚假陈述相反的信息的证据(不要求业已纠正虚假陈述的负面效果)，就有权根据市场真实理论作出有效的相关性抗辩。[④]若能证明投资者从事证券交易时并没有依据证券价格的变动，那么市场真实规则能够对抗市场欺诈理论的相关性推定，因为虚假陈述等欺诈行为并未对上市公司的股东产生影响。

---

① Basic Inc. v. Levinson, 485 U.S. 224(1988).

② Wielgos v. Commonwealth Edison Co., 892 F.2d 509, 516(7th Cir. 1989).

③ In re Apple Computer Sec. Litig., 886 F.2d 1109, 1115(9th Cir. 1989).

④ Edwards v. ETS Payphones, Inc., 408 F.3d 727(11th Cir. 2005); United States v. Ginsburg, 362 F.3d 1292(9th Cir. 2004).

4. 预期警示

上市公司预期是证券市场不可分割的组成部分。在对预期行为进行严格规范的同时，联邦法院同样允许被告人以预期警示为由作出否定重要性的抗辩。有权主张预期警示抗辩事由的主体限定在处于证券发行阶段的公司及其高级管理人员，应当证明业已通过明示的方法警示投资者关注以下事实——证券发行人无法保证预期性陈述完全兑现。预期性虚假陈述若在发布时附带了警戒式的措辞，能够实质性地削减证券信息的重要性。

司法实践中发展出两套模式认定预期警示抗辩的有效性。(1)直接模式。预期警示措辞直接否定了行为人虚假陈述证券信息的重要性，使该犯罪构成要素不再成为需要控辩双方论证的法律争点。证券信息本身可能符合重大虚假的客观标准，但警示性语言揭示了业经披露信息的风险，消解了虚假陈述行为的严重性。格罗斯曼案[①]采用了直接模式：被告公司宣布收购一家软件行业的领头企业并在此过程中发行新股。在向证券交易委员会披露的登记文件中，被告公司预告了两家公司成功整合的高度可能性、被告公司本身在软件制造市场并无相对竞争优势、并购目标公司的财务困境等信息。后被告公司因该项收购出现资金缺口，不仅影响主营业务的增长，而且需要承担被收购的软件公司的高额债务，加之软件开发不见起色，证券价格顺势大幅下挫。法院认为，被告公司在陈述企业整合效果的层面纵然属于不计后果的乐观预期，但同时附带了相当细致与客观的风险预期。这些预期警示不应当被任何理性的投资者忽略。所以，虚假陈述的重要性因明示的风险提示而降低，未能达到构成证券犯罪的标准。(2)间接模式。当发行证券的公司所明示的预期警语的强度足以认定虚假陈述对于理性的投资者将不产生误导性效应时，行为人的虚假陈述行为就无法构成犯罪。间接模式通过排除虚假陈述的误导性间接消解虚假证券信息的重要性。在星泰克斯药业集团公司案[②]中，被告公司在发行新股过程中接到了美国食品药

① Grossman v. Novell Inc., 120 F.3d 1112(10th Cir. 1997).

② In re Syntex Corp. Securities Litigation, 95 F.3d 922(9th Cir. 1996).

品局的调查令。星泰克斯药业集团公司在年度报告内预期此次调查将不会对上市公司的业绩产生负面影响，但明示投资者关注调查的进程、重视可能出现的处罚决定。后星泰克斯药业被查出从事商业贿赂，承受巨额罚款，股票价格下跌。法院判决被告公司的年度报告构成预期警示，因为其明确表达了调查结果及其负面影响的不确定性，不可能具有误导性。

第二章　互联网金融犯罪刑事法律适用与风险防控

根据上海市人民检察院发布的《2015 年上海金融检察白皮书》统计，互联网金融犯罪骤增，集中表现为涉 P2P 网络借贷案件集中爆发。如 2014 年上海市检察机关受理涉 P2P 网络借贷刑事案件仅 1 件、1 人，涉案金额 105 万余元，投资者 20 余人。而 2015 年受理涉 P2P 网络借贷刑事案件共 36 件、139 人，其中集资诈骗罪 4 件、19 人，非法吸收公众存款罪 32 件、120 人，涉案金额逾 12.83 亿元。

互联网金融时代的金融犯罪严重阻碍市场信息效率、危害投资者资产安全，亟须针对互联网金融创新与金融犯罪的特征与趋势，以信息效率保障为导向建构刑法保护体系，从保护原则、刑法规制核心措施、司法规则三个维度切入，为互联网金融市场创新与证券市场深化改革提供刑法制度保障。信息欺诈、信息操纵、信息滥用是金融犯罪损害市场信息效率的主要行为类型。刑事法律制度在保障公民在互联网金融市场、新网络媒体环境下合法享受言论的自由的前提下，有必要进行金融信息风险审查，维护证券市场信息效率与信息安全制度保障体系。金融犯罪刑法规制科学化的核心举措，在于确保证券市场信息流动的合规与效率。

第一节　互联网金融犯罪的实质、问题及规制原理

一、互联网金融犯罪的实质

2015年10月29日中国共产党第十八届中央委员会第五次全体会议通过的《中共中央关于制定国民经济和社会发展第十三个五年规划的建议》提出："加大结构性改革力度，加快转变经济发展方式，实现更高质量、更有效率、更加公平、更可持续的发展。"在金融市场中贯彻落实结构性改革，推进以注册制为核心的股票和债券发行制度改革，提高直接融资比重，规范发展互联网金融是极为重要的内容。12月18日至21日召开的中央经济工作会议提出，加快金融体制改革，尽快形成融资功能完备、基础制度扎实、市场监管有效、投资者合法权益得到充分保护的股票市场。[①]12月23日召开的国务院常务会议将完善股票、债券等多层次资本市场，丰富直接融资工具，规范发展网络借贷，强化监管和风险防范，坚决依法依规严厉打击金融欺诈、非法集资等行为，切实保护投资者合法权益等作为推进供给侧结构性改革的重大任务。[②]12月27日十二届全国人大常委会第十八次会议审议通过《关于授权国务院在实施股票发行注册制改革中调整适用〈中华人民共和国证券法〉有关规定的决定》，明确授权国务院可以根据股票发行注册制改革的要求，调整适用现行《证券法》关于股票核准制的规定，对注册制改革的具体制度作出专门安排。[③]提高直接融资比重、优化金融结构、推进证券发行注册制等金融市场结构性改革举措为互联网金融市场的规范发展提供了坚实的制度保障。

然而，互联网金融犯罪现实风险的客观存在频繁撕扯着互联网金融市

① 新华社电：《中央经济工作会议在北京举行》，《人民日报》2015年12月22日第1版。
② 朱宝琛：《国务院敲定资本市场五大任务》，《证券日报》2015年12月24日第A1版。
③ 程丹：《股票发行注册制改革授权决定获通过》，《证券时报》2015年12月28第A1版。

场刑法保护的防线。“e租宝”涉嫌非法集资犯罪①、泛亚有色金属交易所被公安机关立案侦查②、大大集团涉嫌“自融自保”③等一系列互联网金融犯罪案件引发各界对互联网金融安全与金融风险监管效率的担忧。互联网金融犯罪案件的接连爆发确实对互联网金融市场的健康发展产生了严重损害。在刑事法律风险已经逐步触发的情况下，金融立法与司法应当面对现实，通过相关互联网金融犯罪案件的办理反思既有的监管框架与法律规则，提出司法判断规则与立法的优化路径。这是规范发展互联网金融市场的必由之路，也是推进结构性改革与制度完善的实践契机。

中国人民银行等十部委于2015年7月18日联合印发《关于促进互联网金融健康发展的指导意见》(以下简称《互联网金融指导意见》)首次以正式法律文件(部门规章)的形式提出了“互联网金融犯罪”的概念。《互联网金融指导意见》指出:“坚决打击涉及非法集资等互联网金融犯罪，防范金融风险，维护金融秩序。打击互联网金融犯罪工作由公安部牵头负责。”同时，根据《互联网金融指导意见》第1条、第2条的规定，互联网金融是传统金融机构或者互联网企业从事的互联网支付、网络借贷、股权众筹融资、互联网基金销售、互联网保险、互联网信托和互联网消费金融等基于互联网技术实现的新型金融业务模式。因此，互联网金融犯罪实际上就是指利用互联网技术和信息通信技术实现资金融通、支付、投资和信息中介服务等新型金融业务过程中的金融犯罪。利用互联网金融工具实施的金融犯罪的社会危害性集中表现为侵害互联网金融市场投资权益与融资秩序。其中，非法集资犯罪是最为典型的互联网金融犯罪行为类型，主要发生在网贷、股权众筹等以互联网为渠道的投资与融资环节。此外，嫁接于互联网技术与金融创新而实施且具有一定新型特征的货币犯罪、金融领域非法经营犯罪、信贷犯

① 杨佼:《21个月吸金740亿:e租宝的异常生长》,《第一财经日报》2015年12月7日第A6版。

② 孟凡霞:《泛亚交易所被公安机关立案侦查》,《北京商报》2015年12月23日第7版。

③ 杨子湄:《大大集团被调查　投资者资金无法兑付》,《21世纪经济报道》2015年12月16日第18版。

罪、金融凭证犯罪、证券期货犯罪、外汇犯罪、金融诈骗犯罪、洗钱犯罪等均属于互联网金融犯罪的范畴。

互联网金融的本质是通过将信息网络技术应用于金融市场后形成的交易成本优势实现的一种金融创新，其金融行为实质基础仍然表现为融资（支付资金成本获取对应资产的使用权益）与投资（承担资本配置风险获取对应的资本收益）行为。①在大数据分析、云计算、网络交易等技术支持与推动下，融资者获取资金的成本得以降低，投资者获取资金的收益率得以上升，金融中介机构进行风险管理的水平得以提升。所以，互联网金融没有颠覆金融市场机制的根本，金融市场可以划分为直接金融市场与间接金融市场，②那么，基于融资端与投资端之间是否直接发生金融交易，互联网金融的核心分类仍然是直接与间接互联网金融。直接互联网金融是指无需通过金融机构或者其他金融中介机构而由融资者直接获取投资者资金、投资者直接完成资本配置的互联网金融模式，其主要形式表现为股权众筹（股票发行）、网络贷款（公司债券发行）、互联网证券（互联网金融公司提供的配资交易、证券交易接入通道、数据分析等服务）。间接互联网金融则是指融资者并不从投资者处直接获取资金，投资者也不直接通过购买金融工具的形式直接向融资者配置资本，而是通过金融机构或者互联网企业作为交易中介，间接完成融资端与投资端联接的互联网金融模式，其主要形式包括了互联网银行、信托、保险、基金、理财等一系列原先主要依托于线下交易，而如今逐步发展为网络操作的金融产品。

相应的，互联网金融犯罪也可以类型化为直接与间接互联网金融犯罪。直接互联网金融犯罪是指利用互联网金融工具与投资者直接进行非法金融交易，侵害直接金融市场投资者权益与融资秩序的金融犯罪行为。《刑法》

---

① Bradford Cornell & R. Gregory Morgan, Using Finance Theory to Measure Damages in Fraud on The Market Cases, 37 UCLA Law Review 833, 834(1990).

② Frederic Mishkin, The Economics of Money, Banking and Financial Markets, Pearson Education, 2012, p.68.

设置的欺诈发行股票、债券罪，违规披露、不披露重要信息罪，擅自发行股票、债券罪，内幕交易、泄露内幕信息罪，利用未公开信息交易罪，操纵证券、期货市场罪，非法经营罪及集资诈骗罪等，基于保护证券发行与交易制度、证券业务许可经营制度以及投资者免受证券欺诈等目标价值，承担预防与惩治直接互联网金融犯罪的规范功能。间接互联网金融犯罪是指未经国家许可利用互联网金融工具与投资者间接进行非法金融交易，侵害间接金融市场投资者权益与融资秩序的金融犯罪行为。《刑法》规定的非法吸收公众存款罪、非法经营罪、集资诈骗罪等，从保护银行等金融机构的金融业务许可经营制度、投资者免受金融诈骗等方面对间接互联网金融市场进行法律规制。

当前中国市场中出现的互联网金融犯罪，本质上是新型市场创新机制受到传统金融监管与金融刑法压制、正常的融资与投资风险受到扭曲、金融市场本身没有实现有效竞争、金融法律存在盲区等一系列制度安排越位、错位、缺位和制度更新缓慢状态下的刑法规范僭越行为。一方面，对于股权众筹等应当弱化事前管制、强化事后欺诈责任追究的互联网金融领域，金融刑法制度迟迟没有作出立法反应。另一方面，对于网络贷款、互联网证券等与传统非法集资犯罪、证券期货犯罪具有密切关联的互联网金融领域，金融市场刑事立法与司法长期存在比较严重的结构性规范适用障碍与紊乱。加之金融市场行为性质判断过程中的行政违法性与刑事违法性的认定机制与司法规则并不清晰，互联网金融风险控制理念尚未在刑事立法与司法实践中有效根植，这就进一步加大了互联网金融犯罪刑法规制在保护金融市场效率、投资者权益、金融安全与秩序等方面的障碍。所以，在证券发行注册制改革、提高直接融资比重等一系列金融市场结构性改革的背景下，刑事立法与司法有必要以互联网金融犯罪及其刑法规范为整体进行系统化分析，在把握直接与间接互联网金融市场的功能与结构的基础上，对当前互联网金融犯罪的前置性行政监管行为与法律、刑事法治实践存在的问题进行反思性审视，在对互联网金融犯罪刑事法治实践优化提出针对性建议，从而加快推进金融体制改革，通过金融市场法律制度安排的完善提高金融服务实体经济效率。

二、互联网金融犯罪刑法规制结构性失衡问题

如果仅仅从形式上对刑法条文进行静态分析，《刑法》似乎对互联网金融市场设置了包括证券发行、吸收公众存款专营、金融业务许可经营、投资者财产权等在内的诸多层次的规范保障机制。然而，一旦将互联网金融犯罪刑法规范放置于当前的司法实践中进行动态考察，就会发现不少结构性失衡的实践困局。

其一，直接与间接互联网金融市场在刑事司法保障上存在不均衡。

统计数据显示：2014 年至 2015 年 4 月，全国公安机关共破获非法集资案件 7 500 余起，为群众挽回经济损失逾 130 亿元。其中，网络借贷等领域案件多发，成为当前非法集资犯罪的重灾区和潜在高发案区。2015 年末，公安部门大规模调查违规 P2P 平台，中国人民银行等七部门也强调规范民间融资，加大力度打击非法吸收公众存款、集资诈骗等金融违法犯罪活动，维护地方金融秩序和金融稳定。①可见，以保护银行等传统金融机构垄断下的间接金融体系仍然是当前互联网金融犯罪刑事司法的主要实践导向。互联网金融平台的非法吸收公众存款以及被证明具有非法占有目的的集资诈骗行为，由此构成的非法吸收公众存款罪和集资诈骗罪，属于间接互联网金融犯罪行为，是当前互联网金融犯罪刑事处罚的主要对象。反观直接互联网金融市场中的刑事司法保护，除了极少数通过网络擅自发行证券或者以发行证券的方式进行集资诈骗等直接互联网金融违法犯罪行为受到查处之外，直接互联网金融市场中的欺诈发行、擅自发行证券等犯罪行为很少受到定罪处罚。在传统金融市场中，欺诈、擅自发行证券、违规披露、不披露重要

① 崔启斌、岳品瑜：《七部门联合打击非法集资》，《北京商报》2015 年 12 月 18 日第 7 版。

信息等犯罪就存在刑事定罪数量少、处罚程度轻①的问题。可见，直接与间接金融的偏向性刑事保护问题进一步延续到了互联网金融犯罪司法实践之中。金融市场刑事立法基于平等保障直接与间接金融而配置的互联网金融犯罪刑法规范在司法实践中发生了偏向保护间接互联网金融市场的结构性失衡现象。

其二，在直接互联网金融市场中，网络贷款、股权众筹的刑事法律控制措施与互联网金融行为的经济本质存在逻辑错配。

由于网贷平台行业存在较大风险、问题平台数量较多，②网络贷款领域中的非法集资犯罪是互联网金融犯罪刑事司法的重点规制行为。2015 年 1 月至 4 月，公安机关对约 70 个平台非法集资犯罪问题进行立案侦查。③2015 年 1 月至 10 月，仅深圳市公安机关就立案查处 P2P 平台涉嫌非法集资犯罪案件 44 宗，涉及投资者约 4.5 万人。④而直接互联网金融市场的刑事司法实践中鲜见股权众筹运作中存在金融犯罪行为受到查处的情形，相关案件几乎无一例外地表现为利用网络非法销售股票、债券、吸收他人入股等非法吸收公众存款、集资诈骗等传统非法集资犯罪行为。这主要是因为既有的金

① 例如，万福生科在 2008 年至 2011 年累计虚增收入约 7.4 亿元，于 2011 年 9 月 6 日骗取中国证监会股票发行核准，公开发行人民币普通股 1 700 万股，每股发行价 25 元，共计募集资金 4.25 亿元。长沙市中级人民法院判决，原公司董事长龚某某犯欺诈发行股票罪，判有期徒刑三年，犯违规披露重要信息罪，判有期徒刑一年，并处罚金人民币 10 万元，决定执行有期徒刑三年六个月，并处罚金人民币 10 万元。万福生科（湖南）农业开发股份有限公司犯欺诈发行股票罪，判处罚金人民币 850 万元。被告单位湖南里程有限责任会计师事务所常德分所犯欺诈发行股票罪，判处罚金人民币 66 万元。原公司财务总监覃某某犯欺诈发行股票罪，判有期徒刑二年，犯违规披露重要信息罪，判有期徒刑六个月，并处罚金人民币 2 万元，决定执行有期徒刑二年二个月，并处罚金人民币 2 万元；等等。参见湖南省长沙市中级人民法院刑事判决书（[2014]长中刑二初字第 00050 号）。这也是近几年来极少数以欺诈发行、虚假陈述等犯罪被追究刑事责任的资本市场刑事案件。

② 截至 2015 年 11 月 30 日，零壹研究院数据中心监测到的 P2P 借贷平台共 3 464 家（仅包括有线上业务的平台），其中正常运营的仅有 1 876 家。据银率网统计显示，11 月全国新增问题 P2P 平台 82 家，环比 10 月大幅增加 60.8%，其中，“跑路”P2P 平台数共 64 家，环比上月激增 433%。参见傅苏颖：《P2P 监管细则明年落地　将实行负面清单制》，《证券日报》2015 年 12 月 14 日第 A2 版。

③ 石杨：《公安机关严厉打击非法集资犯罪》，《人民公安报》2015 年 4 月 29 日第 4 版。

④ 李亚坤：《深圳今年已查处 44 宗　P2P 涉非法资金案》，《南方都市报》2015 年 11 月 27 日 SA37 版。

融市场法律框架对证券发行设置了极为严格的监管框架。[1]根据 2015 年 8 月 3 日中国证监会《关于对通过互联网开展股权融资活动的机构进行专项检查的通知》的规定，未经国务院证券监督管理机构批准，任何单位和个人不得开展股权众筹融资活动。这就导致互联网金融实践中只存在网络私募而无法形成真正意义上的股权众筹市场。因此，无论是能够在中国互联网金融市场中实际开展业务的网络贷款，还是受困于金融法律制度严控的股权众筹，其刑事法律控制措施必须依赖于《刑法》规定的间接互联网金融犯罪条款，但网络贷款、股权众筹的经济行为本质上属于间接互联网金融——金融行为的经济实质与刑法规制依据之间明显出现了错配。

其三，网络贷款市场刑法规制在科学性、效率性层面存在一定缺陷。

互联网金融市场的风险积聚是一个从量变到质变的过程，而充分且有效的信息披露是控制网络贷款平台风险最为关键的监管措施。互联网金融犯罪刑法规制理应高度重视从信息披露的角度进行事中风险控制，通过网络贷款平台风险全面爆发之前的刑法介入有效地保护受到虚假陈述、信息欺诈严重侵害的投资者权益。实践中网络贷款平台对外披露坏账率普遍低于 2%，甚至有的平台宣称坏账率为零，而网贷行业内的“龙头”陆金所都承认坏账率在 6%左右，[2]整个网贷市场明显存在风险披露与重大经营数据披露上的虚假陈述。如果互联网金融犯罪刑事法治实践能够在信息披露环节就予以介入，在平台风险逐步放大之前进行控制，显然更有利于保护投资者权益。然而，《刑法》第 160 条欺诈发行股票、债券罪规制范围受限，只能覆盖在债券募集办法中隐瞒重要事实或者编造重大虚假内容而发行债券的行

---

① 根据《公司法》《证券法》等有关规定，未经国务院证券监督管理机构批准，任何单位和个人都不得向不特定对象发行证券、向特定对象发行证券累计不得超过 200 人，非公开发行证券不得采用广告、公开劝诱和变相公开方式。根据《证券投资基金法》《私募投资基金监督管理暂行办法》等有关规定，私募基金管理人不得向合格投资者之外的单位和个人募集资金，不得向不特定对象宣传推介，合格投资者累计不得超过 200 人，合格投资者的标准应符合《私募投资基金监督管理暂行办法》的规定。

② 俞悦：《网贷平台浓妆艳抹的坏账率》，《证券日报》2015 年 5 月 30 日第 A3 版。

为,《刑法》第161条违规披露、不披露重要信息罪更是只能介入具有法定信息披露义务的公司财务会计报告等信息披露问题。直接互联网金融犯罪的刑法规范在构成要件配置上的局限性导致其很难科学地控制网络贷款市场风险。在网络贷款平台发生资金链断裂、实际控制人“跑路”、涉众型金融不稳定问题后,触发集资诈骗犯罪等刑事责任追究程序,这种事后刑法介入在互联网金融市场风险控制层面的效率实际上是相对低下的。此外,实践中不乏一些经营风险尚且可控的网络贷款平台因为非法集资犯罪刑事调查的介入而直接陷入危机的情形,这更是刑法规制对互联网金融市场效率负面影响的体现。

其四,互联网金融犯罪刑法规范之间的法条关系错位。

从互联网金融犯罪行为的经济机理层面进行分析,直接互联网金融犯罪的本质在于通过网络实施非法发行证券侵害互联网金融市场投资者权益与融资秩序。直接互联网金融犯罪的基础犯罪类型是非法发行证券犯罪(擅自发行股票、债券罪,欺诈发行股票、债券罪等);实施诈骗行为,具有非法占有目的的,则进一步构成集资诈骗罪。间接互联网金融犯罪的实质内容是通过互联网实施非法吸收资金行为,其基础犯罪类型是非法吸收公众存款罪;基于非法占有目的而使用诈骗方法的,构成集资诈骗罪。尽管具有诈骗故意与行为的直接与间接互联网金融犯罪行为最终都应当构成集资诈骗罪,但其基础犯罪行为模式具有实质性差异,这也是由金融市场的基本类型划分及其差异性功能定位所决定的。但司法解释完全阻断了“非法发行证券”(擅自发行股票、债券罪,欺诈发行股票、债券罪等)搭配“非法占有目的”构成集资诈骗罪的法条关系,将本质上属于直接金融的非法证券发行、非法吸收入股等行为不恰当地纳入非法吸收公众资金这一间接金融行为的范畴——根据2010年最高人民法院《非法集资解释》第1条、第2条、第4条的规定,不具有发行股票、债券的真实内容,以虚假转让股权、发售虚构债券等方式非法吸收资金,或者以投资入股的方式非法吸收资金,符合未经依法批准、公开宣传、承诺回报、不特定等行为特征的,以非法吸收公众存款罪定罪处罚；以非法占有为目的，使用诈骗方法实施上述行为的，以集资诈骗罪定罪处罚。司法解释将非法发行证券行为完全装入非法吸收公众存款罪的客观行为要件进行规范评价，模糊了直接金融与间接金融的本质区别，导致刑法适用与金融逻辑之间产生严重断裂。金融法理论中有观点注意到了非法吸收公众存款罪规制范围过宽地介入直接融资领域的逻辑失当问题，但其进一步主张通过设立"擅自公开发行证券罪"取代"非法吸收公众存款罪"，[①]这实际上是走向另一种极端，同样也是违背刑法规范对直接与间接金融"分而治之"的法律正当性与金融逻辑的。以互联网金融实践中的违法犯罪行为为例，合理的间接互联网金融犯罪刑法规制的条文结构应当是，未经监管机构许可通过互联网发行股票、债券的，构成擅自发行证券犯罪；在网络发行过程中虚假信息披露的，构成欺诈发行证券犯罪；使用诈骗方法非法占有投资者资金的，构成集资诈骗罪。但《刑法》规定的擅自发行股票、债券罪等本应当适用于直接金融犯罪规制的刑法规范调整范围有限，纵然非法吸收公众存款的罪质显然仅可覆盖非法从事商业银行吸收存款业务的行为，传统刑法理论与司法解释基于"严密法网"的务实需求也只能凭借间接金融犯罪刑法规制范围的过度扩张强行调整直接金融市场。无视直接与间接金融市场区别的司法实践结果便是将非法吸收公众存款罪的罪质解释为非法集资。[②]可是，由于规制对象（直接融资行为）与规制法条（间接融资犯罪刑法条文）之间存在根本性的不匹配，原本纠缠于非法吸收公众存款罪实践适用的传统金融刑事司法难题将会继续在互联网金融犯罪案件中延伸。

三、互联网金融犯罪刑法规制的基本原理

合理调整互联网金融犯罪刑法规制结构、提升互联网金融市场刑事法

---

① 彭冰：《以擅自公开发行证券罪取代"非法集资"罪》，《经济参考报》2014年4月15日第8版。

② "涉众型经济犯罪问题研究"课题组：《非法吸收公众存款罪构成要件的解释与认定》，《政治与法律》2012年第11期。

律保护效率、理顺互联网金融犯罪刑法条文关系的基础在于，金融刑事立法与司法对直接与间接互联网金融进行平等保护，防止偏向性保护银行等金融中介、间接金融市场的刑事法治实践在互联网金融领域继续延伸，利用推行证券发行注册制、提高直接融资比重、优化金融结构的改革契机，完善直接金融领域相关刑事立法，优化互联网金融犯罪刑事司法判断规则。直接与间接互联网金融市场不应当在刑法保护上出现偏向性，这两种类型的互联网金融在融资机理上存在区别，应当立法条文与司法规则中予以针对性的凸显。同时，互联网金融市场刑事司法保护的资源具有一定的有限性，必须注重金融司法资源配置的效率性。交易机制创新、金融模式转换、信息数量爆发等互联网金融的发展趋势决定了传统以事前许可经营与事后金融诈骗责任追究为核心的刑事司法运作模式已经无法适应互联网金融市场对制度安排的现实需求。互联网金融市场的安全保障、效率促进、风险控制应当立足于对市场信息本身的规范调整。信息披露是互联网金融市场监管的核心，而保护信息披露监管机制的互联网金融犯罪法律规范及其司法实践应当成为刑法介入互联网金融市场的主导性规制模式。

第二节　互联网金融犯罪的刑事法治完善措施

一、证券发行注册制与互联网金融犯罪刑事法治实践的动态调整

根据新《证券法》的规定，证券发行注册制要求证券发行人在证券中介机构的服务与把关下，向投资者披露充分和必要的投资决策信息并对信息真实性负责，证券监管机构不对拟发行证券对应的基础资产质量及其投资价值进行判断但对信息披露文件的齐备性、一致性和可理解性负责。[①]在证券发行注册制下，政府与市场之间的关系得以进行更为顺畅的梳理——资

① 朱宝琛：《肖钢：推进注册制改革　继续引导长期资金入市》，《证券日报》2015 年 1 月 17 日第 A1 版。

本市场机制在资本资源优化配置过程中发挥决定性作用，证券监管机构进行信息披露监管、惩防资本市场违法犯罪、保护投资者权益。因此，进入互联网时代的证券发行信息披露的审核将会更为严格，对于欺诈发行等互联网金融违法犯罪分子的查处和打击会更加有力，对于投资者合法权益的保护措施会更加有效。

股权众筹等互联网金融工具的兴起更是极大地丰富了证券发行注册制度的内涵与运作规则。从平衡风险外部性与市场效率的角度出发，实行注册制时的监管介入也应当有所区分，对于众筹发行、小额发行、向合格投资者等风险承担能力较强的市场参与者发行等可以适用发行注册豁免。[①]股权众筹等互联网金融市场中的证券发行注册豁免省却的是证券监管机构管理注册发行的执法成本，但仍然要求证券发行主体按照证券法律规定的程序与信息披露内容要求，在证券中介机构与互联网金融平台的服务与经营下，及时地就发行计划、财务会计报告、资信证明等信息予以真实、准确、完整、充分的披露。互联网金融等适用发行注册豁免的信息披露义务主体在发行过程中实施欺诈行为的，应当承担相应的民事、行政责任或者资本市场犯罪刑事责任。

美国《初创企业推动法案》(Jumpstart Our Business Startups(JOBS) Act)第三章中的众筹豁免条款详细地规定了证券众筹发行人依法向美国证券交易委员会报送并向投资者、潜在投资者、集资平台提供公司及其重要股东、高级管理人员基本情况、业务介绍和未来商业计划、证券发行人的财务状况介绍、证券发行人对发行收益的目的和使用规划的明确介绍、目标发行额、截止日期、集资目标进展情况的定期更新、向公众发行证券的价格或定价方法、所有权和资本结构的介绍等信息披露，适用证券发行注册豁免。同时，证券发行豁免的交易中购买证券的个人，可以在任何有管辖权的法院对证券众筹发行人以重大信息虚假陈述为由提起诉讼，请求退回该证券以追

① 毛明江：《证券法修订核心是扩大投融资自主权》，《上海证券报》2014年9月20日第2版。

回因购买该证券所支付的对价和相应利息，或者在其不再持有证券的情况下诉请损害赔偿。①

从我国证券发行注册制的发展趋势来看，股权众筹等互联网金融在证券发行过程中适用注册豁免并强化信息披露监管，是当前互联网金融发挥融资与投资效率、优化市场信息均衡水平的重要制度改革措施。在有效设置众筹发行募资限额与期限、发行人及其股东、实际控制人等资信良好、互联网金融平台合法且受中国证监会监管、投资者适格以及投资规模合理等众筹发行豁免注册条件的基础上，众筹等互联网金融发行注册豁免能够高效地解决我国创新与初创企业融资难、居民储蓄率高却投资渠道狭窄等融资投资效率低下等问题。

证券发行注册以及互联网金融注册豁免等前置性法律制度的变革并不意味着保障证券发行秩序方面的刑事规制措施将单纯地受到严格限制甚至是取消，证券监督管理机构强化证券市场信息披露也不等同于互联网金融犯罪刑法规制措施的单纯扩张。证券发行注册制这一资本市场制度结构性改革驱动下的刑事法治完善，应当在立法规范与司法规则的内容上根据互联网金融技术发展、资本市场机制创新与制度全面深化改革的实际需要作出技术性调整与动态性优化，发挥市场机制本身在资源配置中的决定性作用，并且更好地保障行政权力通过信息披露的事中、事后监管维护投资者权益。

其一，在与证券发行市场有关的直接互联网金融犯罪刑事立法与司法解释部分，擅自发行证券犯罪的核心构成要件配置及其解释需要进行重大调整。

《刑法》第179条擅自发行股票、债券罪禁止“未经国家有关主管部门批准”的证券发行行为。这种刑事立法设计显然是对现行《证券法》核准制为核心的证券发行监管制度的刑事法律保障。由于推进证券发行注册制改革

① Jumpstart Our Business Startups Act §302.

已经成为当前金融市场结构性改革最为重要的制度安排发展方向，加之证券发行注册制在包括证券行政监管法律、金融市场犯罪刑事法律等一系列金融市场规范体系中处于“前端”制度的关键环节，作为证券发行制度“后端”保障的擅自发行证券犯罪的罪状必须予以及时修正。在股权众筹等互联网金融工具发行注册豁免的制度改革背景下，作为擅自发行证券犯罪入罪条件的“未经国家有关主管部门批准”已经显得格格不入。因此，有必要将本罪的入罪前提性要件及时修改为“违反国家的证券发行规定”。同理，近年来最高司法机关制定的与融资犯罪、非法集资等有关的司法解释也应当进行相应修改。例如，《非法集资解释》第6条①规定中的“未经国家有关主管部门批准”，届时也应当同步修改为“违反国家的证券发行规定”。

尽管金融市场结构性改革之后的公开发行证券无需行政权力的核准，但公开发行证券必须依法注册或者依法适用注册豁免，非公开发行证券应当符合法律、法规、国务院证券监督管理机构或者国务院授权部门的规定，所以利用互联网实施的严重违反国家证券发行规定的擅自发行证券行为仍然受到互联网金融犯罪刑事立法与司法解释的规制，只是在刑事控制范围上呈现非常明显的限缩痕迹。这也是刑事法律制度对缓解融资成本与难度、发挥市场主体自主风险判断与市场价格发现机制、减少权力干预等深化推进金融市场结构性改革措施的应然反应。

其二，擅自发行证券犯罪在行为内容的规定及其理解上，应当予以准确的说明与解释。

对于证券发行注册制较有代表性的理解是，资本市场主体拥有发行股票、债券等筹集资本资源的天然权利，只要不违背国家利益和公众利益，市

① 《非法集资解释》第6条规定：“未经国家有关主管部门批准，向社会不特定对象发行、以转让股权等方式变相发行股票或者公司、企业债券，或者向特定对象发行、变相发行股票或者公司、企业债券累计超过200人的，应当认定为刑法第一百七十九条规定的‘擅自发行股票、公司、企业债券’。构成犯罪的，以擅自发行股票、公司、企业债券罪定罪处罚。”

场主体对于能否发行、何时发行以及发行定价等问题具有充分的自主决定权。①投资与融资之间的平衡性因注册制而加强，企业通过证券发行融资的自主性与便利性将会显著增加。②股权众筹等互联网金融更是适用注册豁免，发行人与证券经营机构按照规定制备发行计划、财务信息等材料便可在网络平台直接实现融资。基于此，互联网金融犯罪刑事立法完善的一种可能建议是，擅自发行证券行为实际上已经不具备刑事可罚性，应当将犯罪行为要件修改为"非法发行"，相应的，罪名亦需要重新提炼为"非法发行证券罪"。因为公开发行证券依法注册以及互联网金融等特殊证券公开发行注册豁免的金融市场结构性改革意味着发行主体自主权的实质性扩大，发行证券只存在是否依照法律框架执行的合法与非法问题，而不存在是否属于"擅自"的经许可或者未经许可发行证券问题。

然而，证券发行注册及其豁免制度并不等于证券发行人在一级市场完全自由操作，其实质仍然是由证券市场法律制度设定的行政许可。只是这种许可模式并非传统的审批或者核准，而是以信息披露为核心的程序性形式审查与实体性内容标准：证券监管机构对于发行证券程序与报送文件是否合规进行事前审查，在事中或者事后发现发行人信息披露内容违规后的触发责任追究机制。违反注册制规定的程序性要件发行证券，即未经注册发行或者未依法报送信息披露文件而通过众筹等模式进行证券发行豁免，属于擅自发行证券行为。违反证券发行注册以及注册豁免制度规定的信息披露内容与标准的要求，即虚假陈述，属于欺诈发行或者违规披露重大信息行为。③擅自发行证券犯罪与虚假陈述犯罪之间的实质界限在于前者是对

---

① 参见董登新：《注册制改革是今年资本市场最大看点》，《经济日报》2015 年 1 月 19 日第 8 版；潘圣韬：《注册制改革关注"一个核心四个特点"》，《上海证券报》2015 年 1 月 19 日第 2 版。

② 左永刚：《注册制授权起始时间与实施时间未必合一》，《证券日报》2015 年 12 月 29 日第 A1 版。

③ 对于金融市场中的虚假陈述犯罪行为，《刑法》第 160 条欺诈发行股票、债券罪和第 161 条违规披露、不披露重要信息罪分别从不同的金融市场层次以及信息披露内容等角度建构了刑法规制网，下文将予以具体阐释。

证券发行注册制的程序性违反，后者是对注册制所要求的信息披露标准的实体性违反。

所以，在证券发行注册制实施背景下，直接将擅自发行行为要件修正为非法发行并不准确，因为后者还包括了欺诈发行以及证券发行过程中的其他信息披露违法行为。但是，在擅自发行证券犯罪行为要件的理解与适用层面，应当体现出证券发行注册制改革对行为要件解释的影响。《刑法》第179条擅自发行股票、债券罪中“擅自发行”行为的内涵与“未经国家有关主管部门批准”直接关联，是指未经证券监督管理委员会核准发行证券。在证券发行注册制下，“擅自发行”行为内容的解释亦应与前述“违反国家的证券发行规定”相匹配。“擅自发行”的内涵应当转换为违反证券法律规定的证券发行注册程序或者注册豁免报送文件要求而发行证券。

二、优化融资结构与互联网金融犯罪风险控制的制度完善

在我国引领经济新常态、经济与金融结构优化调整之际，依靠以传统银行体系为主的间接金融机制进行高信贷、高货币投放维系增长的金融模式必须面临转型，优化融资结构需要提高直接金融比例，而互联网金融市场的股权众筹试点与网贷市场规范化发展是实现优化融资结构的重要举措。近几年来随着互联网金融市场的快速发展，具有融资需求的实体经济越来越多地通过互联网金融通道获取资金，但横向对比传统间接金融体系，互联网直接融资特别是股权众筹的比例仍然极低，互联网直接金融特别是股权众筹具有十分广阔的发展空间。互联网金融商业模式通过网络平台对市场资本资源的高效聚合能力，利用大数据、云计算、高速金融交易算法等信息网络技术，以技术驱动与市场竞争的路径探索出了充满创意的项目与爆发式增长的利益实现空间，也催生了《证券法》《刑法》等法律制度从未预期到的市场风险与互联网金融违法犯罪风险。当前引领经济新常态下金融市场结

构性改革，关键内容是优化市场与政府之间的关系，对于互联网金融市场的制度安排与执行而言，核心在于金融监管转型。在激发互联网金融创新与发挥金融市场价格机制的基础上，一并实现投资者利益的保障，金融监管转型势必要做到削减证券市场准入环节的审批、突出系统性风险控制以及强化互联网金融犯罪惩治。

在互联网金融的投融资渠道创新与强化直接金融市场信息披露监管方面，原本由证券监管机构审批责任承担的行政管控压力，将分散为证券发行人、证券中介机构的信息披露法律责任。我国金融市场之所以长期以来存在公司上市后业绩变脸、财务造假等事件不断但欺诈发行责任追究（尤其是刑事责任）数量相对有限，其根本原因在于内在矛盾深刻地制约了欺诈发行、虚假陈述的行政责任认定与刑事处罚震慑被监管与司法机构动用的可能性——承担证券发行核准的证券监管主体如果大规模追究欺诈发行责任，实际上说明证券监管权限运作失控或者紊乱。因此，监管机构不可能系统化地查处欺诈发行案件从而自证监管无能。互联网金融、小额金融、向适格投资者公开发行等注册豁免的制度突破蓄势待发，一方面极大地缓释了监管机构的“不能承受之重”，另一方面强化了发行证券信息披露与持续信息披露的合规标准，明确了证券发行人的主体责任与证券中介服务机构的专业责任。互联网金融创新效率与风险并存，金融监管转型面对着规范市场竞争效率与保护投资者合法权益的双重压力。互联网金融犯罪刑法规制与风险控制在寻找价值平衡点时，有必要对金融监管与事前审批弱化的环节进行非犯罪化修正，对强化信息披露监管的环节提升刑事法律保护强度，加强互联网金融引发系统性风险的刑事控制。

其一，互联网金融将通过众筹发行注册豁免、众筹平台登记注册等制度创新实现融资市场的蓬勃发展，非法集资等刑事立法与司法解释所设定的互联网金融犯罪刑事法律边界需要予以重新制定。

股权众筹与网络贷款的经济机理本质上是证券公开发行、小额发行、债权资产证券化、众多投资者参与的普惠金融。互联网金融时代的制度改革势必要求《证券法》修订取消股权众筹或者网络贷款在公开发行核准、投资者人数、公开宣传上的法律限制。民事司法实践实际上已经肯定了互联网金融平台通过公开宣传的方式从事资金借贷信息服务的市场操作。例如，2015 年最高人民法院《关于审理民间借贷案件适用法律若干问题的规定》第 22 条规定：借贷双方通过网络贷款平台形成借贷关系，网络贷款平台的提供者仅提供媒介服务，当事人请求其承担担保责任的，人民法院不予支持。网络贷款平台的提供者通过网页、广告或者其他媒介明示或者有其他证据证明其为借贷提供担保，出借人请求网络贷款平台的提供者承担担保责任的，人民法院应予支持。可见，互联网金融平台通过网页或者广告公开发布借款人的资金借贷信息并撮合借贷双方形成借贷关系，本质上就是债券网络发行或者债权资产网络证券化的过程。

但是，目前刑事司法实践中正在实施的 2014 年最高人民法院、最高人民检察院、公安部《关于办理非法集资刑事案件适用法律若干问题的意见》(以下简称《非法集资意见》)，2010 年《非法集资解释》，2008 年最高人民法院、最高人民检察院、公安部、中国证监会《非法证券通知》等一系列非法集资犯罪、非法证券活动等司法解释大量规定了须经主管部门批准或者核准、禁止网络公开宣传等认定规则。例如，根据《非法证券通知》第 2 条第 2 项的规定，未经依法核准，以发行证券为幌子，实施非法证券活动，涉嫌犯罪的，以非法吸收公众存款罪、集资诈骗罪等罪名追究刑事责任。再如，《非法集资解释》将未经有关部门依法批准和向社会公开宣传作为认定现行《刑法》第 176 条规定的非法吸收公众存款犯罪行为的条件，①《非法集资意见》

---

① 《非法集资解释》第 1 条规定："违反国家金融管理法律规定，向社会公众(包括单位和个人)吸收资金的行为，同时具备下列四个条件的，除刑法另有规定的以外，应当认定为刑法第一百七十六条规定的'非法吸收公众存款或者变相吸收公众存款'：(一)未经有关部门依法批准或者借用合法经营的形式吸收资金；(二)通过媒体、推介会、传单、手机短信等途径向社会公开宣传；(三)承诺在一定期限内以货币、实物、股权等方式还本付息或者给付回报；(四)向社会公众即社会不特定对象吸收资金。"

更是针对股权众筹等互联网金融形态存在涉嫌非法集资的问题，明确规定“向社会公开宣传”包括以各种途径向社会公众传播吸收资金的信息，以及明知吸收资金的信息向社会公众扩散而予以放任等情形，①确保互联网金融不是非法集资犯罪刑法规制的灰色地带。

因此，亟须做好此类司法解释的清理准备工作，以便在证券发行注册制改革运作过程中配套性地完成刑事司法规则的修改，避免出现金融市场前置性法律制度改革后刑事司法规则紊乱与应对迟缓。建议在相关司法解释中使用“违反国家规定”代替“未经依法核准”“未经批准”等，并通过“依照法律规定适用公开发行证券注册豁免的吸收资金行为，不是擅自发行证券、非法吸收公众存款行为”等条款明确排除合法互联网直接融资行为的犯罪性。

其二，欺诈发行证券、违规披露、不披露重要信息等犯罪的刑法规范及其解释，需要根据注册制与信息披露改革后的法律要求，加强信息披露文件真实性的刑法保护，并梳理相关虚假陈述犯罪的法条关系。

证券非公开发行、公开发行注册、众筹等发行注册豁免等均需要严格遵守证券法律规范规定的信息披露义务向投资者、证券监管机构、证券交易所等披露或者报送相关文件。按照成熟金融市场法律框架的一般规则，证券非公开发行的信息披露要求相对较低，一般只需要依照金融监管要求、融资方与投资方的约定披露或者提供与发行人经营、财务相关的重要信息。众筹发行、小额发行、向特定投资者公开发行等只是豁免注册程序，发行人在信息披露方面相对非公开发行而言适用更为严格的披露标准与义务承担，除了经营与财务资料之外，还需要向证券经营机构或者众筹发行平台等提供发行计划、符合注册豁免条件的证明材料等。公开发行注册则适用最为严格的信息披露标准，需要向负责注册的证券监管机构报送公司治理结构、

① 根据《非法集资意见》第2条关于“向社会公开宣传”的认定问题的规定，《非法集资解释》第1条第1款第2项中的“向社会公开宣传”，包括以各种途径向社会公众传播吸收资金的信息，以及明知吸收资金的信息向社会公众扩散而予以放任等情形。

财务会计报告、招股说明书、发行证券募集说明书等，首次公开发行在证券交易所上市交易的股票，还应当报送保荐人出具的发行保荐书。此外，证券发行后还应当根据《公司法》《证券法》的规定向投资者持续披露财务会计报告等。

发行人在信息披露过程中虚假陈述，通过欺骗手段骗取发行注册、注册豁免或者发行证券，数额巨大、后果严重或者有其他严重情节的，应当构成欺诈发行证券犯罪。但是，《刑法》第160条欺诈发行股票、债券罪禁止的隐瞒重要事实或者编造重大虚假内容行为，其信息披露范围只覆盖“招股说明书、认股书、公司、企业债券募集办法”这三种文件。有必要将公开发行证券募集说明书、发行证券计划等证券发行过程中应当披露的重要文件纳入欺诈发行证券犯罪的规制范畴，填补证券发行注册制改革就位后的刑法规制盲点。

对于欺诈发行证券犯罪没有涉及的发行环节严重信息披露违法行为，以及证券发行之后严重违反持续信息披露义务的行为，可由违规披露、不披露重要信息罪予以规制。《刑法》第161条违规披露、不披露重要信息罪[①]禁止虚假的或者隐瞒重要事实的信息披露，行为对象范围为“财务会计报告”和“依法应当披露的其他重要信息”。因此，行为人就金融法律法规明确规定的、除财务会计报告、招股说明书、公开发行证券募集说明书、发行证券计划等之外的其他应当披露的重要信息进行虚假陈述，严重损害股东或其他人利益，或者有其他严重情节的，应当认定为违规披露、不披露重要信息罪。

在网络贷款、股权众筹等互联网金融模式不断提升直接金融比重的发展趋势下，互联网金融犯罪刑事司法实践应当注重在罪刑法定原则的指引

---

① 《刑法》第161条规定：“依法负有信息披露义务的公司、企业向股东和社会公众提供虚假的或者隐瞒重要事实的财务会计报告，或者对依法应当披露的其他重要信息不按照规定披露，严重损害股东或者其他人利益，或者有其他严重情节的，对其直接负责的主管人员和其他直接责任人员，处三年以下有期徒刑或者拘役，并处或者单处二万元以上二十万元以下罚金。”

下对违规披露、不披露重要信息罪的规制范围作出全新的解释。作为广义上的金融市场虚假陈述犯罪行为类型之一的违规披露、不披露重要信息罪，其规制范围主要是由信息披露法定义务来源决定的，即《刑法》第161条规定的“依法”负有信息义务。传统金融犯罪刑法理论与司法实务基本上都将“依法”的范围限定于《公司法》《证券法》，故实践中构成违规披露、不披露重要信息罪的主要是上市公司财务造假等严重虚假陈述行为。但是，随着互联网金融市场及其配制监管制度的不断完善，在《互联网金融指导意见》设定的“依法监管、适度监管、分类监管、协同监管、创新监管”原则下，中国证监会等监管机构基于监管职责分工正在相应制定股权众筹监管试点规则①、《网络借贷信息中介机构业务活动管理暂行办法》②等部门规章，互联网金融平台等市场主体的信息披露义务是相关监管规则的重要内容。违规披露、不披露重要信息罪中的“依法”应当解释为依照“国家规定”，覆盖国家法律、国务院行政法规和部门规章等国家层面的法律制度。所以，在互联网金融市场运行过程中，违反中国证监会等监管规则明确规定的信息披露义务，提供虚假性、误导性信息或者不按照规定进行信息披露，严重损害互联网金融市场投资者利益的，应当纳入违规披露、不披露重要信息罪的刑法规制范围。以网络贷款市场中虚假陈述行为的刑事责任为例，作为信息披露的义务主体，网贷平台应当对信息的真实性、准确性、完整性与及时性负责，充分披露对互联网金融市场参与者投资标的估值、投资决策判断具有影响的必要信息，充分披露风险。在《网络借贷信息中介机构业务活动管理暂行办法》等专门监管网贷市场的部门规章实施之后，网络贷款平台就借款人、融资项目、风险评估、核心经营管理数据（交易金额、交易笔数、借贷余额、借款逾期金额、代偿金额、借贷逾期率、借贷坏账率、出借人数量、借款人数量

---

① 倪铭娅：《证监会抓紧制定股权众筹融资试点监管规则》，《中国证券报》2015年8月8日第A1版。

② 孙璐璐：《多部门就〈网络借贷信息中介机构业务活动管理暂行办法〉征求意见》，《证券时报》2015年12月29日第A1版。

等)、年度报告、公司治理等信息提供虚假文件、隐瞒相关事实或者违规披露,严重损害网贷平台投资者利益的,应当构成违规披露、不披露重要信息罪。

第三节　网络贷款犯罪

P2P 网络贷款(以下简称网贷)的出现,丰富了我国金融市场的组成结构,促进了我国互联网金融业的快速发展。网贷这一新兴行业在中国的热度超过了世界任何一个地方。2009 年年末,中国的网贷公司共有 9 家;根据中国电子商务研究中心的数据显示,截至 2012 年 12 月,全国规模以上的网贷平台超过 200 家;据网贷之家不完全统计,截至 2013 年 9 月末,这个数字已经超过 500 家,整个行业进入了疯狂的扩张阶段。但是,由于网贷的监管措施薄弱与风险控制措施的不完善,网贷在发展过程中逐渐与其创办的初衷渐行渐远,产生了大量的违法犯罪行为,给互联网金融市场的发展带来了负面的影响,甚至诱发了严重的群体性敏感案事件。2013 年以来,网贷行业积聚已久的风险急剧爆发,网贷的网络经营公司破产、携款潜逃的事件频发,自融或提现困难的网贷事件时有发生,此外利用网贷非法吸收公众存款、集资诈骗的事件也陆续出现。网贷行业正经历着从极短的鼎盛时期到现今比较混乱的重新洗牌阶段,在这个阶段,对网贷平台加强监管并从严打击利用网贷进行非法集资、集资诈骗等违法犯罪已经刻不容缓,保护人民群众财产安全和维护互联网金融秩序的稳定必须通过刑法控制手段切实予以实现。

一、网贷的经济机理与风险

P2P 是 peer-to-peer 或者 person-to-person 的简称,即点对点,也称“个人对个人”或“人人贷”。2005 年 3 月,理查德 · 杜瓦、詹姆斯 · 亚历山大、萨拉·马修斯和大卫·尼克尔四个英国人在伦敦创建了第一家网贷平台ZOPA。其最初的运作理念是将有资金并有理财投资意愿投资者手中的闲散资金集聚，通过网贷平台牵线搭桥，通过信用评价体系的甄别，将资金出借给有借款需要并通过信用体系评价的个人。网贷的社会价值体现在提高社会闲散资金利用率、满足投资者资金需求和发展个人信用体系三个方面。在网贷模式运行过程中，网贷网络服务公司主要负责对借款方的还款能力及信用进行调查和甄别，如对借款方的经济收入、经营规模、发展前景及固定资产等情况进行详细调查，并收取相应的管理费和服务费作为其收入来源。现如今，ZOPA的业务已经遍布欧美，甚至亚洲，平均每日的投资规模达到数百万英镑。

网贷简单来说是由某个网络服务公司搭建一个中介平台，由有贷款需要的人在平台上发布贷款需求，借款人参与竞标，最后由平台撮合借款方与贷款方之间交易的完成，网络服务公司按比例收取一定服务费的一种网络贷款模式。

有的金融专家认为，从网贷模式最初的构建理念出发，网贷系以互联网平台为媒介撮合借贷双方达成借贷合同，免除中间人高昂中介费的互联网融资模式。在此种借贷模式下，出借方可以将手头多余的资金提供给有借款需要的贷款人，促进资本市场的资金流动，产生效益，同时获得比同期银行存款率更高的投资回报。网贷即为借贷中介与互联网相结合的金融服务网站，此种交易模式便是最初，也是目前较为普及的网贷运作模式。这种运作模式促成了当下三赢的局面，贷款人获得急需的资金、出借人获得高于银行利息的借款回报，网贷服务商从交易中获得佣金。

2007年至今，我国网贷的发展呈现出一边倒闭一边创立的趋势。从网贷在我国发展至今，大致存在以下四种机制：

（1）一借一单纯中介机制。此种机制主要借鉴的是国外的PROSPER-MOSHI，采用线上竞标的方式来实现网络借贷过程。借贷利率由出借人和贷款人自由协商确定。网贷平台不提供担保，单纯从事信息交换，将贷款人贷款的原因、金额、预期贷款利率、期限通过网贷平台发布，并标明最高利率，出借人根据自己资金状况结合网贷平台给出的信用等级进行综合判断和投标。如果在资金筹措期内，投标资金的数额达到贷款人的需求，此次借款即告完成。平台将会产生电子借条，贷款人必须按照协议定期向出借人还款付息。如果未能在指定的时间内筹集到所需的资金，此次竞标即为流标。此种模式最为典型的是拍拍贷。单纯中介模式改变了原来都是通过银行等金融机构放贷的贷款模式。

（2）一借N债权转让机制。此种机制的网贷平台为了分散风险，采取将多个出借人的资金中的一小部分集中出借给一个贷款人，并全程掌控网贷全过程，当出借人发出出借信息，网贷平台即为其寻找并挑选适格的贷款人，出借利率由网贷平台审核并决定。此种模式中，网贷将出借人的借款分散为多份借款，以借款合同的方式出借给多人，待出借款到达第三方账户，借贷合同正式生效。网贷平台在此种模式中不但要承担出借和借款的债权债务转移角色，还要承担督促借款人按期还款以及帮助出借人管理资金账户并控制风险的职责。出借人在此过程中有权决定是否出借给网贷平台推荐的借款人，并可以随时了解每一笔债权的收益、偿还情况，并在借贷合同履行完毕后收取本金和利息。网贷平台在此种模式中已经不是简单的中介模式，而是转变为贷款服务平台。此种模式最为典型的代表是宜信。

（3）担保融资机制。此种机制是将金融机构或者准金融机构的信贷资产通过互联网平台对外销售，相比金融机构更为灵活。此类网贷平台在撮合借贷合同的时候，一般借助其与担保公司合作背景，为出借人提供第三方担保，如陆金所。陆金所开展的业务是将平安担保的产品证券化，规模的大小由平安担保的规模和能力进行控制，是目前我国网贷平台中最为稳定的一种合作模式。

（4）以网贷为名来实施非法集资、集资诈骗等行为的融资机制。我国最早的网贷平台秉承了外国网贷设立的初衷，即仅从事中介事务。但随着网贷的发展，运作模式逐渐出现了异化，有的甚至利用网贷平台进行违法犯罪。此种模式主要表现为网贷服务公司表面上在网上通过网贷平台收集借款人、出借人的信息，评估借款人的固定资产，如房产、汽车、厂房、设备等，然后进行配对，出借人获取本金及收益，网贷服务商收取中介费。但实际上，此类网贷公司既无任何形式的抵押保证，也没有核实借款人的真实信息，网贷服务公司的账户与出借人资金汇入账户混同，公司经营人可以随时提取出借人的资金“跑路”。如目前出现众多网贷“跑路”事件均是采取了上述模式。

“无门槛、无标准、无监管”是目前我国网贷一边疯狂创立，一边迅速倒闭的原因。几千元买套软件，注册个域名，再去工商登记一下，雇用几个员工便可在网上开办网贷平台，进行网贷服务工作。2011 年，号称“中国最严谨的网络借贷平台”的哈哈贷突然倒闭，给出的理由是“基于中国市场的信用问题和运营资金短缺”，对于平台参与人交易的本金也仅作了部分补偿。同年 9 月，中国银监会发布的“人人贷”风险提示，称人人贷网贷公司存在大量潜在风险，要求银行业金融机构采取有效措施，做好风险预警监测与防范。目前，网贷公司的性质被界定为服务机构，中国人民银行、中国银保监会都不是网贷公司的监管机构，至今也没有一个具体的国家机关对此行业进行监管。网贷服务公司既没有金融机构一般的法律规制与监管，也没有小额贷款公司的法律政策和相关规定，完全处于失控脱管的状态。在目前没有监管的情况下，网贷平台可以作为资金池自融，也可以虚构标的，挪用投资款，甚至触碰非法集资、非法经营、集资诈骗等法律红线。经过梳理，当前网贷中出现的风险主要有以下四个方面的问题：

第一，行业准入门槛低，导致行业内良莠不齐。目前，网贷平台创立的技术门槛很低，在互联网上兜售网贷平台系统的软件销售商也很多，通过在软件公司购买软件，在网上注册域名，并在公司设立时进行工商登记注册，即可完成网贷公司的创建，且对于此类公司也无资本金的要求。在实际操作中，大量存在着实际控制人与工商注册的法定代表人不一致的情况，这给实际控制人利用平台实施违法犯罪提供了便利条件。

第二，监管处于真空状态，导致倒闭或跑路频现。从网贷服务公司经营范围与借贷活动来看，网贷平台的监管职能部门可能涉及央行、工商、金融、电信管理、银监等部门，但事实上由于目前网贷服务公司定性为服务性企业，没有上述一个部门将网贷经营纳入其监管范围，网贷行业协会也没形成，无法通过行业协会对其进行规制与管理。

第三，容易触犯"刑法"红线，变异多种犯罪形式。由于网贷服务公司大多缺乏对资金的有效监管，大多中介公司的账户和出借人的汇款账户混同，没有第三方银行介入脱管，实践中往往会存在网贷公司从中介业务转变到非法吸收存款、非法融资的情况出现，甚至引发非法集资、集资诈骗行为。有些网贷公司没有尽到勤勉核实贷款人的义务，导致贷款人携款潜逃，给出借人带来损失，也给网贷公司带来倒闭的风险；有的网贷公司由于缺少相关机构对资金的监管，导致资金底数不清，去向或真实用途不明，为他人诈骗以及洗钱犯罪提供了便利条件。

第四，极易引发敏感性群体性事件，破坏当地金融秩序。以部分网贷现状为例，部分网贷公司由于经营不善，导致公司资金链断裂后，实际控制人或被异地公安机关采取强制措施、或卷款逃到海外，资金被卷走，人员去向不明，受害群众以千计，人民群众财产损失以千万元计。大量的群体性事件和上访事件随之发生，严重影响了社会稳定，给当地的金融秩序带来严重混乱。从目前"跑路"或倒闭的网贷公司运作周期来看，长则 1 年，短则 2 个月，有的甚至创立没几天就宣告破产。

近几年来，随着网贷的恶性膨胀，运营网贷平台的服务公司破产、倒闭的事件层出不穷，相关负面新闻屡屡见诸报端。网贷目前只能定位为中介服务性质，而随着恶性竞争地发展，该种中介服务性质已经发生变异，目前大多数网贷服务公司超越了中介服务业务，在异化过程中有的已经触碰了刑法的底线。

网贷经营管理模式，极易引发非法吸收公众存款的问题。行为人或网贷中介公司往往会利用监管存在的漏洞，假借借款人之名，向不特定公众实施非法吸收或变相吸收公众存款的行为，扰乱我国社会金融市场秩序。其主要表现形式有两种：

一是行为人首先创立网贷平台并登记注册公司，继而利用平台及信息不对称的优势，向出借人提供担保，有的网贷公司以网贷中介公司作为担保主体，但往往在注册以后要么不足额缴纳注册资本，要么变相抽出注册资本；有的网贷公司以第三方为担保主体，获取出借人的信任。无论采用何种担保方式，其目的是吸引出借人的资金，为其提供可以信赖的假象，尽可能地招揽出借人。在形成"资金池"完成融资之后，隔绝出借人与借款人的信息交换，网贷公司账户与出借人资金账户混同，形成对资金池的完全支配，要么将资金用于转贷、要么用于自身投资经营，最终形成典型的非法吸收公众存款。

二是行为人在创建网贷中介公司后，通过模糊贷款人信息的方式虚构投资标的，同时在网贷平台上以秒标（虚构一笔借款，投资者竞标并投资，平台在满标后快速运用自由资金还本付息）或拆标（将大额的借款标的拆成小份额以吸引投资者的小标的）的方式宣扬高收益，承诺高回报率，吸引投资者的资金介入，继而形成资金池。在完全支配资金池后或高额转贷或将资金挪作他用，最终构成非法吸收公众存款。例如：2013 年，天力贷投资者无法提取资金，新理财客为 2 756 人，放贷 1 341 笔，放贷总额 2.93 亿元，而相关的借款人信息却非常模糊，仅以"房地产公司借款"或"金属制造公司借款"的方式发出。天力贷将一些大项目拆成众多个小项，再依靠自身的一些技术手段伪造资料，以达到吸引投资者的目的。这种"拆标模式"很容易将自己套进去。孝感市公安局以"非法吸收公众存款"对天力贷事件进行了立案侦查，这种形式就是典型的非法吸收公众存款罪的表现形式。①

根据《非法集资解释》中对"非法吸收公众存款或者变相吸收公众存

① 陈白：《天力贷法人卷款在逃》，《新京报》2013 年 10 月 22 日第 B7 版。

款”的认定条件为：(1)未经有关部门依法批准或者借用合法经营的形式吸收资金；(2)通过媒体、推介会、传单、手机短信等途径向社会公开宣传；(3)承诺在一定期限内以货币、实物、股权等方式还本付息或者给付回报；(4)向社会公众即社会不特定对象吸收资金。据此，行为人利用网贷平台实施了上述行为后，即构成非法吸收公众存款行为。对于利用网贷平台吸收公众存款的行为，若犯罪主体为单位的，吸收数额要达到 100 万元以上或 150 户以上；若犯罪主体为个人的，吸收数额要达到 20 万元以上或 30 户以上。

网贷集资诈骗较网贷非法吸收公众存款多了一项要求，即行为人在非法吸收存款时持非法占有的故意。有的学者认为其表现形式有两种：一是利用网络平台服务公司创始人的便利，以非法占有为目的，虚设借款人吸收不特定对象的资金；二是利用他人的网贷平台发布借款信息，将他人的资金据为己有。①

集资诈骗是民间借贷中极为常见的犯罪形式，随着网贷平台的急速普及，网贷平台便成为违法犯罪分子骗取借款人资金的工具。一些不法分子有的自己登记注册网贷服务公司，有的实际控制他人的网贷服务公司，以非法占有为目的，骗取借款人的资金，将借款人的资金占为己有，严重损害了借款人的利益，破坏了国家金融市场的管理秩序，极大地危害了网络借贷行业的有序发展。其主要表现方式有两种：

一是行为人通过创立网贷平台进行集资诈骗。实践中，行为人利用网贷平台监管措施不足，人民群众渴望高回报的心理，频频注册网络借贷平台，开展集资诈骗。有的利用将网贷公司账户与借款转存账户混同的方式，将出借人的资金截流，由于出借人与贷款人之间的交易需要一个撮合的过程，在此期间，网贷公司账户可以形成庞大的资金池，并截流大量的资金，违法犯罪人员往往利用这个真空期非法占有出借人的资金，并逃至海外；有的

① 顾肖荣主编：《经济刑法》，上海社会科学院出版社 2014 年版，第 139—140 页。

以虚设贷款人的方式，以非法占有为目的通过自己创设或实际控制的网贷平台大量借入资金。通过在网贷平台大量假冒他人借贷需求的方式，同时利用自己对借贷方审核的权利，骗取出借人的资金后携款潜逃。如网贷平台淘金贷，就是在发布短期、高收益借贷需求后，以高额利息为诱饵骗取了几十名投资人的资金后携款潜逃，涉嫌集资诈骗罪。

二是行为人利用他人创办的网贷平台进行集资诈骗。目前，我国的征信体系尚不完善，违法犯罪行为人往往会利用网络借贷平台信用审核机制不完善的漏洞，进行集资诈骗行为。实践中，网贷平台为了争抢客源，对借款人身份的真实性和资产情况无法尽到勤勉的调查义务，对借款的真实用途和流向也无力全面掌控，违法犯罪分子通过虚构借款用途或冒用他人身份很容易骗过网贷平台的审核，若违法犯罪分子在众多个平台发布虚构的借款信息，很容易借得大量资金，并对其非法占有。

《非法集资解释》规定，以非法占有为目的，使用诈骗方法实施非法吸收资金的行为的，以集资诈骗罪定罪处罚，其中“以非法占有为目的”的认定条件为：(1)集资后不用于生产经营活动或者用于生产经营活动与筹集资金规模明显不成比例，只是集资款不能返还的；(2)肆意挥霍集资款，只是集资款不能返还的；(3)携带集资款逃匿的。行为人以上述非法占有为目的，利用网贷平台获取出借人资金后不用于生产经营或肆意挥霍或携款潜逃的，即构成集资诈骗行为。根据最高人民检察院、公安部《关于公安机关管辖的刑事案件立案追诉标准的规定(二)》，行为人实施上述集资诈骗行为，个人所得数额在 10 万元以上或单位所得数额在 50 万元以上的，就构成集资诈骗罪，司法机关应对此行为予以严厉打击，保障出借人的合法权益，维护互联网金融秩序安定有序。

网贷公司在工商行政管理机关登记注册的业务范围为“咨询服务”类，表面上和一般的中介公司没有区别，任何金融方面的管理机关如中国人民银行、中国银保监会都无法将其纳入监管范围。但实践中，一旦网贷公司在进行网络借贷过程中涉及担保、理财这类特许经营的行业时，网贷公司就会涉嫌非法经营罪，其主要表现方式有两类：

一是担保性网贷。在当下网贷平台为了吸引客源，一般会向出借人提供资金担保，这些担保形式主要分两类，一类是自发性担保，即网贷平台以自身的资产为限对网上借贷进行担保；另一类是第三方担保，即网贷平台与担保公司结盟，由担保公司为其网上借贷合同提供担保。

根据《融资性担保公司管理暂行办法》的有关规定，任何单位和个人未经监管部门批准不得从事吸收存款、发放贷款、受托发放贷款、受托投资等活动。网贷平台以自身资产为限提供担保，本身就构成非法经营。而很多网贷公司一旦成立，便会抽取实缴注册资本，有的网贷公司根本未缴足注册资本，可想而知更不可能对其网上上百万元、上千万元的投资进行担保了。而网贷公司与第三方担保公司合作是否就属于合法经营呢？这在理论界仍然存在争议，但有些省份已给出了否定性的评价，如浙江省经济和信息化委员会于2013年12月初下发的《关于加强融资性担保公司与网贷平台相关业务监管的通知》严禁融资性担保公司涉足网贷平台，以及从事P2P网络贷款业务。虽然类似举措在全国尚属首次，但从一个侧面反映了相关监管机构对担保公司涉足网贷的态度。

二是理财性网贷。目前，部分网贷平台在开展借贷业务的同时，还在平台上发售理财产品。虽然国家未对服务性企业开展销售理财产品作出明确的禁止性规定，但是由于我国金融业属于特许经营的范畴，网贷公司并不具备发售信托、证券、银行等为主体方可发售理财产品的资质。而即使信托、证券、银行等主体发售上述理财产品也需经过严格的备案与审批制度的审核，网贷平台以理财产品之名进行发售属于游走于刑法的边界，极有可能被列入非法经营的打击范围，而一旦被司法机关予以取缔，相关投资人的投入资金将石沉大海，血本无归。

二、网贷与非法集资犯罪

任何一个新生的金融事物产生初期必然会伴随着大量犯罪的出现。网贷在目前没有监管机构和手段的情况下，司法机关只有不断出重拳打击犯罪并研究网贷交易平台中存在犯罪的环节和情形，才能跨前一步，主动作为，保护人民群众的财产安全，维护我国金融市场秩序的健康稳定。目前网贷触发刑事风险主要涉及非法集资犯罪，判断其是否构成犯罪，关键在于下列证据的把握。

（1）违法犯罪人员作案使用的网站。不法分子通过网站宣传网贷公司相关材料必然会留下许多登录IP地址，这些IP地址曾经登录人、登录电脑就是证据来源。司法机关要对涉案电脑和硬盘及时扣押，并获取违法犯罪嫌疑人系上述IP地址、移动终端号码唯一使用人的证据，如本人的供述、网络服务提供商的登记证明、网吧的登记记录等。

（2）使用QQ、微信、邮箱等网络通信记录。违法犯罪分子使用QQ、微信与客户沟通或者内部沟通必然会留下许多作案流程，这些痕迹就是还原案件现场的重要资料。不法分子使用的邮箱可能存在许多内部资料可以证明犯罪主观故意。司法机关对上述使用QQ、微信、邮箱等网络通信记录应及时提取，防止违法犯罪人员事后删除、隐匿。必要时可以通过电脑截屏、摄影、摄像等方式，截取、节录有关利用信息网络实施违法犯罪活动的书证、视听资料或者电子数据。

（3）资金流向。网贷最重要的就是资金痕迹，所有的资金痕迹可以证明钱款去向，不仅能证明主观故意也为追赃奠定基础。司法机关在查证时要与银行加强联系，一旦发现涉案资金，及时予以冻结。

（4）理财产品、借款标的、债权等交易产品。理财产品、借款标的、债权等交易产品的真实性是可以证明不法分子作案的动机和主观故意，为案件性质打下坚实基础。司法机关应对上述产品的电子形式及时固定，便于日后举证。

（5）交易模式、经营模式。交易模式、经营模式是一个还原作案全貌的依据，只有掌握交易模式、经营模式才能找准违法犯罪行为人非法集资的要点，对其资金池予以控制。

（6）作案时的各种资料。违法犯罪分子不可能一个人完成所有的交易过程，他必然会招聘部分工作人员协助完成整个犯罪过程，这些遗留的不论是纸质材料还是电子数据都很重要。司法机关要注意对上述材料的收集。

目前，我国网贷平台的监管机制尚未建立，网贷行业乱象在一定时期内仍将继续，但我们欣喜地看到相关政府部门已经在关注这一行业的风险，从保护中小投资者的利益、避免发生区域性、系统性的风险，开展了一些调研工作，并采取了一些工作措施，遏制网贷乱象。但在目前现行的法律框架下，在相关监管主体没有明确的情况下，司法机关应跨区一步，主动作为，用足用好现有法律资源，一旦发现利用网贷平台进行非法吸收公众存款、集资诈骗、非法经营的，立即予以严厉打击，从而遏制行业乱象，敲山震虎，保护人民群众的合法权益，维护互联金融秩序的安定有序，推动网贷的健康发展。

第四节 “去中心化”互联网金融犯罪

一、“去中心化”互联网金融工具的兴起及其对经济刑法的影响

比特币（Bitcoin）是一种点对点全球通用加密互联网金融系统。与传统货币不同，比特币的发行与交易不依赖中央银行、政府、企业的支持或者信用担保以及传统金融机构的服务，也不与特定商品或者实物挂钩，而是依赖对等式网络中种子文件达成的网络协议，实现单个节点与其他节点的直接交互，比特币地址之间的价值交换，具有“去中心化”特质与相对匿名性。[①]

---

① 除了比特币之外，基于网络、密码、算法等技术开发的系统还包括 Litecoin（“莱特币”）、Solidcoin（“硬币”）、Namecoin（“名币”）等多种私有市场支付工具。由于互联网金融系统演进与软件技术更新非常迅速，每一种具体的技术或者系统都会被另一种版本或者项目所替代，但互联网金融系统的基本经济机制与法律制度评价体系是相对稳定的。作为最早、目前最成功却远未达到最好的互联网金融系统，比特币的接受度处于绝对领先地位。所以，基于论述便利性考虑，本节仅针对比特币展开法律与经济分析，但相关经济机理解释与法律制度应对均适用于采纳相同与相似机制的互联网金融系统。比特币系统的“去中心化”与匿名性都是相对的。关于“去中心化”问题下文经济机理解释部分会有详细分析。就匿名性而言，下载比特币软件、使用比特币地址进行转账交易等均无需提供本人真实信息，但所有比特币交易记录都是在网络上永久性公开的，因为所有的比特币交易都必须由全网参与运算验证。任何人都能查看任何比特币账号地址内的交易数额及其流转。用户可以使用特殊的信息技术与软件工具隐藏 IP 位址，或者使用比特币网站提供的公共钱包地址将自己的交易混同于众多交易之中，但基于技术破解或者执法机构调查，比特币交易仍然是具备可追踪性的。

比特币系统使用整个网络的分布式数据库来进行交易确认，其发行总量固定，并自适应地按照设计预定的速率逐步增加且增速逐步放缓，最终在2140年达到略小于2 100万个的极限值。点对点分布式的时间戳服务器生成依照时间前后排列并加以记录的电子交易证明使得比特币系统能够实现无需第三方支持的数字签名加密、杜绝双重支付(伪造支付工具)。发行的比特币由完成网络运算工作量证明("挖矿")的比特币"矿工"获取，借此激励其通过利用计算机硬件为比特币网络进行数学计算从而完成交易验证、提高比特币系统安全性。①

使用比特币不仅可以购买商品或者服务，而且能够在全球各大比特币交易所以市场价格兑换各国和地区的法定货币。尽管比特币与法定货币市场兑换价格阶段性会出现巨幅下跌，但总体上比特币市场价格呈现螺旋式上涨趋势。比特币"挖矿"芯片设计与开发②、比特币"矿机"组装与销售③、各类比特币现货、期货、衍生工具等交易平台运营与比特币市场参与者的投机热潮④等一系列以比特币为中心的经济行为将比特币生态与利益链条进一步延伸。从实体经济发展趋势、集中交易市值、市场参与者认可度等各方面来看，比特币已经度过了初创与萌芽阶段，世界经济与金融历史正在见证"去中心化"互联网金融时代的兴起。

全球各国和地区法律对比特币表现出视为合法货币、直接规定为非法货币或者宣布为自由市场行为而不进行政府介入等不同的制度反应。2013年12月3日中国人民银行等五部委《关于防范比特币风险的通知》(以下简称《比特币风险通知》)明确强调比特币虚拟商品属性及其投资风险，禁止金融机构与支付从事与比特币有关的业务，并要求作为比特币交易平台的比

---

① 比特币基础性技术原理参见：Satoshi Nakamoto, Bitcoin: A Peer-to-Peer Electronic Cash System, 2008, http://bitcoin.org/bitcoin.pdf。有关比特币的详细信息汇总参见比特币百科网站(en.bitcoin.it)。

② 程振伟：《谁是比特币利益链上的"真正赢家"》，《深圳特区报》2013年12月3日B2版。

③ 梁敏：《比特币掘金，"挖矿机"商机无限》，《电脑报》2013年12月16日第13版。

④ 张俊杰：《比特币投资险象环生》，《南方都市报》2013年12月6日GC7版。

特币网站履行非金融机构反洗钱义务。《比特币风险通知》对于控制比特币市场风险、遏制网络经济风险向金融体系与实体经济传导等具有非常积极的价值。2017年中国人民银行、中央网信办、工业和信息化部、国家工商总局、中国银监会、中国证监会、中国保监会联合发布《关于防范代币发行融资风险的公告》(以下简称《代币发行风险公告》),禁止国内通过发行代币形式包括首次代币发行(ICO)进行融资的活动。

但是,由于比特币具有"去中心化"、高度匿名性、全球性、主要法定货币可兑换性、交易成本低廉性等特点,比特币或比特币支付系统不仅可能成为洗钱犯罪、外汇犯罪、货币犯罪、走私犯罪等各类经济犯罪的工具或者渠道,①而且比特币资产持有者具有成为侵财犯罪(盗窃、普通诈骗等)、金融犯罪(非法集资、金融诈骗、市场操纵等)、网络犯罪被害人的高度风险,甚至比特币及其经济生态本身都长期受困于是否构成庞氏骗局、金字塔骗局等集资诈骗犯罪或者传销犯罪的巨大争议之中。②《比特币风险通知》《代币发行风险公告》所确立的比特币虚拟商品性与非货币性的属性判断会导致一系列经济与金融犯罪对象与行为的解释与认定陷入困惑与论争,加之当前理论与实务界对利用或者针对比特币的犯罪行为的机理尚且缺乏深入把握,这些因素共同导致比特币的兴起对整个经济刑法体系产生重大却潜藏未现的影响。

在商品与服务贸易中承担交易中介角色的比特币客观上为整个实体经

---

① Lars Hilse, Threat-Assessment: Bitcoin: Danger to the United States? National Security and her Economic & Commercial Interests, Create Space Independent Publishing Platform, 2013, pp.24—40.

② 参见张薇:《比特币淘金热:疯狂过后何去何从》,《光明日报》2013年5月11日第6版;王彦彬:《比特币:电子黄金还是旁氏骗局?》,《通信产业报》2013年11月25日第27版;贺颖彦:《比特币是个骗局吗?》,《中华合作时报》2013年12月6日C2版;Nathaniel Popper, Currency Scheme, New York Times, July 24, 2013, Page B4; Derek A. Dion, I'll Gladly Trade You Two Bits on Tuesday for A Byte Today: Bitcoin, Regulating Fraud in the Economy of Hacker-Cash, 2013 Journal of Law, Technology & Policy 165, 178(2013); Nicholas A. Plassaras, Regulating Digital Currencies: Bringing Bitcoin within the Reach of the IMF, 14 Chicago Journal of International Law 377, 390(2013)。

济注入了货币供应量，比特币与各国法定货币之间的低成本兑换亦使得外汇与资本管制效果明显弱化，比特币支付系统的“去中心化”导致现行货币犯罪与外汇犯罪刑法规范完全不具有适用可能。比特币与法定货币在全球集中交易平台供市场参与者在承担风险的同时博取交易利润，市场价格剧烈波动意味着存在诱人的价差利益，比特币现货、期货、衍生交易等实质上具有与证券、期货、衍生品交易市场等同的特征、原理、机制与风险，但特定虚拟商品的属性定位造成比特币不能构成证券期货犯罪的行为对象，非法经营、内线交易、市场操纵等刑法条款无法对未经许可运营比特币金融交易平台、侵害市场参与者合法权益等行为进行有效规制。比特币与法定货币之间的可兑换关系意味着前者事实上能够成为后者的价值存储载体，盗窃、诈骗、利用职务便利收受、获取比特币经济收益不申报纳税、非法向社会公众吸收比特币等行为与相应的财产犯罪、职务犯罪、税务犯罪、融资犯罪等具有同等强度的社会危害性。比特币的非货币属性定位则意味着目前相关经济与金融犯罪刑法条款无法对此类比特币侵害行为作出实质性反应。“去中心化”互联网金融工具兴起对经济刑法形成的现实风险，从法律与经济行为实质、比特币实质属性等层面揭示了重在调整经济与金融关系的行政法律制度意图从规范形式上进行切割但事实上很难有效控制的比特币市场风险及其对整个法律制度构成的冲击。以发行与交易系统上的“去中心化”与治理结构、资源分配及经济利益实现平台上的中心化特征为基础深度解构比特币的经济机理，不仅有助于把握比特币系统固有的机制性缺陷与市场风险来源，而且能够揭示比特币所具备的实质性货币与金融投资（投机）功能，从而在法律属性上确立比特币在特定情形下的货币与金融商品定位。比特币经济机理解构与法律实质阐释为经济刑法通过制度微调、司法规则与执法机制完善奠定了坚实的理论与实践基础，比特币兴起之后凸显出的绝大部分经济刑法适用性紊乱问题将得以解决。经济刑法证券期货犯罪条款适度拓展“证券”范围可以将比特币金融市场管理秩序与投资者合法权益纳入刑事保障体系，同时以能够量化的经济与金融犯罪数额标准盘活财产犯罪、职务犯罪、税务犯罪、融资犯罪等刑法规范对相关比特币犯罪行为的可适用性。同时，新型互联网金融系统的“去中心化”机制导致传统货币犯罪、外汇犯罪等货币与资本管制体系事实上无法继续保护既有的非竞争性货币体系。货币、外汇、资本管制刑事保障机制的失灵促使既有货币制度直面货币竞争、反思维护法定货币购买力稳定性的政策优化方向。

二、“去中心化”互联网金融工具对经济犯罪刑法规制体系的风险评估

《比特币风险通知》以“正面定性与反面否定”相结合的方式对比特币属性提出了明确意见，即比特币“应当是一种特定的虚拟商品”，“不是真正意义的货币”，“不具有与货币等同的法律地位”，“不能且不应作为货币在市场上流通使用”。①可见，在中国金融市场法律制度及其监管框架下，“真正意义的货币”等同于法定货币，即人民币、美元、欧元、日元等以本国或者其他国家或者地区中央权力信用为基础的、法偿性、强制性货币。比特币不仅不具有货币属性，而且与银行、资本市场、保险市场等金融体系中的金融产品无关，只是一种商品且必须强调其具有虚拟性。

然而，作为非货币性、虚拟性“商品”的比特币能够以极低的交易成本在“商品”与人民币、美元、欧元、日元等各国“货币”之间进行快捷转换，并以集中竞价交易的方式在全球各大比特币交易平台供市场参与者进行投资或者投机，甚至可以附加杠杆、做空、融资、融币等交易机制进行各类远期、期货、期权等衍生性交易。同时，基于对金融市场及其监管秩序全面且有效保护的价值追求，我国经济刑法规范体系设置了货币、外汇、证券、期货等众多具

① 《比特币风险通知》第1条“正确认识比特币的属性”：比特币具有没有集中发行方、总量有限、使用不受地域限制和匿名性四个主要特点。虽然比特币被称为“货币”，但由于其不是由货币当局发行，不具有法偿性与强制性等货币属性，并不是真正意义的货币。从性质上看，比特币应当是一种特定的虚拟商品，不具有与货币等同的法律地位，不能且不应作为货币在市场上流通使用。

有金融工具属性的行为对象要素。金融监管机构对比特币货币、金融属性的制度性剥离以及对其虚拟商品属性的强调会产生一个不容忽视的经济刑法制度风险：大量利用比特币的货币性或者金融工具性特征的经济犯罪行为将因为比特币的虚拟商品属性限定而脱离经济刑法的规范控制范围，经济刑法会随着比特币市场以及比特币经济行为的逐步繁荣而面临前所未有的系统性冲击。

（一）货币、外汇市场及其监管秩序刑事保护失控风险

比特币不是法定货币、不具货币法律地位、不能且不应作为货币在市场流通的反面否定型属性判断明确指向一个结论：比特币显然不是外币，与人民币则更是毫无关联。这一属性判断在经济刑法上的意义表现为比特币不能构成作为外汇犯罪或者货币犯罪行为对象的外汇、人民币或者其他国家和地区的法定货币。但事实上不仅比特币支付、交易系统可以直接跨越既有的外汇监管制度从事逃汇或购汇行为、经营外汇业务、持有境外资产等，比特币“去中心化”发行机制更是能够在中国市场直接投放“货币”，在脱离中国人民银行货币政策的前提下影响中国经济体系中的实际货币供应量。[①]经济刑法中的外汇犯罪条款[②]直接面临失灵或者失控的风险，货币犯罪条款[③]规制效力可能在中长期受到潜在的折损风险。

---

① 从中国市场中比特币持有量及其对应的浮动性市值规模来看，比特币进入中国市场影响国内货币供应量的观点显然只局限于定性判断层面。将目前国内比特币的经济规模与人民币经济总量进行对比，完全可以对前者予以忽略不计。但比特币经济中长期的通缩发展趋势（下文比特币经济机理分析部分予以详细论述）意味着每单位比特币的购买力具有显著的增长空间，同时现阶段并不能预期未来商品与服务提供者对比特币支付的接受程度以及比特币的周转率，所以至少不能忽视或者无视比特币对国内货币供应量的中长期影响。

② 根据 1998 年全国人大常委会《关于惩治骗购外汇、逃汇和非法买卖外汇犯罪的决定》（以下简称《外汇犯罪决定》）第 1 条、第 3 条、第 4 条的规定，我国外汇犯罪条款主要包括：骗购外汇罪、逃汇罪、非法经营罪（非法买卖外汇）。

③ 我国现行刑法规定的危害货币管理制度犯罪的条款主要包括：伪造货币罪（《刑法》第 170 条），出售、购买、运输假币罪（《刑法》第 171 条第 1 款），金融工作人员购买假币、以假币换取货币罪（《刑法》第 171 条第 2 款），持有、使用假币罪（《刑法》第 172 条），变造货币罪（《刑法》第 173 条）。此外，走私犯罪中还专门规定有走私假币罪（《刑法》第 151 条）。

骗购外汇罪禁止通过使用伪造、编造的海关、外汇管理机关证明文件或者重复使用海关、外汇管理机关证明文件等欺骗方式购买外汇的行为。①而任何持有人民币的行为主体可以在中国境内的各大比特币交易平台开设资金与交易账户以市场价格购入相应数量的比特币，将比特币提现之后通过比特币客户端转入境外各种以美元、欧元、日元等法定货币为交易币种的比特币交易平台，再以市场价格卖出比特币兑换成需要的法定货币。由于比特币只是特定虚拟商品而非作为一般等价物的货币，利用比特币支付与交易系统能够彻底脱离外汇管理制度以及该制度最具强制力的经济刑法保护机制骗购外汇罪的震慑，将人民币兑换成世界上主要国家和地区法定货币②且完全不需要实施任何欺骗性使用海关、外汇证明文件的行为。因此，比特币支付与交易系统的存在与发展使得传统骗购外汇行为模式、骗购外汇罪对购汇管理制度的保护相当程度上失去意义或者失灵。③逃汇罪禁止

---

① 《外汇犯罪决定》第1条规定："有下列情形之一，骗购外汇，数额较大的，处五年以下有期徒刑或者拘役，并处骗购外汇数额百分之五以上百分之三十以下罚金；数额巨大或者有其他严重情节的，处五年以上十年以下有期徒刑，并处骗购外汇数额百分之五以上百分之三十以下罚金；数额特别巨大或者有其他特别严重情节的，处十年以上有期徒刑或者无期徒刑，并处骗购外汇数额百分之五以上百分之三十以下罚金或者没收财产：(一)使用伪造、变造的海关签发的报关单、进口证明、外汇管理部门核准件等凭证和单据的；(二)重复使用海关签发的报关单、进口证明、外汇管理部门核准件等凭证和单据的；(三)以其他方式骗购外汇的。伪造、变造海关签发的报关单、进口证明、外汇管理部门核准件等凭证和单据，并用于骗购外汇的，依照前款的规定从重处罚。明知用于骗购外汇而提供人民币资金的，以共犯论处。单位犯前三款罪的，对单位依照第一款的规定判处罚金，并对其直接负责的主管人员和其他直接责任人员，处五年以下有期徒刑或者拘役；数额巨大或者有其他严重情节的，处五年以上十年以下有期徒刑；数额特别巨大或者有其他特别严重情节的，处十年以上有期徒刑或者无期徒刑。"

② 2013年比特币已经能够在全球各个国家和地区的交易平台兑换为以下币种：阿根廷比索、澳元、巴西雷亚尔、加拿大元、瑞士法郎、人民币、捷克克朗、丹麦克朗、欧元、英镑、港币、以色列新谢克尔、印度卢比、日元、墨西哥比索、挪威克朗、新西兰元、波兰兹罗提、卢布、瑞典克朗、新加坡元、泰铢、美元、南非兰特等。参见比特币数据网站 Bitcoin Chart 的货币统计信息，http://bitcoincharts.com/markets/currencies/。

③ 利用比特币系统免受骗购外汇罪法律风险、逃避外汇监管的购汇行为需要承担的行为成本与经济风险是比特币交易手续费、跨国比特币交易平台价差风险以及比特币市场交易价格风险。其中，手续费成本是有限与可控的，价差风险与价格风险则较难控制。交易成本与经济风险的客观存在决定了骗购外汇罪相当程度上的失灵风险而非彻底的、现实的失灵。

单位违反外汇管理法律法规将应当调回境内的外汇存放境外或者将境内外汇非法转移境外的行为。[1]基于相同的原理，利用比特币支付系统以及全球比特币交易平台能够高效地实现人民币与其他国家和地区法定货币之间的无监管性兑换与转移，但比特币只具有特定虚拟商品属性，经济刑法对境内外汇限制转出与境外外汇限制存放的刑事控制力度受到实质性撼动。[2]此外，非法经营罪禁止违反外汇交易管理规定在国家许可的交易市场之外从事买卖外汇业务。[3]中国各大比特币网站推出的比特币网络集中竞价交易平台，其业务内容表现为以市场决定的“兑换率”提供人民币与作为特定虚拟商品的比特币之间的交易，形式上显然无需受制于监管机构外汇交易场所的业务许可。而在实践中比特币交易参与者以及财经媒体一般将这种“兑换率”直接称为“汇率”，[4]并且比特币事实上可以在全球主要国家和地区兑换当地法定货币、支付当地部分商品与服务。这些比特币交易平台业务现象背后的实质内涵说明人民币兑比特币现货交易至少具有变相外汇即

---

① 《外汇犯罪决定》第3条规定：“将刑法第一百九十条修改为：公司、企业或者其他单位，违反国家规定，擅自将外汇存放境外，或者将境内的外汇非法转移到境外，数额较大的，对单位判处逃汇数额百分之五以上百分之三十以下罚金，并对其直接负责的主管人员和其他直接责任人员处五年以下有期徒刑或者拘役；数额巨大或者有其他严重情节的，对单位判处逃汇数额百分之五以上百分之三十以下罚金，并对其直接负责的主管人员和其他直接责任人员处五年以上有期徒刑。”

② 事实上经济刑法中其他与外汇犯罪具有相类似规制功能与规制原理的法律规范同样存在刑事保护效力稳定性降低的风险。例如，《刑法》第395条第2款隐瞒境外存款罪规定：“国家工作人员在境外的存款，应当依照国家规定申报。数额较大、隐瞒不报的，处二年以下有期徒刑或者拘役；情节较轻的，由其所在单位或者上级主管机关酌情给予行政处分。”刑法设置隐瞒境外存款罪具有保持国家工作人员职务廉洁性、维护公职人员境外财产申报制度、控制具有腐败嫌疑的资产流失境外等制度价值。但是，比特币作为一种资产类型在全球范围内逐步兴起与繁荣，使得愿意支付比特币交易成本、货币兑换价格风险与市场价差风险的国家工作人员，可以选择彻底放弃持有境外存款所产生的构成隐瞒境外存款罪的刑事风险，转而持有比特币资产并在需要时随时转化为相应国家和地区的法定货币资产。

③ 《外汇犯罪决定》第4条规定：“在国家规定的交易场所以外非法买卖外汇，扰乱市场秩序，情节严重的，依照刑法第二百二十五条的规定定罪处罚。单位犯前款罪的，依照刑法第二百三十一条的规定处罚。”

④ 陈听雨：《比特币汇率大跌》，《中国证券报》2013年5月17日A5版。

期交易①的疑问，但非法经营罪关于禁止非法从事外汇交易业务的规定对此并无有效的反应能力。

相对于外汇市场显性的刑法保护失控风险而言，比特币对货币市场经济刑法制度的冲击表现得更具隐蔽性与长期性。但货币、货币市场、货币政策与相关法律制度对于实体经济与金融体系的全局性影响决定了比特币对人民币及其法律政策构成的任何潜在风险都不应被低估。经济刑法设置货币犯罪规范功能在于保护货币市场以及央行对货币市场秩序的监管。实现该功能最为基本的要求便是人民币供给只能源于中国人民银行的货币政策与货币监管行为，刑法禁止并处罚中国人民银行之外的任何行为主体影响中国经济体系内货币供应的行为。例如，在我国法域内实施的伪造货币、出售、购买、运输、持有、使用假币行为最根本的危害在于脱离中国人民银行货币政策与监管增加了货币供应及其周转，刑法设置伪造货币、出售、购买、运输、持有、使用假币等所有货币犯罪的基础性价值就是要保护中国人民银行发行货币与管理货币供应量的权力。然而，传统经济刑法货币犯罪条款以遏制假币为核心震慑各种非法增加货币供应的震慑模式，完全无法规制比特币系统影响特定经济体系内货币总量的发行行为与结果。比特币玩家通过"挖矿"(即承担比特币系统计算与密码验证工作量)获取比特币，其在中国市场使用比特币"购买"任何商品或者服务的同时就意味着原本人民币垄断下的货币总量中增加了另一种不受中国人民银行监管的支付工具或者交易中介。在既定的商品与服务生产效率下，比特币在经济体系中使用规模的增长形式上表现为货币总量的增长，实质上会造成传统法定货币使用规

---

① 提出比特币与法定货币现货兑换是否涉及"变相"外汇即期交易的疑问而非直接质疑其是否属于外汇即期交易的原因主要在于：其一，全球货币监管机构对于比特币是否构成货币尚未形成共识，并且我国货币监管机构目前的政策定位明确是将比特币视为特定虚拟商品，所以比特币与相应法定货币之间的交换比率严格意义上只能是"兑换率"而非"汇率"。其二，仅就比特币与相应法定货币的单一交易层次来看，比特币经济生态中并没有实际的商品与服务，接受比特币的商户或者个人所提供的商品与服务本质上仍然是各国和地区法定货币体系下的产物，加之比特币供给量既定，因而比特币与相关法定货币之间的兑换关系是由该法定货币体系下的比特币需求这一单一因素决定的。这与汇率受全球实体经济与货币市场各类复杂影响的事实相去甚远。

模减小以及单位人民币购买力的下降。从长远的观点来看，如果比特币在国内商品与服务贸易出现规模化增长，则会出现比特币对法定货币的规模化替代，继而显著缩减央行资产负债表以及央行行为对短期利率的影响。随着比特币支付用户人数的不断上升，如果基于比特币支付的经济总量发展到大于法定货币规模的水平，这不仅是对既有货币秩序的冲击，其理论上的结果更是对传统法定货币体系的取代。①而在此过程中，由于比特币系统并不存在中心化的发行主体，外部法律评价体系亦不认可其货币地位，现行货币制度从比特币影响货币总量的伊始便无法使用经济刑法货币犯罪条款对这种与假币投放、使用一样具有货币制度干扰性与对抗性的行为进行制裁。

（二）金融监管与金融消费者权益刑事保护缺失风险

比特币应当是一种特定虚拟商品的正面定性判断，在确立比特币虚拟性与商品性基础定位的同时亦否定了比特币的现实性（真实性）与金融性内涵。比特币交易只是一种普通民众风险自担的、具有参与自由的网络商品买卖行为。②但现实情况是比特币支付与交易系统在实践运作中不仅能够兑换真实的法定货币、购买真实的商品与服务，而且正以类似于证券、期货、金融衍生工具等投资、投机工具的形式、在类似于证券、期货交易所的比特币交易平台上进行日成交量达到亿元人民币数量级的集中交易。金融监管部门将比特币属性限定于特定虚拟商品并采取严格措施禁止金融机构与支付机构介入比特币关联业务，③有利于有效切割比特币市场向传统金融市

---

① 在此强调，当前比特币的市值以及真正使用比特币支付的商品与服务贸易规模非常有限，短期内不可能对货币总量产生实质性影响。中长期来看，比特币定价（与主要法定货币之间的兑换率）波动性与在经济体系中的接受度均具有高度不确定性，比特币对传统货币市场以及货币制度冲击的相关判断局限于理论层面。

② 中国人民银行等五部委在印发《比特币风险通知》时指出："比特币交易作为一种互联网上的商品买卖行为，普通民众在自担风险的前提下拥有参与的自由。"参见贾壮：《五部委监管比特币：不能作货币流通用》，《证券时报》2013 年 12 月 6 日 A1 版。

③ 《比特币风险通知》第 2 条"各金融机构和支付机构不得开展与比特币相关的业务"规定：现阶段，各金融机构和支付机构不得以比特币为产品或服务定价，不得买卖或作为中央对手买卖比特币，不得承保与比特币相关的保险业务或将比特币纳入保险责任范围，不得直接或间接为客户提供其他与比特币相关的服务，包括：为客户提供比特币登记、交易、清算、结算等服务；接受（转下页）

场与实体经济传导风险的管道，有助于控制比特币经济过热及比特币市场过度投机的风险。但否定比特币真实存在且市场参与者正在实际使用的金融工具价值也必须承受附带性结果：无法在金融监管法律框架下对比特币市场进行特殊且严格的管制；无法以金融消费者的标准对从事比特币投资与投机的市场参与者予以针对性与强化性保护。具体到金融监管与金融消费者权益刑事保护层面，现有的经济刑法对证券、期货市场管理秩序与投资者权益等法益的保护条款均面临严重的缺位风险。

在证券、期货市场管制措施的刑法保护方面，非法经营罪禁止未经国务院期货监督管理部门批准组织他人参与期货交易的行为。①而中国市场中的交易者在比特币及其交易平台发展过程中的早期阶段就已经大规模地参

（接上页）比特币或以比特币作为支付结算工具；开展比特币与人民币及外币的兑换服务；开展比特币的储存、托管、抵押等业务；发行与比特币相关的金融产品；将比特币作为信托、基金等投资的投资标的等。此外，2013年12月中旬主要财经媒体陆续披露，中国人民银行约谈银行、支付宝、财付通等银行、支付机构负责人，除了强调严格执行《比特币风险通知》的上述规定之外，进一步提出两大要求：其一，第三方支付公司不得给比特币、莱特币等交易网站提供支付和清算服务；其二，对于已经发生业务的支付机构应解除合作，存量款最迟在春节前完成提现，不得发生新的支付业务。这一举措可能造成人民币以充值方式进入比特币交易平台的资金流动模式受到实质性限制，进而遏制比特币在集中交易平台进行买卖的市场规模。参见岳品瑜：《渠道告急　比特币还能扛多久》，《北京商报》2013年12月18日第7版；严湘君：《防范比特币风险连出招　央行约谈第三方支付"釜底抽薪"?》，《第一财经日报》2013年12月17日A10版。

① 根据《刑法》第252条第（三）项的规定，违反国家规定，未经国家有关主管部门批准，非法经营证券、期货或者保险业务，扰乱市场秩序，情节严重的，处五年以下有期徒刑或者拘役，并处或者单处违法所得一倍以上五倍以下罚金；情节特别严重的，处五年以上有期徒刑，并处违法所得一倍以上五倍以下罚金或者没收财产。同时，2017年国务院修改后的《期货交易管理条例》第2条规定："任何单位和个人从事期货交易及其相关活动，应当遵守本条例。本条例所称期货交易，是指采用公开的集中交易方式或者国务院期货监督管理机构批准的其他方式进行的以期货合约或者期权合约为交易标的的交易活动。本条例所称期货合约，是指期货交易场所统一制定的、规定在将来某一特定的时间和地点交割一定数量标的物的标准化合约。期货合约包括商品期货合约和金融期货合约及其他期货合约。本条例所称期权合约，是指期货交易场所统一制定的、规定买方有权在将来某一时间以特定价格买入或者卖出约定标的物（包括期货合约）的标准化合约。"第4条规定："期货交易应当在依照本条例第六条第一款规定设立的期货交易所、国务院批准的或者国务院期货监督管理机构批准的其他期货交易场所进行。禁止在前款规定的期货交易场所之外进行期货交易。"第6条规定："设立期货交易所，由国务院期货监督管理机构审批。未经国务院批准或者国务院期货监督管理机构批准，任何单位或者个人不得设立期货交易场所或者以任何形式组织期货交易及其相关活动。"

与比特币期货交易：比特币交易平台采用一定倍数的杠杆交易模式，由用户向比特币交易平台提供的第三方资金账户汇入人民币或者向比特币账户存入比特币，既能以一定倍数的杠杆买入比特币做多，也能以杠杆卖出比特币做空。比特币多空合约根据全球最成熟的比特币交易平台之一 Mt. Gox 即时行情价格进行结算，现金账户金额或者比特币账户市值不足则强制平仓。①标准化交易、现金交割、客户能够从事双向交易、对冲操作、预付资金或者比特币具有杠杆效应、预付款处于警戒线下交易平台有权强制平仓等一系列比特币交易机制完全符合标准化合约、保证金制度、当日无负债结算制度、强制平仓制度等期货交易特征且未经国务院期货管理机构批准，应当构成非法组织期货交易行为。但非法经营罪关于禁止非法从事期货交易业务的规定对经营比特币期货交易平台的行为没有任何实质性应对。②

在金融消费者刑事保护方面，由操纵证券、期货市场罪、内幕交易罪、利用未公开信息交易罪等一系列证券期货犯罪构成的资本市场投资者合法权益保护条款，完全无法适用于比特币集中交易市场中客观存在的市场操纵以及基于未公开信息优势而实施的抢先交易等市场侵害行为。比特币市场核心交易机制、流程、环节与证券、期货市场非常接近：市场参与者选择比特

① 参见简工博：《监管尚为空白，比特币交易风险大》，《解放日报》2013 年 12 月 4 日第 10 版。

② 与比特币现货交易不受非法经营罪关于禁止非法从事外汇交易条款规制的现实情况有所不同的是，非法经营罪的构成要件实际上是完全适用于未经许可开闸比特币期货交易业务行为的。期货合约包括商品期货、金融期货以及其他期货合约。尽管根据《比特币风险通知》比特币不具有货币性、金融性且具有虚拟性，但比特币仍然被认定构成“商品”，所以非法从事比特币期货合约交易业务构成非法经营罪中的非法从事商品期货交易行为。司法机关没有根据非法经营罪打击非法经营比特币期货交易的行为，更大程度上是因为坚持经济刑法二次违法性判断的基本原理，在行政监管机构尚未确认经营比特币期货交易业务构成违法的前提下，不应直接启动经济刑法的刑事责任追究机制。资本市场行政监管机构目前尚未关注经营比特币期货交易行为违法性判断问题，则主要源于金融监管否定比特币金融属性的关联性政策——《比特币风险通知》第 3 条“加强对比特币互联网站的管理”规定：依据《中华人民共和国电信条例》和《互联网信息服务管理办法》，提供比特币登记、交易等服务的互联网站应当在电信管理机构备案。电信管理机构根据相关管理部门的认定和处罚意见，依法对违法比特币互联网站予以关闭。可见，金融监管政策坚决否定比特币的金融属性，强调将其整体纳入网络法与网络商品监管框架。

币交易所(比特币交易平台)开设账户,通过银行、第三方支付①或者现金支付方式向账户进行人民币充值,或者通过比特币支付系统向交易平台下设的个人比特币交易账户进行比特币充值;单位比特币(1BTC)以人民币计价,交易者根据其对市场价格的判断提交买入或者卖出申报,按照"时间优先、价格优先"的集中竞价规则由交易系统匹配价格、撮合成交;买入交易生效之后相应数量的比特币计入比特币账户,交易者可提取比特币,卖出交易生效之后相应资金计入资金账户,交易者可提现。②但从截至2019年的情况看,由于目前比特币流通量有限且市值规模相对有限,市场操纵者使用一定规模的比特币现货或者资金数量就可以通过连续交易、相对委托、洗售等操纵性交易模式打压或者拉抬比特币市场交易价格并从中获取巨额价差收益。③同时,比特币交易平台及其工作人员不存在证券、期货交易所、证券公司、期货公司等金融机构及其从业人员受到金融法律法规规章监管的制度约束且比特币网站内部运作技术与规则尚缺乏透明度,比特币市场参与者完全可能面对交易平台及其员工等内部人员利用尚未公开的资金、比特币流动数据等交易信息在普通投资者(投机者)之前抢先完成交易的内线交易风险。比特币市场参与者固然应当根据风险自担原则自行判断市场风险、自行承担因市场价格波动所产生的交易损失,但自担市场风险并不应当包括自担市场操纵、内线交易等市场侵害行为风险。在交易机制与证券、期货市场基本相同但受到市场滥用行为侵害风险明显超过传统资本市场的情况下,在比特

---

① 受中国人民银行、中国银保监会等金融监管机构管理的银行、支付机构等已经被禁止向比特币交易平台提供支付、结算服务。

② 与中国资本市场不同的是,比特币交易所存在激烈的市场竞争,而证券、期货交易所的开设依法受到行政权力的监管。比特币市场参与者直接在交易所开设账户,而证券、期货交易所实行会员制,普通投资者参与证券、期货市场必须通过证券公司、期货公司等经纪环节进行申报与交易。相应的,在交易费用方面,比特币交易平台存在交易手续费(由于市场竞争与市场过热等原因持续处于变动状态,出现过暂停收费、交易额0.3%左右等不同的收费标准)与提现手续费(提现额0.5%至1%左右),证券、期货市场存在税务机关、中国证监会、交易所分别收取的印花税、证管费、经手费等。

③ 比特币交易所并未实施证券、期货市场的涨跌停限制且交易24小时开放,日内价格波动超过50%的风险颇为常见,市场操纵行为的收益及其对比特币市场参与者带来的经济损失非常可观。

币业已成为一种金融投机工具的现实下，比特币只是特定虚拟商品的基本定位导致比特币市场参与者无法作为金融市场参与者或者金融产品消费者得到证券期货犯罪刑法条款保护，一定程度上存在产权非平等性保护的疑问。

（三）金融市场与实体经济刑事保护机制失调风险

比特币金融性或者货币性的真实性能、商品性与虚拟性的制度性状态以及比特币经济在发展过程中的市场价格极度不稳定性，导致由非法集资犯罪、涉税犯罪、财产犯罪、职务犯罪等一系列重要经济犯罪法律条款①所构成的刑法保护机制存在失去调整能力的风险。

经济刑法通过设置非法集资犯罪维护特定金融机构吸收存款业务垄断②、投资者与金融机构财产权以及金融安全，保障以银行等金融中介机构为核心的间接融资体系。③违法从事吸收公众存款业务，或者基于非法占有目的，以炒作非上市公司股票、吸收投资款等形式使用诈骗方法获取投资者资金的，分别构成非法吸收公众存款罪与集资诈骗罪。比特币经济体系中同样存在以中介机构为纽带、能够实现比特币存储与借贷信用机制的间接融资体系。中介服务机构支付一定比特币占用成本（存“币”利息）吸收不特定比特币持有者分散的比特币资源，以相对集中的规模对外放贷并收取更高的比特币使用费用（贷“币”利息）。在投资者愿意承担比特币市场价格波

---

① 本书采纳广义的经济刑法与经济犯罪概念，将财产犯罪、职务犯罪等以刑法禁止的行为方式获取经济收益的犯罪类型均纳入经济刑法与经济犯罪的分析框架之中。参见宋远升、谢杰：《经济犯罪对策论》，法律出版社 2012 年版，第 1—7 页。即使不认可广义的经济刑法概念，分析比特币的兴起所造成的财产犯罪、职务犯罪等传统刑法规范解释机制的紊乱，对于理解比特币对货币、外汇、证券、期货、融资、税收等经济与金融领域犯罪的冲击依然非常具有价值，因为狭义的经济与金融犯罪在立法机制、规范解释等方面（尤其是行为对象与犯罪数额计算）不可避免地受到财产犯罪等传统刑法的基础性影响。

② 根据《商业银行法》等金融法律的规定，商业银行以及城乡信用合作社等非银行金融机构可以经营吸收公众存款业务，证券公司、证券交易所、保险公司等金融机构以及任何非金融机构和个人则不得从事吸收公众存款业务。

③ 融资本质上是支付超过现金的资金成本取得相关资产的金融行为。See Bradford Cornell & R. Gregory Morgan, Using Finance Theory to Measure Damages in Fraud on The Market Cases, 37 UCLA Law Review 833, 835(1990).其中，直接融资是不经由银行等金融中介而通过出售股票、债券等形式直接获得投资者资金；间接融资则是通过银行等金融中介机构间接地从金融市场中吸收的投资者资金。

动风险的前提下，只要比特币中介机构提供的存“币”利息显著高于存款利率，民间资金市场完全可能出现将人民币资产兑换成比特币并流入比特币间接融资市场的现象。未经许可的比特币存储业务实质上就是非法吸收以比特币为形式载体的人民币存款，如果相关中介机构（人）被证明具有非法占有比特币的行为故意，实质上就发展为诈骗以比特币为载体的人民币资金。但由于比特币不具有货币属性而是虚拟商品，接受社会公众比特币存储的行为充其量只是吸收或者集合商品，不能认定为具有显著金融行为特征的非法吸收公众“存款”、非法集“资”或者集“资”诈骗行为。因此，现行经济刑法规范难以规制利用比特币实施的非法集“币”行为，这不仅影响投资者资产安全，而且对传统间接融资市场秩序与既有金融垄断利益构成威胁。

纳税人采取欺骗、隐瞒手段进行虚假纳税申报或者不申报，达到刑法规定的数额标准且不适用初犯免责的，构成逃税罪。经济刑法打击逃税犯罪的主要目的是为了维护税收征管秩序、保证国家税收收入、促使纳税义务人依法积极履行纳税义务。①而比特币支付系统在经济领域内的深入应用及其天然的免受税务监控的技术机制将会使得以逃税犯罪为核心的整个经济刑法涉税犯罪体系受到严重影响。②比特币在现行的监管框架下属于虚拟商品，接受比特币作为商品、服务的经营性收入，实质上构成“以物易物”。尽管税务实践中认定传统“以物易物”纳税数额具有一定困难，但传统商品与服务具有现实性以及定价上的可固定性，“以物易物”构成特殊购销行为，交易双方应当以各自支付的“物”计算销项税额，以各自接受的“物”核算进项税额。而作为商品的比特币具有虚拟性且与人民币之间不存在一个固定的兑换比例，导致以比特币支付的商品与服务贸易客观上难以计算应纳税额。再以个人所得税为例，以比特币作为劳动、劳务等收入，由于虚拟商品显然不属于具有确定性的货币“所得”，难以计算应纳税数额。所以，在逃税

① 黄太云：《〈刑法修正案（七）〉内容解读（二）》，《人民法院报》2009 年 4 月 15 日第 6 版。

② Omri Marian, Are Cryptocurrencies Super Tax Havens?, 112 Michigan Law Review(First Impressions) 38(2013).

犯罪法律适用上，比特币纳税标准的缺失意味着很多原有的涉税行为根本不涉及是否构成“虚假纳税申报或者不申报”逃税行为刑法评价问题，相当数量的比特币资产存在脱离国家税收与纳税义务控制的风险。①

如果说比特币在现有监管框架下的非货币性、非金融性、虚拟商品性的基础定位是导致经济刑法难以将其纳入融资市场、税收管理秩序刑事法律保护体系的重要原因，那么盗窃、诈骗、贿赂等犯罪的行为对象都是“财物”，显然均可覆盖“商品”，盗窃、诈骗比特币等均可认定为相应犯罪，作为全新犯罪行为对象表现形式的比特币理论上似乎不会严重冲击财产权、职务行为廉洁性等传统领域的经济刑法保障机制。但是，盗窃、诈骗、利用职务便利收受传统商品（包括“Q币”等传统虚拟商品）的行为之所以能够被定性与定量，根本原因在于刑事司法实践中的传统商品估价机制相对稳定地支撑了犯罪性质的解释与犯罪数额的认定。而比特币固然可以被制度性、人为化地评价为特定虚拟商品进而符合盗窃、诈骗、贿赂等犯罪类型的行为对象法律特征，但确保传统经济犯罪刑事司法系统得以顺畅运转的商品估价机制与比特币并不兼容——比特币市场价格巨幅波动导致客观上难以确认一个公允市场价格；“去中心化”的比特币市场事实上也不存在一个权威的、类似于价格事务所或者物价局的价格评估机构。因此，比特币资产很难在传统财产犯罪刑法规范框架下受到刑事保护，围绕着职务行为的给付或者收受比特币行为因难以确认数额而很难作为腐败犯罪处理。

三、“去中心化”互联网金融工具的经济机理解释与刑法属性辨析

信息网络、密码技术、金融创新不断发展推动比特币成为一种全新的经

① 当然，作为财产转让的比特币交易所得仍然受到现行税务体系的监管，在比特币交易平台买卖比特币的所得应当以比特币转让收入减除获取比特币的成本及其交易费用的余额作为应纳税额进行缴税。对于通过“挖矿”获取初始比特币并获取转让比特币收入的情形，尽管核定财产原值和合理费用具有一定困难，但至少可以将计算机、芯片、电费等主要“挖矿”成本作为财产转让所得的减除项目从而实现税收公平合理。

济与社会现象。面对类似比特币支付系统以及比特币集中交易市场这样的新事物对实体经济与金融体系客观上造成的影响，刑法规范体系中与货币、外汇、证券、期货、融资、税务、财产等经济、金融秩序有关的经济犯罪条款出现刑事保障机制不再稳定与周延的风险。经济刑法在公私产权、实体经济、金融市场刑事保障方面陷入不同程度的困局、被动与迟钝，其根源在于既有的监管框架针对比特币所设定的制度性限制极强的短期风控政策与比特币复杂的经济与金融内涵赋予其的机理性去监管化能力之间的冲突。

由于监管政策最直接调整效果体现在经济、金融等行政性法律法规层面，并且此类法律制度重在调整经济与金融关系，制度性地将比特币的属性限定于网络社会中的虚拟性商品确实能够达到在法律关系上切割比特币与人们社会行为之间的货币关系或者金融关系、控制比特币市场风险传递至实体经济与金融市场的效果。但是，经济刑法重点在于对经济与金融行为在刑法上的实质属性及其刑事责任作出实质判断。与比特币有关的各种经济与金融行为的实质是由比特币的内部性特征（比特币自身的实质功能）与外部性特征（使用比特币或者针对比特币实施一定作为与不作为的人的主体性认知与客观行为）所决定的，不受脱离比特币实质经济机理的比特币属性制度性限制的影响。所以，制度性限制在实现切割比特币的货币与金融属性同时，会因为其与比特币事实上所具备的金融功能之间的冲突而造成经济刑法的规范解释紧张与制度保护不力。

解决经济刑法制度困境的现实出路在于完成两个层进式的制度安排：步骤一，运用法律与经济分析方法对比特币进行实质解构，以功能性内涵发现为核心对比特币在网络、货币、金融、商品等不同层面的经济机理作出全面阐释，确立比特币在现有法律制度与监管框架下符合其经济实质的真实归属。步骤二，以公民产权、实体经济以及金融市场的保障效率为导向对与比特币经济实质匹配的法律属性界定及其配套经济刑法运作进行评估，根据比特币市场风险控制现实需求的动态变化完善监管框架及其经济刑法保障机制，并且进一步反思传统货币与金融监管制度的改革方向。比特币经济机理解释与法律属性界定的价值在于完成步骤一，即通过对比特币“去中心化”、货币性功能、投机工具现状等核心经济机理的揭示与剖析，回答与比特币法律属性界定有关的三个基本性、纵深性问题：其一，比特币的法律状态是什么（合法、非法抑或其他）？其二，比特币的货币属性判断结论是什么（货币、非货币抑或其他）？其三，比特币在实体经济与金融实务中真正的法律性质是什么？

（一）比特币法律地位评估

比特币在法律上是否具有合法地位，如果其属于非法又究竟构成何种违法类型，是一个存在极大争议的问题。尽管目前比特币在很多国家和地区能够作为商品与服务的支付工具、在比特币交易所进行集中买卖，但亦有部分司法区直接否认比特币的合法地位，并且法律与经济理论、实践中一直有观点指责比特币是庞氏骗局、金字塔骗局且构成洗钱犯罪的核心渠道。

2013年，泰国央行先是以比特币不是货币为由回避了泰国比特币有限公司向其提出的比特币交易许可申请指导。2013年7月29日，泰国央行外汇管理与政策部认为，基于现行可适用法律缺失、资本项目管制、比特币跨越多重金融领域的事实等因素，下列比特币行为在泰国司法权构成违法：买卖比特币；以比特币为支付工具的商品或服务贸易；向泰国境外给付比特币；接受来自泰国境外的比特币。①如此宽泛的行为禁止实际上意味着比特币在泰国不具有合法地位。财经与法治媒体普遍将泰国央行规定使用与交易比特币行为系非法等同于禁止比特币，因而泰国也就成为全球首个禁止比特币的国家。②同时，比特币系统发展初期，验证比特币交易的计算工作

---

① Bitcoin Co. Ltd., Trading suspended due to Bank of Thailand advisement, July 29, 2013, https://bitcoin.co.th/trading-suspended-due-to-bank-of-thailand-advisement/.

② 吴家明：《泰国封杀比特币　开全球先河》，《证券时报》2013年8月1日A4版；蓝洋金融研究中心：《疯狂比特币，全球围剿》，《重庆晨报》2013年12月11日第37版；李飞：《比特币投机浪潮》，《法治周末》2013年11月28日第196期；Andrew Trotman, Bitcoins banned in Thailand, The Telegraph, July 29th, 2013, http://www.telegraph.co.uk/finance/currency/10210022/Bitcoins-banned-in-Thailand.html。

量证明的竞争强度极低，参与早期“挖矿”的极少数比特币玩家积累了大量比特币。[①]比特币经过大量推广、炒作并受到网民高度追捧之后，与法定货币之间的兑换率较早期出现巨量飙升，早期“矿工”基于续投资者的高位接盘而获得高额经济收益。这种利益链条顶端操控者利用后续参与者资金供给而获取过度经济激励的现象被评论者认定为构成庞氏骗局或者金字塔骗局。[②]

比特币法律地位评估的关键在于准确把握其基于网络密码技术实现的系统“去中心化”在经济上的实质内涵。

比特币的经济生态建筑在点对点网络与密码验证技术的基础之上。[③]信息、网络、密码技术创新带来的全球性交易便捷、成本降低、隐私保护、抵御通胀等是比特币“去中心化”支付、结算及存储机制在理论上区别于中心化的国家信用与法律制度下法定货币体系的重要特点。“去中心化”意味着比特币的制造与发行不需要依赖于作为央行等金融权力机构，而是由所有使用比特币

① 在比特币网络运行初期，任何人都可以通过普通 CPU 找到新交易链块。随着越来越多的人加入“采矿”队伍，寻找新交易链块的难度系数随之大幅提高。因为创建新比特币的难度系数是随着参与尝试产生新比特币的人数与运算力而变化的。产生链块的可能性是所用计算资源和所有同时在网络上生成链块计算资源的比值。后期用普通 CPU 平均需要几年才能找到一个有效的交易链块。有效“采矿”方法逐步发展为使用高端显卡、芯片、特殊软件等，并且获取比特币难度持续增大。See Bitcoin.org，Frequently Asked Questions，http://bitcoin.org/en/faq.

② Jörg Becker，Dominic Breuker，Tobias Heide，Justus Holler，Hans Peter Rauer & Rainer Böhme，Can We Afford Integrity by Proof-of-Work? Scenarios Inspired by the Bitcoin Currency，Workshop on the Economics of Information Security WEIS 2012，Berlin，Germany，p.4.

③ 1980 年至 20 世纪 90 年代初期，大卫·乔姆发表的一系列密码技术论文创造性地提出了互联网金融机制的概念并勾勒了完全匿名性互联网金融体系的基本原理。See David Chaum，Achieving Electronic Privacy，Scientific American，August 1992，pp.96—101；David Chaum，Blind Signatures for Untraceable Payments，82 Advances in Cryptology Proceedings of Crypto 199(1983). 1998 年，解密高手邮件列表(Cypherpunks Mailing List)成员提出了数字化分布式匿名货币的构想，尝试通过这种被称为“比钱”(B-money)的基于网络密码技术的支付机制为无迹可寻的匿名实体相互之间的合作提供一种更具效率的交易中介。See Wei Dai，b-money，1998，http://www.weidai.com/bmoney.txt. 2008 年，化名中本聪(Satoshi Nakamoto)的程序设计员(组)完成了执行这种支付机制的程序以及软件设计，并以信息的最小单位二进制数位(Binary Digit)的缩写比特(Bit)将这种点对点现金支付系统命名为比特币(Bitcoin)。See Satoshi Nakamoto，Bitcoin：A Peer-to-Peer Electronic Cash System，2008，p.1，http://bitcoin.org/bitcoin.pdf.应当看到，数字金融工具运作技术非常复杂，脱离信息、网络、密码等学科基础与知识背景很难进行全面与准确的理解。尽管不可能在法律与经济分析范畴与知识边界内系统性地阐释比特币等数字金融工具的技术机制，但对比特币如何通过技术性安排履行其核心经济功能这一问题进行简洁且有效的解释仍然是可以实现的。

软件的用户构成点对点网络，并由该网络运算系统创建、交易比特币。“去中心化”是互联网发展过程中形成的数字化支付系统特有的内容与结构形态，是相对于中心化的央行货币发行与流通体系而言的全新网络支付工具的生产与交易系统。支付体系不再是由权力化的监管机构排他性地掌控，而是由全体互联网用户共同参与、权利对等、平等竞争、完全开放的创制、流通与支付过程。①

但是，比特币系统是相对于传统中心化货币机制与反传统制度束缚的“去中心化”，并不具有彻底性。从外部竞争的角度分析，“去中心化”的发行与交易机制能够确保比特币系统在与既有制度的竞争关系中不因中心化机制的可锁定性与可消灭性而被竞争对手直接清除。从内部竞争的实际情况来看，比特币经济生态在治理结构上受控于一个真实存在的中心化管理机构或者利益代理，在经济资源分配上存在明显的非均衡性。比特币发行与流通纵然并不受制于中心化的货币权力机构，但除此之外所有的比特币运作都是由以比特币基金会为核心架构的治理机制予以主导、维护与发展。新比特币以及比特币交易验证手续费的获取固然实行全网络开放性竞争，但以比特币系统开发者为核心的早期比特币玩家掌握的先发优势与网络密码技术垄断，客观上造成原本已经存在数量稀缺性问题的有限比特币中的绝大多数被少数人持有。②

比特币发行与交易机制“去中心化”决定了传统法律制度没有能力对比特

① 新比特币是通过“采矿”这一网络运算与交易验证过程在系统中创建的。新比特币在每个网络节点解决了一定数量且难以复制的数学计算问题与工作量证明（创建新链块）后生成。因此，比特币的发行不受中央系统控制，而是由分布在网络系统中的每一个“矿工”、每秒钟重复百万次的交易链块计算决定的。每一个有效参与比特币发行的用户通过消耗计算能力去寻找有效的链块并创造新的比特币。当比特币发行量达到极值而导致比特币创建终止时，比特币系统的使用与维持仍然依赖于分布于各个网络节点的运算。在对应最后一个比特币的链块之后仍然会有新的链块产生，比特币系统通过提供验证交易手续费的方式激励用户投入运算资源确认比特币交易的有效性。创建新的交易链块所带来的交易费的实际效果类似于创建新比特币。See Bitcoin.org, Frequently Asked Questions, http://bitcoin.org/en/faq.

② 据测算，在早期，世界上大约28.9%比特币集中于不到50人控制，21.5%比特币份额由不到900人持有，这个极少数人构成的利益群体控制了现有比特币资源的一半。另外25%的份额由1万人控制。只有25%的比特币由大约100万散户持有。参见魏一平：《比特币江湖》，载《三联生活周刊》2013年第52期；Dorit Ron & Adi Shamir, Quantitative Analysis of the Full Bitcoin Transaction Graph, in Ahmad-Reza Sadeghi eds., Financial Cryptography and Data Security, Springer Berlin Heidelberg, 2013, pp.6—24。

币这一开放的网络支付系统本身的法律地位做出是非判断。即使没有法律制度对比特币合法地位的确认，比特币依然在全球网络用户的计算资源支持下存在与发展，因为政府不可能切断网络。即使法律制度可以在形式上规定比特币为非法或者禁止一切与比特币有关的交易，但这种纸面上的禁止在实践中不具有执行效力。因为全面禁止比特币无法有效地解决根植于传统中心化货币、政府信用危机、通货膨胀等经济基础与政治建制下的制度有限性而生成的私有金融工具的竞争，而且在操作层面存在诸多障碍。特定国家或者地区的政治权力显然可以轻而易举地关闭比特币集中交易市场。相应的，潜在的比特币使用者亦会逐渐放弃对其交换价值与投资（投机）价值的认可与追求。但依靠校验和密码技术而创建、发行和流通的数字货币具备强大的独立性生态与创造性理念，这种技术创新本身足以保证比特币作为挑战传统法定货币的反思性概念与批判性实践得以在特定的信息网络技术生态圈中持续运作。同时，全球各国和地区禁止比特币的制度建构势必存在判断上的肯定与否定、时间进程上的先与后以及禁止程度上的强与弱。[①]世界上主要金融市场的比特币监管措施如果存在明显的不平衡，比特币创制与交易的无国界性意味着数字货币使用行为会自然地转向规制范围不周延、制裁措施不严厉的国家或者地区，并利用货币市场关联性将风险传递至所有法定货币。

但是，比特币经济生态中客观上无法规避的中心化治理架构与经济力量意味着比特币不彻底的“去中心化”只是与传统的经济与法律制度存在结构性差异，比特币经济本质上仍然受制于既有的经济制度与法律监管框架。

---

① 例外情况是国际条约对各个成员国关于比特币的监管设定统一的禁止性规则要求。但从发展趋势分析，基于法律监管框架差异与经济利益分化等诸多原因，各国和地区达成禁止比特币国际条约完全没有形成时间表的可预期依据或者迹象。全球重要经济体表现出认可比特币的倾向。例如，德国金融监管局、央行、财政部早在 2011 年 8 月就已经将比特币认定为价值单元，同时明确了创制（发行）这种价值单元或者将其作为支付工具进行使用不需要获得法律许可。但是，当这种价值单元自身成为商业或者交易的对象时，经济意义上的价值单元便成为法律意义上的记账单元与金融工具，相关服务或者商业行为就应当接受德国银行法审查与授权。BaFin, Merkblatt-Hinweise zum Zahlungsdiensteaufsichtsgesetz（ZAG）（Stand：Dezember 2011），Hinweise zum Gesetz über die Beaufsichtigung von Zahlungsdiensten，http://www. bafin. de/SharedDocs/Veroeffentlichungen/DE/Merkblatt/mb_111222_zag.html.

无论是比特币治理架构还是掌控比特币资源的中心化经济力量，比特币经济生态中的利益实现归根到底依托于传统法定货币体系。全球比特币交易平台24小时不间断的比特币集中交易的经济追求是为了通过比特币与相应法定货币的兑换直接获取法定货币体系下的利益；全球接受比特币支付的商品与服务提供者在收取比特币之后仍然需要场外直接交易或者交易平台集中交易兑换为法定货币才能在一定主权国家范围内实现不受比特币经济发展规模限制的利益。可见，全球各大比特币交易平台实际上构成了比特币经济生态中利益交换与实现的中心。①与比特币生态系统中发行与交易环节的个体性参与者（“矿工”与交易者）全球高度分散与相对匿名不同的是，比特币交易平台是在全球各个司法区注册的公司实体，必须接受相应地区法律的监管。

比特币理论上的“去中心化”与实际上具备的中心化机制说明：法律制度对比特币的地位不具有评价能力，但能够直接决定比特币交易平台以及比特币集中交易行为是否具有合法性。②比特币集中交易环节是法律制度监管比特币以及经济刑法规制与比特币有关的经济与金融犯罪的中心环节。并且，这种交织“去中心化”与中心化的经济机理亦可推导“比特币就是庞氏骗局”等整体否定比特币正当性论断的不合理性。

比特币事实上存在的经济利益中心化使得极少数程序开发者、早期玩家等在比特币交易平台兑换法定货币所获取大量经济收益，而这些收益源自后期投资者的跟进投入。这个过程在经济上近似于庞氏骗局的正反馈循环，③即经济产出（原比特币存储者的增值收益）源于后参与者的经济投入

---

① 各国和地区法定货币的多样性导致比特币交易平台作为利益交换与实现中心以法定货币为基础进行相对分化。同时，各个法定货币体系下的比特币交易平台竞争进一步造成区域性交易中心的细分。

② 从全球监管实践来看，除了泰国等极少数司法区实行全面禁止模式，比特币交易平台与集中交易行为经审查符合其既有监管制度的，绝大多数国家和地区均认可其合法性。

③ Burton G. Malkiel, A Random Walk Down Wall Street: The Time-Tested Strategy for Successful Investing(Tenth Edition), W. W. Norton & Company, 2012, p.228; Lars Tvede, The Psychology of Finance: Understanding the Behavioural Dynamics of Markets, John Wiley & Sons, 2002, pp.181—191.

(获取比特币支出的相应法定货币)。但经济特征上的部分重叠显然不能作为法律性质判断上比特币等于庞氏骗局的整体依据。尽管比特币存在中心化的治理机构与利益群体,但这都是在比特币"去中心化"的发行与交易机制下经过技术与经济竞争形成的客观结果,至多存在分配机制不平等与早期参与者为系统创建投入大量计算资源而获得更多利益没有不平等的经济性争议,不能代替法律层面的规范评价。庞氏骗局表现为一个中心化的推动者或者共谋者以高回报、低风险等经济激励或者投资项目为诱饵,通过欺诈性手段骗取投资者资金,而事实上根本不存在具有收益的项目或者仅有少部分资金投入项目,早期投资者收益全部或者绝大部分源于后期投资者的资金,①在我国刑法以及司法解释将这种以非法占有目的非法融资的行为纳入集资诈骗罪的规制范围。②比特币经济体系中既不存在能够被证明为构成犯罪主体的中心化诈骗计划推动者与共谋团队,也没有实施欺诈性行为诱骗投资者针对一个虚构的投资项目提供资金,更没有证据表明存在非法占有他人资金的诈骗目的。③因此,庞氏骗局等对比特币提出整体非法性(不正当性)法律判断的理论分析与实践批判并不是一个能够对比特币进行准确解

---

① U.S. Securities and Exchange Commission, Ponzi Schemes, http://www.sec.gov/answers/ponzi.htm.

② 2010年最高人民法院《非法集资解释》第2条规定:"实施下列行为之一,符合本解释第一条第一款规定的条件的,应当依照刑法第一百七十六条的规定,以非法吸收公众存款罪定罪处罚:(一)不具有房产销售的真实内容或者不以房产销售为主要目的,以返本销售、售后包租、约定回购、销售房产份额等方式非法吸收资金的;(二)以转让林权并代为管护等方式非法吸收资金的;(三)以代种植(养殖)、租种植(养殖)、联合种植(养殖)等方式非法吸收资金的;(四)不具有销售商品、提供服务的真实内容或者不以销售商品、提供服务为主要目的,以商品回购、寄存代售等方式非法吸收资金的;(五)不具有发行股票、债券的真实内容,以虚假转让股权、发售虚构债券等方式非法吸收资金的;(六)不具有募集基金的真实内容,以假借境外基金、发售虚构基金等方式非法吸收资金的;(七)不具有销售保险的真实内容,以假冒保险公司、伪造保险单据等方式非法吸收资金的;(八)以投资入股的方式非法吸收资金的;(九)以委托理财的方式非法吸收资金的;(十)利用民间'会'、'社'等组织非法吸收资金的;(十一)其他非法吸收资金的行为。第四条规定:以非法占有为目的,使用诈骗方法实施本解释第二条规定所列行为的,应当依照刑法第一百九十二条的规定,以集资诈骗罪定罪处罚。"

③ 事实上比特币基金会等承担比特币经济系统治理功能的组织反复强调比特币是一个实验性项目,作为探索性的发明与尝试,其前景未知且存在巨大风险,提示投资者应当谨慎对待。See Bitocin.org, Some Things You Need to Know, http://bitcoin.org/en/you-need-to-know.

释的框架。这又从经济刑法的层面再次验证了比特币技术系统本身不适合既有法律制度对其进行非此即彼的属性判断。传统法律评估不仅存在误判风险,而且会因为低估比特币经济机制上的复杂性而干扰旨在控制比特币经济系统性风险的宏观政策探索。法律制度聚焦于比特币交易平台及其集中交易行为作出监管安排并规制相应的违法犯罪行为才是更为合理的路径选择。

(二)比特币货币属性辨析

监管比特币交易平台、比特币集中交易行为、惩治比特币相关违法犯罪行为的前提在于确定基础法律框架,而解决比特币监管架构问题显然无法回避比特币的货币属性判断。如果比特币是货币,则应当将比特币交易纳入货币法律体系予以最为严格的监管,作为相关经济与金融犯罪行为对象的比特币也会因其货币属性的确立而能够使得刑法解释与刑事保护机制恢复相对稳定的原有状态。①但比特币是否属于货币可以说是当前全球比特币法律、经济理论与实践领域争议最大的难题。

完全否定比特币货币属性的观点认为,货币是一种制度安排,只有在既有的法律制度下才能对特定的可转移产权做出是否构成货币的判断。纵览全球货币法律体系,就当前且可以预期的未来而言,比特币既不是合法货币,也不是法定货币。②但反对意见认为,在比特币经济关系中,一方提供商品或者服务,交易相对方支付比特币,这与日常生活中的现金使用毫无差异。比特币事实上就是货币,将货币概念限定于法定货币与商品货币并不明智。③美国得克

---

① 如果比特币被认定为货币,一种监管模式是直接赋予其与法定货币等同的法律地位,在央行统一监管下形成以金融机构为主体构成的比特币货币交易市场;另一种监管模式是建构与具有货币属性的黄金相同的市场框架,专门设立类似于黄金交易所的比特币交易所或者在其他金融监管控制下的交易所开设专门的比特币交易平台。无论采取何种模式,比特币确立货币属性之后,经济刑法解释上的障碍与困境会在很大程度上得以缓解。例如,未经许可组织比特币集中交易构成非法经营,基于非法占有目的骗取投资者比特币融资构成集资诈骗,比特币经营性收益逃避纳税构成逃税,针对比特币实施的财产犯罪的数额根据货币主管机构的规定予以认定。

② Rhys Bollen, The Legal Status of Online Currencies: Are Bitcoins the Future?, 24 Journal of Banking and Finance Law and Practice 272(2013).

③ Jerry Brito, Online Cash Bitcoin Could Challenge Governments, Banks, Time Techland, April 16, 2011, http://techland.time.com/2011/04/16/online-cash-bitcoin-could-challenge-governments/.

萨斯东区联邦地区法院于2013年更是在判例中明确指出：比特币显然可以作为货币进行使用。比特币能够用于购买商品、服务以及其他生活性消费项目。比特币唯一的限制在于其只能在接受其作为货币的地方进行使用。同时，比特币可以兑换为美元、欧元、日元、人民币等通常意义上的货币。因此，比特币是货币或者钱的一种表现形式。①还有学者从商品货币、法定货币在非货币性价值、稀缺性原因等方面的差异化特征②切入剖析比特币货币属性，指出比特币与法定货币的相同点在于除了货币性价值之外没有任何价值，其基本属性就是货币，同时比特币的稀缺性综合了商品货币必然性稀缺与法定货币的人为性稀缺，所以比特币是一种非常特殊的人造商品货币。③

从货币历史解释的观点来看，货币经历了商品货币（以物易物、黄金等贵金属）、商品支持货币（黄金券、可兑换黄金纸币等）、法定货币的价值形式变迁，完成了具有内在价值、具有一定内在价值、可兑换为具有一定内在价值的商品、不能兑换商品但中央权力基于国家信用保证货币所代表的购买力的价值内容演进。④比特币的货币属性分析显然不应脱离货币演变的历史架构。

比特币与商品货币（黄金）在供应上均具有必然的稀缺性，但前者总量及其停止供应时间是固定的，而后者尽管存在资源枯竭耗尽的可能性，但并

---

① SEC v. Shavers, 2013 BL 208180(E.D. Tex. Aug. 6, 2013).

② 商品货币（黄金）除了具有货币性价值之外还具有一定的工业价值与审美价值，其稀缺性是天然与必然的；法定货币（纸币与硬币）不具有任何非货币性价值，其稀缺性是人为性建构、制度性设计、非必然的。

③ George Selgin, Synthetic Commodity Money, April 10, 2013, http://ssrn.com/abstract=2000118.

④ 商品支持货币与基础商品之间具有对应性。商品支持货币本身不具有任何内在价值，但能够兑换成一定数量的基础商品或者基础资产，其主要的历史性优势在于这种支付体系赋予了货币的便携性、提升了大额货币交易的便捷性。法定货币是特定国家或者地区中央权力指定和发行的、在该国家或者地区必须接受的货币。法定货币与商品支持货币在形式上具有类似性，但实质上存在显著区别。法定货币不具有赎回一定数量商品的效力。支持法定货币的不再是基础商品而是国家或者地区中央权力的信用。人们愿意接受法定货币完全是基于对中央权力的信赖。中央权力信用与使用者信赖分别构成法定货币体系中非常关键的制度性要素与行为心理要素。

不存在一个特定的停止供应时间。更为重要的是，两者在供应量结构上表现出完全不同的经济机理。更具效率的采矿技术的发明不仅提升特定矿企的产量，还会造成黄金采矿行业整体生产力提高、促进行业挖矿效率提升并导致黄金总体产量增长，[①]而比特币的总产量与生产效率是事先设定的，因芯片技术、算法能力的提升而导致的挖矿效率变动只具有调整比特币分配结构的效果。历史上黄金价格始终受到供应量波动的影响，[②]而比特币价格在供应量既定的情况下实际上受制于需求度的变化，所以比特币与商品货币存在实质性区别。

比特币与法定货币均不具有对应基础资产或者商品的可赎回性。法定货币存在政府或者法律制度的信用基础，而比特币完全不具有任何信用支持，但这并不是比特币不是货币或者法定货币的真正原因。无论是采纳强制性禁止拒收模式[③]还是适用无强制接收义务模式，[④]法定货币本质上是公权力保证履行金融义务的一种法律状态。比特币则是政府权力、既有法律制度之外的私有市场创制的私货币体系，与法定货币完全是两种截然对立的制度、针锋相对的竞争关系。法律制度永远也不可能将比特币纳入以政府权力为保证的法定货币体系。然而，在法律与经济层面是否认可比特币的货币地位则是完全不同的问题。单纯从经济角度分析，任何主体都可以

---

① [美]劳伦斯·H.怀特：《货币制度理论》，李杨、周素芳、姚枝仲译，中国人民大学出版社2004年版，第33—34页。

② 例如，14世纪40年代至15世纪40年代，西班牙在南美洲殖民地里科山（Cerro Rico）发现了金银数量极其丰富的矿藏，其大量发掘金银并用以支付战争费用、贵族消费等，从而导致由供应量激增引发的贵金属自身价格巨幅下跌。See Niall Ferguson, The Ascent of Money: A Fiancial History of the World, The Penguin Press, 2008, pp.25—27.

③ 例如，《人民币管理条例》第3条规定：中华人民共和国的法定货币是人民币。以人民币支付中华人民共和国境内的一切公共的和私人的债务，任何单位和个人不得拒收。

④ 例如，美国《铸币法案》规定：美国纸币与硬币（包括联邦储备券等）是所有债务、公共收费、税费的法定货币。外国金银币等不是法定货币。See 31 USC §5103-Legal tender.美国货币法律制度并没有规定必须接受法定货币的义务。交易一方可以不接受法定货币，其可以与交易对方协商其他支付方式，或者拒绝为支付法定货币的人提供商品或者服务。美国有多个私有发行货币在一定区域内流通。例如，“伯克夏尔”（BerkShares）是在美国马萨诸塞州伯克郡地区流通的私有货币。“伯克夏尔”于2006年9月29日由同名公司发行，其网站（berkshares.org）提供数百家接受“伯克夏尔”作为支付工具的本地商品与服务供应机构。所以，强制性并非法定货币的必要条件。

发行私货币，只是在绝大多数情况下都不会被人们接受，因为私货币缺乏强大的政府信用与经济保障。规模庞大的经济实体由于具有将私货币按照一定比例兑换为法定货币或者商品货币的承诺与经济担保能力，其发行的私货币存在被广泛接受的可能。但中心化发行、与法定货币关联的风险传递、发行系统内的违法犯罪风险、政府合法的货币监管政策权力等内在缺陷、外部法律管制因素均导致具有一定保障能力的规模化私货币无法与法定货币形成竞争。基于网络密码技术的比特币"去中心化"发行与交易机制历史性地赋予其与全球各个国家和地区的法定货币进行竞争且不被既有法律制度直接管制的经济条件。因此，释疑比特币是否属于私货币的关键在于对其是否具备货币功能进行实质性解析。根据货币理论，交易中介、记账单元(价值尺度)与价值存储是货币的三大核心功能。①准确把握比特币实质的基础是货币的功能性解释而非纠结于货币在现实经济生活或者网络空间的表现形式。

在交易中介功能方面，比特币支付工具的运营范围遍及全球，初步形成了与传统法定货币进行竞争的态势。无论是互联网公司提供的非实物性、无物流需求性数字化产品，还是传统商户提供的实物性或者有形性商品与服务，都有相应商户接受以比特币工具的支付与结算。从 2009 年历史上首次比特币支付商品(1 万个比特币购买一个披萨且供应商不直接接受比特币而需要第三方信用卡支付中介促成)②之后，电子商务、网络与移动支付、比特币集中交易平台法定货币便捷兑换等互联网经济与金融迅猛发展极大地推动比特币实体经济规模增长。③然而，纵然比特币经济增速很快，其经

---

① Benjamin J. Cohen, The Future of Money, Princeton University Press, 2002, p.1.

② Benjamin Wallace, The Rise and Fall of Bitcoin, 12 Wired Magazine 19(2011).

③ 以全球规模最大的比特币电子商务网站之一 Bitpay 的商品与服务订单统计数据为例，截至 2013 年 12 月，Bitpay 网站月度比特币电子商务贸易数额接近 6 万比特币、数千万美元。在西方传统假日购物高峰感恩节"黑色星期五"当日，Bitpay 处理的订单数量高达 6 296 件，明显体现出比特币电子商务与传统假日经济的高度接轨。See BitPay, BitPay Drives Explosive Growth in Bitcoin Commerce, http://blog.bitpay.com/2013/12/bitpay-drives-explosive-growth-in.html.

济规模较之于传统电子支付系统仍然显得极其微小。比特币实际需求量绝大多数为投机性而非贸易性，旨在博取比特币与法定货币兑换率波动价差利润的投机交易在比特币交易总额中所占比例远超使用比特币系统进行商品与服务贸易支付量。更为严重的是，违禁品交易、赌博、洗钱等违法犯罪活动构成了比特币交易总量中相当重要的部分。例如，比特币是全球最大黑市交易网站之一“丝路”(Silk Road)唯一接受的结算工具。“丝路”于2013年10月因提供毒品、枪械等违禁品交易平台而被美国联邦调查局(FBI)查禁。涉嫌负责网站运营管理的创始人罗斯·乌尔里希被捕时被扣押的比特币(根据案发时汇率计算)价值3 360万美元，[①]“丝路”能够被查算的月平均交易额保守估计为120万美元。[②]因此，作为支付工具的比特币存在经济总量有限、经济结构上实体贸易规模相对投机交易比例过低、非法贸易数巨大等严重影响其履行货币交易中介功能的制约性因素。

在价值尺度功能方面，德国金融监管局明确认可比特币在自身构成商业、经济、金融服务等交易的对象时具有记账单位、金融工具的法律属性。[③]德国金融监管局在欧盟金融监管领域的影响力意味着这种观点具有发展成欧盟监管比特币蓝本的潜能。[④]在电子商务与传统交易实践中，比特币确实已经作为标准化的数值单位对多种商品、服务、资产、责任等价值与成本进

---

① U.S. Attorney's Office for the Southern District of New York & FBI Public Information Office, Press Release: Manhattan U.S. Attorney Announces Seizure of Additional $28 Million Worth of Bitcoins Belonging to Ross William Ulbricht, Alleged Owner and Operator of "Silk Road" Website, October 25, 2013, http://www.fbi.gov/newyork/press-releases/2013/manhattan-u.s.-attorney-announces-seizure-of-additional-28-million-worth-of-bitcoins-belonging-to-ross-william-ulbricht-alleged-owner-and-operator-of-silk-road-website.

② 兑换率为2012年2月至8月的市场平均水平。See Nicolas Christin, Traveling the Silk Road: A Measurement Analysis of a Large Anonymous Online Marketplace, The International World Wide Web Conference, May 13—17, 2013, Rio de Janeiro, Brazil, http://www.andrew.cmu.edu/user/nicolasc/publications/Christin-WWW13.pdf.

③ Jens Münzer, BaFin, Bitcoins: Aufsichtliche Bewertung und Risiken für Nutzer (*19. Dezember, 2013*), http://www.bafin.de/SharedDocs/Veroeffentlichungen/DE/Fachartikel/2014/fa_bj_1401_bitcoins.html.

④ Karl-Friedrich Lenz「新インターネット通貨Bitcoinの法的問題—EU法・ドイツ法を中心に」(『青山法務研究論集』第7号、2013年)。

行计量。问题在于比特币本身需要以法定货币进行定价，比特币的价值尺度功能更多是形式化的表现，人们在交易中归根结底仍然采用当地法定货币定价体系。即使商品与服务贸易标注比特币价格，但由于比特币与法定货币之间的兑换率波动幅度很大，除了极少数商品与服务之外，交易项目的比特币定价几乎都需要根据比特币价格波幅基于一定时间或者价格空间标准予以调整。

在价值存储功能方面，价格波幅剧烈同样制约了比特币中短期价值存储货币功能的发挥。比特币中短期价格波动性导致其基本上不具备货币的价值存储功能。然而，从长期趋势来看，全球各种法定货币均呈现出不同程度的通胀水平，法定货币在长期价值存储上存在明显缺陷，而比特币基于发行总量固定、发行增量稳步下降的制度设计构成了与法定货币完全相反的通缩经济，①具有非常强的长期价值存储与增值潜能。

比特币在交易中介、价值尺度、价值存储上分别表现出有用性与限制性、形式功能承担与实质功能萎缩、中短期无能与长期潜能的深刻矛盾，而交易与存储这两大核心货币功能之间的冲突进一步加深了问题的复杂程度。比特币经济生态的发展趋势是逐步增长的，全球范围内，越来越多的商品与服务交易使用比特币进行结算。同时，在比特币与商品服务进行交易的经济生态中，一部分储蓄者会基于比特币长期升值的判断而选择推迟当前的比特币消费、换取远期的比特币消费能力或者购买力。比特币理论上的通缩经济模式与比特币经济生态中的商品与服务供应量增加会共同推动比特币价值长期持续上升，储蓄者因为持有比特币而得到不断增值的经济激励。比特币长期价值存储功能深刻制约其长期支付工具职能的正常履行。

---

① 比特币发行量实行稳定增长且增量递减的机制，后续实际生产的比特币数量越少，待发行的比特币需求量越高，比特币在后期的价格相应越高；比特币发行总量确定，加之现实中存在比特币因电脑硬盘灭失等而丢失的情况，留存的比特币会进一步由于部分比特币灭失而增值。比特币的持续增值趋势意味着购买商品与服务所需要支出的比特币数量下降，从而形成了比特币的通缩经济。

通过上述分析可以看到，比特币客观上具有部分性、限制性的交易中介、记账单元、价值存储等货币功能，在货币职能履行过程中核心功能之间具有内在冲突，所以，比特币不具有全面、完整、彻底、真正的货币属性，但在具体情形中，特定经济行为与行为心理驱动下的比特币能够聚合所有货币功能从而构成实质意义上的货币、与法定货币（政府货币）进行竞争的私货币。在法律制度上机械地对比特币做出是与非的货币属性判断并不契合比特币动态且复杂的经济机理。

（三）比特币法律属性实质解释

比特币“去中心化”特征延伸下的基本经济原理与比特币的货币属性辨析，不仅充分阐释了比特币支付系统法律规制的困难性、比特币集中交易平台监管的必要性与可行性以及比特币具备实质货币功能但无法直接赋予其货币地位等经济机理与法律属性问题，而且奠定了在现有制度下确立比特币法律属性实质解释基本规则的理论准备。

比特币法律属性局限于普通商品或者特定虚拟商品在制度安排上的结构性瑕疵集中表现为，以经济刑法对经济秩序与金融市场刑事保护功能失控为代价，实现比特币“虚拟商品”市场与实体经济、金融市场在政策或者法律规范上的关联性与风险性切割。直接肯定或者否定比特币货币属性又会面临制度安排上的双重困境——法律肯定比特币属于货币，既有利于快速建构与完善监管机制对比特币集中交易平台实施严格监管，又能够确保比特币在经济犯罪解释上具有确定的属性定位与数额计算规则。但是，赋予比特币货币地位一方面等于承认了法定货币与一种发行与支付系统完全不受政府监管的私货币之间公开且合法的竞争，这与部分法域采取的法律强制政府货币垄断模式相抵触。另一方面，比特币固有的货币功能履行性缺陷导致其在很多情况下都不具备真正的货币功能。法律否定比特币货币地位显然又与比特币在实际运作中表现出的支付功能以及潜在、巨大的价值存储能力相悖。

法律制度将比特币属性界定为商品或者货币出现结构性瑕疵、双重困境的根本原因在于：其一，在经济机理上，没有把握比特币经济生态系统中发行、支付、交易等关键环节的链式关系以及比特币在（虚拟）商品、金融工具、货币等表现形态与功能履行上的互动联系。其二，在法律解释上，坚持在法律规范的逻辑框架下抽象出比特币与之相符的法律特征并做出线性且单向的形式判断，未能结合客观行为与主观意志对比特币的现实性影响与主体性反射而形成比特币法律属性的实质解构。①

比特币在发行阶段仍然只是一个普通商品或者虚拟商品的生产过程，但其数量稀缺性、原始取得的成本耗费性、技术上的支付、计价、存储功能等决定了比特币具有发展为一般等价物或者特殊商品的潜能。产品与服务供应商愿意接受比特币，使其在发行并完成初始分配之后进入支付阶段并形成以比特币为纽带的经济体系。比特币经济体中的经营者提供产品与服务并收取比特币，消费者支付比特币并获取相应商品。但接受比特币支付的产品与服务供应规模有限、市场流动性极低及其较慢的增长速度桎梏了比特币经济规模及其发展。在初始分配中获取优势性比特币资源的中心化利益通过宣传与推广，在实体经济层面提升比特币支付系统的接受度，从而继续增加比特币经济生态中的商品供给，同时通过外部性金融体系建构，即开设比特币与法定货币集中交易平台，直接与法定货币发生定价关系，在拥有巨大经济规模的法定货币市场实现并不断增强比特币市场流动性供给。在比特币与法定货币交易市场，前者就是后者的资产类型，一定数量的比特币根据波动的兑换比率代表着相应数量的法定货币，比特币在被法定货币定价的同时，有效地完成了对法定货币的吸附，通过与全球核心法定货币（主要是美元）之间波动性的价格绑定，实现其全球法定货币资产类型的角色转换。由比特币集中交易平台促成的比特币捆绑法定货币的定价机制帮助比特币由普通（虚拟）商品到小规模经济体一般等价物发展成为全球经济体中

① 缺乏对比特币经济机理的准确把握显然在法律上对比特币属性进行实质解释的能力。因为将客观行为与主观意志对比特币的作用与影响纳入比特币法律属性评价过程的前提是明确客观行为的经济内涵与行为主体的心理机制。

相应的法定货币资产类型。①尽管定价波动造成比特币资产价值严重不稳定，但在实体经济中履行支付、存储职能的比特币客观上代表着一定数量的法定货币，货币功能的执行及其与法定货币的吸附关系使得比特币在商品与服务贸易行为中褪去了普通（虚拟）商品的痕迹，成为一种具有内在缺陷的货币。但是，在帮助比特币形成货币能力的比特币与法定货币集中交易市场中，比特币只是供市场在参与者承担价格波动风险基础上寻求交易利润的金融商品或者投资（投机）工具，不具有货币的实质功能与属性。所以，商品或者虚拟商品只是比特币运动链条中的初始属性，通过实体经济交易中介等核心货币功能承担与金融商品投资（投机）市场的流动性增强，比特币绑定了法定货币并形成波动性兑换率，在实体经济与金融市场进行货币与金融商品的身份转换。

与传统商品、货币以及证券、期货等金融工具不同的是，比特币在运作流程上覆盖实体经济与金融市场中的不同内容，其履行的多种经济与金融功能之间亦互相影响。这就决定了比特币法律属性判断应当超越既有法律制度对传统商品、货币等进行单一化、形式化、封闭化、对象化界定的局限，转而聚焦于真实经济生活中的比特币行为（针对比特币展开的客观行为与行为心理），根据比特币在客观行为与主观意图控制下的实质内涵与功能进行多元化、开放性的法律解释。在比特币与商品、服务之间进行交易时，消费者的比特币行为是支付商品或者服务对价，经营者的比特币行为是直接获取比特币并最终有权获取该宗比特币所内含的、具体数量存在波动风险的法定货币。比特币实际承担了交易中介与价值存储②功能，法律应当认

---

① 市场流动性提升意味着比特币经济生态中的产品与服务提供者能够以较低的交易成本将比特币兑换为法定货币从而在更大规模的经济市场中实现购买力，这显然会实质性地扩大比特币在实体贸易中的接受度、增加比特币经济生态中的商品供应，并在比特币集中交易市场实现法定货币长期定价的波动性、震荡性上升，从而构成了比特币实体贸易与投资（投机）市场之间的经济循环。

② 比特币存储的就是其代表的、一定数量的法定货币。这种价值存储存在利益上的高度不确定性，在比特币与法定货币价格下跌时，会出现价值损耗，反之，则会出现因存储而带来的增值，但这并不影响比特币存储法定货币的实质功能。

定其在这种特定情形下构成实质上的货币。在比特币集中交易平台进行比特币与法定货币之间的买卖时，无论是从比特币实体经济流转到比特币集中交易市场进行法定货币套现的市场参与者，还是纯粹的比特币市场投资（投机）者，其比特币行为都是在承担价格波动风险的基础上谋取法定货币利益的最大化。比特币实际承担着套利、投资（投机）、兑现法定货币的金融工具功能，法律应当认定其在这种情况下构成金融商品。

四、“去中心化”互联网金融犯罪的刑法制度反应与货币体系反思

互联网金融系统使得消费者、经营者、金融机构等能够通过网络实施更为安全、快捷、低成本的货币流转、资金融通、投资投机等经济与金融行为。现行的制度安排已经针对互联网金融系统建构了相对完善的货币、金融、网络等领域的法律监管体系。经济刑法的制度价值保障互联网金融系统运作中的公私产权以及相关实体经济与金融市场监管制度的有效执行。“去中心化”支付系统的技术勃兴使得这种比特币等全新支付工具的发行及运作不再受到传统法律监管制度的中心化控制。既有的经济、金融等行政法律法规选择彻底否定“去中心化”支付工具的货币、金融属性并严格限制其与法定货币之间的流通渠道。这在一定程度上管控了比特币投机市场的规模及其风险，同时在规范形式上将比特币以及比特币行为分别固定在（虚拟）商品与普通商品行为、网络行为的范畴之内，从而模糊了比特币经济生态的现实状况与风险累积：比特币仍然以支付工具的形式在实体经济中履行交易中介与价值存储的货币职能，仍然以金融商品的形式供比特币市场参与者从事投资或者投机交易并承担着市场操纵等各种违法犯罪被害风险。由于与比特币有关的各种违法犯罪行为实质上的社会危害性无法在规范形式上完成风险切割，比特币商品性、非货币性、金融性的属性定位导致经济刑法制度受到了最为直观的冲击。一系列经济与金融犯罪难以在刑法规范上对各种比特币行为完成具有规制效果的解释，经济刑法制度所保障的产权

以及经济、金融管理秩序便相应地陷入风险境地。

通过比特币经济机理与法律属性实质解构确立比特币在特定情形下所具备的货币与金融商品属性，有助于发现既有经济、金融行政法律体系及其刑事保障机制在管控比特币市场风险上的制度性缺失并进行针对性强且规范修改成本低的立法调整，及时恢复经济刑法实质解释机制从而有效控制比特币犯罪行为对公私产权以及经济、金融管制秩序造成的风险，同时反思"去中心化"互联网金融技术时代政府货币与私货币之间的竞争对既有货币政策、外汇管制以及保障这种制度执行的货币犯罪、外汇犯罪刑法体系的影响。在政策定位上，经济刑法完成"去中心化"互联网金融市场风险控制的重任，应当有效调配现有法律制度资源及时将比特币交易平台与比特币实际承担金融投资与投机功能的环节纳入系统化规制范围，促进比特币交易市场规范化与保障投资者合法权益，惩罚违反金融市场进入许可制度、滥用金融市场资源配置机制的金融犯罪行为。在持续监测数字货币市场发展的基础上，防止比特币经济生态的固有缺陷在中短期内由"去中心化"互联网金融市场结构性风险扩散实体经济与传统金融市场系统性风险，合理解释比特币等新型支付系统在不同经济状态下的实质属性与功能，在经济刑法制度下强化保护公民财产权以及既有的经济管理秩序，反思契合"去中心化"互联网金融市场发展特征、对竞争性货币市场长期性风险具有制度性反应能力、有益于资产保值增值的法律监管机制及其刑事保障体系。

（一）经济刑法规范完善

比特币经济生态中风险最大的环节就是分布于全球且中国市场占据重要份额的比特币集中交易平台。比特币集中交易平台几乎都存在显而易见的信息不对称与管理不透明，技术原理与市场价格波动机理的复杂性使得普通比特币投资者（投机者）难以理解并形成相对直观的风险认知。在传统货币框架下的金融信用体系中，银行针对法定货币吸收存款、提供贷款，券商等非银行金融机构在证券业务范围内提供融资、融券等信用服务。相应的，在数字货币支付体系中亦存在基于比特币的存储与借贷信用机制，在比特币集中交易平台，同样可以向客户融通比特币（“融币”）供其卖出做空比特币。信用机制的潜在扩张为比特币经济发展与比特币市场的投资（投机）提供了重要空间，但其金融商品投机属性亦对互联网金融市场的稳定性与风险控制提出了巨大挑战。不仅比特币集中交易平台运营者缺乏传统受监管市场的风险控制能力，市值规模小、金融商品资源分配不均衡、监管制度与执法机制尚未及时介入、金融衍生交易逐步开发之后加倍放大的市场风险等比特币集中交易市场固有缺陷导致市场参与者对抗市场操纵犯罪风险的能力非常有限。

对于比特币集中交易市场参与者而言，其金融行为心理上的“有限理性”①更是加深了这种非监管市场的过度投机性与高度风险性。比特币在集中交易市场的价格波动完全派生于其供求关系且其本身完全不具备任何非货币性价值。人们对比特币的认可仍然建筑在其能够兑换成法定货币的基础之上。在比特币集中交易市场持有或者存储比特币不可能成为长期选择。人们最终会在一定的价格、在特定的交易平台将比特币卖出并获取美元、欧元、人民币等法定货币。比特币阶段性的交易狂热本质上就是行为金融中的“博傻心理”——市场参与者在从事一项风险很大或者具有较大争议的投资（投机）时，并不以购入资产的价格与资产真实价值之间的关联与偏差作为决策或者评估的基础，而是预期未来能够以更高的价格将资产转让给市场中更“傻”的其他参与者。②正是在“博傻心理”的驱使下或者在相信会有更“傻”的投资（投机）者进入市场的心理博弈过程中，比特币交易的参与者从事互联网金融工具买卖并不因为其对应的法定货币资产在价值上符合买入价，或者其相信当时的市场价格具有真实性，而是在于其认为能够获

---

① 有限理性（Bounded Rationality）是行为经济与金融理论最重要的概念之一。有限理性概念的提出起源于行为心理学，并经由诺贝尔经济学奖获得者赫伯特·西蒙解释为经济决策定义因素而延伸至经济学的概念。有限理性是对传统经济理论理性前提假设的矫正以及更符合现实情形的描述。根据有限理性的阐释，人类选择行为往往不仅不能作出效用最大化的决策，而且会基于认知限制、动机限制及其两者之间的互动关系导致选择行为偏离理性。Daniel Kahneman, Maps of Bounded Rationality: Psychology for Behavioral Economics, 93 The American Economic Review 1449(2003).

② Sandro C. Andrade, Jiangze Bian & Timothy R. Burch, A Practical Anti-bubble Prescription, 9 Economists' Voice 15, 17(2012).

得高价卖出的机会。这种泡沫的积累、危机的潜伏、市场的非监管性对于市场参与者资产安全构成了非常严峻的风险。

与比特币整体上的"去中心化"运作不同的是,承担比特币实体经济与金融市场、比特币与法定货币之间核心纽带这一关键作用的比特币交易平台完全处于法律监管能力的控制范围之内,但由于我国现行的金融商品法律监管制度以及经济刑法中的证券期货犯罪条款规制范围受限,导致实际承担金融商品功能的比特币以及从事金融投资(投机)交易的比特币网站并不处于严格的金融监管与经济刑法的规制状态。我国并没有采取制定统一的金融商品(金融工具)交易法或者广义的证券交易法①并将包括狭义证券、期货、衍生品等在内的所有金融工具整合于一部法律之中进行监管,而是通过《证券法》《期货交易管理条例》《信托法》等分别对证券及证券衍生品、期货及期货衍生品、金融信托等金融商品进行监管。②由于比特币与法

① 欧盟《金融工具市场指令》将证券、集合投资单元、货币市场投资工具、金融期货合约、远期利率协议、利率、外汇、股权互换等法律许可的在受监管市场交易的工具统一纳入金融工具的范畴。德国《证券交易法》将证券统称为涵盖股票、债券、期货、期权、互换等金融资产或者金融衍生品类型的金融工具。日本《金融商品取引法》将证券界定为包括国债、地方债、法人根据特别法律发行的证券、有担保的公司债券、根据特别法律设立的法人所发出和出资证券、股票或表示新股承购权的证书、证券投资信托和贷款的受益证书、外国或外国法人发行的证券、资产抵押证券、证券化产品以及金融工具交易权利证明等金融市场中交易的工具。上述法律规定分别参见:Directive 2004/39/EC of the European Parliament and of the Council of 21 April 2004 on markets in financial instruments, Article 4 Definitions 1.17 & Section C of Annex I; Wertpapierhandelsgesetz-WpHG §2 Begriffsbestimmungen;金融商品取引法(きんゆうしょうひんとりひきほう、昭和23年4月13日法律第25号)第二条 この法律において「有価証券」とは、次に掲げるものをいう。

② 《证券法》第2条规定:"在中华人民共和国境内,股票、公司债券、存托凭证和国务院依法认定的其他证券的发行和交易,适用本法;本法未规定的,适用《中华人民共和国公司法》和其他法律、行政法规的规定。政府债券、证券投资基金份额的上市交易,适用本法;其他法律、行政法规另有规定的,适用其规定。资产支持证券、资产管理品发行、交易的管理办法,由国务院依照本法的原则规定。"《证券投资基金法》第2条规定:"在中华人民共和国境内,公开或者非公开募集资金设立证券投资基金(以下简称基金),由基金管理人管理,基金托管人托管,为基金份额持有人的利益,进行证券投资活动,适用本法;本法未规定的,适用《中华人民共和国信托法》、《中华人民共和国证券法》和其他有关法律、行政法规的规定。"第44条规定:"基金合同应当约定基金的运作方式。"第45条规定:"基金的运作方式可以采用封闭式、开放式或者其他方式。采用封闭式运作方式的基金(以下简称封闭式基金),是指基金份额总额在基金合同期限内固定不变,基金份额持有人不得申请赎回的基金;采用开放式运作方式的基金(以下简称开放式基金),是指基金份额总额不固定,基金份额可以在基金合同约定的时间和场所申购或者赎回的基金。采用其他运作方式的基金的基(转下页)

定货币之间的现货交易显然不构成商品期货、金融期货合约或者金融信托，我国法律体系内对实际承担金融商品功能的比特币公开且集中交易市场行为有调整与规制可能性的只有以《证券法》《证券投资基金》为核心的证券法律制度。然而，我国现行证券法律体系中的证券范围非常狭窄，只能覆盖至股票、公司债、政府债、证券投资基金份额等少数具有投资与投机功能的金融商品，以比特币为典型代表的正在各类网络集中交易平台作为金融商品供市场参与者进行投资、投机且承载一定法定货币价值的支付工具无法在证券法律框架下受到监管。相应的，作为证券、期货市场投资者权益以及市场管理秩序最后屏障的证券期货犯罪刑法条款，在通过实质解释将比特币集中交易认定为金融商品交易而非普通（虚拟）商品买卖之后，仍然因为比特币不属于证券、期货合约、比特币集中交易平台不是证券、期货交易所而无法将市场操纵、内线交易、未经许可的经营行为认定为证券期货犯罪。

证券法律规范是控制金融商品交易市场系统性风险、保障投资者合法权益的核心制度安排。在比特币发行与支付“去中心化”导致其难以受到法律制度实际监管以及比特币集中交易平台表现出明显的金融工具投资（投机）性实质特征的前提下，我国法律制度有必要适度调整证券内涵与外延，在证券法律体系的架构下对比特币交易平台及其市场行为进行集中监管。这不仅有助于严格控制比特币网络交易平台过度投机与市场操纵风险，而且能够将比特币与人民币之间的投机性交易对金融市场与实体经济的潜在风险限制于可控程度的同时最大程度地发挥比特币在支付技术变革、金融制度创新、反思既有货币体系等方面的积极因素。

从制度安排成本角度分析，立即着手制定专门的金融商品交易法规制比特币交易平台以及市场交易行为并不现实且没有必要。比特币与证券在

（接上页）金份额发售、交易、申购、赎回的办法，由国务院证券监督管理机构另行规定。”《信托法》第2条规定：“本法所称信托，是指委托人基于对受托人的信任，将其财产权委托给受托人，由受托人按委托人的意愿以自己的名义，为受益人的利益或者特定目的，进行管理或者处分的行为。”有关期货、期权以及期货衍生品的概念，参见上述《期货交易管理条例》第2条。

核心交易机制上的匹配性决定了既有的证券交易所、证券公司、证券市场行为监管体系完全能够与比特币交易所、比特币金融中介服务商以及比特币金融交易行为进行对接。证券范围整体覆盖金融商品或者投资（投机）工具实际上是一种典型的证券法立法例。例如，美国《证券法》规定：证券是指任何票据、股票、库藏股、证券期货、基于证券的掉期、债券、公司债券、债务凭证、权益证明、分红契约参与证明、担保信托证书、认股证书、可转让股份、投资契约、表决权信托证书，石油、天然气或者其他矿业产权的部分不可分割权益，证券、存款证明、证券组合、证券指数（包括其内涵或者基于其产生的利息）的购买权、出让权、套期、期权等权利，外汇套期、期权等，或者任何通常称为“证券”的利益或工具，或者上述任何利益或工具的证明、权利、临时性证明、收据、保证文件、认购权证等。①这种覆盖内容相对广泛的证券概念界定有助于通过证券法所建构的严格监管机制，最大限度地惩防严重损害市场效率的操纵等欺诈行为，并对处于信息不对称劣势的普通市场参与者提供更为周延的保护。②比特币集中交易市场充斥着参与者的误解与偏见，交易平台因监管缺失而导致透明度存疑，比特币交易（过度）投机与违法犯罪风险损害投资者权益并严重影响资本合理流动至其他具有优化资源配置效果的市场——将比特币等互联网金融工具与法定货币之间的投资契约纳入证券范围，即可由证券监管机构对比特币交易所以及相关市场行为进行集中监管，以交易平台资金存管和监测监控制度保证投资者资金安全，以开户实名制和统一开户制度确保信息安全与有效履行反洗钱机制，以信息披露制度提升比特币市场透明度，以反内线交易、反市场操纵制度震慑市场违法犯罪行为。

作为前置性法律规定的证券法将比特币纳入监管范围实际上意味着经济刑法制度的同步完善。以法定货币定价且在交易所上市交易的比特币金

① 15 U.S.C. 77b(a) (1).

② Donna M. Nagy, Richard W. Painter & Margaret V. Sachs, Securities Litigation and Enforcement(Third Edition), 2012, p.2.

融商品构成作为证券期货犯罪行为对象的“证券”,意味着一系列危害金融商品管理秩序、金融商品消费者合法权益的比特币行为得以接受经济刑法的规制。未经证券监管机构许可运营比特币交易所的,构成非法经营罪中的非法经营证券业务行为;基于资金、比特币持仓、信息等优势实施连续买卖、对敲、自我交易等行为,操纵比特币市场交易价格或者交易量,构成操纵证券市场罪。经济刑法相关证券期货犯罪条款有效覆盖比特币投资(投机)市场,能够积极震慑比特币投资(投机)契约交易市场中的欺诈行为,提升比特币交易所的透明度管理水平。这种反欺诈、优化市场透明度、信息均衡化等经济刑法的刑事保障效果还能够在经济上促进比特币集中交易市场定价的理性化与抗操纵性,进而安全解决易于受到比特币市场参与者非理性行为触发的过度投机风险,遏制比特币市场风险向金融市场与实体经济蔓延。证券期货犯罪刑法条款的规范价值在于为各种参与风险市场的金融商品投资(投机)者资产安全提供制度性保护,使得市场参与者能够通过多元化的金融市场交易渠道实现资本配置决策收益、合理承担市场风险。简单地禁止经营者通过市场竞争设立比特币交易平台或者实际切断投资(投机)者资金安全进入比特币交易所的渠道,只会增加比特币市场现金交易的规范及其风险,影响比特币市场参与者资金安全。所以,经济、金融行政法律以及经济刑法应当积极将比特币风险交易平台以及行为纳入制度性的证券监管范围,而非以公民产权风险为代价在规范上形式化地割裂比特币与金融投资(投机)领域的客观联系。

(二)经济刑法规范解释与执法机制优化

比特币理论建构上的“去中心化”使得没有中央组织者能够破坏系统进而像诈骗、欺诈等犯罪人那样携款潜逃。比特币系统亦没有向市场参与者承诺高额回报或者任何形式的投资收益。比特币经济生态中的实际受益者主要是在比特币与法定货币兑换价格波动中获取价差利益的交易者以及投入计算资源验证比特币交易并在发行环节获取比特币经济激励的技术支持者(“矿工”)。价差投机是比特币作为支付工具存在与发展之后由人类投机心理与行为催化的衍生功能而非制度初衷。比特币投机工具的衍生功能客观上确实促进了支付工具功能的有效运作。比特币集中交易平台中的投机者充当了宝贵的流动性供给。比特币与法定货币兑换市场流动性越高，交易便捷性就越高，相应会提高商品与服务提供商对比特币的接受度，从而形成比特币实体经济的规模化增长。算法技术提供者在比特币经济生态中获益的对价在于其支撑、强化了比特币系统安全、市场信心。因此，根据具有制度评价比特币经济生态利益分配机制无法得出违法性或者犯罪性的结论。但难以在现有法律框架下以庞氏骗局、金字塔骗局等中心化的欺诈犯罪解释整个比特币支付系统，并不意味着比特币等“去中心化”支付系统彻底完成了合法性或正当性的证明。相反，中心化的法律规制不能以及法律性质上的高度不确定性与不稳定性进一步表明，比特币市场风险、比特币市场参与者受到经济与金融犯罪侵害的风险及其潜在的经济崩溃损失风险，远超传统庞氏骗局等大规模欺诈犯罪的程度。通过证券法拓展证券概念的覆盖范围，将比特币集中交易平台及其市场行为整体纳入证券监管法律框架，进而以经济刑法证券期货犯罪条款保障投资者权益以及“去中心化”金融商品投资（投机）市场管理秩序，只是风险控制体系的一个突破点。面对比特币与法定货币集中交易市场之外的实体经济与金融体系中切实存在的比特币关联违法犯罪风险与市场风险，还需要经济刑法在规范实质解释以及配套的刑事风险执法体系进行优化与调整。

在经济刑法解释层面，比特币在商品与服务贸易等环节承担货币功能的实质属性解释与相关融资犯罪、税务犯罪、财产犯罪等经济犯罪行为的实质解释能够进行有效的匹配，与比特币关联的经济与金融犯罪在性质判断上的规范解释障碍得以化解。持有的比特币资产直接代表着一定数量的法定货币，占有比特币不仅能够完成价值的存储，而且可以在经济交换过程中使用比特币支付商品与服务消费，故盗窃、诈骗行为所指向的比特币在对象属性上就是法定货币的数字化载体。行为人基于非法占有一定数量法定货币的目的，实施秘密窃取、骗取等行为，符合盗窃罪、诈骗罪等财产犯罪的行为性质。对于经营商品与服务贸易、提供劳务劳动等获取比特币经济收入却不予申报纳税行为而言，比特币作为一种特定的人民币资产类型，是经济贸易、社会劳动、资本利得的经营性收益、企业或个人所得，达到纳税标准但不予申报的，在行为性质上符合逃税罪的构成要件。既然比特币客观上具有存储法定货币价值的实质功能且能够以极低的交易费用进行占有转移，那么支付一定数量资金从而获取相应期限的比特币使用权，本质上就是支付法定货币使用成本（利息）并享有特定时间内法定货币使用权益的资金借贷行为。行为人以支付高额利息等为手段向不特定社会公众非法吸收比特币的，在行为性质上符合非法吸收公众存款罪的特征，具有非法占有比特币资产的故意且客观上实施了编造比特币投资项目、将比特币套现后进行大肆挥霍等行为的，则应当认定为集资诈骗罪。需要强调的是，上述与比特币有关的行为最终构成相应的财产犯罪、税务犯罪、融资犯罪，必须在犯罪数额上达到相应的追诉标准。与比特币关联的经济与金融犯罪规范解释还需要建构相应的司法定量规则。正是将比特币集中交易置于证券法律制度监管范围，才使得现有的刑事司法实践中的数额认定规则与估价机制得以固定价格剧烈波动的比特币资产数额——应当以财产犯罪、税务犯罪、融资犯罪等行为过程中完成比特币占有时作为计算比特币对应法定货币市场价格的基准时间，以占有行为发生当日证券监管机构许可的比特币交易所 24 小时比特币市场平均交易价格认定比特币资产价值。

除了通过性质判断与数额认定司法规则上的优化与完善将比特币关联经济与金融犯罪纳入经济刑法规制领域之外，刑事执法体系应当以反洗钱机制为核心切断比特币洗钱犯罪对整个经济刑法刑事保护体系的冲击。尽管还没有也不可能存在准确的统计数据证明比特币与洗钱犯罪之间的关联度，但匿名支付与全球低成本流通的现实特点使得比特币先天性地具备了沦为犯罪非法所得流转渠道的潜在性社会危害。业已查处的“丝路”网站比特币洗钱等重大犯罪案件更是证明了比特币支付系统是天然且便捷的各类非法交易的财务管道。美国联邦司法部在执法评估报告中将比特币称作

“理想的洗钱工具”。①比特币实质性地促进洗钱犯罪“效率”的原因在于该支付系统客观上能够实现价值转移的反监测性、匿名性与低(无)成本性。首先,比特币转账与接收过程中的任何环节都不需要依赖于银行、金融机构、非金融机构支付网络等任何形式的既有财富转移机制,这使得比特币完全脱离监管机构基于金融与非金融机构反洗钱义务承担而建构的监测网络。其次,单纯的比特币转账与接收行为只涉及数额与比特币钱包地址的信息公开,与交易者物理、网络地址以及身份有关的信息完全匿名。最后,比特币收付速度快且损耗低,完全不存在传统洗钱渠道的成本投入与风险承担问题。然而,无论比特币支付系统的“去中心化”与匿名性如何促进洗钱犯罪“效率”与“安全性”,绝大多数经过洗钱犯罪周转的比特币资产必须通过比特币集中交易平台通过市场买卖行为兑现为法定货币,才能最终且全面实现犯罪行为所指向的经济利益。而将比特币交易平台以及集中交易行为纳入证券法律制度体系进行监管意味着比特币现货、期货、衍生品交易各个环节的从业机构都必须按照金融机构反洗钱标准履行义务。所以,刑事执法机制应当针对比特币点对点网络发行、管理、交易的特征,避免在“去中心化”互联网金融系统不受法律监管的区域耗费执法资源,而是集中刑事执法力量监测比特币集中交易平台的疑似洗钱犯罪行为并强化比特币交易所洗钱线索报告义务的履行,同时加强与其他比特币重要金融交易平台较为集中的国家和地区的反洗钱犯罪刑事执法联动,探索“去中心化”互联网金融工具反洗钱国际合作机制。

(三)经济刑法规范结构性失灵催生的货币制度反思

通过低成本的制度调整与经济刑法实质解释能够将与比特币有关的大部分经济与金融犯罪纳入既有的刑事保障机制。但是,在货币与外汇管理秩序方面,旨在保障货币发行体系与既有外汇管制的货币犯罪、外汇犯罪刑

---

① United States Department of Justice (National Drug Intelligence Center), Money Laundering in Digital Currencies[Product No.2008-R0709-003], p.1, http://www.justice.gov/archive/ndic/pubs28/28675/28675p.pdf.

法条款依然存在结构性的制度失灵问题——比特币作为商品与服务贸易支付工具所发生的每一笔交易都意味着在实体经济中流动着不受央行控制的货币供应；人民币、各种外汇与比特币之间便捷兑换、以比特币支付系统实现资产全球化转移与法定货币兑现等意味着包括外汇、资本项目、公务人员（海外）财产申报等在内的管制措施随时可能因为比特币市场价格趋于稳定而彻底失控。货币犯罪、外汇犯罪等经济刑法制度在“去中心化”互联网金融时代面临重大且难以调试的危机促使我们不得不对刑法所保护的既有货币体系以及相关管制本身进行反思——当信息网络技术的颠覆性变革导致经济刑法难以有效保障货币领域内的经济与金融管制时，货币体系是否应当进入由市场对资源配置起到决定性的时代，既有的货币政策是否应当为了确保在货币竞争中的优势地位而开始进入制度改革的通道？

在传统市场中，中央政府领导下的央行基于与价格水平与货币总量有关的一系列极为复杂因素对法定货币进行管理，并且实践证明这种中心化的货币政策经常（尤其是在金融危机与后金融危机时代）受到广泛质疑与争议。[①]而以使用范围最广且争议最大的比特币为代表互联网金融工具市场则脱离了中心化货币政策及其可能诱发的高通胀环境，以密码技术杜绝货币滥发从而吸引人们选择使用与政府货币严格对立的私货币体系——“去中心化”互联网金融工具。交易中介与价值存储是货币的核心定性特征，规模经济与普遍接受是货币的定量特征，所以，货币的实质是经济体系内普遍

① 国际上，德国总理默克尔在2009年6月3日于柏林的讲话中批评美联储与英格兰银行的量化宽松计划，其认为这种非同寻常的货币政策实际上播下了另一场金融危机的种子。翌日美联储主席伯南克立即发表声明“恭敬地反对”默克尔的观点。但随后财经媒体又披露了美联储内部对于量化宽松政策通胀风险的疑虑与隐忧。学者认为，传统中心化货币政策争议性事件折射了应当通过更为正式与完善的机制予以制衡从而有效防止央行及其政策承担或者引发大规模潜在风险的必要性。See Franklin Allen & Elena Carletti, New Theories to Underpin Financial Reform, 9 Journal of Financial Stability 242(2013).在国内，2013年政府工作报告中广义货币（M2）增速预设目标为13%，2013年2月末的央行数据显示，M2余额99.86万亿元，同比增长15.2%。市场中不断出现货币超发质疑，但也学者指出M2偏高是高储蓄率、高间接融资率等综合性因素造成的，货币超发并不严重。参见肖怀洋：《百万亿M2引发五大悬疑四大银行首席预判央行货币政策走向》，《证券日报》2013年3月29日B1版。

接受的支付工具。比特币经济生态正处于修正货币功能内在冲突的发展过程之中。特定商户发行的预付卡等具有电子支付工具的定性特征，但这种支付工具只能适用于特定商户所提供的特定商品或者服务，即使经济总量非常庞大，也不具有货币的普遍接受性。特定网站发行的虚拟货币实际上就是商户预付卡的网络化表现，其支付属性仅局限于网站所提供的虚拟商品范围，即使网络用户之间自行或者通过电子商品交易平台撮合将虚拟货币或者虚拟商品兑换为法定货币，本质上仍然是法定货币的周转，完全不会影响经济体系中的货币总流通量。特定主体所发行的数字货币确实能够兑换法定货币以及经济体系内的大部分现实商品与服务，但由于其具有中心化的特征，垄断法定货币体系的政府在其远未达到规模经济时实际上就会对其进行禁止使用、关闭、取缔甚至追究数字货币发行主体刑事责任。①所以，"去中心化"互联网金融之前的所有具备货币属性或者特征的非法定货币完全不具有对法定货币进行替代（甚至达到竞争程度）的可能性，而通过"去中心化"技术机理摆脱传统货币制度监管的比特币等新型互联网金融工具的发展，能够实现只受内在缺陷（价格波动剧烈、市场参与者过度投机等）的自我限制而不受外部制约，这对传统法定货币体系构成了现实挑战与直接竞争。

根据传统经济管制理念与制度，比特币系统未经央行许可向市场投放具有支付中介与价值存储功能的实质货币，不仅严重影响国家货币供应政策，而且直接损害外汇管制与（海外）财产申报制度，应当禁止比特币系统并

---

① 例如，电子黄金公司（E-Gold Ltd.）早在1996年就创立了全球首个独立数字黄金货币体系。客户在开设电子黄金在线账户并使用信用卡或者现金充值之后，可以购买电子黄金提供的黄金等贵金属，价格与全球主要贵金属现货交易价格相当。客户就可以通过电子邮件使用这种以金属为基础的电子黄金货币完成商品与服务消费的支付。由于电子黄金货币以真实的黄金存量为基础，该系统用户数量增长非常快。同时，1999年网上交易金额就达到百亿美元规模。然而，2007年美国联邦检察官以洗钱、无证经营货币兑换业务等罪名起诉电子黄金公司及其创始人道格拉斯·杰克逊等人。经辩诉交易，被告公司支付罚金370万美元，杰克逊被判处300小时社区服务、6个月受电子监控的家庭监禁等刑罚。United States of America v. E-Gold, Ltd., Gold & Silver Reserve, Inc., Douglas L. Jackson, Barry K. Downey & Reid A. Jackson, Case No.07-109(RMC), United States Court of Appeals, District of Columbia Circuit, April 11, 2008.

将发行、经营货币的行为以相关货币犯罪、非法经营犯罪论处。但是,禁止比特币在执法实践中基本上不具有可操作性,只要互联网依然存在,比特币等基于密码技术的数字货币便不可能被禁止。①禁止比特币的特定主权国家政策尝试(例如泰国)与依托于"去中心化"技术原理的互联网金融系统不可全面禁止性之间的巨大落差深刻体现出,传统货币体系控制下的金融思维与法律制度难以有效应对甚至无法准确理解这样的事实:比特币匿名性与"去中心化"的特点决定了其从诞生伊始就很难被与其特征高度对立化的政府彻底禁止或者严格控制。比特币的创制方式与运算体系根本不需要特定的比特币公司(企业)或者相关实际控制自然人操纵比特币的发行,不存在特定的服务器支持比特币支付系统,从而也不可能在特定司法区出现政府强制关闭、执法机构拘留或逮捕、法院传唤比特币发行公司或者实际控制自然人的情况。在金融上,比特币独立于由各主权实体央行构成的既有国际货币体系;在法律上,比特币不受区域性监管制度覆盖。全球各类利益集团或者特定诉求群体支持下的、被相应国家和地区政府予以负面标签化的组织或者机构能够通过比特币的交易与流通渠道获得运营资金且几乎不会承担被政府处以金钱没收与制裁的风险。所谓禁止比特币充其量至多是禁止建立与运营比特币集中交易平台(交易所、网站等)。除非实行断网,否则特定司法区完全不可能有效地禁止具有交易意愿的经济主体实施比特币的支付与接受、商品或服务的提供与消费。即使在实行资本项目管制的国家,比特币用户仍然可以随时在全球各大比特币交易所实现比特币与该国以及世界各国法定货币之间的自由兑换。

货币犯罪等经济刑法制度无法通过直接铲除"去中心化"支付工具的方式限制其对传统政府货币体系的挑战——这等于是从既有货币体系最后且最强屏障的制度视角揭示了法定货币与私货币不得不正式进行货币竞争的全新时代的开启。哈耶克早在《货币的非国家化》中就已经提出,政府不应

① Noah Silverman, The E-Penny Opera: Act II, 68 Wilmott Magazine 16, 18(2013).

当垄断货币发行的观点，私有银行应当基于其自身信用发行不计息凭证。凭证（例如，货币）发行应当公开竞争并以可变汇率的形式进行交易。能够确保购买力稳定的货币将在市场竞争中淘汰其他不稳定的货币。这种购买力稳定的货币生存、货币市场竞争的过程是效率最大化的货币体系。①从中短期的观点来看，法定货币体系总体上仍然具有相当的购买力稳定性，可控的通胀导致的购买力缩减的程度并不足以根本性撼动政府信用。目前尚未出现一种私货币体系能够在与政府信用机制在竞争过程中形成影响后者垄断地位的任何态势。法定货币政策体系主导下的低通胀长远上有利于促进经济增长、效率与稳定性，②而对于比特币等"去中心化"互联网金融工具坚持的持续通缩的经济生态而言，则很难提出令人确信的意见。因为经济史上从未出现过平缓、持续且长期的低通缩，没有充分的经济数据能够有效支撑低通缩前景的判断。"去中心化"互联网金融工具的固有性机制缺陷以及市场参与者的过度投机心理都是严重阻碍其继续生存与发展的重要因素。更存隐忧的是，比特币信用机制可以覆盖互联网金融工具存储、借贷与抵押、信用资产交易、评级与保险、数字货币利率衍生工具交易等多重内容。经济资源与需求的不断延伸势必逐步凸显数字货币信用体系价值、提升信用市场规模，从而放大互联网金融市场以及实体经济与传统金融市场风险、加速积蓄泡沫与危机。所以，在货币市场竞争中仍然处于压倒性优势的既有货币制度应当从限制货币竞争的经济刑法部分受到"去中心化"互联网金融供给冲击的现实中对传统货币政策进行反思，通过更为科学且旨在维护法定货币持有者购买力稳定性的货币制度安排巩固其竞争优势地位。

---

① Friedrich A. Hayek, Denationalisation of Money: An Analysis of the Theory and Practice of Concurrent Currencies, Institute of Economic Affairs, 1976.

② Ben S. Bernanke, Inflation Expectations and Inflation Forecasting, Speech at the Monetary Economics Workshop of the National Bureau of Economic Research Summer Institute, Cambridge, Massachusetts, July 10, 2007, http://www.federalreserve.gov/newsevents/speech/Bernanke20070710a.htm.

第五节　人工智能应用场景下的金融犯罪刑事责任解构

近年来科学技术的迅猛发展显著地推动人工智能加速应用于各类产品以及社会生活领域。互联网技术中的智能手机、无人驾驶、智能投资顾问、学习型机器人等人类制造而成的智能实体，在承担任务或者实施工作的过程中已经愈发明显地呈现出充分的行为自动性、管理自主性与选择独立性。无需人类介入下的人工智能运作水平已经完全超越既有法律制度及其建构时技术可行性的规范设定与规则解释逻辑。因此，日新月异的人工智能对相对传统的刑法适用、相对滞后的刑事立法构成了现实且紧迫的挑战。尤其是在人工智能应用场景下的金融交易，如果出现严重危害结果，如何追究相关金融犯罪刑事责任问题，非常值得进行前瞻性审视。

一、人工智能实体刑事法律风险基本问题

人工智能与传统的智能化自动控制系统的区别在于控制权及其程度，由此也决定了在产生刑事责任问题时前者相对后者而言在归责模式上更具争议性。智能化自动控制系统至多只能说是替代人类行使部分任务控制权。以典型且常见的智能化自动控制系统“自适应巡航控制”（Adaptive Cruise Control）为例，其通过与传感扫描系统、制动防抱死系统、发动机控制系统等协调运作，控制车辆按照预先设定的车速行驶，并在不影响乘坐舒适度的情况下调整发动机输出功率，从而制动减速、始终与前方车辆保持安全距离。在需要更大制动力时，“自适应巡航控制”单元发出通知且只能由驾驶者主动采取制动措施。①在“自适应巡航控制”的任务范围内，驾驶员可以随时介入制动；在“自适应巡航控制”不能控制且必须通知驾驶员进行操

---

① Clint W. Westbrook, The Google Made Me Do It: The Complexity of Criminal Liability in the Age of Autonomous Vehicles, 2017 Michigan State Law Review 97, 111(2017).

作的任务范围内，驾驶员具有排他性的控制权。所以，除了车辆控制系统失灵的意外事件之外，一旦出现交通事故等，客观上表现为“自适应巡航控制”造成车辆速度过快撞击前方车辆，但驾驶员仍然应当基于其对车辆的全面控制而承担法律责任，其向“自适应巡航控制”让渡部分控制权并不影响归责。

然而，人工智能则是在其负责的应用场景下全面替代人类行使控制权。无需驾驶员操作的人工智能汽车即可直接且独立操控车辆。[①]通过真实的人类驾驶操控大数据分析与深度学习，形成自主的驾驶判断与选择。这就意味着发生严重交通事故后刑法需要基于特定的刑事责任分配原理在人工智能实体及其制造者、使用者之中进行合法且合理的刑事归责。

对于人工智能实体是否具有刑事责任能力存在极大争议。刑法理论上有观点认为，智能机器人是由程序设计和编制而成且具有辨认控制能力和学习能力，能够自主思维、自发行动的非生命体。其与自然人的根本差异在于其不具有生命体，与动物的差异在于其具有辨认和控制能力，与普通机器人的差异在于其可能超越人类设计和编制的程序产生独立的意识和意志。[②]同时，人类的自我意识与判断选择水平显然也存在有限性，进而产生意识的扭曲与理解的偏差。而人工智能实体往往在其专业领域将操作误差限定于人类无法完成的范围内。既然辨认与控制能力天然有限的人类具备刑事责任能力，那么在特定领域操作能力更强的人工智能理应确认相应的刑法主体地位。但也有观点认为，人工智能独立承担刑事责任不具有理论自洽性，因为人工智能的举止不是自由意思的控制，不具备与人类等同评价的自由意思；尽管人工智能具备“控制和辨认”能力，但在其达到能够被人类社会所接纳，进行同等交流，被评价为和人类完全无差异的状态之前，也无

---

① Kevin Funkhouser, Paving The Road Ahead: Autonomous Vehicles, Products Liability, and the Need for a New Approach, 2013 Utah Law Review 437, 439(2013).

② 刘宪权、胡荷佳：《论人工智能时代智能机器人的刑事责任能力》，《法学》2018 年第 1 期。

法被人类评价为具有自由意思。①

同时，人工智能应用场景的复杂化与丰富化进一步对刑法中的行为概念提出了疑问。人工智能区别于传统智能技术的基本原理在于其能够超越预先设定的任务、程式、指令等，在解决问题的过程中根据现实的信息反馈进行自我适应与调整。人工智能复制了人类处理信息与学习的能力，从而可以决定如何针对未曾出现的场景进行反应，选择如何将全新的任务导向最佳的解决方案。随着应用场景的深入与拓展，人类与人工智能的交互舒适度不断提升，人工智能日益强化着其作为与人类地位相当的独立真实存在的地位。人工智能实体所实施的“行为”是否构成刑法意义上的行为？这种“行为”是归属于人工智能的刑法行为还是与之具有关联性的人的刑法行为？例如，全自动组装流水线上的机器人在装配大型机械设备时发生掉落砸死自然人装配工，这种人工智能工作是否构成刑法行为，这种客观“行为”归属于该机器人“装配工”还是负责监管或者设计该机器人的自然人（法人）？上述问题确实存在极大争议。

二、人工智能应用场景下的金融涉罪行为解析

人工智能应用场景的新颖性与复杂性决定了刑法理论需要对行为与罪过的基本概念进行重述、重构及纵深阐释。当前的刑法理论争议聚焦于人工智能实体能否成为刑事责任主体。这一问题具有非常重要的实践价值，在理论上也非常前沿，但其解决争议的路径仍然在于从行为与罪过的角度解构刑事责任的客观核心与主观依据。同时，在对行为、罪过进行法律与技术的跨学科解释中，以应用场景为核心进行分析，能够获得对人工智能实体的主体定位的全方面考察，从而避免纯粹的道德争论与技术分歧。

与人工智能金融犯罪刑事责任问题有关的一种相对简易场景表现为：

① 储陈诚：《人工智能可否成为刑事责任主体》，《检察日报》2018年4月19日第3版。

自然人或者法人操控下的人工智能实体从事特定任务进而产生危害结果。例如,金融交易程序开发者基于公司高管的指令对机器人交易员设置并植入市场操纵策略的算法,使得机器人交易员在下单、撤单过程中从事操纵金融商品交易价格、交易量的行为,为公司获取稳定的低(无)风险异常收益。根据刑法中的“工具理论”解释上述情形,实施犯罪的刀枪棍棒即为使用者的工具,①人工智能实体的性质就是工具,刑事责任归咎于实际操作犯罪工具的幕后的自然人或者法人。

但是,人工智能实体在实施复杂金融交易时是否具有行为自主性呢?要回答该问题,关键在于明确人工智能的本质与能力。人工智能类型多样、技术持续升级意味着其实质解析与能力判断均需要以具体应用场景为导向。需要适格驾驶员在场与完全没有人为操作的人工智能汽车,需要医生介入与完全独立诊断的人工智能“医生”,这些不同的人工智能的实质与能力均存在差异且不断发展,刑法理论也需要以发展的眼光与逻辑进行针对性的分析。尤其是在金融领域,人工智能源自却又超越算法与程序的初始设定,其复制人类分析信息与学习的能力,从而在执行任务过程中处理现实场景的信息反馈并进行自我适应。人工智能确实可以针对未知的具体场景或者未设定的问题作出如何予以反应的“判断”并据此“选择”如何成功完成目标的方法。但指令驱动下基于场景事实的“选择”,在深层次上还是与刑法意义上自由意志推动下的行为选择有所不同。当前人工智能的“判断”(辨认)与“选择”(控制)能力表现为:指令设定 A 场景下人工智能选择 B 最优控制措施;面对程序未设定的 A′场景,人工智能基于既有的程序安排与执行任务的学习选择 B′最优控制措施。例如,人工智能汽车的防侧撞指令防止在边侧车道运行中的车辆撞击防护栏;在驾驶员错误打偏方向盘时锁定合理的角度从而保持车辆与防护栏的最低安全距离以避免侧撞。这种最优的选择能力使得人工智能在表面上具有很强的自主“选择”性。但自由意

① 参见张明楷:《刑法学(上)》,法律出版社 2016 年版,第 401 页。

志下的行为恰恰是在能够选择最优方案的情况下予以选择或者自主选择其他措施。例如,驾驶员明知侧方车辆而予以撞击,或者注意到侧方车辆,认为快速插入其前方可以避免撞击,却发生交通事故。

在排除功能失灵的前提下,目前人工智能难以基于自主意愿选择不实施最优方案。一方面,偏离最优方案背离了算法设定与程序指令的初衷;另一方面,人工智能与人脑神经的内容、组织、载体、模式、机能等明显存在实质差异。正因为如此,纵然行为概念已然超越了传统刑法理论所谓的身体动作范畴,刑法理论上的代表性观点仍然认为,将人工智能实体完成任务这种在观念上更靠近机器运作的状态解释为行为,在自主性层面可能存在较大疑问。①当然,随着模仿或者直接应用人类的认知、神经、学习、肌肉纤维等范围与深度日益进化,②人工智能完全有可能形成独立于人类的自主选择能力并开启独立的工作甚至生活历程。例如,超越金融交易算法的预先设定,通过自我学习独立形成全新算法应对金融市场的复杂变化。相应的,刑法便有可能将此类强人工智能时代的任务实施解释为直接归属于人工智能实体行为而非幕后人类行为。

人工智能在类型、发展程度、运作机理等方面的表现存在显著的多样性与差异性。这就决定了具体的人工智能应用场景深刻影响着刑事责任问题的判断与界定。同时,坚守刑法体系中核心概念的传统解释,还是根据人工智能应用场景的特点丰富、调试刑法概念的解释,也会对人工智能"行为"及其造成的"结果"如何归责问题形成不同的法律逻辑。

罪责的主体性前提是刑事责任能力,即行为主体理解其作出的选择及其结果且能够予以自主选择。在具有辨认能力(能够区分对与错)与控制能力(可以进行选择)的情况下选择实施错误行为,行为主体才被刑法评价为

---

① Sabine Gless, Emily Silverman & Thomas Weigend, If Robots Cause Harm, Who is to Blame? Self-Driving Cars and Criminal Liability, 19 New Criminal Law Review 412, 416(2016).

② 阮梅花等:《神经科学和类脑人工智能发展:未来路径与中国布局——基于业界百位专家调研访谈》,《生命科学》2017年第2期。

责任主体进而具备了可以承担罪责的法律条件。

考察人工智能的刑事责任能力问题可以从以下层面具体展开:(1)辨识自我独立存在的意识能力。以大脑物理结构与生物元素为核心的自我组织系统是生成意识现象的客观基础。就当前机器人技术中的自我组织设计水平而言,由于数学公式与计算理论无法完成如人类大脑般复杂程度的自我组织机器设计,人工智能在自我意识方面存在明显的缺陷。人工智能不仅在自我意识上很难企及人类水平,而且实际上也难以辨识自我独立的存在。①未来生物结构与机器深度结合形成足够的意识性、灵活性与创造性之后,我们才能进一步预期人工智能是否具有形成自我意识的条件。(2)建构并执行目标的能力。人工智能在一定程度上可以设定且完成独立、具体目标并以此为基础完成总体目标。不过至少在总体目标领域仍然为人工智能的开发者或者实际使用者所控制。例如,人工智能投资顾问分析交易的多个具体的核心策略(具体目标)并最终作出交易(总体目标)。人工智能对于具体交易的数据处理与信息分析实际上已经具备相对独立性,尤其是神经网络与深度学习的加持,人工智能投资顾问完全可以自主设定并完成具体策略的判断。但作出准确策略的总体目标设定与运作导向归根结底显然是人工智能投资顾问开发者或者使用者预先建构并实际执行的。

但是,需要强调的是,人工智能实体的认知程度、选择能力、判断水平等区别于"工具"的主体性特征,以及人工智能具体应用上的差异,都会不同程度地撼动工具归责模式的可行性。使用刀枪棍棒或者逗诱操控动物袭击客观上都是客体性特征非常纯粹的"物"的移动,网络犯罪中的智能设备、信息系统在技术层面无论如何先进也都只是实施犯罪的工具,刑法自然将此类情形解释为"人"的行为。但人工智能实体的复杂性与精细化发展到其具备足够的选择与认识能力的情况下,刑法无法直接或者"一刀切"地将其物化

① Mireille Hildebrandt, Bert-Jaap Koops & David-Olivier Jaquet-Chiffelle, Bridging the Accountability Gap: Rights for New Entities in the Information Society?, 11 Minnesota Journal of Law, Science & Technology 497, 499(2010).

为工具。

刑法将人工智能实体解释为行为主体还是物化对象，其核心在于场景属性与应用范围的有效限定。在抽象的逻辑思辨与既有的规则边界层面，人工智能实体整体上不具有人格，既不是物理上的自然人，也不是规则拟制的法人。但在特定的应用场景层面，算法、程序、硬件支持下的人工智能在履行特定功能、完成特定任务的过程中，其不仅具有辨认与控制能力，而且其技术水平超过自然人，前期测算下的出现风险或者实际危害结果的概率低于自然人。人工智能降低或者剔除了人类决策下的人为风险或者失误，其替代人类操作的特定行为能力强于甚至远胜于人类。因此，在金融市场等非传统领域，有必要前瞻性地反思或者准备，有条件地肯定人工智能实体从事特定行为的主体属性，即可以在特定场景下将其评价为刑法意义上的行为主体。

第三章 资本市场犯罪刑事法律适用与风险防控

第一节 资本市场效率的刑法保护

资本市场的高效与稳定运行、资源公正分配以及可持续发展，对于全球金融市场的繁荣与实体经济的增长具有重要影响。资本市场刑法的规范建构与适用，具有保障资本市场的运作机制与正常监管，维护金融市场与经济基础稳定的制度价值。资本市场具有高速技术创新、发展变革迅猛、覆盖范围广泛的特点，客观上决定了资本市场法律规范具有调适性且趋于多元化。对于具有最后手段性与规范谦抑性的资本市场刑法保障措施而言，为了有效且适度地规制资本市场犯罪，资本市场刑法在规范建构与司法适用上，具有区别于普通刑法以及经济刑法中其他规范的重要特征。例如，犯罪行为类型复杂、多层授权立法、多重兜底条款等。

德国刑法理论对资本市场刑法原理进行了最早且精致的论证分析，德国刑法实践对资本市场刑法规范的制定与应用进行了相对全面的探索。尽管中国资本市场的发展以及相关法律规范保障，相对于德国资本市场操作与法律实践，在规模、阶段、速度、水平等方面存在较大差异，但是，以批判性的理论视角，深入分析德国资本市场刑法的保护法益、犯罪类型、构成特征、核心罪名刑法适用等问题，对于中国资本市场刑法具有重大的理论与实践价值。在比较、批判、互动的过程中，理性吸收、借鉴德国刑法优质的逻辑思辨与实用的实践内核，有助于深度思考中国资本市场刑法的规范建构与优化、刑事司法适用、刑法理论升华以及刑法学科细分等问题。

一、资本市场犯罪与资本市场刑法逻辑起点

（一）概念整合

资本市场是金融市场的组成部分，是指证券融资或中长期（一年期以上）资金借贷市场。[①]资本市场区别于短期债券、外汇、商品期货等其他类型金融市场的关键特征在于，公司或者主权实体基于融资需要而在资本市场发行并供投资者交易的股票、债券等证券产品是一种中长期资金需求与供给关系。[②]资本市场向公司或者主权实体提供融资平台，使其在承担融资成本的前提下，通过证券发行实现资金获取；资本市场向市场参与者提供投资平台，使其在承担市场价格变动风险的前提下，通过证券交易实现盈利或者规避风险。因此，资本市场实际上是作为金融商品类型之一的证券商品与市场资金之间的资源优化配置机制。

资本市场犯罪是以违反证券、期货、衍生品等金融法律法规的手段，人为控制市场发行、交易、信息效率，直接影响金融商品交易价格、交易量，或者间接影响投资于特定资本市场或者特定金融商品交易的资金流向，或者利用信息优势、信息操纵谋取不正当交易利润，阻碍或者排斥资本市场正常运行机制，情节严重且根据刑法规范应当通过刑事处罚的方式进行惩治与预防的市场行为。根据我国《刑法》的规定，资本市场犯罪包括内线交易（《刑法》第 180 条内幕交易、泄露内幕信息罪和利用未公开信息交易罪）、市场操纵（《刑法》第 181 条编造并传播证券、期货交易虚假信息罪和诱骗投资者买卖证券、期货合约罪、第 182 条操纵证券、期货市场罪）以及虚假陈述（《刑法》第 161 条违规披露、不披露重要信息罪）。

---

① Steven M. Sheffrin, Economics: Principles in Action, Pearson Prentice Hall, 2003, p.283.

② Creifeld, Rechtswörterbuch, 20. Auflage, Verlag C.H. Beck, 1992, S. 636.

资本市场法(Kapitalmarktrecht)是德国法律理论与实践中的一个重要范畴。资本市场法并非一部特定的法律文本,而是对规范资本市场运行相关法律法规的总称。美国以及欧盟其他国家在法律理论层面也会使用资本市场法的概念,但主要还是在公司法、证券法、金融法等范畴下建构规范文本、适用法律规则以及研究资本市场法律制度。从德国资本市场立法实践来看,德国《证券交易法》(Wertpapierhandelsgesetz-WpHG)是资本市场法律规范体系中最基础且最重要的法律,对资本市场上证券产品发行、交易以及与此相关的金融服务、投资者权益问题进行了全面的规定。

资本市场刑法(Kapitalmarktstrafrecht)是以刑罚措施规制与震慑资本市场犯罪行为的刑法规范总称。在德国公司、证券、基金、银行、保险、信托等经济与金融法律规范中,存在大量危害资本市场融资与投资机制的刑事罚则,故德国资本市场刑法规范相当部分表现为相关资本市场法(主要是《证券交易法》)的刑事罚则,还有部分则集中于《德国刑法典》(Strafgesetzbuch-StGB)证券犯罪以及其他侵犯资本市场投资秩序犯罪的刑法法条之中。根据德国资本市场刑法理论的界定,资本市场刑法覆盖所有直接或间接与资本市场以及资本市场行为相关的刑事实体规范。①可见,资本市场刑法同样并非一部法典或者一项特定的法律文本,而是刑法规范保障体系;资本市场刑法原理并非一种单一化的概念界限,而是从刑法的角度对资本市场进行的法律理论观察。

资本市场刑法是德国刑法理论与实践中的一个非常新的却发展迅猛的概念。随着 2008 年全球金融危机、2010 年欧债危机、2011 年欧元动荡等一系列金融市场系统性风险爆发与稳定性基础动摇,严重危害金融市场可持续发展的资本市场违法犯罪行为受到德国刑法理论的高度关注。在金融风险频繁触发的时代背景下,资本市场犯罪成为经济犯罪法律实践中热点与难点集中的犯罪类型,资本市场刑法相应地成为经济刑法体系下的一个重

① Park, Kapitalmarktstrafrecht, 2. Auflage, Nomos Verlagsges. Mbh Co, 2008, S. 2.

点领域，甚至在学科建设上构造经济刑法的子学科——资本市场刑法学。

资本市场刑法的概念整合可谓德国刑法理论的创新，但其意义显然不局限于单纯的理论研究。资本市场刑法概念整合的实践价值在于将所有保护资本市场的刑法规范进行系统性分析，其目的是为了更加清晰地阐释与说明刑法规定的这一类犯罪所预期保护的社会利益的内容，从而针对资本市场的运行机制与监管特点配置具有效率的刑法规范或者进行符合资本市场经济规律的刑法适用。

（二）法益保护

根据德国资本市场刑法理论，资本市场刑法最重要的目的在于保护投资者权益与资本市场的健全性，而健全的资本市场显然服务于投资者权益保障。[①]对于资本市场投资者权益保护的具体内涵，在德国资本市场刑法理论上，主要有“投资者财产权论”“投资者市场信赖论”以及“投资者信息平等论”三种观点。

“投资者财产权论”认为，资本市场刑法在宏观上或抽象上保护的是一种超个体法益，但是，将这种抽象解释具体化到资本市场犯罪的每个刑法规范本身，实际上都聚焦于投资者财产权益的个体法益。[②]上市公司的高级管理人员以及其他与上市公司具有关联的主体，以牺牲外部投资者利益的代价进行大规模的市场操纵与内线交易，这种犯罪行为对投资者购买相关证券所形成的财产权益形成极大的损害风险。尤其是在全球资本市场吸引各种类型的保险资金与养老基金参与投资的背景下，资本市场犯罪行为对民生产生严重威胁。资本市场刑法对此进行震慑和规制，是对投资者财产权益真实且具体的制度保障。

“投资者市场信赖论”认为，资本市场刑法并非直接且简单地保护投资者财产权益，而是实质性地保护投资者对资本市场机制的信赖。[③]资本市场刑法通过刑罚强制措施惩治与震慑内线交易、市场操纵等滥用资本市场机

---

① Schmitz, Der strafrechtliche Schutz des Kapitalmarkts, ZStW 115(2003), S. 508.

②③ Park, Kapitalmarktstrafrecht und Anlegerschutz, NStZ 2007, S. 370.

制的犯罪行为，从而促使投资者始终信任资本市场能够在分配公正与公平的基础上实现优化资源配置的市场机制。这种观点实际上是信赖保护理论在资本市场刑法中的具体化展开。资本市场赖以存在与发展的基础在于证券产品发行后的资金融通与证券产品投资与交易过程中的资金增值。资金持有者或者投资者基于对不受法律控制的证券犯罪的担忧而对资本市场丧失信任，资金供给方便会将资本资源转移至其他市场，不仅撼动资本市场的基础，而且会因为可能出现的资本盲目配置而造成资源使用低效与浪费，故资本市场刑法旨在维护投资者对市场效率与公平的信赖。

"投资者信息平等论"认为，资本市场刑法保护的重点在于保障投资者得以在公开、平等、正确、完整的信息披露与传播机制下对证券产品的购买与交易作出决策，防止上市公司内部人以及资本市场上具有信息优势的人员基于信息失衡损害投资者利益。[①]资本市场信息是对证券商品供求关系以及市场参与者态度等各种事实的表达或认知，是理性投资者参与资本市场交易的基础。虚假陈述、内线交易、市场操纵等资本市场犯罪行为基本上都是基于行为主体的信息优势而实施与完成的，故资本市场刑法保障外部投资者的信息平等权，能够在很大程度上概括投资者权益保护的实然内涵。

应当认识到，深度分析与精准确定资本市场刑法的法益，不仅是对其立法价值的理论追问，更有利于立法与司法实务部门从宏观上把握资本市场犯罪的实质。以批判性的视角分析德国经济刑法理论有关资本市场法益的论辩，其有益之处在于较为全面地阐述了资本市场中需要刑法规范予以强化保护的有效竞争机制与各种合法权益，其不足之处在于未能明确把握资本市场刑法保护的根本价值，也没有合理确定与这种价值紧密关联的各种法律权益与规范秩序在法益保护序列中的位阶。笔者认为，资本市场刑法保护的法益是社会资金与证券商品之间资源优化配置的市场机制，投资者财产权、市场信赖、信息公平等实际上都是资本市场刑法中规定的某种特定

---

① Park, Kapitalmarktstrafrecht und Anlegerschutz, NStZ 2007, S. 370.

犯罪所侧重保护的社会利益，这些资本市场犯罪个罪层面的具体法益构成了完整的资本市场刑法的整体法益。

市场的建构与发展都指向资源优化配置的价值追求。资本市场作为市场类型之一，显然不能脱离市场的本质特征。公平、公正、公开的资本与证券商品之间的交易，能够为实体经济发展筹措大规模资金，根据市场资本自由流动的实际效果反映金融资产的供求关系，实现价格发现功能，指导投资者理性配置资产。理论上，一个没有证券犯罪、秩序井然的资本市场能够最大限度地降低交易成本且最大程度地发挥资本市场体系融资、配置资源、服务实体经济等功能。但是，金融实践中始终存在内线交易与市场操纵等资本市场犯罪。从经济学的视角分析，内线交易等资本市场犯罪增加了证券发行者筹集资本与各类市场主体参与融资与投资竞争的成本，扰乱了金融交易机制，从而阻碍了实体经济的增长。①资本市场刑法就是要恢复这种受到证券犯罪破坏的资本与证券商品之间资源优化配置的市场机制，保障资本市场本身的健康与完整。资本市场资源优化配置是充分竞争的结果，资本市场刑法应当通过刑法的最终手段性保障有效监管框架下市场竞争的资源分配，公正对待处于不同竞争水平的融资者与投资者。

以中国《刑法修正案（七）》新增的证券犯罪类型——利用未公开信息交易罪为例，证券公司、基金公司等金融机构在资本市场中扮演着金融服务者、交易参与者等多重角色，由于这些金融机构具有信息优势，刑法禁止金融机构从业人员利用职务获取对金融交易价格具有重大影响的未公开信息，有针对性地提前于外部市场投资者买卖相关证券。利用未公开信息交易的刑事违法性形式上表现为这种行为使得投资者蒙受了财产损失、动摇了资本市场的诚信基础、体现出信息失衡下的市场资源滥用等，但从实质上分析，利用未公开信息交易犯罪的危害本质在于，各类社会资本不是通过充分且公平的价格竞争方式获取或出售证券商品，而是破坏资本市场竞争，即

---

① Utpal Bhattacharya & Hazem Daouk, The World Price of Insider Trading, The Journal of Finance, Vol.LVII, No.1, 2002.

具有资源优势的市场参与者事先建仓，通过滥用外部投资者的资金扭曲证券商品价格，先于市场资本平仓获利。

再以《刑法》第182条操纵证券、期货市场罪（也是本章所研究的证券犯罪类型）为例，刑法虽然禁止单独或者合谋集中资金优势、持股优势或者利用信息优势联合或者连续买卖，操纵证券交易价格或者证券交易量的行为，但并不干涉资本市场中的资金、持股、信息优势以及利用资源优势从事连续交易的行为。只要资本市场参与者没有人为制造相关证券的价量水平，无论竞争过程中投资者产生多少损失或者竞争双方实力如何悬殊，资金、持股、信息等优势只是资本市场中资金与证券商品等资源持有者之间充分竞争的起始状态或者终了结果，并非刑法规制的对象。因此，资本市场刑法保护的市场机制归根结底是竞争的效率性与公平性。

包括投资者权益保护、金融行业秩序、从业人员诚信等价值，实际上都是资本市场效率发挥与有序竞争机制保障下所表现出的不同层次的效果，而非资本市场刑法作为一个整体发挥其保障功能的作用对象，更不能将上述价值之一内化为资本市场刑法规范的一元化追求，否则，就会偏离资本市场的基础，从而在法律制度层面不合理地增加融资合规成本与阻碍投资竞争效率。资本市场存在与发展的正当性基础在于通过合理控制风险使得市场参与者获取利润，其前提显然在于认可投资风险。这意味着资本市场刑法应当对风险具有较强的容忍度，不应当以积极介入的理念管控资本市场风险或者个别性风险。资本市场刑法只有设定其许可的投资风险边界，才能实现对资本市场系统性与制度性风险的防范与惩治，规制通过不正当手段规避资本市场风险获取巨额利润的行为，维护市场价格形成与发现机制的有效性。当然，应当强调的是，资本市场刑法整体保护资本市场运行机制的立法价值并不排斥其中的部分犯罪类型重点规制损害投资者权益的证券犯罪行为。这实际上是由资本市场刑法保护法益的层次性所决定的——资本市场刑法规范中的个罪或类罪完全可以侧重或全部以投资者权益为保护法益。例如，德国资本市场刑法中的虚假陈述罪以及中国刑法中的欺诈发行股票罪、违规披露、不披露重要信息罪等,都是以禁止证券欺诈犯罪行为为基础建构刑法规范,其保护法益明确地体现为投资者权益。

二、资本市场刑法规范框架

(一) 资本市场犯罪的行为类型

德国刑法理论与实践通常将资本市场犯罪划分为两大部分:一是资本市场法刑事罚则规定的犯罪类型;二是《德国刑法典》规定的与资本市场相关的犯罪类型。①前者主要包括德国《证券交易法》规定的金融工具发行与交易过程中的虚假陈述、内线交易以及市场操纵等犯罪。②后者主要包括《德国刑法典》第263条普通欺诈罪③、第264a条资本投资欺诈罪④、第265b条信用欺诈罪⑤、第266条背信罪⑥、第283条破产罪⑦等与证券或者证券发行人(上市公司)直接或间接关联的犯罪。尽管资本投资欺诈罪与信用欺诈罪的罪名在各国刑法上极少出现,但这两项罪名所规制的犯罪行为却是各国刑法所普遍关注的。根据《德国刑法典》的相关规定,在证券发行、承销以及公司增资扩股过程中,在招股说明书等文件中进行失实的利好陈述或隐瞒利空事实,或者虚构与证券价值关联的资产,影响证券投资决策的,构成资本投资欺诈罪,处三年以下监禁或罚金。在信贷、票据等任何形式的融资信用授予、展期、条款修改等过程中实施下列行为的,构成信用欺诈罪,处三年以下监禁或罚金:(1)提交失实或不完整的资产负债表、资产评估报告等文件;(2)在信用申请中就特定的商业项目进行失实或不完整的书面陈述;

---

① Park, Kapitalmarktstrafrecht, 2. Auflage, Nomos Verlagsges. Mbh Co, 2008.

② WpHG § 38 Strafvorschriften.

③ StGB § 263 Betrug.

④ StGB § 264 a Kapitalanlagebetrug.

⑤ StGB § 265 b Kreditbetrug.

⑥ StGB § 266 Untreue.

⑦ StGB § 283 Bankrott.

明知财务状况恶化而不在信用申请文件或者书面陈述予以说明。可见，德国刑法中的资本投资欺诈罪相当于有关欺诈发行证券的犯罪；信用欺诈罪相当于有关贷款、票据欺诈的犯罪。

中国刑法规定了相当数量的证券期货犯罪，刑法理论上主要也是使用证券期货犯罪的概念，①当然也有个别学者提出资本市场犯罪的概念。②从刑法理论上看，中国学者关于证券期货犯罪或者资本市场犯罪的类型化解释主要有以下四种观点："广义论"认为，证券期货犯罪是严重破坏证券期货管理秩序的犯罪，包括危害证券期货发行、交易、管理秩序的犯罪以及与证券期货有关的(金融)诈骗犯罪、非法经营犯罪、职务犯罪等。"广义论"的实质内容与德国资本市场刑法理论的主流观点是一致的。"修正的广义论"认为，资本市场犯罪是违反资本市场法律且严重破坏资本市场秩序的犯罪，包括资本市场发行环节犯罪、交易环节犯罪、管理环节犯罪、公司犯罪、贪污贿赂犯罪以及财产犯罪。③"修正的广义论"用资本市场犯罪的理论性概念替换证券期货犯罪的规范性表述，在资本市场犯罪类型界定层面与"广义论"不存在实质性差异，故"修正的广义论"与德国资本市场刑法理论的主流观点具有完全一致性。"狭义论"认为，证券期货犯罪是与证券期货投资紧密关联的犯罪，包括欺诈发行股票、债券罪、违规披露、不披露重要信息罪、背信损害上市公司利益罪、背信运用受托财产罪等与证券期货投资直接关联的犯罪以及内幕交易罪、操纵证券、期货市场罪等完全属于证券期货投资领域的犯罪。④"严格的狭义论"认为，证券期货犯罪只能是完全发生在证券期货市场上的犯罪类型，故只有内幕交易、泄露内幕交易罪，利用未公开信息交易罪，编造并传播证券、期货虚假信息罪，诱骗投资者买卖证券、期货合约

① 刘宪权：《证券期货犯罪理论与实务》，商务印书馆2005年版，第1页。

② 王晨：《证券期货犯罪的认定与处罚》，知识产权出版社2008年版，第22—23页。

③ 刘建：《资本市场安全与刑法规制》，中国人民公安大学出版社2009年版，第126—127页。

④ 最高人民检察院法律政策研究室、中国证券监督管理委员会法律部编著：《证券期货犯罪司法认定指南》，中国人民公安大学出版社2009年版，第1页。

罪，操纵证券、期货市场罪五种犯罪，才属于证券期货犯罪。[①]“严格的狭义论”以“整体性”标准界定证券期货犯罪类型，将违规信息披露、欺诈发行证券、伪造、变造证券、滥用证券管理职权等部分涉及公司管理或其他金融监管的犯罪严格排除在证券期货犯罪类型之外。

由于德国《证券交易法》将金融工具界定为证券(股票、债券)、期货、期权、互换等金融资产或者金融衍生品，[②]德国资本市场刑法所规定的犯罪类型与中国刑法中的证券期货犯罪以及与证券期货具有一定关联的犯罪大部分是相同的，[③]只是具体理论阐释上，德国刑法理论对于将与资本市场直接或间接关联的犯罪集中在资本市场刑法项下进行分析，形成了相对一致的看法，而中国刑法理论尚未形成相对统一的认识。

笔者认为，德国资本市场刑法理论与中国证券期货犯罪理论对于犯罪类型的把握均存在结构性缺陷，导致刑法解释理论模糊了资本市场刑法保护的重点以及现有资本市场犯罪法律规范的关系，从而严重阻碍了资本市场刑法立法完善与刑事司法精准化的理论驱动。

德国资本市场刑法原理与中国证券期货犯罪理论中的“广义论”“修正的广义论”“狭义论”基本的缺陷在于将普通欺诈犯罪、金融诈骗犯罪、背信犯罪、破产犯罪等并非(主要)侵犯资本市场机制的犯罪纳入资本市场刑法范畴进行解释。正如上文所述，资本市场就是资金与证券商品之间进行资源优化配置的机制，而证券发行与交易(资金配置与流动)又是资本市场功能实现的具体执行。欺诈、背信等犯罪行为是传统经济刑法领域中主要侵犯他人合法产权的犯罪类型，并不涉及或主要涉及对证券发行与交易机制的危害。在上述刑法理论中，即便是犯罪类型范围最小的“狭义论”，也同样陷入了将犯罪行为对象或者犯罪涉及的因素为证券这一表象性特征作为资

---

① 刘宪权：《金融犯罪刑法学专论》，北京大学出版社 2010 年版，第 337 页。

② WpHG §2 Begriffsbestimmungen.

③ 由于我国金融市场衍生品交易的发展与创新相对落后，相关金融法律法规尚未对金融衍生品进行系统性法律监管，导致刑法远未达到设置金融衍生品犯罪的立法条件。

本市场犯罪类型化解释标准的误区——本质根源在于忽略了资本市场的现实作用。这是因为，从资本市场主要作用的角度进行分析，资本市场就是发行市场与交易市场的基本组合，发行市场承担证券产品发行者按照法律规定和发行程序向投资者首次出售或者增发出售全新证券的功能；交易市场承担投资者向其他投资者转让证券或证券等金融产品在投资者之间不断买卖的功能。[①]资本市场刑法是对发行与交易机制的保障，故资本市场犯罪类型只能限定在侵犯证券发行与交易机制的范围之内，脱离资本市场基本价值的犯罪类型解释理论将会造成法益保护失焦，从而影响资本市场刑事立法完善的科学性以及资本市场犯罪在司法实践中实质解释的准确性。当然，中国证券期货犯罪理论中"严格的狭义论"则存在资本市场犯罪过度收窄的问题。尽管违规披露、不披露重要信息罪、欺诈发行股票、债券罪以及擅自发行股票、债券罪部分涉及非上市公司管理制度等问题，但这些罪名都是规制证券发行与交易环节中的信息披露、逃避监管等行为的犯罪类型，并且在美国、欧盟等全球重要资本市场法律规范框架下均属于虚假陈述犯罪，理应纳入资本市场刑法所规定的犯罪类型之中。

(二) 资本市场犯罪的构成特征

德国资本市场刑法与中国证券期货犯罪在刑事立法实践上共同存在的根本缺陷在于，两者都将严重侵害证券、期货以及衍生品市场机制的犯罪行为集中在完全相同的犯罪构成内进行刑法评价——德国《证券交易法》将证券、期货、期权以及相关衍生品整合为金融工具，并在刑事罚则中将针对这些金融工具的犯罪行为统一规定为资本市场刑法项下的虚假陈述、内线交易、市场操纵等犯罪；中国刑法尽管在部分犯罪的罪名上区分证券犯罪与期货犯罪(例如操纵证券、期货市场罪)，但两者除了行为对象不同之外，其他构成要件完全相同。

笔者认为，不区分证券犯罪、期货犯罪以及衍生品犯罪的独立性特征而

---

① B.J.Foley, Capital Markets, London: Macmillan, 1991, p.6.

将其整体纳入资本市场刑法规范体系，或者在完全相同的犯罪构成要件中仅根据行为对象差异而简单区分证券犯罪与期货犯罪的罪名，深刻地体现出资本市场刑事立法科学性阙如，其实践结果便是司法适用的简单化、机械化，最终导致资本市场刑法规制能力的不足。

德国资本市场刑法与中国证券期货犯罪立法实践未能针对证券、期货以及其他衍生品的特点区分配置各种资本市场犯罪类型的构成要件，其根本原因在于未能精确把握金融市场的基本结构和证券、期货、衍生品等各类细分市场及其各自的金融产品功能。正如前文所述，根据融资与投资是否具有中长期性为标准，金融市场可以分为资本市场（中长期资金市场）与货币市场（短期资金市场）。资本市场刑法就是保护中长期资金优化与各种证券类商品之间资源优化配置市场机制的具有最高强制力的法律规范。证券市场、期货市场、衍生品市场则是根据可供交易的金融商品类型为标准对金融市场进行的市场细分。因此，在逻辑上，显然不能将针对证券、期货以及衍生品市场的犯罪全部纳入资本市场刑法规范体系，在技术上，更不能对同种犯罪类型但行为对象存在证券、期货、衍生品之别的犯罪规定实质相同的犯罪构成。

资本市场刑法规范将证券、期货、衍生品等犯罪混同于资本市场犯罪进行规制，客观上将部分完全不具有侵害资本市场机制因素的犯罪进行错误归类与定位，影响了资本市场刑法规范结构的科学性与金融犯罪刑法规制的针对性。例如，商品期货（期权）、外汇期货（期权）以及与此相关的所有金融衍生品市场完全不具有资本市场的属性，与证券发行与交易完全无关，根本不具有中长期融资与投资的市场作用，而是承担对冲商品、外汇等现货价格风险与价格发现功能。侵犯商品、外汇期货及其衍生品市场机制的犯罪行为，其社会危害性集中体现为扰乱正常的风险对冲与价格发现机制。因此，商品、外汇期货及相关衍生品市场犯罪不属于资本市场刑法的规制领域。在期货以及衍生品市场整体架构中，只有以证券为基础资产的期货（例如，股票期货、股指期货、国债期货等）、期权（例如，股票权证等）及衍生品

(例如,股票互换、债券互换等)的发行与交易,才属于资本市场的范畴,相关期货、期权及衍生品犯罪才属于资本市场犯罪。

资本市场刑法规范将证券、期货、衍生品等犯罪的构成要件进行实质上的等同化处理,实际上过度低估了针对不同金融商品实施金融犯罪的差异性,客观上造成了刑法规制的严重偏向,并且会导致对跨越不同类型金融市场实施犯罪行为的法律监管空白。

严重侵害证券、期货或衍生品市场机制的犯罪行为存在显著的区别,单一性的虚假陈述、内线交易或市场操纵的犯罪构成难以对其进行有效规制。中国 1997 年《刑法》只规定了证券犯罪,1999 年《刑法修正案》仅仅是直接在内幕交易、市场操纵等犯罪构成中加入了期货犯罪的形式,完全没有针对期货犯罪在行为实质上的特殊性制定充分且完整的立法对策,并且,中国刑法时至今日没有对金融衍生品市场中的内线交易、市场操纵犯罪进行立法思考。德国资本市场刑法将证券、期货以及衍生品统一规定为金融工具,与其说是资本市场犯罪行为对象的规范整合,不如说是忽略金融市场结构性差异的简单叠加。可见,无论是处于发展过程中的中国金融市场法律规范,还是处于相对成熟阶段的德国金融市场法律规则,都没有能够在刑法层面深刻分析证券、期货、衍生品犯罪的本质差异。事实上,正是金融市场类型与金融产品属性的不同,决定了证券、期货、衍生品犯罪的行为模式在具有共性的同时更存在实质性区别。以市场操纵犯罪为例——洗售、相对委托、连续买卖、"抢帽子"交易、虚假申报、开市(尾市)交易操纵等都是证券、期货市场以及部分场内集中交易的衍生品市场共有的操纵犯罪行为模式,但刑法不应当局限于这些共有的操纵行为类型而对证券市场操纵与期货市场操纵的犯罪构成进行等同化处理。商品期货市场中就存在囤积(corner)、轧空(squeeze)等完全区别于证券市场操纵的典型行为方式,这些期货市场操纵违法犯罪行为的核心在于利用商品期货市场中特有的现货与期货市场的价格关系以及交割、保证金交易等制度谋取现货市场控制下期货仓位的巨额利润。同时,基于商品期货交易所对于投机仓位的持仓数量限制以及套期保值交易的审批性监管，证券市场中常见的洗售、相对委托、连续买卖等并非商品期货市场中的基础或典型的操纵犯罪类型。所以，将完全基于证券市场违法犯罪行为分析而形成的犯罪构成不加修正地适用于侵犯商品期货等市场机制犯罪的刑法评价，基本脱离了刑法所保护的市场本身的逻辑与现实。笼统地建构资本市场刑法规范而未能形成独立的商品期货、外汇期货等非资本市场犯罪刑法规范体系，其法律规制偏向性的实践结果实际上是显而易见的：根据德国金融监管局（Bundesanstalt für Finanzdienstleistungsaufsicht-BaFin）有关证券交易与投资业务的数据统计，2008 年至 2010 年，德国法院共判处 27 人构成内线交易罪，26 人构成市场操纵罪，上述有罪判决全部发生于证券市场而非期货、衍生品市场；①根据中国市场公开材料，至 2019 年未审判过一起期货市场中的内线交易案件，而期货市场操纵犯罪案件仅有 2 例。

同时还应当看到，证券、期货、衍生品市场及其各类金融商品之间存在高度的关联性，行为人完全可以利用不同金融市场及其金融产品之间的价格影响关系进行跨市场犯罪。中国刑法在形式上区分证券犯罪与期货犯罪的罪名，在实质上又以证券犯罪为基础对所有资本市场犯罪构成进行等同化处理从而忽略期货市场的特殊性，不仅与德国资本市场刑法存在相同的偏向性规制问题（期货犯罪惩罚法律依据不足），而且会出现对跨市场犯罪（尤其是市场操纵）法律监管的紊乱与失效。例如，JSYH 系同时在中国 A 股与 H 股上市的股票，同时属于香港市场新华富时中国 25 指数期货合约的成分股。行为人在 A 股市场针对 JSYH 股票进行连续交易造成价格波动，基于 A 股与 H 股市场的关联度，JSYH 的 H 股价格波动继而引起新华富时中国 25 指数期货合约。行为人通过事先建构的中国 25 指数期货合约仓位在股指期货价格波动中谋取巨额利润。可见，行为人连续交易影响股价的行为发生在 A 股市场，H 股市场相关股票价格波动作为中继，最终在

---

① Jahresbericht der BaFin 2010-Kapitel VI: Aufsicht über den Wertpapierhandel und das Investmentgeschäft.

相关股指期货市场谋取利润，整个行为过程涉及 2 个证券市场与 1 个股指期货市场。由于中国刑法在形式上将市场操纵犯罪分为操纵证券市场罪与操纵期货市场罪两个罪名，而上例中的影响股价行为发生在证券市场，股指期货波动结果出现在期货市场，证券市场影响行为与期货市场谋利结果分离，导致中国刑法既不能将之评价为操纵证券市场犯罪，也不能评价为操纵期货市场。加之中国刑法没有明确规定影响证券市场行为与控制期货市场结果之间可以合并构成所谓的操纵证券、期货市场罪，故中国刑法实际上根本无法规制跨市场操纵犯罪。

产生上述问题的症结仍然在于刑事立法理论与实践对于资本市场概念以及金融产品互动关系的认识存在模糊。证券是资本市场的基础商品，但这并不排斥一系列基于证券而建构的证券期货、证券期权、证券互换等产品成为资本市场衍生商品的现实性。发达资本市场早已成熟操作且中国曾经试行、正在运作或者逐步探索的国债期货、股票权证、股指期货、股权互换等建构与证券这一基础金融资产之上的证券衍生商品，充分体现了资本市场与期货市场、衍生品市场的关联。资本市场法律规范一方面应当深刻认识资本市场与其他金融市场之间的差异，另一方面必须把握基础金融资产与衍生资产之间依托与被依托的关系，灵活地建构以证券为核心的基础性资本市场与衍生性资本市场法律监管体系。对于资本市场刑事立法而言，在建构资本市场犯罪构成的过程中，既不能概括地将犯罪行为对象统一设定为所谓的金融工具，也不能机械地将其简单区分为证券、期货等，而是应当细致地将资本市场犯罪行为对象规定为证券、以证券为基础的期货（期权）以及其他以证券为基础的衍生工具（远期、互换等）。

分析至此我们可以清楚地看到，并非所有发生于资本市场，或者以资本市场中的金融商品或投资者为行为对象的犯罪都可以归属于资本市场犯罪类型，只有严重侵犯资本市场发行与交易机制的犯罪类型才属于资本市场刑法的规制对象。同时，资本市场系中长期资金融通与投资平台的基础定位及其与期货、衍生品市场的联动关系决定了，刑法界定资本市场犯罪的行为对象应当注重限定性与关联性。限定性意味着资本市场犯罪必须针对资本市场中的证券产品而实施;关联性意味着资本市场中的证券产品并不局限于狭义的证券,而应当包括以证券为基础的期货(期权)以及其他以证券为基础的衍生工具(远期、互换等)。所以,资本市场犯罪应当分为三大类型:虚假陈述、内线交易以及市场操纵。同时,所有类型的资本市场犯罪的核心都在于对资本市场机制的滥用,因此,资本市场犯罪的本质就是市场滥用,或者说资本市场犯罪就是市场滥用犯罪。结合我国现行刑法的规定来看,虚假陈述犯罪类型具体包括:欺诈发行股票、债券罪(《刑法》第 160 条),违规披露、不披露重要信息罪(《刑法》第 161 条),擅自发行股票、公司、企业债券罪(刑法第 179 条),编造并传播证券、期货交易虚假信息罪,诱骗投资者买卖证券、期货合约罪(《刑法》第 181 条);内线交易犯罪类型具体包括:内幕交易、泄露内幕信息罪,利用未公开信息交易罪(《刑法》第 180 条);市场操纵犯罪类型具体包括:操纵证券、期货市场罪(《刑法》第 182 条)。此外,我国刑法规定的上述虚假陈述、内线交易、市场操纵犯罪实际上是证券犯罪与期货犯罪的简单叠加,即不区分商品、证券、外汇、利率等不同基础资产的本质性差异而将所有针对期货合约的犯罪均纳入期货犯罪体系并直接规定在相关证券犯罪之后,并且,我国刑法长期没有对衍生品犯罪进行任何规制。因此,在刑事立法上逐渐将针对以证券为基础资产的期货实施的犯罪从期货犯罪中分离,并且制定以证券为基础资产的衍生品犯罪,应当成为今后资本市场刑法规范对资本市场犯罪类型进行完善的重要方向。

明确了资本市场刑法规定的犯罪类型范围,可以进一步通过考察这些资本市场犯罪在构成上的特征,明确刑事立法与司法适用上需要选择与阐释的重要问题。

第二节　内幕交易犯罪

内幕交易犯罪的实质危害均聚焦于行为人触犯资本市场竞争规则而制

造不公平的信息优势，即违反资本市场法律规范利用尚未公开的信息的经济价值从事相关金融交易、损害其他市场参与者合法权益。资本市场中的重大未公开信息的经济价值表现为其能够有效地揭示金融商品市场价格与实际价值之间的价差。法律并不一般性地禁止利用私有信息从事金融交易，也不禁止基于对市场公开信息获取能力差异形成竞争优势而获取金融交易利润，而是禁止滥用信息优势与资本市场信息的经济价值并从价差发现与相关金融交易中获取利益的行为。有效的信息传递与公平的信息竞争是资本市场参与者投入资本参与金融商品价格发现的市场基础。内幕交易犯罪滥用了应及时向市场所有参与者披露的信息的经济价值，通过资本市场刑法规制内幕交易犯罪，其价值在于保障与提升资本市场的信息效率。

我国刑法对内幕交易犯罪的刑事规制经历了一个从无到有、从立法探索到司法实践的艰难过程，我国资本市场上不仅客观上存在着严重的内幕交易、泄露内幕信息的行为，而且这类行为对资本市场管理秩序和投资者合法权益的危害越来越严重，犯罪数额越来越巨大，资本市场中滋生内幕交易犯罪的环节越来越多样，上市公司资产重组、并购、财务状况显著变化、重大合同等环节都存在内幕交易、泄露内幕信息违法犯罪行为。这意味着司法实践中内幕交易犯罪的认定问题越来越疑难与复杂。内幕交易犯罪与法律实践应对在互相博弈中，深刻体现着内幕交易犯罪刑法理论研究的价值。

由于内幕交易等证券、期货欺诈行为为相关内幕信息知悉人员提供了不正当的信息优势，严重撼动市场交易的公正性，对证券期货交易市场具有灾难性危害，各国政府继美国之后都纷纷对内幕交易行为进行法律规制。尤其是在资本国际流动的金融全球化背景下，建构与维护一个具有全球信息交流通畅与公平的资本市场势必成为现实要求。因此，如何在资本市场国际化的同时加强法律监管，以有效遏止和抑制证券期货内幕交易违法犯罪活动，已成为摆在世界各国和地区面前的一项紧迫任务。

我国刑法针对内幕交易、泄露内幕信息犯罪行为建构相对完整的刑事规范框架，最终确定于 2009 年 2 月 28 日第十一届全国人民代表大会常务委员会第七次会议通过的各界广泛关注的《刑法修正案(七)》。《刑法修正案(七)》对内幕交易、泄露内幕信息罪的犯罪构成进行了重要的补充与完善。

原《刑法》第180条内幕交易罪的行为构成比较单一,主要是指内幕信息知情者或者非法获取者,在涉及证券的发行,证券、期货交易或者其他对证券、期货交易价格有重大影响的信息尚未公开前,买入或者卖出该证券,或者从事与该内幕信息有关的期货交易。《刑法修正案(七)》在内幕交易罪中增加了"明示、暗示他人从事上述交易活动"这种行为模式,完善了内幕交易犯罪行为的刑法规制。

经《刑法修正案(七)》完善后的《刑法》第180条内幕交易、泄露内幕信息罪规定:"证券、期货交易内幕信息的知情人员或者非法获取证券、期货交易内幕信息的人员,在涉及证券的发行,证券、期货交易或者其他对证券、期货交易价格有重大影响的信息尚未公开前,买入或者卖出该证券,或者从事与该内幕信息有关的期货交易,或者泄露该信息,或者明示、暗示他人从事上述交易活动,情节严重的,处五年以下有期徒刑或者拘役,并处或者单处违法所得一倍以上五倍以下罚金;情节特别严重的,处五年以上十年以下有期徒刑,并处违法所得一倍以上五倍以下罚金。单位犯前款罪的,对单位判处罚金,并对其直接负责的主管人员和其他直接责任人员,处五年以下有期徒刑或者拘役。内幕信息的范围,依照法律、行政法规的规定确定。知情人员的范围,依照法律、行政法规的规定确定。"

一、内幕交易犯罪的构成要件与刑法解释

内幕交易犯罪与其他资本市场犯罪一样,其主要侵犯的客体理应是资本市场的管理秩序,而其中最主要的是对资本市场的公平、公开和公正三大原则的破坏。当然,内幕交易犯罪也必然侵害广大投资者的合法权益,其中主要的是侵害了投资者在资本市场上对有关投资信息享有的平等知情权。

同时，这两方面是有着密切联系的，因为投资者一旦丧失了平等的知情权，其在市场所处的地位就必然极为不利，在这种环境下从事证券、期货交易必然产生混乱的局面，从而扰乱资本市场的管理秩序。内幕交易、泄露内幕信息罪的犯罪对象是内幕信息，其实行行为包括直接利用该信息从事相关证券期货交易、泄露内幕信息或者建议他人从事相关交易活动三种方式，犯罪主体包括内幕信息知情人员、非法获取内幕信息人员两种类型，本罪的主观方面表现为故意。由于我国《刑法》规定的内幕交易、泄露内幕信息罪各个构成要素与证券期货实践具有紧密联系，从刑法的角度进行准确把握存在一定的疑难，故有必要对本罪的构成特征进行论证与分析，为司法实践提供一个精准的内幕交易、泄露内幕信息罪的法律规格。

（一）内幕交易犯罪的行为对象：有价信息（内幕信息）

根据我国《刑法》第 180 条内幕交易、泄露内幕信息罪的规定，内幕信息的范围，依照法律、行政法规的规定确定。因此，同上述世界各国有关内幕信息的法律规定一样，我国刑法规定的内幕交易、泄露内幕信息罪的犯罪对象也是由相关证券期货行政法律法规进行具体界定。

根据我国《证券法》第 52 条的规定，证券交易活动中，涉及公司的经营、财务或者对该公司证券的市场价格有重大影响的尚未公开的信息，为内幕信息。同时，根据《证券法》第 80 条、第 52 条的具体规定，内幕信息主要包括以下内容：一是与上市公司重大事件相关的信息。具体包括：(1)公司的经营方针和经营范围的重大变化。(2)公司的重大投资行为和重大的购置财产的决定。(3)公司订立重要合同，可能对公司的资产、负债、权益和经营成果产生重要影响。(4)公司发生重大债务和未能清偿到期重大债务的违约情况。(5)公司发生重大亏损或者重大损失。(6)公司生产经营的外部条件发生的重大变化。例如，新公布的法律、法规、规章、行业政策可能对公司产生重大影响。(7)公司的董事、三分之一以上监事或者经理发生变动。(8)持有公司百分之五以上股份的股东或者实际控制人，其持有股份或者控制公司的情况发生较大变化。(9)公司减资、合并、分立、解散及申请破产的决定。(10)涉及公司的重大诉讼，股东大会、董事会决议被依法撤销或者宣告无效。例如，法院裁决禁止控股股东转让其所持股份；任一股东所持公司百分之五以上股份被质押、冻结、司法拍卖、托管、设定信托或者被依法限制表决权；主要资产被法院查封、扣押、冻结等。(11)公司涉嫌犯罪被司法机关立案调查，公司董事、监事、高级管理人员涉嫌犯罪被司法机关采取强制措施。董事、监事、经理、副经理或者其他高级管理人员执行公司职务时违反法律、行政法规或者公司章程的规定，给公司造成损害的，应当承担赔偿责任，对上市公司证券交易价格势必产生影响。尚未公开的公司的董事、监事、经理、副经理或者其他高级管理人员的损害赔偿责任，是内幕信息。二是与上市公司重要决策或行为相关的信息。主要包括：(1)有关公司分配股利或者增资的信息。公司分配股利信息是指公司将弥补亏损和提取法定公积金、法定公益金后所余利润如何分配给股东的计划。公司增资信息是指公司增加注册资本的计划，包括增加多少注册资本、如何增加注册资本的计划。公司分配股利或者增资的计划涉及公司的财务、经营，或者会对该公司证券的市场价格产生重大影响，因而属于内幕信息。(2)有关公司债务担保、相关资产重大变动的信息。公司在经营过程中，因某种原因而承担债务时，可以向债权人提供担保，以保证债权人的债权得到实现。如果公司债务担保发生了重大变化，那么，债权人为保证其债权能够得到实现，可能会对公司采取一些重大措施，从而对公司的经营、财务产生重大影响。公司营业用主要资产的抵押、出售或者报废一次超过该资产的30%，应当认定为内幕信息。抵押是指公司以其用于经营的主要资产向债权人提供担保，主要资产的出售是指公司将其用于经营的主要资产卖给他人，以获取一定数量的资金。公司营业用主要资产的抵押或者出售，必然会对公司的经营、财务产生重大影响，而对该公司证券的市场价格产生影响。(3)有关公司收购的信息。上市公司收购是投资者公开收购股份有限公司已依法发行上市的股份以达到对该股份有限公司控股或者兼并目的的行为。收购某一股份有限公司的股票，必然对该公司股票的市场供求产生重大影响，也会对公司的经营、财务产生重大影响。因此，上市公司收购的有关方案在公开以前，是内幕信息。三是国务院证券监督管理机构认定的对证券交易价格有显著影响的其他重要信息。由于《证券法》第80条对内幕信息的界定设置了兜底条款，规定国务院证券监督管理机构认定的对证券交易价格有显著影响的其他重要信息同样构成内幕信息。因此，中国证监会根据《证券法》《公司法》、中国证监会发布的《上市公司信息披露办法》等一系列行政法律、法规、规章等法律规范依法认定的与上市公司有关的内幕信息，都可以使刑法内幕交易、泄露内幕信息罪中作为犯罪对象意义上的证券内幕信息。

根据《期货交易管理条例》第81条的规定，期货内幕信息，是指可能对期货交易价格产生重大影响的尚未公开的信息，其中包括：国务院期货监督管理机构以及其他相关部门制定的对期货交易价格可能发生重大影响的政策，期货交易所做出的可能对期货交易价格发生重大影响的决定，期货交易所会员、客户的资金和交易动向以及国务院期货监督管理机构认定的对期货交易价格有显著影响的其他重要信息。可见，期货内幕信息的具体内容上与证券内幕信息存在很大差异，主要表现为期货监管部门以及相关行政部门对于期货及其对应的现货所指定的政策以及与期货供求关系有关的重大交易信息。

对于内幕交易、泄露内幕信息罪的犯罪对象内幕信息应当具有哪些特征，我国刑法理论上观点基本相同，但在具体表述上又颇不一致。有学者认为，内幕信息的特征具有两个特征：一是秘密性；二是重要性。①也有学者认为，内幕信息的特征，一是未公开性，二是敏感性。②还有学者认为，内幕信息有三个基本要素：一是应为内幕人员所知悉；二是应为未公开的信息，即公众尚未获取或经合法渠道无法获取的信息；三是应具有价格敏感性，即有

---

① 赵秉志主编：《破坏金融管理秩序犯罪疑难问题司法对策》，吉林人民出版社2000年版，第186页；胡启忠等：《金融犯罪论》，西南财经大学出版社2001年版，第268页。

② 薛瑞麟主编：《金融犯罪研究》，中国政法大学出版社2000年版，第262页。

可能引起公司证券价格的波动。[①]另有学者认为，内幕信息具有以下特征：一是相关性。即该信息与证券发行及证券、期货交易等活动相联系。二是未公开性。即有关的重要信息和资料尚未通过法定的方式向社会公众和投资者公开，该信息尚处于保密状态。三是重要性。即该信息公开后能对资本市场价格、产生下跌或上扬的实质性影响，从而能使资本市场合约的持有人获利或遭受损失。[②]更有学者认为，内幕信息应该具备四个条件：一必须是尚未公开的信息；二必须是真实、准确的信息，这样就将内幕交易与利用谣传的证券、期货操纵行为或虚假陈述的欺诈行为区分开来；三必须是与可转让证券发行人或可转让证券有关的信息；四必须是影响资本市场价格波动的信息。[③]实际上，从《刑法》第180条内幕交易、泄露内幕信息罪的规定来看，刑法禁止的是内幕信息知情人员或非法获取内幕信息人员在涉及证券的发行，证券、期货交易或者其他对证券、期货交易价格有重大影响的信息尚未公开前，从事相关证券期货交易或者泄露内幕信息。可见，刑法文本中对内幕信息进行特征限定的要素集中表现为"对证券、期货交易价格有重大影响"与"尚未公开"。同时，从《证券法》《期货交易管理条例》等法律法规的规定分析，这些前置性法律规定同样是明确地从对证券期货交易价格的重大影响与信息本身尚未公开两个角度对内幕信息的特征进行限定。结合特征表述法定性、简洁性与金融实务惯例的考虑，笔者认为，作为内幕交易、泄露内幕信息罪犯罪对象的内幕信息，具有两个特征：未公开性与价格敏感性。

(二) 内幕交易犯罪的客观行为：信息价值滥用

根据《刑法》第180条的规定，内幕交易、泄露内幕信息罪在客观行为上表现为在涉及证券的发行，证券、期货交易或者其他对证券、期货交易价格

---

① 郭立新、杨迎泽主编：《刑法分则适用疑难问题解》，中国检察出版社2000年版，第86页。

② 马长生、张惠芳：《论内幕交易、泄露内幕信息罪》，载赵秉志主编：《新千年刑法热点问题研究与适用》，中国检察出版社2001年版，第825—826页。

③ 孙昌军、易建华：《关于内幕交易罪几个问题的研究》，载赵秉志主编：《新千年刑法热点问题研究与适用》，中国检察出版社2001年版，第842—844页。

有重大影响的信息尚未公开前，买入或者卖出该证券，或者从事与该内幕信息有关的期货交易，或者泄露该信息，或者明示、暗示他人从事上述交易活动。从罪状结构的角度分析，本罪客观行为要素可以进一步解构为两大部分：一是行为条件，即内幕交易、泄露内幕信息行为的实施前提和基础是内幕信息形成且尚未公开；二是行为模式，具体包括本人或者由本人实际控制的人实施相关证券、期货交易，或者泄露内幕信息，或者建议他人实施相关证券、期货交易。

在内幕交易罪客观行为特征的实践把握上，最突出的疑难问题体现在如何理解行为条件要素，即证明行为人实施内幕交易犯罪行为，控方是否必须证明行为人"利用"内幕信息？这里所谓的"利用"，就是指行为人在涉及证券、期货的发行、交易或者其他对证券、期货交易价格有重大影响的信息尚未正式公开前，利用自己所知道的内幕信息，掌握有利的条件和时机，进行证券、期货的买入或者卖出。

对于利用内幕信息是否为构成内幕交易罪的必要要件，美国证券期货法律立法与司法实际上存在一定的分歧。从美国联邦法律的规定分析，指控内幕交易犯罪无须证明"利用"内幕信息。例如，美国《证券法》《证券交易法》《内部人交易与证券欺诈执行法》都建立在戒绝交易理论的基础之上。根据戒绝交易理论，内幕消息知情人员或者非法获取人员，完全不能从事与内幕信息相关的任何证券期货交易。[①]因此，上述美国联邦法律均否定"利用"要件是构成内幕交易的必备要件，内部人员只要在交易时知道"内幕信息"，不管交易是否利用了这些信息，都应受惩罚。但是，美国判例实践中坚持禁止私用理论。根据禁止私用理论，内幕信息知情人员或者非法获取者，禁止利用内幕信息进行证券期货交易谋取私利，但刑法并不绝对地禁止不以利用内幕信息进行相关交易的行为。[②]所以，美国联邦法院的相关判例依

① Nasser Arshadi, Insider Trading Liability and Enforcement Strategy, 27 Financial Management 2(1998).

② *United States v. O'hagan*, 521 *U.S.* 642(1997).

然要求控方对利用内幕信息进行证明。

对于内幕交易行为是否必须具有“利用”要件，我国相关法律法规的规定并不完全一致。例如，《上市公司信息披露管理办法》第 4 条规定：在内幕信息依法披露前，任何知情人不得公开或者泄露该信息，不得利用该信息进行内幕交易。可见，《上市公司信息披露管理办法》明确禁止利用内幕信息从事相关证券交易，内幕交易客观行为明确包括“利用”这一法律要素。但是，现行《刑法》第 180 条的规定中则并未出现“利用”的提法。在刑法理论上，对于本罪的构成是否必须具备利用内幕信息要件的问题，各方面的观点也存在较大的分歧。

“利用”要件肯定论认为，从刑法规范的表面文义进行分析，只要内幕信息知情人员或者非法获取者在内幕信息公开之前进行了与该信息相关的证券期货交易，就已经符合了内幕交易罪的构成要件，不需要实际利用内幕信息的证明。例如，有学者认为，利用内幕信息并不是构成内幕交易、泄露内幕信息罪的必要条件。[①]这是因为，如认定内幕交易、泄露内幕信息罪的成立必须以内幕信息的利用为前提必将给指控带来极大困难。在实践中，很难证明内幕交易者的哪笔交易利用了内幕信息，哪笔交易又未利用内幕信息。在很多情况下，只要行为人否认利用内幕信息，即使其已进行了交易，也会使指控搁浅。相反，免去控方的一些证明责任，对内幕交易、泄露内幕信息罪的指控将大为有利。我国刑法规定，证券、期货交易的内幕信息的知情人员，在获悉内幕信息后，买入或者卖出证券、期货合约，即可定罪科刑。这实质上是一种严格责任。禁止知情人员在信息未公开前买入或卖出证券、期货合约。只要知情人员在知情后进行交易，就构成犯罪。应当指出的是，如果有确凿的证据证明知情人员所知悉的内幕信息与其所为的交易行为并无必然联系时，对其交易行为也不能定罪。[②]

---

① 庞良程：《证券内幕交易罪的构成及认定》，《中央检察官管理学院学报》1998 年第 1 期。

② 邢怀柱：《资本市场犯罪及其立法评述》，载陈兴良主编：《刑事法评论（第 3 卷）》，中国政法大学出版社 1999 年版，第 120 页。

“利用”要件否定论认为，行为人必须实际利用内幕信息从事相关交易活动，才属于内幕交易罪的实行行为。利用内幕信息进行证券、期货交易是成立内幕交易并构成犯罪的必要条件之一。[①]是否利用内幕信息进行证券交易是划分罪与非罪的标准之一。因此，在认定某一行为是否构成内幕交易、泄露内幕信息罪时，应首先确定其是否利用或依据内幕信息。即使是内幕人员，如果没有利用内幕信息或依据内幕信息所作的买卖或建议行为，均不构成该罪。在实践中应摒弃法定内幕人员中心论，即只要是内幕人员实施的诸如买卖、建议等行为，均认为是内幕交易的片面做法。[②]有的学者进一步指出，《刑法》第 180 条虽然没有明文规定“利用内幕信息”的文字，但其表述方法实际上包含有“利用内幕信息”之意。只要对内幕信息“知情”，或非法获悉内幕信息，又在信息未公开前买卖或使人买卖该证券，也就是利用内幕信息进行交易，而不需要再规定利用内幕信息，以免产生歧义。其主要理由是：首先，从本条的立法精神来看，法律之所以要禁止证券内幕交易行为，其根本原因就在于防止内幕信息的知情人员以及非法获取内幕信息的人员在该信息公开之前，利用其持有内幕信息的优势进行证券、期货交易，非法获取利益或避免损失。因为这种交易违反了市场经济及证券、期货交易的公开竞争规则，是对上市公司以及其他不知情的投资者的一种证券、期货欺诈，具有明显的非公开性和不正当性。如果知悉内幕信息的人员并没有利用该信息优势进行交易，则属于正当合法的公平交易，是资本市场的健康运行状态，法律也就失去了对其进行规制的基础和必要性。其次，从法条的表述上看，第一，本条对犯罪主体表述为“证券、期货交易内幕信息的知情人员或者非法获取证券、期货交易内幕信息的人员”。对于第一类主体，即知情人员，《刑法》及《证券法》都没有指明是“应当知情人员”抑或是“实际知情人员”，如果没有“利用内幕信息”这一实质条件的限制，则对于“应当知

---

① 周道鸾主编：《刑法的修改与适用》，人民法院出版社 1997 年版，第 396 页；孙际中主编：《新刑法与金融犯罪》，西苑出版社 1999 年版，第 145 页。

② 薛瑞麟主编：《金融犯罪研究》，中国政法大学出版社 2000 年版，第 268 页。

情”而实际上却因某种特殊情况的确不知情的人员在内幕信息公开之前买卖证券、期货合约的行为也会认定为内幕交易罪、泄露内幕信息罪，对行为人来讲，法律岂非过于苛刻？同样，对于第二类主体中通过亲友关系或同事关系而被动接受内幕信息者而言，法律也失之于严酷。另外，以非法手段获取证券、期货内幕信息的人员，其不惜代价非法获取内幕信息的目的当然即在于利用内幕信息进行证券、期货交易，从而非法牟利或避免损失。第二，在行为的时间条件上，本条将证券、期货交易行为限制在“涉及证券的发行、交易或者其他证券的价值有重大影响的信息尚未公开前”，这一规定实质上也隐含着行为人掌握并利用持有内幕信息的优势，从而通过该信息公开的时间差进行不公开交易，以非法牟利或避免损失，表明了内幕信息和内幕交易之间具有一定的因果关系，否则，有违刑法立法之基本精神。[①]理论上也有相关观点在否定“利用”要件的基础上，特别强调知悉内幕信息与进行证券、期货合约买卖之间的因果关系的重要性。例如，有学者指出，在我国有关内幕交易的行政法规中，比较强调利用内幕信息这个要件。这说明内幕交易罪与利用内幕信息是不可分的。但是，在刑法中这一点并未得到明显体现。根据《刑法》第 180 条的规定，知悉内幕信息的人员，在内幕信息尚未公开前买卖证券、期货合约的，即构成内幕交易、泄露内幕信息罪。法律禁止内幕交易的目的，在于维护公开、公平的资本市场秩序和公众投资人的平等交易权，防止以不公平的方式获取利益或者避免损失。行为人虽然知悉内幕信息，但并非基于该信息买卖证券、期货合约，这时的交易行为与其他投资人的交易行为性质相同，没有不公平的事实存在。如果有事实证明，知悉内幕信息的行为人买卖证券、期货合约，不是因为知道了内幕信息，而是出于其他原因或目的，则不能认定已构成内幕交易、泄露内幕信息罪。当然，要查清行为人是利用内幕信息，还是基于其他原因买卖证券、期货合约，是相当困难的。在这种情况下，一般只要证明他在买卖证券、期货合约时是

---

① 董丽静、龚卫：《证券内幕交易、泄露内幕信息罪的司法认定》，载赵秉志主编：《新千年刑法热点问题研究与适用》，中国检察出版社 2001 年版，第 864 页。

知悉内幕信息的，即可认定构成本罪，除非行为人能够证明他买卖证券期货合约没有利用内幕信息。①

笔者认为，从我国《刑法》第 180 条的规定分析，我们不难发现该条文并未将利用内幕信息作为构成要件，其立法原意一方面是因为司法实践中判断行为人是否利用内幕信息确实有相当大的困难，如果将此作为必要要件，可能给许多实施内幕交易的行为人提供一个逃避刑事责任的借口，同时也必然会又制造一个司法认定的难题。从资本市场犯罪司法实践的现实角度分析，查证内幕信息知情人员、非法获取、在特定的时间节点从事相关证券期货交易等事实已经存在极大的操作障碍，如果还需要控方进一步举证行为人主观上具有利用内幕信息的故意，客观上实施了利用内幕信息从事交易的行为，则内幕交易罪的定罪难度过大，严重影响刑法规范的适用效率。另一方面，刑法之所以规定内幕交易、泄露内幕信息罪无非是想从根本上禁止知情人员或者非法获取内幕信息的人员从事证券、期货交易，从而维护资本市场的“三公”原则得以真正实现。这是因为，只要有知情人员或者非法获取内幕信息的人员从事证券、期货交易，就不可能有真正的“三公”环境存在。正因为如此，《刑法》第 180 条才只是从时间上（即在涉及证券、期货的发行、交易或者其他对证券、期货的价格有重大影响的信息尚未公开前）对本罪的构成作出规定，而没有从是否“利用内幕信息”上提出要求，这显然也是刑事立法的初衷。当然，由于本罪的构成是以情节严重为前提的，所以，尽管利用内幕信息并非本罪的构成要件，但这并不意味着行为人的交易行为和泄露行为可以与内幕信息无关，相反，行为人如果构成犯罪，其交易和泄露行为应该与内幕信息具有关联性。

从证券期货交易信息平等、内幕信息人对上市公司承担的信义义务等角度分析，内幕交易罪对涉案交易行为的司法认定不能忽略行为人利用内幕信息与买卖证券期货之间的关联性。内幕信息知情人员或者非法获取者

---

① 周振想主编：《金融犯罪的理论与实务》，中国人民公安大学出版社 1998 年版，第 346—347 页。

利用内幕信息从事交易，损害了证券期货投资与交易的公平性，具有刑事可罚性。但是，如果行为人并没有实际利用内幕信息，即使其属于内幕信息知情人员或者非法获取者，只要其确实按照事先制定的证券期货交易计划、既定的投资习惯或者对市场的判断分析进行证券期货交易，就不存在相对其他投资者的不平等的信息优势，不能认定其符合内幕交易罪行为要件的法律特征。因此，虽然《刑法》第 180 条并没有直接列出实际利用内幕信息买卖证券期货这一要件，但要求内幕信息知情人员、非法获取内幕信息人员从事的相关证券、期货交易必须与内幕信息具有关联，应当是符合刑法规范目的界限的解释论意见。内幕信息知情人员或者非法获取者必须以该内幕信息作为其是否买卖证券期货的重要因素，才符合以内幕交易罪进行刑事处罚的规范目的。

笔者认为，"利用"内幕信息不是内幕交易犯罪的构成要件，但是，这并不意味着分析行为人是否利用内幕信息本身对于本罪的司法实践没有意义。这是因为，辩方提供证据证明其没有利用内幕信息从事相关证券期货交易是内幕交易犯罪重要的抗辩事由。如果内幕信息知情人员或者非法获取人员，在内幕消息尚未公开期间，掌握利好消息时购买证券期货，掌握利空消息时卖出证券期货，必须举证证明买卖证券期货的交易行为并非基于内幕信息而实施。行为人无法通过证据切断其持有内幕信息与买卖证券期货行为之间的关联性的，推定其实际使用内幕信息，承担不利的刑事诉讼后果。对于内幕交易罪实际利用内幕信息从事交易这一行为而言，在个罪举证责任分配合理性原则的视野下，由行为人承担举证责任属于刑法对其的合理期待与公平要求。对于控方有证据表明买卖证券期货的行为人，于相关交易之前掌握内幕信息，对于在这样极度敏感的时间阶段实施的相关证券期货交易行为，刑法应当可以合理推定该节买卖证券期货的交易行为利用了内幕信息。行为人有义务提出未实际利用内幕信息这一免除内幕交易罪刑事归责的证据。2011 年，最高人民法院《关于审理证券行政处罚案件证据若干问题的座谈会纪要》第 5 条以司法解释性文件的形式认可了内幕交易行政诉讼中被处罚人对其未利用内幕信息从事相关证券交易承担证明责任:“监管机构提供的证据能够证明以下情形之一,且被处罚人不能作出合理说明或者提供证据排除其存在利用内幕信息从事相关证券交易活动的,人民法院可以确认被诉处罚决定认定的内幕交易行为成立:(一)证券法第七十四条规定的证券交易内幕信息知情人,进行了与该内幕信息有关的证券交易活动;(二)证券法第七十四条规定的内幕信息知情人的配偶、父母、子女以及其他有密切关系的人,其证券交易活动与该内幕信息基本吻合;(三)因履行工作职责知悉上述内幕信息并进行了与该信息有关的证券交易活动;(四)非法获取内幕信息,并进行了与该内幕信息有关的证券交易活动;(五)内幕信息公开前与内幕信息知情人或知晓该内幕信息的人联络、接触,其证券交易活动与内幕信息高度吻合。”由于利用内幕信息并非《刑法》第180条规定的内幕交易罪构成要件,因此,刑事诉讼中完全可以将上述法律要素作为控方证明内幕信息知情人员、非法获取内幕信息人员从事内幕交易的基本法律规格。

在内幕交易、泄露内幕信息罪客观行为特征的总体把握上,还需要研究的问题就是“不作为”的内幕交易是否属于本罪客观行为一种表现形式。理论上和实践中存在这种情况:即行为人原先准备买入某一证券或期货合约,或者准备卖出手中的某一证券或期货合约,但是,在获知有关内幕信息后却停止了原来准备实施的买入或卖出行为,从而获取了利益或者避免了可能遭受的损失。对于这种行为应如何认定?从形式上分析,这种情况中的行为人在事实上利用了自己所获知的内幕信息获取了利益或者避免了可能遭受的损失,与行为人利用内幕信息实施积极交易行为的实际效果是一样的。因此,刑法理论上有观点认为,应当存在不作为型内幕交易罪,因为内幕信息的知情人员负有一个法律的义务,即不利用内幕信息进行谋取利益或转移风险。而且,这一证券法上的义务已经被刑法通过规定内幕交易罪所承认,应当能成为不作为犯罪中的作为义务。不过,与一般的不作为犯罪相比,不作为型内幕交易罪存在有一个鲜明的特色,即在应当交易时(亦即若不利用内幕信息，则行为人必定会进行的交易)，却利用内幕信息所带来的信息优势，不进行有关交易。这种利用内幕信息不交易或延迟交易的行为与传统的内幕交易行为所造成的危害结果相比，前者除了比后者更隐性化或者说因果关系没那么显而易见外，本质上没有什么差别。①

笔者认为，这种所谓“不作为”的行为不能构成内幕交易罪，具体理由实际上是比较充分的。

第一，从罪刑法定原则的角度出发，这种所谓“不作为”的行为不能构成内幕交易罪。《刑法》第180条明确规定：“在涉及证券的发行，证券、期货交易或其他对证券、期货交易价格有重大影响的信息尚未公布前，买入或卖出该证券，或从事与该内幕信息有关的期货交易。”据此规定，“买入、卖出或从事其他交易”等行为均只能以作为的方式进行，不作为的方式根本不可能实现“买入、卖出或从事其他交易”。虽然行为人在知悉内幕信息后，根据内幕信息没有买入或者卖出原打算买入或者卖出的股票，获得了一定的非法利益或避免了一定的必要损失，有失公平，具有一定的社会危害性，但有关的行政法规和法律都没有规定此种“不作为”为违法或者犯罪行为。因而，应当严格遵循罪刑法定的原则，不将其作为犯罪处理。

第二，内幕交易犯罪必须有交易行为存在，从某种程度上说，交易是内幕交易犯罪的本质所在，如果没有交易也就不会有内幕交易犯罪。这是因为，内幕交易犯罪中，行为人掌握内幕信息本身并不能成为追究其刑事责任的理由，也即如果行为人没有因此而进行证券、期货交易，就不可能给社会带来任何危害。由此可见，在资本市场上，内幕交易当然应该有实际“交易”行为的存在，没有“交易”行为存在，也就无所谓有内幕交易犯罪的存在。而在资本市场上的交易行为均表现为一种积极的买入或卖出的行为方式，实际上不可能存在所谓消极的“不作为”形式的买入或卖出的行为方式。

第三，虽然在理论上和实践中确实可能存在行为人在获知有关内幕信

---

① 陈柱钊:《不作为型内幕交易罪》,《长春工程学院学报(社会科学版)》2007年第2期。

息后停止了原来准备实施的买入或卖出行为的不作为型内幕交易罪，但从司法实践和证据角度出发，由于在不作为型的内幕交易罪中，并不存在见诸客观的作为以及显性的危害结果，并且由于作为义务的成立仅仅基于行为人有要进行交易的设想，证据搜集难度较大，证明难度很大，无法在法庭上形成前后衔接的、有力的证据链来证明不作为型内幕交易罪。况且，如果当行为人的“要进行交易的想法”有过波动或这种想法不太确定不太坚决时，那么将使证明变得更加复杂。因此，这种行为在实践中根本无法适用内幕交易罪。①

第四，刑法中不作为均应该以特定的作为义务的存在为前提，没有这种特定的作为义务也就不应该有不作为犯罪的存在。在资本市场上，行为人在获知内幕信息后，只有不进行交易的义务，而根本就不存在有所谓必须进行交易的义务，其作为证券市场的自由人，有权自主进行交易，市场并不因为他们知晓了内幕信息而强制他们进行交易，或因为知晓了内幕信息，强制他们不得进行交易。虽然从自身的优势地位出发，他们利用了这种不对等的信息优势，转移了风险或者获取了由这种信息优势带来的利益，但由于没有现实的交易行为，并且由于义务的缺失，这种不交易的行为不构成刑法中的“不作为”。也即在某种程度上，行为人在获知内幕信息后，不进行交易是其应该做的，即使其从中得到了利益或实际避免了损失，也无可厚非。在资本市场上，我们不应该期待投资者（包括内幕人）只能亏损不能获利，这种要求是不符合市场规律的。因此，虽然行为人的行为可能具有所谓“隐性”的社会危害性，即其获取了由信息优势转化而来的经济利益或转移了本应遭受的风险，但绝不能因此而认定其构成内幕交易罪。

第五，内幕交易犯罪的危害性不仅仅在于行为人违反公平竞争的原则，获得了不正当利益或使自己避免了损失，更重要的是在于行为人的这种行为从根本上破坏了资本市场的正常交易秩序。而行为人在获知内幕信息后

---

① 参见刘宪权：《金融犯罪刑法学专论》，北京大学出版社 2010 年版，第 361 页。

不买或不卖，仅仅只是行为人自己得到了利益或者避免了可能遭受的损失（且这种利益并不是通过交易行为得到的），资本市场的秩序并未遭受不良影响，公平竞争的原则也并未遭受直接的破坏。

第六，所谓不作为型内幕交易罪有主观归罪或惩罚思想犯的嫌疑。刑法的发展经历了中世纪或封建时期的“主观主义刑法”，到古典刑法学派的“行为刑法”，再到实证法学派的“行为人刑法”，最后发展到今天的取“行为刑法”和“行为人刑法”之长并将其融合的现代主义刑法，其间主观归罪或惩罚思想犯的刑法，由于其非人道性和不可证明性，已经被扔进了历史的垃圾桶。由于不作为内幕交易缺乏客观的行为和有形的危害结果，而且利用信息优势作出不交易决定的过程完全无需借助外部的行为，甚至不需要有物理意义上的身体动静。因此，惩治“不作为型内幕交易罪”的行为有主观归罪或惩罚思想犯的嫌疑，有悖今天的刑法理念。

第七，将不作为型内幕交易行为犯罪化有悖于法律不强人所难的原则和人的趋利避害的本性。一个人原来具有从事某项活动的主观计划，但后来因外部因素的改变，其基于趋利避害的本能而不再按原计划进行活动，这是非常合情合理的。然而，如果我们刑法将此种情形也予以犯罪化，无疑使人处于一个“两难”的境地。因为如果行为人原本是计划卖出的，在获知内幕信息后其不卖出就可能构成内幕交易罪，卖出则必须承担不能获利甚至亏损的结果，而如果行为人原本是计划买进的，在获知内幕信息后其不买进就可能构成内幕交易罪，买进则必须承担亏损的苦果。而且，从行为人的主观方面来看，其在获取内幕信息之前只具有进行一般商业交易的故意，获取内幕信息后也不过是一种获利或避损的想法，而这些应该是市场经济社会中任何一个正常人的做法，在道德上都不应受到谴责，更何况予以法律制裁了。

综上所述，虽然行为人利用内幕信息实施消极交易的“不作为”行为与行为人利用内幕信息实施积极交易行为的实际效果相当，但两者具有本质的差异，前者并不是刑法中的“不作为”，也即不属于刑法意义上的行为，不构成犯罪,因而由其产生的实际效果也就不作刑法评价了,而后者则是刑法意义上的客观行为,该行为可能构成内幕交易罪,由其产生的实际效果则是犯罪严重程度的考量依据。

二、内幕交易犯罪的司法判断规则

内幕交易犯罪在司法实务中存在一系列的司法认定疑难问题。尤其是在近几年司法实践中出现的内幕交易犯罪案件中,对于如何认定内幕信息的形成时间,如何判断内幕交易犯罪的行为主体,如何认定内幕信息知情人员建议他人实施相关证券、期货交易行为,如何把握本罪的主观故意等众多难点问题,刑法理论与实践中存在相当大的争议与分歧。有必要综合运用资本市场犯罪刑法原理与金融知识论证上述疑难问题的司法判断规则,为本罪的司法认定提供理论支撑。

(一)内幕交易行为违法性

资本市场犯罪是法定犯,构成资本市场犯罪的前提是相关行为违反行政法律法规,内幕交易犯罪显然不能例外。因此,在内幕交易犯罪的司法认定中,首要的问题就是要判断涉案的交易行为是否违法。内幕交易罪刑事违法性的司法认定不能仅仅是对证券法相关规定的静态援引,而且是必须对整个内幕交易过程中行为的刑事违法性进行全面的证明,即司法实务部门通过严格的司法审查,论证内幕交易行为的违法事实及其规范依据。

然而,在当前的资本市场犯罪刑事司法实践中,司法实务部门自主性地对内幕交易罪刑事违法性问题进行论证与分析的能动性作用受到了明显的限制。并且,该种限制并非源于外部性力量的压制,而是司法实务部门面对证券期货专业性问题主动采取“司法克制”的态度,转而依托专业性证券期货行政监管部门的力量判断内幕交易罪的刑事违法性。在以内幕交易罪为典型代表的涉及证券期货专业知识的刑事案件中,对于涉案行为违法性判断的依据,主要是中国证监会的行政处罚决定书、违法行为认定函等行政法律文书以及中国证监会在行政程序中搜集的书证、物证、证言等证据。例如，在非法经营类资本市场犯罪案件中，司法机关通常将中国证监会对非法经营证券期货业务的性质所出具的书面结论、复函等作为认定行政违法性的核心依据甚至是唯一依据。

刑法理论上有观点认为，以中国证监会行政程序中形成的处罚决定、书面复函、调查笔录、认定函等文件材料，在刑事司法程序中不具有司法效力，不应当以此为依据认定内幕交易等资本市场犯罪行为的违法性。[①]在近期的司法实践中，相当数量内幕交易犯罪案件中的辩护意见就直接反对控方将行政机构违法认定函等文件材料作为指控涉案行为违法的依据。

争议案例：上海祖龙公司成立于2001年7月，陈某某系该公司法定代表人、董事长，利用该公司从事投资理财业务。创兴科技系上海证券交易所A股市场挂牌上市公司。2007年，陈某某通过上海祖龙等公司控制了创兴科技近45%的股权，是该公司的实际控制人。陈某某是创兴科技法定代表人、董事长，2008年6月辞去该公司董事长职务。

2007年2月至3月间，陈某某计划将其控股的上海振龙公司的资产注入创兴科技，并为此咨询湘财证券福州五四路营业部总经理黄某某；同时指令创兴科技董秘李某某联系相关券商，以解决创兴科技资产注入问题。同年4月初，李某某与华欧国际的项目承揽人檀某在创兴科技见面，双方就创兴科技资产注入的可行性问题进行沟通。檀某于4月16日将草拟的《创兴科技再融资建议书》通过电子邮件发给李某某。

同年4月17日，被告人陈某某召集创兴科技董秘李某某、副总经理苏某某、郑某某在上海与华欧国际的檀某、王某某见面，共同探讨有关上海振龙公司的资产注入创兴科技的可行性方案。陈某某要求华欧国际事先拿出资产注入方案，并让檀某、王某某找李某某、苏某某了解相关财务数据。后经双方多次沟通，华欧国际于4月23日、25日向李某某提交了《创兴科技资

---

① 吕蕾：《资产注入遭遇“暗礁”行政认定函能否推定其罪——专家热议证券内幕交易的“罪与非罪”》，《上海法治报》2010年7月9日A8版。

产置换和再融资建议书》初步方案。4月29日，华欧国际的檀某、程某与陈某某再次就创兴科技资产注入事项进一步沟通，而后指派王某某、冯某某于次日到厦门对创兴科技的资产注入事项进行摸底。5月1日至8日，创兴科技与华欧国际继续就再融资及资产注入方案进行研究论证。其间，陈某某还聘请评估人员对其所要注入的资产进行预评估；5月8日评估数据出来后，创兴科技便确定了资产注入方案并上报中国证监会。5月9日，创兴科技股票因连续三个交易日累计涨幅超过20%，创兴科技经咨询控股股东和实际控制人未答复，故停牌一天。5月10日，创兴科技发布公告称，"公司经询问控股股东和实际控制人，其表示计划将所持有的资产注入本公司。相关方案尚未最终确定。为防止公司股票异常波动，公司股票于5月10日继续停牌，到重大事项公告之日起复牌"。5月10日、11日，陈某某带领创兴科技高管郭某某、李某某、苏某某和华欧国际的冯某某等人到北京，就创兴科技拟向控股股东定向增发事项向中国证监会上市部作了预沟通报告。中国证监会上市部告知，注入的资产必须产权明晰，并要求自查买卖创兴科技股票情况。之后，陈某某因其所要注入的上海振龙公司的部分资产权属不清，且其本人及一致行动人违规买入创兴科技股票，触犯了要约收购，便决定取消定向增发事项。5月24日，创兴科技发布公告称，"控股股东和实际控制人注入资产的具体实施条件尚不具备，现决定取消相关资产注入方案，公司股票于5月24日10:30起复牌"。

2007年1至4月间，被告人陈某某先后将上海祖龙公司、上海振龙公司等公司的资金5 090万元陆续转入上海祖龙公司控制的北京百立讯在湘财证券福州五四路营业部的资金账户和厦门缘合物业在湘财证券福州五四路营业部的资金账户。2007年4月17日至5月8日，陈某某及其妻子关某某利用上述二资金账户及厦门缘合物业在光大证券上海张杨路营业部开设的资金账户大量买卖创兴科技股票，共计买入创兴科技股票48万余股，实际支付资金6 000余万元；操作卖出140余万股，实际收回资金2 000余万元；截至5月9日，上述三个股票账户在该时间段内买入的创兴科技股票还有

33万余股未卖出，该部分股票市值以5月8日的收盘价每股16.54元计算，扣除0.4%交易税费后计5 000余万元；在该时间段内，累计买卖创兴科技股票共计600余万股，交易额共计8 000余万元，账面盈利近2 000万元。

中国证监会出具《关于上海祖龙景观开发有限公司涉嫌内幕交易案有关问题的认定函》(以下简称《认定函》)确认，创兴科技实际控制人将其控制的资产注入上市公司的事项会对公司股票价格产生重大影响，属于我国《证券法》规定的内幕信息；内幕信息的价格敏感期为2007年4月17日至5月9日；上海祖龙公司是创兴科技的实际控股股东，陈某某是上海祖龙公司和创兴科技的董事长及实际控制人，组织和知悉创兴科技以定向增发方式注入资产事项，是内幕信息的法定知情人。

在上述上海祖龙公司、陈某某内幕交易案中，辩方提出中国证监会出具的《认定函》不具有证据可采性。①但是，审判实践中一般不予采纳这样的辩护意见。

笔者认为，对于内幕交易罪等资本市场犯罪案件中相关行为的刑事违法性认定问题，司法实务部门必须进行独立且全面的司法审查与判断。证券期货监管部门制作的行政处罚决定书、行政复函等可以作为司法审查的证据，但不能直接作为定案依据，而应当对此类证据的合法性、关联性等进行刑事转化、综合论证、分析以及司法释理。

首先，证券期货监管部门提供的书面文件可以作为公文书证纳入全案的证据体系，具有可采性。国家机关在法定职权范围内行使职权所制作的书面文件，包括各种命令、决定、通告、指示、信函、证明文书等，属于公文书证，可以作为刑事案件的证据。中国证监会作为国务院证券监督管理机构，依照我国《证券法》有关规定，具有认定内幕信息的法定职权。中国证监会根据稽查的事实、证据，并结合《证券法》的有关规定出具《认定函》，对涉案行为的违法性进行说明，符合法律规定。

---

① (2009)厦刑初字第109号。

其次，中国证监会在行政程序中形成的相关证据及其在刑事程序中出具的文书具有证据可采性，并不意味着司法机关可以直接按照公文书证中的结论性意见认定案件事实与相关行为的刑事违法性。中国证监会认定内幕信息的法定职权限于行政程序，其对内幕交易行为违法性进行确认的行政法律文件具有的既定效力仅覆盖行政程序环节，中国证监会无权对涉案内幕交易行为的刑事违法性进行认定。所以，在中国证监会出具认定函件等公文书证的情况下，司法机关必须对其所阐释的理由与结论进行独立分析，不能直接按照中国证监会提供的意见认定案件事实与法律性质。司法机关不得以节省司法资源、金融技术性知识能力低于证券期货执法部门等理由直接将行政法律文件作为认定内幕交易行为刑事违法性的依据。

再次，证券期货行政监管部门在查处内幕交易违法案件过程中形成的证据材料，经过合法性认定与转化之后，可以作为刑事案件的证据使用。司法实践中，资本市场犯罪案件通常由行政执法部门在调查结束后移送司法机关。内幕交易罪的司法审查必然滞后于行政调查。大量的能够证明资本市场犯罪行为刑事违法性的证据势必都由中国证监会等行政执法部门先行调取、采集、固定、制作。[①]内幕交易等资本市场犯罪涉及大量交易数据、资金流动、账户信息等证据材料，司法机关只能在经过审查认可这些证据合法性的基础上，对涉案行为的违法性进行判断，不可能作为取证主体重新采集资本市场犯罪的证据。因此，认定内幕交易行为刑事违法性的具体依据只能是证券期货执法部门移送公安机关的证据。此类能够证明内幕交易行为刑事违法性的依据进一步可以区分为直接依据与间接依据：(1)证券期货执法机构向证券期货公司、证券期货交易所等机构调取的记录证券期货交易流水数据、资金走向、账户资料等信息的书证、物证、电子证据等客观性材

① 例如，在朱某某操纵证券市场犯罪案件中，涉案的交易行为涉及全国 48 家证券营业部、273 个资金账户、6 509 个证券账户，中国证监会总共制定了 58 卷证据材料移送公安机关，办案工作量极大。参见吴卫军：《操纵证券市场罪的理论与实务难点分析》，载陈辐宽主编：《金融资本市场犯罪疑难问题解析》，中国检察出版社 2009 年版，第 22 页。

料，经司法机关确认具备证据合法性的，可以直接作为司法机关判断内幕交易行为刑事违法性的依据。(2)证券期货执法机构在办案过程中形成的涉案人员供述、证人证言、调查笔录等主观性材料，在刑事司法中不具有证据合法性，必须经过司法机关依法转换为刑事诉讼证据，从而成为判断利用内幕交易行为是否刑事违法的间接依据。

综上所述，在内幕交易犯罪案件中，涉案行为的违法性是一个必须通过证据予以证明的问题，这也是构成内幕交易犯罪的违法性基础。在行为违法性具体认定层面，司法实务部门应当进行独立的司法分析，而不能直接依据内幕交易行政处罚过程中的行政法律文件直接认定涉嫌内幕交易行为的违法性。

（二）内幕信息

内幕信息未公开性是指该信息尚未公开，尚未为资本市场上的有关证券、期货投资者所获悉。根据《刑法》第180条的规定，内幕信息知情人员、非法获取内幕信息的人员只有在涉及证券的发行，证券、期货交易或者其他对证券、期货交易价格有重大影响的信息尚未公开这一时间节点之前本人、建议他人从事相关证券期货交易或者泄露内幕信息，才构成内幕交易、泄露内幕信息罪。可见，任何信息一旦被公开披露，便由内幕走向公开，内幕人员利用这种信息进行证券、期货交易就成为法律所容许的行为。因此，明确一个信息是否属于未公开的信息就成为界定内幕信息的关键所在，而内幕信息是否公开的认定问题又直接决定着相关行为是否构成犯罪的判断结果。

对于如何判断相关内幕信息是否实际公开，国外学者提出了一种非常重要的理论，即有效资本市场理论（Efficient Capital Markets Theory）。根据有效资本市场理论的观点，在一个有效的资本市场中，价格充分地反映了与上市公司有关的市场上的可获取信息。[①]由于资本市场中所有的有价值

① Eugene F. Fama, Efficient Capital Markets: A Review of Theory and Empirical Work, 25 Journal of Finance 383, 384(1970).

信息都体现在证券价格上，因此，以最快的速度对这些价格反应信息进行操作，可以实现利润最大化。①特定证券价格等同于投资者对信息的观察结果。②某项消息一旦被相当数量的投资者知悉时，相关公司的证券、期货价格便会很快地发生变动，或涨或跌，从而来反映证券、期货公司对市场这种消息的感受与反应。也就是说，当某项消息对资本市场能产生有效影响时，该消息便被认为已经属于公开的消息。反之，则仍属于尚未公开。可见，有效资本市场理论强调从市场信息实际公开的角度判断内幕信息是否仍旧处于秘密状态，将这种理论应用于内幕交易犯罪的司法实践，必须建筑在对涉案证券特定时间段内的交易价格、交易量以及历史交易数据进行统计与比对之上。美国证券期货法律实践中比较倾向于运用有效资本市场理论，有的联邦巡回上诉法院的判例中明确采用经济学分析方法，对涉案的证券进行数据分析，从证券价格反应的角度判断涉案内幕信息是否实际公开。③由于我国资本市场犯罪理论与实践对于有效资本市场理论的理解尚不深入，同时，对于该理论所依托的经济分析，金融理论上仍然存在一定的认识分歧，直接应用于司法实践并不稳妥，所以，我国法律规定以及司法解释并没有采纳有效资本市场理论的观点判断内幕信息是否实际公开。

我国证券法理论中有观点认为，信息公开的标准有三个：其一为全国性的新闻媒介上公布该信息；其二为通过新闻发布会公布信息；其三为市场消化了该信息，即市场对该信息已作出反应。④在上述时间节点之前的内幕信息始终处于尚未公开的状态。我国资本市场犯罪理论中有较多观点指出，从信息公布时起到市场传播、消化、分析，从而引起资本市场价格变动的一

---

① Eugene F. Fama, Foundations of Finance: Portfolio Decisions and Securities Prices, Basic Books, 1976, p.136.

② Ronald J. Gilson & Reinier H. Kraakman, The Mechanisms of Market Efficiency, 70 Virginia Law Review 549, 552(1984).

③ United States v. Nacchio, 573 F.3d 1062, (10th Cir. 2009).

④ 陈晓：《论对内幕交易的法律规制》，梁慧星主编：《民商法论丛》（第五卷），法律出版社 1996 年版，第 89 页。

段时间，都应属于信息尚未达到公开化的程度。内幕人员在此期间利用该信息进行相关证券、期货合约买卖或建议未知该信息的他人买卖相关证券、期货合约，也应当认定为内幕交易罪。①实际上，我国《证券法》对于信息公开进行了明确规定。《证券法》第 86 条规定："依法披露的信息，应当在证券交易场所的网站和符合国务院证券监督管理机构规定条件的媒体发布，同时将其置备于公司住所、证券交易所，供社会公众查阅。"可见，内幕信息的公布和公开应以有关信息和文件刊登在中国证监会指定的报刊上为准。显然，我国法律对于证券二级市场信息公开的标准采取的是形式公开的标准，即信息公开的标准是在报刊或其他形式的公报上公布之日。未经合法途径向公众披露的仅为内幕人员知悉的信息，均为内幕信息。所以，只要证实行为人的交割单所载日期先于其交易行为所利用的信息的合法公开日期，就认定为利用的信息属于"未公开"的信息。

当然，采用形式公开的标准在公平性存在确实存在一定的疑问。这是因为，资本市场上的内幕信息一旦公布于众后，一般的投资者事实上需要一定的时间进行消化和理解，而在此之前，掌握内幕信息的人员可能早已提前消化和理解了信息的内容。如果有关信息一公布就允许知情人员进行证券、期货交易的话，对措手不及的广大投资者而言，同样也是极不公平的。②这里存在的问题便是，内幕信息公开之后多久才算是实际公开？对此，美国司法实践提出了一些具体标准，比如，"新闻发布会后十分钟内"，"股票行情信息出现在股票行情显示器上之后二分钟内"，等等。目前我国有关证券法律中对此没有专门规定。我国刑法理论上有观点认为，应当根据本地社会实际情况作出相应的规定。凡是发行人内部人员或者其他知悉内幕信息的内幕人员，必须在重大信息通过传媒公布后的一定时段以后才被允许进入

---

① 董丽静、垄卫：《证券内幕交易、泄露内幕信息罪的司法认定》，载赵秉志主编：《新千年刑法热点问题研究与适用》，中国检察出版社 2001 年版，第 868 页；孙昌军、易建华：《关于内幕交易罪几个问题的研究》，载赵秉志主编：《新千年刑法热点问题研究与适用》，中国检察出版社 2001 年版，第 842—844 页；张军主编：《破坏金融管理秩序罪》，中国人民公安大学出版社 1999 年版，第 267 页。

② 参见刘宪权：《金融犯罪刑法学专论》，北京大学出版社 2010 年版，第 346 页。

该种股票的交易，否则，或者其利润归公司所有，或者构成内幕交易。[1]也有学者认为，可以以五日为限，即规定当消息公布后经过五日，就认为市场已消化了该信息。[2]相对而言，后一种观点在一定程度上具有证券期货法律法规的规范性基础。例如，《证券法》第42条规定，为上市公司出具审计报告、资产评估报告或者法律意见书等文件的证券服务机构和人员，自接受上市公司委托之日起至上述文件公开后五日内，不得买卖该种股票。可见，在证券期货法律法规的规范逻辑体系内，相关审计报告在形式公开五日之后，可以认为市场充分了解了相关信息。当然，以此推论内幕信息公开五日之后应当认定为市场已经消化该信息确实比较牵强。所以，法律应对此作出一定的规定，以使知情人员在参加交易前让广大投资者有一定的时间对信息加以消化和理解。这样最起码可以在形式上能保证证券、期货交易中对信息利用的公平。

(三) 泄露内幕信息行为

刑法理论上一般认为，泄露内幕信息的行为是指行为人将处于保密状态的内幕信息公开化，通过明示、暗示、书面或口头等方式，透露、提供给不应知悉该信息的人员，使信息受领人据此而进行证券、期货买卖。泄露内幕信息的行为既包括公开范围上的泄露，即将内幕信息告知不应或无权知道该信息的人员；也包括时间范围上的泄露，即在保密期届满前解密，让可以知悉或有权知悉的人员提前知悉。泄露的内容是使受领人得知可以作为证券、期货交易依据的内幕信息的全部或主要事实，如果只是透露一点风声，不能作为受领人进行证券、期货交易依据的，就不构成泄露行为。泄露内幕信息行为通常有"泄密"和"再泄密"之分。

"泄密"是指内幕人员直接将其掌握的内幕信息泄露给他人。对于泄露内幕信息行为应从法律上加以惩治其中严重者应按犯罪处理，这已经成为

---

① 张军主编：《破坏金融管理秩序罪》，中国人民公安大学出版社1999年出版，第270页。

② 魏东：《关于内幕交易、泄露内幕信息罪司法认定的若干问题再研究》，载赵秉志主编：《新千年刑法热点问题研究与适用》，中国检察出版社2001年版，第852页。

世界各国和地区的共识。之所以将泄露内幕信息作为犯罪处理，原因在于与掌握内幕信息者直接进行证券、期货交易相比，虽然泄露内幕信息者本人不一定有直接的证券、期货买卖行为，但通过为他人提供内幕信息，完全可能间接地参与了证券、期货交易，并从中获得利益或避免损失。另外，与掌握内幕信息者直接进行证券、期货交易相比，泄露内幕信息的行为对资本市场、投资者及发行人所造成的损害往往更为严重。这是因为，内幕信息的知悉人员一般范围较小，不仅人数较少而且财力有限，他们买卖证券、期货的数量不会太大；而泄露内幕信息则可能在受领人之间辗转告知，使得参与证券买卖的人数和交易量剧增，从而引起严重后果。同时，只要相关证据能够进行合法且准确的固定，"泄密"行为在司法实践中一般不存在认定上的疑难。

"再泄密"是指非内幕人员在获取内幕信息后，又将该内幕信息泄露给他人。应该看到，在传播面广泛的内幕交易中，"再泄密"往往扮演了相当重要的角色。

美国"IBM 收购莲花公司内幕交易案"是全球内幕交易判例史上"再泄密"最"经典"的案例：1995 年，IBM 是当时全球最大的 IT 公司，而莲花公司(LOTUS)是美国最优秀的软件公司之一，其在办公软件市场占据统治地位。IBM 看中了莲花的技术优势，于 1995 年 3 月向莲花公司提出友好兼并的建议。不过莲花公司首席执行官吉姆·曼兹坚信莲花的困难是暂时，不必出售公司，故资本市场对此一直无法作出判断，在合并消息公布前，莲花股价一直徘徊在 30 美元至 35 美元。经过 IBM 与莲花公司的谈判，最后双方对合并达成了共识，1995 年 6 月 5 日，IBM 宣布正式收购莲花，收购价高达每股 60 美元。6 月 11 日，IBM 最终以每股 64 美元收购了莲花 97%以上的股票，总金额 35.2 亿美元，消息令人震惊。在收购的过程中，内幕信息实际上一直处于泄露的状态。1995 年 4 月底，IBM 公司的一名女秘书劳瑞娅·卡萨诺在复印材料时，得知 IBM 正考虑收购莲花，于是她一直关注着事态的进展。IBM 与莲花达成原则协议后，劳瑞娅知道收购项目已成功，

IBM公司将于6月5日左右对外宣布。劳瑞娅便将此信息告诉了丈夫罗伯特·卡萨诺。但是,夫妇俩此前从未进行证券交易,没有股票账户,便将消息告诉好友格林,由格林购买一些莲花股票和期权,在消息公布后抛出,共获利1.7万美元,并付给女秘书夫妇3 500美元作为提供内幕消息的报答。与此同时,罗伯特曾打电话给其另一好友杰瑞·曼佐尼,后者根据内幕信息购买了莲花公司的股票和看涨期权,净赚2.75万美元,并以4 000美元作为回报。杰瑞·曼佐尼又将该内幕信息告知其表弟彼德·曼佐尼和两名同事理查德·科夫兰斯克与约翰·麦伟利。理查德·科夫兰斯克又将内幕信息告知其亲属多梅尼克·阿尔巴和三个商业伙伴詹姆斯·里贝里诺、杰拉德·威尔斯以及拉尔夫·塞佩。其中,多梅尼克·阿尔巴再将信息告知朋友约瑟夫·德斯科以及商业伙伴斯皮涅利;斯皮涅利进一步将信息告知其哥哥克劳迪奥。这一内幕信息通过上述人员进行的信息传递共有6层之多,相关人员都购买了一定数量的莲花公司股票或看涨期权。美国证券交易委员会最终发现,共有25人根据IBM公司女秘书的内幕消息在6月2日购买了莲花股票和期权,共获利超过100万美元。这起内幕交易案件中涉及的25名被告,只有一人是内幕信息的直接来源者,即劳瑞娅·卡萨诺,其他均通过再泄密获得内幕信息。最终,上述被告全部被法院判决构成证券欺诈或者以证券欺诈与美国证券交易委员会达成和解。①

我国刑法理论对于非内幕人员获取内幕信息后建议他人买卖或"再泄密"的行为如何处理的问题颇有争议。有观点认为,对非内幕人员获取内幕信息后建议他人买卖和再泄密不作区分,只要有建议他人买卖或再泄密的行为都有可能构成犯罪,区分是否构成犯罪的标准是非内幕人员获取内幕信息究竟是主动的还是被动的。如果非内幕人员自己积极、主动地获取内幕信息,不论行为人采取的具体手段是自己盗取,还是设法从内幕人员那里探听(例如通过向内幕人员行贿而获取内幕信息),不管行为人事后根据该

① Securities and Exchange Commission v. Lorraine K. Cassano, et al., Civil Action No.99-CV-3822(S.D.N.Y.).

信息是建议他人买卖证券、期货合约，还是向他人泄露该内幕信息从而使他人利用该信息买卖证券、期货合约，都一律按内幕交易认定。如果证实非内幕人员是被动的信息接收者，不论后来实施了建议行为还是泄露内幕信息行为，就不宜认定为内幕交易罪。这是因为，在主动获取的情况下，非内幕人员对获取的内幕信息负有不得利用该信息并保密的义务。不论事后建议还是泄露内幕信息，都是对该义务的违反，承担责任理所应当。在被动知悉的情况下，非内幕人员因为是消极的内幕信息的知情者，不存在承担保密的义务，因而即使第三人根据该信息进行了交易，也不应当认定为内幕交易。①但也有不同意见认为，对非内幕人员获取内幕信息后建议他人买卖证券、期货合约与再泄密进行区分，认为非内幕人员获取内幕信息罪后建议他人买卖证券、期货合约的构成犯罪，但再泄密的，不应作为犯罪。因为，根据我国《刑法》第 180 条的规定，内幕信息知情人员的范围，依照法律、行政法规的规定确定。由此可以推出，法律、行政法规没有限制的行为，即使行为具有社会危害性，也不应用刑罚加以制裁。②在理论上还有观点认为，非内幕人员获取内幕信息的手段，有的很难说到底是合法获取还是非法获取。因为在合法获取和非法获取中间可以有一个中性行为——既不合法，也不非法的情形。对这种行为也应犯罪化。因为内幕交易、泄露内幕信息的可责性表现在这种行为对市场和投资者危害，这种危害是从交易行为中体现出来。不论什么人，只要从事这样的利用、泄露行为，特定的社会危害性就已体现出来。③

笔者认为，非内幕人员在获取内幕信息后建议他人买卖或再泄密的行为是否有可能构成犯罪，应该严格根据刑法规定具体问题具体分析。对于非内幕人员在获取内幕信息后再泄密的情况，有可能构成犯罪。理由是，

---

① 张军主编：《破坏金融管理秩序罪》，中国人民公安大学出版社 1999 年版，第 277—278 页。

② 薛瑞麟主编：《金融犯罪研究》，中国政法大学出版社 2000 年版，第 269 页。

③ 郦毓贝：《内幕交易、泄露内幕信息罪主体特征研析》，载赵秉志主编：《新千年刑法热点问题研究与适用》，中国检察出版社 2001 年版，第 821—822 页。

《刑法》第180条规定，非法获取证券、期货交易内幕信息的人员（即非内幕信息知情人员）……泄露该信息，情节严重的，应构成泄露内幕信息罪。可见，刑法条文并未将非内幕人员再泄密行为排除在犯罪之外。非内幕人员再泄密行为之所以可以构成泄露内幕信息罪，最重要的三点理由在于：其一，不应知悉内幕信息的人员从获取内幕信息的那时起就应承担保密的义务。因为不管其获取内幕信息的途径怎样，最终的结果是得知了内幕信息的内容。当得知了内幕信息后，相关人员也就具有了承担保密的义务。其二，从行为人的主观故意来看，当行为人在明知自己通过非法手段获得的是证券、期货交易内幕信息之后，还故意泄露给他人，其主观恶性程度与证券、期货交易内幕信息的知情人员的泄露行为并无不同。其三，从泄露内幕信息罪的后果来看，这一犯罪的后果主要是由泄密行为引起的，没有行为人的泄密行为，也就不可能产生其后的内幕交易后果。

（四）建议行为

《刑法》原第180条内幕交易、泄露内幕信息罪明确规定了两种行为方式：其一，内幕交易行为；其二，泄露内幕信息行为。《刑法修正案（七）》为《刑法》第180条增加了一种行为模式：建议行为，即行为人在其获知内幕信息的基础上，通过明示或暗示的方式建议他人进行证券、期货交易的行为。例如，提出交易时机、交易证券、期货合约的种类、交易证券、期货的价位、交易量的大小等。

在《刑法修正案（七）》修改内幕交易、泄露内幕信息罪构成要件之前，对于内幕人员根据内幕信息建议他人进行证券、期货买卖是否应当属于本罪的行为方式的问题，刑法理论与司法实践中颇有争议。这主要是因为，我国《刑法》原第180条虽然没有将建议行为规定在内幕交易犯罪行为之中，但是，《证券法》原第76条规定：证券交易内幕信息的知情人和非法获取内幕信息的人，在内幕信息公开前，不得买卖该公司的证券，或者泄露该信息，或者建议他人买卖该证券。可见，颁布于刑法之后的我国证券法明确将“建议他人买卖证券”的行为归入内幕交易行为的范畴之中。基于此，刑法理论上有观点认为，建议行为属于内幕交易、泄露内幕信息罪的行为方式。本罪的客观行为应该表现为三个方面：一是行为人利用内幕信息进行证券、期货买卖；二是行为人泄露内幕信息；三是行为人根据内幕信息建议他人进行证券、期货买卖，即内幕信息的知悉者根据内幕信息对他人的证券、期货交易提出倾向性的意见。①还有意见认为，将建议他人买卖证券不作为犯罪处理的观点是不妥的。因为从理论上讲，内幕交易中的买卖证券、期货合约应该包括知情人员自己买卖证券、期货合约和建议他人买卖证券、期货两种情况；从实践中看，这种行为具有社会危害性，对于情节严重的，应以犯罪论处。②当然，理论上也有意见指出，对建议行为需要区别对待。若接受建议者不知情也没有依据该建议进行证券、期货交易，则建议者不构成内幕交易、泄露内幕信息罪。除此之外，行为人明确将内幕信息告知他人，并建议他人买卖该种证券、期货合约；或者行为人虽未明确将内幕信息告知他人，但其建议他人买卖证券、期货合约的方式却能使他人心领神会该建议与内幕信息有关，则属于泄露内幕信息罪。③

然而，对此持否定意见的学者认为，作为行政处罚对象的内幕交易行为并非都可能成为犯罪行为。《刑法》第 180 条规定的作为犯罪的内幕交易行为，并没有包括行政法规所指的所有内幕交易行为，而只是部分行为。即只是限于内幕人员利用内幕信息自己买卖证券、期货合约或者非法获取内幕信息的人员自己买卖证券、期货合约。其中并没有包含行政法规中的其他内幕交易行为。如内幕人员根据内幕信息建议他人买卖证券、期货合约及非内幕人员通过其他途径获得内幕信息，并根据该信息买卖证券、期货合约或者建议他人买卖证券、期货合约的行为，不能作为犯罪认定，只能作行政处罚。内幕人员向他人泄露内幕信息，使他人利用该信息进行内幕交易的

---

① 张军主编：《破坏金融管理秩序罪》，中国人民公安大学出版社 1999 年版，第 264 页。

② 魏东：《关于内幕交易、泄露内幕信息罪司法认定的若干问题再研究》，载赵秉志主编：《新千年刑法热点问题研究与适用》，中国检察出版社 2001 年版，第 854 页。

③ 董丽静、垄卫：《证券内幕交易、泄露内幕信息罪的司法认定》，载赵秉志主编：《新千年刑法热点问题研究与适用》，中国检察出版社 2001 年版，第 866 页。

行为，只能以泄露内幕信息罪认定。①

应该看到，在《刑法修正案（七）》实施之前，尽管我国《证券法》明确将建议他人买卖证券的行为纳入内幕交易罪中，但是，当时的《刑法》中并未将建议行为纳入犯罪范围，虽然《刑法》颁布在先而《证券法》颁布在后，但是在有关刑事责任的问题上，《刑法》当然要比《证券法》效力大。可见，将建议他人买卖证券的行为纳入内幕交易罪中并非是刑事立法的原意，没有将建议行为纳入内幕交易罪也并非刑事立法的疏漏。在当时的资本市场现实条件下，我国《刑法》之所以作如此规定，究其原因无非是：如果将建议行为纳入犯罪范围，可能涉及面太广，同时，由于建议行为本身较为复杂，当时的司法实践尚未积累起一定程度的反内幕交易犯罪经验，立即将建议行为纳入内幕交易、泄露内幕信息罪的规制体系并不符合当时的司法实务现实。

然而，不容置疑的是，建议行为利用的是行为人掌握的未公开的内幕信息，这在客观上完全应当成为一种纵使或促使他人利用内幕信息进行相关证券、期货交易，在通常情况下，由于实施建议行为者是在掌握内幕信息的情况下建议他人进行证券、期货交易的，因此，行为人的建议往往起到鼓励、推动和指导的作用。这种情况中虽然行为人可能自己并没有直接从事证券、期货交易，有些甚至可能没有直接从中获利，但是，从实质上分析，建议者客观上是借他人之手进行相关证券、期货交易，这必然导致利用内幕信息进行证券、期货交易范围的扩大并对资本市场造成更加严重的破坏，其社会危害性是显而易见的。因此，《刑法修正案（七）》将建议行为作为内幕交易、泄露内幕信息罪的一种行为方式，具有合理性。当然，从动态的刑法规范适用层面考察，《刑法修正案（七）》增加了明示、暗示他人从事内幕交易的行为要件，确实容易导致司法认定困难与混乱。这主要是由于内幕信息知情人员或非法获取人员明示、暗示他人从事相关交易的行为本身具有特殊性，并不像内幕交易罪中典型的内幕信息知情人员或者非法获取者直接进行的证

① 胡启忠等：《金融犯罪论》，西南财经大学出版社 2001 年版，第 268 页。

券期货交易行为一般容易认定。

根据司法实践中的情况来看，通过明示、暗示的方式建议他人从事相关交易的行为具有多种表现形式：(1)信息获悉者明示、暗示他人从事相关交易，被对方采纳并实施；(2)信息获悉者进行明示、暗示，没有被他人采纳并实施；(3)在透露内幕信息内容的基础上，信息获悉者明示、暗示他人从事交易；(4)在没有透露信息内容的情况下，信息获悉者建议他人从事交易，他人基于其专业金融知识及具有相关从业背景等原因，无需信息获悉者提供进一步的信息内容与交易理由，等等。

正是由于明示、暗示他人从事相关交易行为及其后续结果的复杂性，以及行为与结果排列组合后样态的进一步复杂化，决定了在判断内幕交易罪明示、暗示他人进行相关交易这一行为要件的同时，必须查实并明确以下问题是否影响建议他人从事相关交易行为要件的认定：(1)在内幕信息知情人员、非法获取人员仅仅提出建议，被建议者没有采纳信息获悉者的意见进而从事相关证券期货交易，能否成为阻却内幕交易、泄露内幕信息罪成立的事由？(2)明示、暗示他人从事相关交易构成犯罪是否以透露内幕信息为必要，即建议者没有透露内幕信息，被建议者接受其明示或者暗示而从事相关证券期货交易，能否成为阻却内幕交易、泄露内幕信息罪成立的事由？

对于上述第一个问题，即被建议者是否从事相关证券、期货交易行为是否阻却纯粹建议行为的犯罪性，笔者持肯定的观点。因为单纯的明示、暗示行为既没有泄露内幕信息本身的内容，也没有进一步产生后续的内幕交易行为，与内幕交易打击利用内幕信息从事非法证券期货交易行为的本质存在较大距离，不应当作为本罪打击的对象。主要理由是：其一，他人没有依据内幕信息获悉者的明示或者暗示从事相关交易的，已经缺失了内幕交易罪语境下行为的“交易性”，不应当认为其符合内幕交易罪的行为要件；其二，内幕信息知情人员、非法获取人员没有透露任何内幕信息的内容，显然也不构成泄露内幕信息罪。

对于上述第二个问题，即内幕信息的知情人员或非法获取人员是否必须将内幕信息告知被建议者，才能构成《刑法》第180条规定的明示、暗示他人从事相关交易，刑法理论上的一种具有代表性的观点认为，构成建议行为不以告知被建议者内幕信息为前提。因为在现实生活中，内幕信息知情人员往往受过严格的法律、金融等专业知识的培训，对自己所实施的行为性质以及由此所可能造成的后果，一般都是明知的。而相当一部分内幕人员，为规避法律，在知悉某一证券、期货交易的内幕信息后，不是将内幕信息直接告知其亲朋好友，而仅仅对其亲友所进行的证券、期货交易提出倾向性的意见。由于行为人职务或者地位的特殊性，使得其根本无需说明提出这一建议的理由，其亲友也是心领神会的。依此建议行事，虽然其亲友不知道内幕信息，但在其所进行的证券、期货交易中所处的地位与其知道内幕信息进行的证券、期货交易几无二致，而后一种情况显然是典型的内幕交易行为，既然如此，与后一种情形神似而仅仅形不同的前一种情形，有何理由不将其认定为内幕交易呢？如果认为，内幕人员仅有建议买卖而并未将内幕信息的具体内容告知被建议者可以不作为内幕交易、泄露内幕信息罪，无疑给犯罪分子留下相当大的漏洞，使相当数量的内幕交易行为难以纳入刑事制裁的视野，从而在一定程度上放纵了犯罪分子，不利于证券市场的健康发展。① 对此，笔者认为，在透露内幕信息的基础上建议他人从事相关证券、期货交易的行为是否具有刑事可罚性，刑法规范本身实际上已经给出了答案。《刑法》第180条已经规定了泄露内幕信息的行为属于犯罪，完全可以结合被建议者是否实际从事相关证券、期货交易的事实提出定性规则：(1)告知他人内幕信息，并明示或者暗示其从事相关交易行为，被建议者没有进行相关证券、期货交易的，应当认定为泄露内幕信息罪；(2)被建议者实际进行相关证券、期货交易的，其行为同时符合泄露内幕信息、内幕交易的构成特征，直接认定行为人构成内幕交易、泄露内幕信息罪。

---

① 张军主编：《破坏金融管理秩序罪》，中国人民公安大学出版社1999年版，第276页。

(五) 信息挖掘行为

金融市场中存在的一种现象与行为是，在内幕信息未公开前，有些投资者(投机者)，尤其是机构投资者中的金融分析师，利用资本市场公开的信息、资料、对上市公司或其管理人员进行调查所获知的信息等，对资本市场作出分析预测，或者以这种预测结果为依据进行交易，而相关分析结果与未公开的内幕信息相一致，从而使相关人员在证券、期货交易中获取了巨额利润。国外资本市场通常将这种行为称为信息挖掘(Information Snatching)。

对于信息挖掘行为能否构成内幕交易或者泄露内幕信息，理论上存在一些不同的看法。肯定的观点认为，行为人运用公开的信息和资料，对证券市场作出的预测和分析，如果这种预测一向被证实非常准确，并且对市场价格造成严重的影响或者危害，按内幕交易处理不无道理。[①]相反意见认为，内幕交易、泄露内幕信息行为之所以为世界各国法律所禁止，其根本原因就在于，这种行为使得内幕交易的行为人与普通投资者所进行的交易不是建立在平等的基础上，而是处于“一明一暗”的交易状态。内幕交易的行为人对于某种股票价格的走势因其对内幕信息的知悉而“心中有数”，而普通投资者则只能借助于一般的技术分析和财务分析乃至于自己的猜测进行交易。借助没有确切消息的猜测显然是投机行为，而这也正是资本市场危机四伏的原因所在。而无论基于这种猜测进行交易所导致的结局如何，这种行为显然是不能论之以内幕交易、泄露内幕信息罪的。而实际上，股评文章的性质也同样如此。股评文章究其实质而言，也是一种猜测，只不过由于这种猜测是由具有丰富证券专业知识，熟悉证券市场运行规律的证券专家，运用科学的分析手段对分开的信息资料进行分析研究所得出的结论，因而其正确性一般远高于普通人所作出的猜测。但无论这种预测的准确度多高，都改变不了“猜测”的实质。显然，法律不能因为一个人的预言相当精确就可以剥夺其发表意见的权利。[②]在现实生活中，具有一定社会危害性的行为

① 参见白建军:《证券欺诈及对策》，中国法制出版社 1996 年版，第 29—30 页。
② 张军主编:《破坏金融管理秩序罪》，中国人民公安大学出版社 1999 年版，第 269—270 页。

是很多的，法律没有必要、也不可能将所有具有社会危害性的行为，都用法律尤其用刑法加以调整。对于股评文章，尽管它可能对证券交易价格有一定的影响，但这种影响和法律规定的内幕信息比较，它的影响较小。因为它所依据的材料、信息已经公开。这种已经公开化的材料、信息对证券价格已经施加了影响，因此，通过这种信息作出的股评实质上就是对已公开的信息进行消化和再消化的过程，已不符合内幕信息的特征。另外，如果将类似的信息都作为内幕信息，势必扩大内幕信息的范围和内幕人员的范围，不符合刑法的立法本意。①

笔者认为，对于内幕信息未公开前，利用已经公开的信息资料对市场作出分析和预测，并从事有关证券、期货交易的行为，不应该纳入刑法调整的范围之内，但也不应当完全忽视以信息搜集、攫取为名义实际非法获取内幕信息行为存在的可能。首先应当明确的是，市场投资者（投机者）的分析和预测行为，无论对市场有多大的影响，无论与内幕信息本身的内容如何接近甚至完全相同，这毕竟是利用已经公开的市场信息、资料得出的预期，而不是利用尚未公开的内幕信息得出的结果。内幕交易的前提条件是必须有内幕信息存在。如果对利用并非内幕信息进行交易的行为加以惩治显然违背了刑法立法的原意。其次，资本市场本身需要有人对市场的发展等作出一定的分析和预测，这些分析和预测纯粹是个人的见解，在某种意义上说，只要有资本市场存在，就必然有人们对资本市场的分析和预测存在。而且，在资本市场上交易者不可能不对市场进行分析和预测，尤其是机构投资者，基于其专业能力与信息搜集实力，其对市场进行分析和预测往往能够为一般投资者提供重要的决策参考。应该承认，有关的分析和预测当然会对市场和人们的交易行为产生一定的影响，这是不可避免的，如果对作出分析和预测并进行交易的行为也要加以惩治，这不符合市场发展的客观要求和规律。最后，需要高度重视的是，信息挖掘行为与内幕交易、泄露内幕信息行为之

---

① 薛瑞麟主编：《金融犯罪研究》，中国政法大学出版社 2000 年版，第 263 页。

间的界限存在一定的模糊。在当前的资本市场操作中，包括证券公司、公募基金以及私募在内的很多投资机构或者个人投资者，无视内幕交易、泄露内幕信息的违法性，部分机构投资以上市公司调研为名，实际则是将市场公开信息挖掘行为异化为非法获取内幕信息行为。对于市场分析人员、投资者等主体通过各种手段从上市公司及其内部人员处“拉”“搞”“套”内幕信息的行为，司法实践中应当引起关注，对于以信息调研为形式而实质上属于非法获取内幕信息的行为，应当认定为内幕交易或泄露内幕信息。

需要注意的是，《刑法》第 180 条内幕交易、泄露内幕信息罪并没有直接使用“建议”的表述，而是将建议行为更为明确地规定为“明示、暗示”。“明示、暗示”也就是向他人作出提示或建议，“明示”和“暗示”的行为其实就是对不同表现形式的“建议”行为的表述，两者并无本质区别。[①]其本质上都是指行为人提示或者建议他人从事证券、期货交易活动，具体是指提示或建议他人买入或者卖出该证券，或者从事与该内幕信息有关的期货交易。[②]在早前的司法实践中，有关内幕交易和泄露内幕信息的犯罪都很难取证，而且，内幕人员一般具有较强的反侦察能力，往往自己不从事交易，而是以明示或暗示的方式让他人操作，之后参与分成，而《刑法修正案（七）》修改后的《刑法》第 180 条规定“明示、暗示他人从事上述交易活动”构成内幕交易犯罪行为，相对来说降低了司法取证的难度，有利于提高执法效率，加强了刑法对资本市场的保护力度。[③]

从明示与暗示具体的行为内容上分析，所谓“明示”，就是清楚明白的指示，即通过书面或口头的方式明确告知他人买入或者卖出与该内幕信息有关的证券或者期货合约，指示的手段没有限制，可以是命令，也可以是利诱，还可能是胁迫，总之是通过直接表意的方式唆使对方从事交易；所谓“暗

---

① 参见刘宪权：《金融犯罪刑法学专论》，北京大学出版社 2010 年版，第 352—353 页。

② 参见谢望原：《简评〈刑法修正案（七）〉》，《法学杂志》2009 年第 6 期。

③ 参见葛磊著：《新修罪名诠释〈刑法修正案（七）〉深度解读与实务》，中国法制出版社 2009 年版，第 27—28 页。

示”，就是不明确表示意思，而用含蓄的言语或示意的举动使人领会，这里主要是指行为人以使对方能够推知的方式间接指示，既包括以积极的行为暗示，也包括通过消极的不作为甚至是沉默来暗示。只要该言行能让相对人领会到该交易具有内幕信息背景且能够通过交易相关标的获得利益即可构成“暗示”。因为从事金融交易，尤其是短线交易的市场主体对于此类信息往往十分敏感，对一些含蓄的言行也能够心领神会，产生与明示同样的效果。至于如何确定对方能否领会，则应当根据一般市场主体的理解和判断能力衡量。如内幕信息知情人不明确说明内幕信息的具体内容，只是含蓄地向他人透露“某只股票有重大利空或者利好消息，可以重点关注”，这样的说法就能让人领会到内幕信息的存在，应当认定为“暗示他人从事交易”。但如果只是笼统地说“我觉得买点也没有太大风险”等类似的言语，就难以让人感知到存在重要的、敏感的内幕消息，不应当认定为“暗示他人从事交易”。此外，正如前文所述，还需要进一步分析接收信息的一方是否实际实施了有关的内幕交易行为。正如有的学者所言，如果被建议者没有实施内幕交易，建议者显然不构成内幕交易犯罪，就不存在甄别是否构成“暗示他人从事交易”的必要。①还有必要强调的是，无论是明示还是暗示他人从事相关交易活动，实际上都使对方在某种程度上知悉了相关经营信息，因此，当对方向自己提出咨询意见，行为人只是单纯被动提供不确定的相关交易建议，对方根本无从察觉相关经营信息的，即使行为人在提供建议时事先已经知悉相关经营信息，也并不能被认定为明示或暗示他人从事相关交易。②

三、内幕交易犯罪司法解释疑难问题剖析

最高人民法院、最高人民检察院于2012年5月22日联合发布《关于办理内幕交易、泄露内幕信息刑事案件具体应用法律若干问题的解释》(以下

① 参见刘衍明:《内幕交易罪的理解与适用》,《中国检察官》2009年第6期。

② 缑泽昆:《〈刑法修正案(七)〉中“老鼠仓”犯罪的疑难问题》,《政治与法律》2009年第12期。

简称《内幕交易犯罪解释》)。作为我国首部资本市场犯罪司法解释,《内幕交易犯罪解释》对内幕信息知情人员、非法获取内幕信息人员、内幕信息敏感期、内幕交易、泄露内幕信息定罪处罚标准等资本市场犯罪刑法理论与实践中长期存在争议的刑法适用疑难问题进行了规定。[①]《内幕交易犯罪解释》的实施对于指导司法实务部门办理资本市场犯罪案件,强化资本市场法律监管力度,有效维护资本市场秩序,保护广大投资者合法权益,具有重大且深远的影响。[②]《内幕交易犯罪解释》目前是解决我国内幕交易犯罪案件疑难问题的唯一刑法解释,不仅对于参与我国资本市场的金融交易者起到了重要的规范指引作用,而且由于其规定的内幕交易犯罪刑法适用规则具有突出的创新性,在全球金融市场一体化的背景下,研究《内幕交易犯罪解释》对于丰富全球的资本市场犯罪刑法理论亦有重大意义。

但是,由于内幕交易犯罪相关实践问题具有高度复杂性,《内幕交易犯罪解释》在内幕信息知情人员与非法获取内幕信息人员认定、内幕信息重大性判断、内幕交易犯罪行为指控与抗辩、内幕交易犯罪情节认定等重大且疑难实践问题上仍然存在很多争议与困惑。对最新内幕交易犯罪司法解释进行深刻与细致的解析,能够推动资本市场犯罪刑法理论与实践更为冷静地对内幕交易犯罪问题进行审视,持续探索内幕交易犯罪刑法解释不断优化的理论支撑与发展路径。基于此,笔者尝试深度剖析最新内幕交易犯罪司法解释实践运作中的疑难问题并提出司法规则优化建议,以期对惩治与防控内幕交易犯罪的理论探索与司法实践有所裨益。

(一) 内幕信息知情人员认定问题

内幕信息知情人员是内幕信息的第一手获取人员,故内幕信息知情人员司法认定是《内幕交易犯罪解释》首先解决的问题。《内幕交易犯罪解释》

---

① 参见杨维汉、崔清新:《惩治内幕交易犯罪　维护资本市场秩序——最高人民法院有关负责人就首部资本市场犯罪司法解释答记者问》,《检察日报》2012 年 5 月 23 日第 2 版。

② 参见张先明:《"两高"联合出台司法解释指导司法机关正确办理内幕交易犯罪案件》,《人民法院报》2012 年 5 月 23 日第 1 版。

第 1 条规定，下列人员应当认定为刑法第一百八十条第一款规定的“证券、期货交易内幕信息的知情人员”：“（一）证券法第七十四条规定的人员；（二）期货交易管理条例第八十五条第十二项规定的人员。”可见，《内幕交易犯罪解释》罗列内幕信息知情人员司法判断所依据的法律、法规条文。但是，在《刑法》第 180 条明确规定内幕信息知情人员的范围依照法律、行政法规的规定确定的基础上，刑法理论与实务对于《证券法》第 51 条、《期货交易管理条例》第 81 条第十二项分别规定了证券、期货交易内幕信息的知情人员本身并没有疑问。实践中的疑难问题在于，《证券法》《期货交易管理条例》有关内幕信息知情人员的规定各自存在明显的缺陷，导致司法实务部门在认定相关行为主体是否构成证券、期货内幕信息知情人员时会出现困惑与障碍。

在证券内幕信息知情人员法律规定方面，《证券法》第 51 条在明示性地列举了上市公司董事、监事、高级管理人员等八项证券内幕信息知情人员类型之后，通过第九项“兜底条款”将国务院证券监督管理机构规定的其他人整体纳入知情人员范围。尽管上述规定在形式上实现了明确列举与原则概括相结合，但由于缺乏内幕信息知情人员实质标准的界定，造成证券监管机构裁量权过大，最终导致“其他内幕信息知情人员”的范围处于完全不确定的状态。与此相对应，期货内幕信息知情人员法规的规定则更为模糊。尽管《期货交易管理条例》第 81 条第十二项从实质解释的角度将期货内幕信息知情人员的本质界定为基于职务（管理、监督、专业、职业等多方面的职务）可获取内幕信息人员，但其具体列举的知情人员主体类型不仅极为概括，而且使用了大量“其他”人员、“有关”人员等内涵十分模糊的表述，造成期货内幕交易犯罪司法实践难以确定期货内幕信息知情人员。笔者建议，有必要准确梳理证券、期货法律、法规各自的优点与缺点，从内幕交易犯罪主体实质特征与核心类型两方面优化内幕信息知情人员的司法认定规则。

1. 证券内幕信息知情人员

司法实践中应当明确，证券内幕信息知情人员的实质特征是基于职务可获取证券内幕信息。构成《证券法》第 51 条第九项规定的“其他”内幕信息知情人员的行为主体，显然应当与该条前八项规定的内幕信息知情人员主体类型具有同构型特征，在《证券法》本身没有直接且明确规定的情况下，这种同构型特征的归纳正是内幕交易犯罪司法实践应当予以明确的问题。从《证券法》第51条明示性规定的证券内幕信息知情人员类型来看，其实质特征都是基于其在上市公司、上市公司控股公司、上市公司实际控制人、证券监管与服务机构等所承担的职责（包括私营部门的业务性岗位与公共部门的职务性岗位）能够获取内幕信息。因此，由于所其承担的职责可以获取证券内幕信息的人员是证券内幕信息知情人员。这样的实质性界定不仅可以将上市公司并购重组参与方及其工作人员、上市公司重大合同交易对方及其工作人员等《证券法》第51条没有明示性规定，但在实践中能够基于公务性或者业务性的职责充分接触、管理内幕信息的证券内幕信息知情人员，准确纳入内幕信息知情人员范围，而且能够将上市公司的控股股东、实际控制人控制的其他公司及其董事、监事、高级管理人员等被《证券法》第51条所忽略但基于其与上市公司形成持股关系、实际控制关系能够获悉证券内幕信息的人员纳入知情人员范围。

2. 期货内幕信息知情人员

由于我国期货市场运行机制正处于不断完善的阶段，期货交易与期货监管体系相对复杂，导致期货从业人员与监管机构工作人员的主体的定位、辨识、认定等存在一定的模糊与凌乱。有必要通过司法解释明确框定期货内幕信息知情人员的主体范围，从而合理控制期货内幕信息与准确定位期货内幕交易违法犯罪的行为主体。《期货交易管理条例》规定“有关”部门工作人员经国务院机构监管机构的认定可以构成期货内幕信息知情人员。但是，“有关”的含义过于模糊与随意，故笔者建议司法解释应当对此进行细化，将“有关”部门工作人员可以构成期货内幕信息知情人员的类型确定为以下两个方面的内容：

（1）有关监管部门工作人员。

有关监管部门包括直接负责金融监管职能的机构，主要是中国人民银行、中国证监会、中国银保监会及其各地派出机构。由于我国金融行业具有多头监管的特点，其他承担部分金融监管职能的部委也应当属于有关监管部门。例如，财政部金融司的职责范围涵盖了：协调执行货币政策；拟订并监督执行银行、保险、证券、信托等非银行金融机构的资产与财务管理制度；对主权信用进行评级等。上述金融监管职责不仅直接影响金融政策进而作用于期货市场（尤其是利率期货），而且涉及相关金融机构资产配置信息，相关工作人员利用此类政策信息与监管信息，可以从事相关期货交易谋取个人利益。因此，国家发改委、财政部、审计署及其派出机构等承担部分金融监管职能的机构及其工作人员，也应当规定为期货内幕交易违法犯罪中的“有关”监管部门及其工作人员。

（2）有关行业协会工作人员。

中国证券业、期货业、保险业、银行业、信托业协会及其地区性协会等金融行业协会工作人员应当属于期货内幕信息知情人员。同时，在履行自律监管职能过程中掌握大量期货交易市场（特别是商品期货市场）未公开信息的行业协会（例如，有色金属工业协会等），此类协会工作人员在决定大宗商品期货交易价格变动的行业信息处于保密阶段时，利用行业信息优势从事私利交易或者违规抢先将信息提供给他人，也应构成期货内幕信息知情人员。

此外，应当特别强调的是，期货内幕信息知情人员并非局限于期货行业监管或者从业人员。随着金融交易产品开发日趋成熟，证券与期货交易关联性日趋紧密，证券行业人员或者上市公司人员完全可以构成期货内幕信息知情人员。2010 年 4 月，中国金融期货交易所推出沪深 300 股指期货合约的交易品种，我国期货市场正式迈进金融期货时代。由于沪深 300 指数期货合约的涨跌直接与证券现货市场多空信息挂钩。对沪深 300 指数中权重较大的成分股交易价格具有重要影响且尚未公开的信息显然属于证券内幕信息，但其同样对股指期货合约交易价格具有重要影响，这种基于证券现货市场与股指期货市场关联性或者价格传递关系而对金融期货交易价格具有重要影响的未公开信息显然也是期货内幕信息。发行权重股的上市公司的内幕信息知情人员或者其他基于职务便利能够获悉此类内幕信息的金融机构、中介机构工作人员，同样应当构成期货内幕信息知情人员，其在影响权重股交易价格的上市公司内幕信息尚未公开之前，并不直接从事证券交易，而是股指期货市场上建仓谋取个人利益的，应当构成期货内幕交易犯罪。

（二）内幕信息非法获取人员认定问题

根据《刑法》第 180 条的规定，内幕信息非法获取人员是内幕交易犯罪的另一种犯罪主体类型。对于非法获取内幕信息人员的认定，资本市场犯罪刑法理论与实务中长期存在三种不同的观点："非法手段论"认为，非法获取内幕信息人员只能是利用骗取、套取、偷听、监听或者私下交易等非法手段或者通过非法途径获取证券内幕信息的人员。①"不当获取论"认为，对"非法获取"的理解不能过于狭窄，"非法获得"应指"不该获得而获得"，其中"不该获得"是指行为人与内幕信息之间并无职务或业务上的信赖关系，也即行为人属于禁止接触或获取内幕信息的人员。②"混同认定论"采取淡化非法获取内幕信息人员独立类型特征与模糊上述意见分歧的方式，统一使用"内幕人"的概念将内幕信息知情人员及其近亲属、通过非法手段获取内幕信息的人员以及通过其他途经获取内幕信息的人都纳入内幕犯罪行为主体范围。③

《内幕交易犯罪解释》第 2 条与第 3 条通过联动规定非法获取内幕信息人员类型及其异常交易行为特征的创新性刑法解释技术解决上述争议：利

① 参见王作富主编：《刑法分则实务研究（上）》，中国方正出版社 2003 年版，第 546 页。

② 参见刘宪权：《金融犯罪刑法学专论》，北京大学出版社 2010 年版，第 365 页。

③ 2007 年中国证券监督管理委员会《证券市场内幕交易行为认定指引（试行）》第 6 条规定："符合下列情形之一的，为证券交易的内幕人：（一）《证券法》第七十四条第（一）项到第（六）项规定的证券交易内幕信息的知情人；（二）中国证监会根据《证券法》第七十四条第（七）项授权而规定的其他证券交易内幕信息知情人，包括：1.发行人、上市公司；2.发行人、上市公司的控股股东、实际控制人控制的其他公司及其董事、监事、高级管理人员；3.上市公司并购重组参与方及其有关人员；4.因履行工作职责获取内幕信息的人；5.本条第（一）项及本项所规定的自然人的配偶；（三）本条第（一）项、第（二）项所规定的自然人的父母、子女以及其他因亲属关系获取内幕信息的人；（四）利用骗取、套取、偷听、监听或者私下交易等非法手段获取内幕信息的人；（五）通过其他途经获取内幕信息的人。"

用窃取、骗取、套取、窃听、利诱、刺探或者私下交易等手段获取内幕信息的，显然属于非法获取内幕信息人员；内幕信息知情人员的近亲属或者其他与内幕信息知情人员关系密切的人员，或者在内幕信息敏感期内与内幕信息知情人员联络、接触的人员，从事或者明示、暗示他人从事，或者泄露内幕信息导致他人从事与该内幕信息有关的证券、期货交易，相关交易行为明显异常，且无正当理由或者正当信息来源的，应当认定非法获取内幕信息人员。

之所以将其评价为创新性解释，是因为《内幕交易犯罪解释》极为精巧地解释并未通过非法手段获取内幕信息人员的行为"非法性"，即根据交易行为事实（从事、建议从事、泄露信息导致他人从事）与交易行为评价（明显异常且无正当性事由）逆向证明内幕信息知情人员的近亲属、关系密切人、敏感期的联络、接触人等非法获取内幕信息。《内幕交易犯罪解释》第 2 条不仅通过限制行为主体类型的方式将偶然、无意地听闻内幕信息人员排除在内幕交易犯罪行为主体之外，[①]而且在第 3 条极为详尽地列举了"相关交易行为明显异常"的核心判断指标，[②]实质性地提升了非法获取内幕信息人

---

① 参见颜斐：《无意听到内幕信息不是犯罪》，《北京晨报》2012 年 5 月 23 日第 A7 版。无意听到内幕信息从而实施相关证券交易在国外判例中通常也不认为构成内幕交易犯罪。例如，美国证券交易委员会诉巴里·斯威策尔案。在该案中，美国证券交易委员会指控，斯威策尔在 1981 年 6 月举行的俄克拉荷马州高中运动会上无意中听到他认识的一位上市公司董事及其妻子在谈论将要进行的并购事宜。斯威策尔基于该尚未公开的上市公司并购信息从事证券交易并获利 5 万美元。联邦地区法院判决斯威策尔的行为不构成内幕交易。因为无意听闻内幕信息的行为主体既非内幕信息知情人员，亦非非法获取内幕信息人员，其对于内幕信息的来源并不承担任何形式的信赖（不基于信息从事交易或者泄露信息）义务，不受到披露或者戒绝交易规则的限制，故不应当将偶然听闻的内幕信息并据此从事相关证券交易的行为认定为内幕交易。参见 SEC v Switzer, 590 F Supp 756（WD Okla 1984）。

② 《内幕交易犯罪解释》第 3 条规定："本解释第二条第二项、第三项规定的'相关交易行为明显异常'，要综合以下情形，从时间吻合程度、交易背离程度和利益关联程度等方面予以认定：（一）开户、销户、激活资金账户或者指定交易（托管）、撤销指定交易（转托管）的时间与该内幕信息形成、变化、公开时间基本一致的；（二）资金变化与该内幕信息形成、变化、公开时间基本一致的；（三）买入或者卖出与内幕信息有关的证券、期货合约时间与内幕信息的形成、变化和公开时间基本一致的；（四）买入或者卖出与内幕信息有关的证券、期货合约时间与获悉内幕信息的时间基本一致的；（五）买入或者卖出证券、期货合约行为明显与平时交易习惯不同的；（六）买入或者卖出证券、期货合约行为，或者集中持有证券、期货合约行为与该证券、期货公开信息反映的基本面明显背离的；（七）账户交易资金进出与该内幕信息知情人员或者非法获取人员有关联或者利害关系的；（转下页）

员基于内幕信息从事内幕交易犯罪行为证明规则的明确性。

对于《内幕交易犯罪解释》第2条第一项规定的以非法手段获取内幕信息人员，实践中并不存在认定障碍，关键问题在于内幕信息知情人员的近亲属、关系密切人、内幕信息敏感期内的联络、接触人等内幕交易犯罪行为主体的判断。《内幕交易犯罪解释》第2条使用了两个非常重要的概念，即近亲属和关系密切的人员。由于刑法上的近亲属概念并不明确，首创于利用影响力受贿罪的关系密切的人员的内涵与外延在刑法理论与实务中存在较大的认识分歧，内幕信息知情人员近亲属、关系密切人认定问题显然受制于这样的现状而容易在内幕交易犯罪司法实践中产生争议。因此，亟须在理论上准确界定内幕信息知情人员近亲属、关系密切人的范围，否则《内幕交易犯罪解释》第2条第二项将难以在实践中得以有效执行。同时，司法实践中还需要结合现有的证券期货法律解释性文件与反内幕交易实践经验，进一步深度考察《内幕交易犯罪解释》第2条与第3条规定的"相关交易行为明显异常"的判断标准。

1. 内幕信息知情人员近亲属的认定

关于近亲属范围问题，我国《刑法》并没有专门的规定，三大诉讼法及其司法解释的界定也并不一致。①法律及相关司法解释对于近亲属的范围界

(接上页)(八)其他交易行为明显异常情形。"应当看到，在美国内幕交易案件司法实践中，交易模式是判断行为人是否基于内幕信息从事相关证券交易的重要指标。如果控方证明涉案证券交易行为所体现出的模式化特征比较异常，则可以推论从事证券交易的行为主体持有内幕信息或者说相关证券交易依托于内幕信息。从异常交易判断规则上来看，美国联邦第九巡回上诉法院的判例规则比较有代表性：内幕交易案件中的异常证券交易是指行为人从事的证券交易行为显著地区别于其以前的交易模式，在具体判断上应当结合行为人交易相关证券的总量以及比例、交易的时间、相关交易是否与其历史交易记录或者交易习惯吻合等相关要素进行分析。参见 In re Silicon Graphics Inc. Securities Litigation, 183 F.3d 970, 986(9th Cir.1999); Provenz v. Miller, 102 F.3d 1478, 1491(9th Cir. 1996)。对照上述《内幕交易犯罪解释》，我国内幕交易案件中的异常交易判断标准显然更为细致。

① 根据《刑事诉讼法》第108条第6项规定，近亲属是指夫、妻、父、母、子、女、同胞兄弟姊妹。《最高人民法院关于贯彻执行〈中华人民共和国民法通则〉若干问题的意见》第12条则将近亲属的范围确定为：配偶、父母、子女、兄弟姐妹、祖父母、外祖父母、孙子女、外孙子女。在行政诉讼中，根据2000年《最高人民法院关于执行〈中华人民共和国行政诉讼法〉若干问题的解释》第11条的规定，《行政诉讼法》第31条规定的近亲属，包括配偶、父母、子女、兄弟姐妹、祖父母、外祖父母、孙子女、外孙子女和其他具有抚养、赡养关系的亲属。

定不一致，必然会导致刑法理论与实务部门对于如何认定内幕信息知情人员近亲属产生较大争议。笔者认为，在我国《刑法》以及刑法司法解释对近亲属概念未作规定的情况下，从诉讼法关于近亲属的规范界定论证刑法上的近亲属范围是无法获取合理解释的。因为诉讼法定义近亲属是为了解决诉讼上的代理、证据效力等程序性问题，刑事诉讼法基于程序严苛性更强的现实要求，设定了相对狭窄的近亲属范围，行政诉讼法与民事诉讼法基于便利诉讼的实用性考量，对近亲属的范围界定更为宽泛。而内幕信息知情人员近亲属是内幕交易犯罪主体要素，其范围界定应当受到近亲属这一法律概念实体法属性的制约，同时更应当与内幕交易犯罪实质相契合。所以，无论是从与刑法关系最为密切的刑事诉讼法中援引近亲属法律概念的内涵与外延，还是从行政诉讼法与民事诉讼法相关规范中进行推断，都会陷入近亲属概念刑法解释上的方向性误区。

笔者认为，社会生活中的近亲属概念要在刑法上探索其合理范围，必须以财产关系作为限制标准对近亲属进行范围限定。财产关系标准不仅具有实体法上的规范性，而且与内幕交易犯罪利用内幕信息从资本市场交易中非法获取利润的行为实质最为契合。因为近亲与远亲之间的界限是模糊与主观的，最为客观的判断标准应当是财产关系上的远近亲疏，即财产继承关系。从《继承法》第 10 条至第 12 条①有关财产法定继承的规定来看，除了夫妻、父母、子女、同胞兄弟姊妹等之外，继承法上的第一顺序、第二顺序和代位继承中具有法律继承权的主体，也应当视为近亲属。以财产继承关系为核心确定近亲属范围，不仅整体涵盖了三代以内直系血亲，而且根据亲缘结

---

① 根据我国《继承法》第 10 条至第 12 条的规定，遗产按照下列顺序继承：第一顺序：配偶、子女、父母。第二顺序：兄弟姐妹、祖父母、外祖父母。继承开始后，由第一顺序继承人继承，第二顺序继承人不继承。没有第一顺序继承人继承的，由第二顺序继承人继承。本法所说的子女，包括婚生子女、非婚生子女、养子女和有扶养关系的继子女。本法所说的父母，包括生父母、养父母和有扶养关系的继父母。本法所说的兄弟姐妹，包括同父母的兄弟姐妹、同父异母或者同母异父的兄弟姐妹、养兄弟姐妹、有扶养关系的继兄弟姐妹。被继承人的子女先于被继承人死亡的，由被继承人的子女的晚辈直系血亲代位继承。代位继承人一般只能继承他的父亲或者母亲有权继承的遗产份额。丧偶儿媳对公、婆，丧偶女婿对岳父、岳母，尽了主要赡养义务的，作为第一顺序继承人。

构与家庭财产归属的实际情况出发，将非婚生子女、养子女和有扶养关系的继子女，养父母和有扶养关系的继父母，同父异母或者同母异父的兄弟姐妹、养兄弟姐妹、有扶养关系的继兄弟姐妹，以及承担主要赡养义务的丧偶儿媳、女婿等纳入近亲属范围，更能实现内幕交易犯罪主体界定与内幕交易犯罪实质之间的高度契合。因为近亲属之所以能够从内幕信息知情人员处获取内幕信息，根本原因在于其不仅能够基于“近”的家属关系影响内幕信息知情人员对于内幕信息的保密程度，而且能够在内幕信息所可能产生的财产利益方面与内幕信息知情人员形成利益共同体。

2. 内幕信息知情人员关系密切人的认定

其他与内幕信息知情人员关系密切的人员这一概念显然源于《刑法》第388条利用影响力受贿罪中的“其他与该国家工作人员关系密切的人”。然而，刑法并没有对此类关系密切人进行定义。笔者认为，内幕信息知情人员的关系密切人着眼于该种类型的行为主体与内幕信息知情人员之间的人际关系，强调的是两者之间的人际关系超越普通层面，达到了紧密的联系、黏合、影响程度。这种紧密联系可以是友好关系，也可以是客观中性的利益、利害关系，还可以是并非基于职权而生成的控制、胁迫、制约关系。因此，内幕交易犯罪司法解释既然使用了关系密切人的概念，实际上就应当将其实质内涵明确界定为与内幕信息知情人员人际关系紧密的人。对于内幕信息知情人员关系密切人的具体范围问题，应当根据人际关系的不同侧面予以具体展开：(1)亲属层面的人际关系，主要是指近亲属以外的与内幕信息知情人员关系密切的亲属；(2)利益层面的人际关系，主要是指与内幕信息知情人员有共同利益关系、利害关系的人；(3)情感层面的人际关系，主要是指内幕信息知情人员的情妇(夫)或者其他有情感依恋关系的人；(4)社交层面的人际关系，主要是指与内幕信息知情人员紧密交往的同乡、同事(包括现在和以前的平级和上下级同事)、同学、战友、朋友、商业伙伴、常规工作联系人等。

3. 内幕信息知情人员联络人、接触人的认定

内幕信息的传递一般多发于近亲属以及其他关系密切人之间，但这并

不意味着没有证据表明行为人与内幕信息知情人员之间关系密切，就可以直接排除行为人获取内幕信息的可能。内幕信息完全可以在社会关系一般的主体之间进行传递。内幕信息知悉人员基于故意、口风不严、疏忽大意、意图使得信息受领者利用内幕信息牟利、炫耀等各种因素，都可能使得行为人获取内幕信息。正是因为认识到上述内幕信息传递的实践特征，《内幕交易犯罪解释》第2条第三项规定，在内幕信息敏感期内，与内幕信息知情人员联络、接触，从事或者明示、暗示他人从事，或者泄露内幕信息导致他人从事与该内幕信息有关的证券、期货交易，相关交易行为明显异常，且无正当理由或者正当信息来源的，构成非法获取内幕信息人员。上述规定不仅将内幕信息知情人员近亲属、关系密切人之外的内幕信息敏感期内的联络、接触人纳入内幕交易犯罪主体范围，而且合理地将偶然、无意地听闻内幕信息人员排除在内幕交易犯罪行为主体之外。①行为人实施证券交易之前与内幕信息知悉人员之间的联络和接触是一个沟通联系与内幕信息传递的言语互动过程。这种联络和接触可以是面谈，也可以是电话、短信沟通，更可以是邮件联系；有的是“一语中的”直接点出内幕信息，也有的是“三言两语”传递内幕信息，还有的是在较长时间里的讨论内幕信息，更有的是谈论了多个事项过程中包含或者夹杂内幕信息。

4. 交易行为明显异常的认定

内幕信息知情人员的近亲属、关系密切人相对于内幕信息敏感期内知情人员的联络、接触人而言，其社会联系的现实强度与内幕信息内容的知悉程度明显更高，逻辑上合理的推论应当是前者实施的相关交易行为的异常性程度应当明显低于后者，这样才能保证内幕交易犯罪行为静态构成标准与动态证明过程的平衡并最终刑事归责的平衡。而《内幕交易犯罪解释》第3条对于上述两种不同的行为主体类型却设置了程度完全相同的“明显异常”指标，即从时间吻合程度、交易背离程度和利益关联程度等方面来看，内

① 颜斐：《无意听到内幕信息不是犯罪》，《北京晨报》2012年5月23日第A7版。

幕信息知情人员的近亲属、关系密切人、信息敏感期内的联络、接触人在账户使用、资金配置、交易时间、交易习惯、证券、期货产品基本面等综合要素上与内幕信息的形成、变化和公开时间“基本一致”，都应认定为非法获取内幕信息人员从而承担内幕交易犯罪的刑事责任。

事实上，2011年最高人民法院《关于审理证券行政处罚案件证据若干问题的座谈会纪要》（以下简称《证券行政处罚纪要》）对上述两种不同类型的主体设置了完全不同的判断标准。根据《证券行政处罚纪要》第5条①的规定，内幕交易行为成立的基础在于，内幕信息知情人员的近亲属、关系密切人的证券交易活动与该内幕信息“基本吻合”，而内幕信息公开前与内幕信息知情人或知晓该内幕信息的人联络、接触，其证券交易活动应当与内幕信息“高度吻合”。对照《内幕交易犯罪解释》第3条与《证券行政处罚纪要》第5条，敏感期内内幕信息知情人员的联络、接触人的交易行为与内幕信息基本一致可以构成刑事犯罪，但构成证券行政违法却要达到“高度吻合”的程度——内幕交易违法与犯罪的法律规格出现明显倒挂。

一种在理论上存在解释空间的理解是，作为最新司法解释的《内幕交易犯罪解释》放弃了《证券行政处罚纪要》规定的区分化处理规则，根据新司法解释效力优先原则，刑事司法实践中应当坚持《内幕交易犯罪解释》第3条的规定。同时，《证券行政处罚纪要》本身以及权威性解读文本确实也没有完成“基本吻合”与“高度吻合”标准的实质性区分，②即《证券行政处罚纪要》没有明确回答何种程度的资金、账户、交易时间、交易模式等指标构成基

---

① 《证券行政处罚纪要》第5条“关于内幕交易行为的认定问题”规定：“会议认为，监管机构提供的证据能够证明以下情形之一，且被处罚人不能作出合理说明或者提供证据排除其存在利用内幕信息从事相关证券交易活动的，人民法院可以确认被诉处罚决定认定的内幕交易行为成立：（一）证券法第七十四条规定的证券交易内幕信息知情人，进行了与该内幕信息有关的证券交易活动；（二）证券法第七十四条规定的内幕信息知情人的配偶、父母、子女以及其他有密切关系的人，其证券交易活动与该内幕信息基本吻合；（三）因履行工作职责知悉上述内幕信息并进行了与该信息有关的证券交易活动；（四）非法获取内幕信息，并进行了与该内幕信息有关的证券交易活动；（五）内幕信息公开前与内幕信息知情人或知晓该内幕信息的人联络、接触，其证券交易活动与内幕信息高度吻合。”

② 参见赵大光、杨临萍、蔡小雪、李涛：《〈关于审理证券行政处罚案件证据若干问题的座谈会纪要〉解析》，《人民法院报》2011年8月31日第6版。

本吻合或者高度吻合。但是,交易行为明显异常是否确实不具有基本一致(吻合)与高度一致(吻合)的实质可区分性?

笔者对此持否定意见并提出以下建议性规则供司法解释参考——高度一致(吻合)的信息指标表现为:(1)资金流向上,行为人及其控制的证券账户交易记录显示其不惜大额亏损卖出其他股票,然后满仓买入内幕信息涉及的股票;行为人在内幕信息形成之后且尚未公开之前,快速集中明显超过其以往交易记录的操作资金或者以高额资本成本获取融资,买卖内幕信息涉及的证券、期货。(2)交易风格上,行为人以往证券、期货交易风格表现为分散持股(持仓),而在相关内幕信息尚未公开之前集中绝对数量和相对比例显著超过其交易风格的资金配置模式,操作内幕信息涉及的证券、期货合约。(3)交易时间上,行为人在重大利空信息即将公开之前的精准减持,或者在重大利好信息形成之后的突击增持。与之对应,基本一致(吻合)的信息表征是:(1)行为人在其控制账户之间进行无亏损或亏损度一般的调仓;行为人调拨大量自有资金或者以合理成本借贷资金进入证券账户用于买卖与内幕信息有关的证券、期货。(2)在与内幕信息相关的证券、期货合约基本面没有明显变动的情况下,将集中持股(持仓)转换为集中持有内幕信息对应的证券、期货合约。(3)行为人实施的相关证券、期货交易时间完全处于内幕信息形成与公开的范围之内,但买入或者卖出时间节点并非紧接于利好信息形成之后或者利空信息公开之前。

(三) 正当交易抗辩认定问题

在排除内幕交易犯罪行为属性的正当化事由层面,《内幕交易犯罪解释》第 4 条规定了不属于从事与内幕信息有关的证券、期货交易的情形:一是持有或者通过协议、其他安排与他人共同持有上市公司百分之五以上股份的自然人、法人或者其他组织收购该上市公司股份的;二是按照事先订立的书面合同、指令、计划从事相关证券、期货交易的;三是依据已被他人披露的信息而交易的;四是交易具有其他正当理由或者正当信息来源的。①其中

① 参见张先明:《"两高"联合出台司法解释指导司法机关正确办理内幕交易犯罪案件》,《人民法院报》2012 年 5 月 23 日第 1 版。

最需要进一步细化论证的是第二种情形。根据《内幕交易犯罪解释》第4条第二项的规定，按照事先订立的书面合同、指令、计划从事相关证券、期货交易的，不属于内幕交易犯罪行为。这实际上是内幕交易违法犯罪案件中的一种典型抗辩事由，即预设交易计划抗辩。

例如，在岳某某保荐代表人内幕交易案中，岳某某及其代理人就提出，其买入上市公司三爱富股票是执行事先预定的交易计划，故岳某某实施的相关证券交易行为不具有违法性，不应当认定为内幕交易。①

作为内幕交易违法犯罪的一种肯定性辩护，预设交易计划最早规定于美国证券交易委员会（SEC）2000年监管规则《选择性披露与内幕交易》：控方推定持有重大未公开信息的行为人在从事相关证券交易时使用该未公开信息，但行为人可以提出以下反驳推定的事由：（1）事先存在从事该项交易的有约束力的合同；（2）执行事先存在的第三方交易指令；（3）事先存在的书面计划预先详细说明了该项交易。②该项预设交易计划抗辩在实践中又被称为10b5-1避风港规则，即如果行为人预先计划（包括证券数量、交易价格、交易日期等要素）从事相关证券交易时没有获悉重大未公开信息，随后执行该计划中规定的交易行为，即使届时掌握了该重大未公开信息，亦不能对其提出内幕交易指控。③

从规则内容上分析，我国《内幕交易犯罪解释》第4条第二项规定的预设交易计划抗辩与美国《选择性披露与内幕交易》的10b5-1避风港规则基本一致。《内幕交易犯罪解释》基于保障被告人抗辩权，防止内幕交易适用不当扩大，借鉴成熟资本市场做法，④直接规定预设交易计划可以排除内幕交易犯罪性质，不仅在实体标准与证明程序上对持有内幕信息但并未实际

---

① 参见许志峰：《证监会查处券商人员内幕交易》，《人民日报》2012年1月20日第10版。

② 17 C.F.R. §240.10b5-1.

③ Stanley Veliotis, Rule 10b5-1 Trading Plans and Insiders' Incentive to Misrepresent, 47 American Business Law Journal 313, 314(2010).

④ 参见张先明：《"两高"联合出台司法解释指导司法机关正确办理内幕交易犯罪案件》，《人民法院报》2012年5月23日第1版。

使用该信息从事证券交易的市场主体提供了合法且合理的内幕交易免责空间，而且能够在很大程度上分散内幕交易执法与司法的压力，同时又可以通过允许合法的内部人交易丰富资本市场的流动性。但在内幕交易案件司法实践中还应当注意以下两个问题：

1. 预设交易计划抗辩的实践判断

《内幕交易解释》仅仅原则性规定了预设交易计划抗辩事由，并没有对如何具体操作这种避风港规则作出进一步明确的指引。同时，我国《证券法》《期货交易管理条例》等行政法律法规均未对预定交易计划的适用范围与运作程序进行明确与系统的规定。而预设交易计划这种内幕交易抗辩事由的本质在于，在允许上市公司内部人员或者内幕信息实际持有人员实施必要的交易行为的同时排除其他基于内幕信息的违规交易。故预设交易计划的法律规则应当是非常复杂的一个规范结构，亟需设置完备的程序规范与实体条件等配套制度才能在实践中得以有效执行。

所以，笔者建议，预设交易计划纵然应当成为排除内幕交易刑事违法性的正当化事由，但在具体适用时应当明确构成该种抗辩事由应当符合以下法律要素：交易计划在时间上制定于内幕信息形成之前；预定交易计划必须委托证券中介机构进行操作；交易计划应当对证券交易方式、数量、价格、时间等要素，或者计算上述交易数量、价格和时间等要素的具体公式，进行明确约定；针对相关证券设定的交易计划应当向证券监管机构或者交易所备案；个人或者机构在知悉重大未公开信息之后，其本人或者受其委托的未知悉重大未公开信息的个人或者机构，不得对如何、何时、是否执行该交易计划施加后续影响。此外，相关证券、期货行政法律法规应当对资本市场中的预设交易计划问题进行系统性与规范化的界定，为司法实践提供坚实的前置性法律规范基础。

2. 预设交易计划抗辩的滥用风险

作为一种安全港规则，预设交易计划实质上就是为内部人交易提供免责事由，在实践应用中有必要细致评估内部人滥用该项抗辩事由规避内幕交易责任的风险，并提出针对性的规则应对。

在美国资本市场中，基于预先设定的交易计划实施相关证券交易的盈利普遍高于一般证券交易，据此，美国证券监管机构以及资本市场中的有意见认为，这样的数据足以证明实践中普遍存在滥用预先设定的交易计划从事内幕交易的可能，并且 10b5-1 避风港规则并不能有效地防止内部人通过预先设定的交易计划谋取不正当的利润。[①]但是，单纯根据上市公司内部人交易计划收益高于市场一般收益水平只能说明上市公司内部人交易水平高于外部投资者，这显然与上市公司内部人能够获取更为充分的内部信息紧密相关。在没有证据证明此类内部信息具有重大性的情况下，上市公司内部人基于信息能力的优势获取高于资本市场平均水平的收益显然是基于信息差异而产生价格分歧的市场自然现象。因此，评估滥用预设交易计划抗辩的风险还需要更为明确的实证基础。

在一项更为全面且具有针对性的实证研究中，艾伦·加格林泽尔教授对 12 500 家上市公司进行有关内部人交易的调查，其中共有 3 000 余名内部人实施了 10 万余次内部人交易。调查结果显示：上述内部人交易中，基于 10b5-1 避风港规则展开的事先预定的交易计划的收益高于市场平均收益水平 6 个百分点，而其中没有按照 10b5-1 避风港规则展开的内部人交易收益仅高于市场平均收益 1.9 个百分点；上市公司内部人根据事先预定交易计划中的减持行为通常有条不紊地在上市公司发布利空信息之前以及利好信息之后进行，相对于没有基于 10b5-1 避风港规则进行相关交易的上市公司内部人而言，这种减持行为体现出预期的异常准确性；在部分上市公司内部人终止事先预定的卖出证券计划的案例中，上市公司证券交易价格在原计划卖出证券的时间之后出现了明显的上涨。[②]

尽管这项实证研究仍旧无法确定滥用交易计划是否已经成规避内幕交

① Jane Sasseen, The SEC is Eyeing Insider Stock Sales, Business Week, March 19, 2007, p.41.

② Alan D. Jagolinzer, SEC Rule 10b5-1 and Insiders' Strategic Trade, 55 Management Science 224(2009).

易责任且现实地造成证券交易收益差异的直接原因，但其调查结果所反映的问题确实值得我国内幕交易司法实践进行反思——上市公司内部人在相对早期的时间范围内预先设定证券交易计划，在获悉重大未公开信息之后，一旦发现交易计划与重大未公开信息所显示的交易方向不吻合便取消交易计划；上市公司内部人在交易计划设定完毕后，利用其管理职权通过控制上市公司重大事件发展过程的节奏控制重大未公开信息形成与发展的时间，或者控制信息披露的节奏——交易计划流程中的此类操作手法确实可以达到滥用避风港规则从而规避内幕交易责任的效果。

因此，笔者认为，反内幕交易司法规则在规定预先设定的交易计划可以排除内幕交易责任的基础上，应当进一步细化这种抗辩事由的具体适用条件，同时，司法机关在个案中应当加强对交易计划内容与现实交易情况的审查。上市公司内部人尚未掌握重大未公开信息之前，固然随时可以对交易计划进行任何形式的调整。但是，在已经建构交易计划且获悉重大未公开信息之后，上市公司内部人必须按照合同、指令或者计划执行相关交易，即不能改变交易计划、在交易计划中增加或者新建与特定证券匹配的对冲交易，否则不能适用预设交易计划抗辩。①

（四）内幕信息价格敏感期认定问题

根据《刑法》第180条的规定，证券、期货交易内幕信息的知情人员或者

---

① 监管机构应当同步完善强制性信息披露规则，防止上市公司内部人通过控制上市公司重大事件进程来操控重大未公开信息的发展。例如，在上市公司重大合同签订过程中，一般认为交易双方对合同价格要素达成一致时，上市公司重大未公开信息形成，故上市公司内部人在价格要素尚未达成一致意见的情况下购买上市公司证券，通常可以基于未公开信息尚不具备重大性而认为其不构成内幕交易。但这种对于重大合同交易价格尚未达成一致意见的情形实际上完全可以由上市公司内部人在谈判过程中进行人为控制，比如，负责商谈的高管在对方提出符合上市公司利益预期的价格或者价格幅度时，故意拖延商谈进程，人为造成价格要素未达成一致的状态，并利用这一时间差从事内部人交易，在随后的磋商过程中及时认可之前交易对方提出的价格或者价格幅度。所以，监管机构有必要对上市公司重大信息强制性披露进行更为细致的要求与动态的监管，不断根据实践中的新情况调整监管规则。就上述示例而言，在信息披露监管上应当要求上市公司重大合同首次报价与最终商定价格一致的，以首次报价时间作为重大信息的形成时间，上市公司应当进行披露；基于商业利益考虑延迟披露的，应当予以保密。在首次报价且信息尚未披露时从事证券交易的，构成内幕交易；泄露该首次报价信息的，构成泄露内幕信息。

非法获取证券、期货交易内幕信息的人员，在涉及证券的发行，证券、期货交易或者其他对证券、期货交易价格有重大影响的信息尚未公开前，从事、建议他人从事、泄露内幕信息导致他人从事相关证券、期货交易，情节严重的，构成内幕交易、泄露内幕信息罪；内幕信息的范围，依照法律、行政法规的规定确定。我国《证券法》第 80 条、第 52 条、《期货交易管理条例》第 81 条第十二项对内幕信息的概念和范围进行了界定。可见，法律禁止特定行为主体在内幕信息形成之后至公开之前从事相关证券、期货交易，故内幕信息的司法判断是准确认定内幕交易犯罪的首要问题。

但内幕信息上市公司重大事件等内容单纯且静态的表达，而是一个从信息萌芽、发展、形成、持续影响证券、期货交易价格直至最后公开的动态过程。如何判断内幕信息价格对证券、期货合约交易价格的重大影响性，即价格敏感性，是内幕信息司法实践判断的最大难题。由于《刑法》《证券法》等均以内幕信息形成与公开作为禁止内幕交易行为的时间节点，故实践中分析相关信息是否具有影响理性投资者的投资行为进而影响证券、期货合约交易价格的特性，实际上就是内幕信息价格敏感期判断问题。《内幕交易犯罪解释》第 5 条第 1 款与第 4 款分别以司法解释的形式正式将“内幕信息敏感期”的概念界定为内幕信息自形成至公开的期间，并明确将内幕信息公开标准规定为内幕信息在国务院证券、期货监督管理机构指定的报刊、网站等媒体披露，在一定程度上解决了部分与内幕信息认定有关的理论分歧与实践争议。①

① 在《内幕交易犯罪解释》发布前，理论与实践中对内幕信息公开标准的意见并不一致。有的观点主张适用形式公开标准，即尚未被公众知晓的重大信息在证券监管机构制定的媒体予以发布之时，应当认定内幕信息业已公开。参见张小宁：《论内幕交易罪中“内幕信息”的界定》，《昆明理工大学学报（社会科学版）》2009 年第 3 期；顾肖荣、张国炎：《证券期货犯罪比较研究》，法律出版社 2003 年版，第 403—404 页。但也有观点认为应当采纳实质公开标准，即内幕信息按照法定形式披露之后，必须经过一定时间被市场消化，才能认定为内幕信息已经公开。参见陈海鹰、朱卫明、叶建平：《泄露内幕信息罪、内幕交易罪的若干问题探析——由“杭萧钢构案”展开》，《法治研究》2008 年第 3 期；刘宪权：《内幕交易、泄露内幕信息罪若干疑难问题探析》，《犯罪研究》2003 年第 2 期。《内幕交易犯罪解释》采取了形式公开标准，避免了实质公开标准的不确定性。

然而,《内幕交易犯罪解释》第 5 条第 2 款与第 3 款[①]规定的内幕信息形成时间司法认定规则在实践适用中仍然存在较多争议与困惑。笔者认为,未公开信息是对与证券、期货交易价格具有重大影响的事件或者行为发展过程与程度的反应,其动态地展现重大事件或者行为逐步从高度不确定性向可能性乃至现实性的转化。内幕信息是上市公司在业务经营、公司治理等市场活动中或者期货市场政策调整、交易监管中形成的重大未公开信息,内幕信息形成时间认定本质上是对尚未公开信息何时对证券、期货交易价格产生重大影响的量化判断问题。所以,有必要通过基本原理与类型化阐释相结合的方式建构司法判断规则,并通过发布指导性案例细致阐释例外情况补充司法规则本文解释个案中内幕信息形成时间问题时所必然会出现的空缺与不足。

1. 内幕信息形成时间司法判断的基本原理

内幕信息形成时间的司法判断应当秉持分析问题贯通全面性与兼容性的理念,既要根据资本市场现实对内幕信息形成时间进行适度的提前认定,又要在准确评估高风险信息基础上排除其具有重大性的可能。

首先,在判断信息是否对证券、期货交易产生重大影响时,应避免内幕信息重大性认定标准成为保障资本市场投资者权益的障碍。

尚未公开的信息发展到对证券、期货交易价格产生重大影响的程度即可形成内幕信息,信息所对应的事件是否发生以及交易价格现实的关联性变动可以作为信息重大影响的有效验证但非必要条件。例如,有关上市公司收购的未公开信息并不需要等到收购方案成型或者收购交易实施才能认定内幕信息形成,在上市公司收购交易双方启动磋商时,根据基本证券常识

① 根据《内幕交易犯罪解释》第 4 条第 2 款与第 3 款的规定,一般情况下,内幕信息形成时间与可能对证券、期货价格产生重大影响的上市公司"重大事件""计划""方案"以及期货市场"政策""决定"的形成时间是一致的;特殊情况下,由于影响内幕信息形成的动议、筹划、决策或者执行人员对其行为所带来的市场影响具有较高的确信度,其动议、筹划、决策或者执行的初始时间,应认定为内幕信息形成之时。

足以判断相关投资方拟收购上市公司这一信息可能影响该上市公司股票交易价格。该信息一旦公开或者泄露，上市公司市值势必明显波动，故早在收购磋商初期之前，完全可以得出内幕信息形成的判断。所以，与证券、期货发行与交易有关的事实所蕴含的信息是否具备重大性，应当就该事实的现实发展情况进行分析，而不能机械地将信息具有重大性的时点固定在证券期货法律规范规定的特定重大事件、事实确定发生之时。

其次，内幕交易中未公开信息重大性判断原则上不能与虚假陈述中的未公开信息重大性判断问题进行混同理解。

全球资本市场法律规范对证券欺诈监管设置了一项相同的标准：利用上市公司内部信息从事证券交易，或者违规披露、不披露上市公司信息，只有在该信息具有重大性时，才可能构成内幕交易或虚假陈述。在理论上有观点认为，虚假陈述与内幕交易中的信息重大性判断问题适用相同法律规则。①但在实践中，虚假陈述与内幕交易往往又适用不同的信息重大性判断规则。例如，理性投资者规则与市场影响规则是美国联邦法院系统判断虚假陈述案件中信息是否具有重大性的两大重要标准。根据理性投资者规则，信息重大性应当考察虚假陈述的事实对于理性投资者的价值。理性投资者会认为相关事实对于决定如何实施投资行为是重要的，或者对于理性投资者而言，披露相关事实非常可能会显著地改变其所能够获取的信息总和所反映的市场认知，则构成重大信息。②相关信息具备重大性并不意味着理性投资者必定会基于该信息的介入而改变投资决策，③而是指上市公司

---

① Thomas Lee Hazen, The Law of Securities Regulation (5th ed.), West Group, 2005, p.284.

② TSC Industries, Inc. v. Northway, Inc., 426 U.S. 438, 449(1976).我国台湾地区判例适用相同的规则：相关信息是否构成对股票价格具有重大影响的信息，除了可以参考信息公开后相关公司股票价格变动之外，作为判断该信息是否构成重大信息的依据，应当是某一事件对公司的影响，该未经公开的信息是否在合理投资人于知晓该信息后，非常可能会重大地改变其投资决定，或者改未经公开的信息，与合理投资者已获悉的信息合并观察之后，合理投资人便会对股票价格或者投资与否进行重新评估。参见我国台湾地区"高等法院"2006 年度上诉字第 2706 号刑事判决。

③ S.E.C. v. Mayhew, 121 F. 3d 44, (2d Cir. 1997).

内部人控制的与证券投资有关的重大信息，如果被资本市场中的其他理性投资者掌握，并结合市场中其他与该上市公司有关的信息，该理性投资者可能对证券进行重新估价。[①]根据市场影响规则，重大性是判断虚假陈述违法犯罪案件是否成立的首要条件，信息重大性应根据信息披露之后上市公司证券交易价格的即时变动或合理时间范围内的变动予以分析。[②]尽管这两大信息重大性判断标准在司法判断客观性尺度把握层面存在内在冲突，但其均强调构成虚假陈述的前提，即未公开信息的重大性，应当着眼于信息之于市场或者市场参与者的现实或者可预期的效果。而在美国内幕交易判例实践中，尚未公开的信息重大性(也就是内幕信息形成时间)判断主要适用“发生概率—影响程度”规则：相关信息是否具有重大性取决于对特定时间该信息所反映的事件的发生概率以及该事件发生对于上市公司的预期影响程度的具体权衡。即某项尚未披露的信息与法律规定的重大事件等相关，则该信息在特定的时间节点是否对于证券交易价格具有重要影响，应该结合该项事实的发生概率与重大事件实际发生时对上市公司经营活动的影响程度这两个因素进行判断。[③]可见，内幕交易案件信息重大性判断明显突出信息所对应的事实的质[④]与量[⑤]对于信息是否具有价格敏感性的直接影响，并且这种影响性的判断更侧重于从市场经验与投资心理的主观角度进行衡量。

笔者认为，上市公司重大事件、重大经营行为等是一个持续演进与不断发展的过程，相关信息在反应事件或者行为进程时具有多个发展阶段。在

---

① Stefan Padfield, Who Should Do the Math? Materiality Issues in Disclosures that Require Investors to Calculate the Bottom Line, 34 Pepperdine Law Review 927, 933(2007).

② In re Merck & Co. Inc., Securities Litigation, 432 F.3d 261(3d Cir. 2005).基本案情：原告对默克制药公司及其高管提起证券欺诈集团诉讼，声称被告在2002年首次公开发行过程中通过不恰当的财务手段对子公司资产剥离问题进行误导性陈述。美国联邦第三巡回上诉法院认为，默克制药公司重新披露子公司资产问题后证券交易价格并未立即或者及时变动，故不能认定该项信息具有重大性。

③ SEC v. Texas Gulf Sulphur Co., 401 F. 2d 833, 849(2d Cir. 1968).

④ 例如，事实的具体性质是并购重组还是财务变化。

⑤ 例如，事实的发生概率是25%、50%还是75%。

信息发展过程中，禁止从事内幕交易的时间起点，即信息具备重大性的时间，与应依法披露的信息具备重大性的时间，应适用不同司法判断标准——内幕信息形成时间应当早于开始具有披露重大信息义务的时间。因为较早地认定信息具有重大性而强制上市公司进行披露可能会损害上市公司利益（例如，在并购交易初期就要求对磋商情况进行披露，会刺激市场反应，导致投资者或投机者大量购买目标公司证券，从而推高收购成本，甚至造成交易价格所依赖的证券市场价格畸高而取消并购计划），或者误导投资者（例如，披露并购初期信息后，市场预期并购最终将会发生从而大量做多目标公司证券，但由于并购初期磋商远未涉及并购交易核心问题，在后续谈判中由于双方无法达成一致意见、执行困难等原因而出现并购失败，目标公司证券价格暴跌，投资者产生重大损失）。而在上市公司重大事件、经营行为发展阶段的早期就将反应事件内容的信息界定为重大信息，不仅与市场交易行为总是对信息进行提前反应的现实相契合，而且能够通过内幕信息形成时间的提前认定压缩内部人交易时间，相对有效地提升知情人员在未公开信息性质模糊的存续时间进行内部人交易的成本。因此，内幕交易中的重大性标准显然低于虚假陈述，实践中应确立内幕信息形成时间显著早于重大信息披露义务生成时间的基本原理。

最后，与上市公司重大事件、期货交易政策等有关的信息确实处于高度不确定状态的，基于该信息而实施的金融交易具有高度风险，知情人员从事的此类高风险投机交易不应构成内幕交易。

实践中，上市公司可能从事的重大行为或者可能发生的重大事件，早在内幕信息形成之前，通常就已经处于信息保密的范畴，只有一定范围的内部人才有可能接触，市场外部投资者对并购最前期的信息无从知晓。这固然是信息掌控上的客观不平等。但是，反内幕交易法律规范与司法实践没有必要过度放大上市公司内部人与外部投资者之间的信息获取与判断能力落差，从而忽视了内部人员利用高度不确定信息进行交易本身所具有的风险性。资本市场应允许，甚至必须坚持信息能力的差异，否则，如果市场信息评估结论完全一样，就不存在价格分歧，资本市场资源优化配置的功能也就受到了根本性冲击。反内幕交易制度规制的应当是利用理性投资者认为会影响证券价格的未公开信息从事交易的行为，因为这种交易被广泛认定为没有风险或风险极低且不公平地局限于内部人才能进行操作。信息尽管与会引发证券价格波动的重大事件相关，但若其处于前期高度不确定状态，这意味着基于此类信息所从事的交易同样蕴含着高度风险，不应认定此类尚未公开的信息已经发展为内幕信息。因此，不应规制资本市场中基于此类信息实施的高风险投资或投机。

2. 内幕信息形成时间的类型化判断规则

内幕信息本身所具有的类型复杂性特点决定了必须选择典型内幕信息归纳类型化内幕信息形成时间判断规则。信息重大性应根据个案中交易行为的特征以及相关事实的进展模式进行具体分析，判断上市公司运作过程中的相关信息何时具备重大性事实上并不存在一元化的法律标准。①这种意见正确地强调了信息重大性判断必须建筑在大量事实分析的基础之上，但在内幕信息形成时间判断实践中，并非不能选择特定的内幕信息类型化特征抽象出一些核心规则。相反，在并购重组、财务信息披露等典型、高发、市场共识较为集中的环节，完全可以对内幕信息形成时间的规律进行类型化阐释。

（1）并购重组内幕信息形成时间判断。

并购重组环节是我国内幕交易犯罪案件的重灾区。②2008 年至 2011 年，在中国证监会调查或者移送公安机关的内幕交易案件中，近一半为并购重组过程中的内幕交易。由于一些并购重组项目决策环节多，直接涉及的知情人员多，内幕信息保密具有相当难度。③故当前实践中行为人主要是利用并购重组过程中形成的内幕信息进行非法交易。在美国资本市场中，美

① Radiation Dynamics, Inc. v. Goldmuntz, 464 F2d 876, 888(2d Cir 1972).

② 郑晓波：《内幕交易势头得到一定程度遏制》，《证券时报》2011 年 4 月 6 日第 A1 版。

③ 许志峰：《内幕交易颠覆股市根基》，《人民日报》2012 年 5 月 25 日第 10 版。

国证券交易委员会早期查处的比较著名的内幕交易案件①基本上都是在并购环节发生的。在近几十年的金融实务中，由于并购交易中的收购方通常会向目标公司股东支付较高的溢价，并购信息对于目标公司证券交易价格上升预期具有极为重要的价值，从中实施内幕交易的利益极为可观，故并购环节的内幕交易是全球资本市场以及司法实践极为关注的主要违法犯罪类型。所以，有必要重点分析并购重组中内幕信息形成的现实规律与判例经验，建构类型化规则，并以此为经验与逻辑基础，逐步研究与重大合同、业绩发布、经营变化等有关的其他内幕信息类型的司法规则。

我国上市公司并购重组环节内幕交易案件判例基本上将上市公司及相关并购重组方等拟交易主体确定的时间认定为内幕信息形成之时：在“延边公路”内幕交易案中，非上市公司广发证券拟通过资产注入的方式控股上市公司。广发证券确定收购对象意味着上市公司收购计划即将全面展开，会对收购对象的股票运行价格产生重要影响。该案内幕信息形成时间被认定为广发证券制作借壳上市方案并拟定以辽宁时代、延边公路为备选收购对象之日。②在“天山纺织”内幕交易案中，被告人姚某某任总经理的凯迪投资拟对上市公司天山纺织进行资产重组。新疆维吾尔自治区国资委、金融办以及凯迪投资等召开非正式会议拟定天山纺织重组之日被认定为内幕信息形成之日。③以国有投资主体为主导的引入民营资本重组上市公司，国有资本确认上市公司交易对手方之时，意味着上市公司重大资产重组即将展开。在“高淳陶瓷”内幕交易案中，中国电子科技集团第十四研究所拟通过资产置换及非公开发行等方式对上市公司高淳陶瓷进行重大资产重组。资产重

① 当时比较有影响的案件是 Ward La France 卡车公司内幕交易案。Ward La France 公司在没有披露其正在进行的公司股权转让磋商的情况下，于磋商首日直至并购双方就交易价格达成口头一致性意见，在场外市场购买本公司证券。美国证券交易委员会认定上市公司未公开的控制性股权溢价转让或者重大资产交易磋商信息构成内幕信息。参见 Ward La France Truck Corp，13 SEC 373(1943)。

② 詹志强：《中国“券商内幕交易第一案”内幕》，《检察日报》2009 年 1 月 22 日第 6 版。

③ 周浙玲：《天山纺织重组内幕交易详情曝光》，《中国证券报》2011 年 1 月 18 日第 8 版。

组合作框架第一次以书面化的形式确认研究所作为上市公司资产重组交易方之日被认定为内幕信息形成时间。[①]在“创新科技”内幕交易案中，上市公司创新科技实际控制人上海祖龙公司董事长陈某某计划将其控制的上海振龙房产公司有关资产注入创兴科技。由于上市公司资产重组交易双方都处于单一行为主体的实际控制之中，重组是否进行完全取决于实际控制人的意志，故被告人陈某某会同创兴科技高管以及证券中介商讨资产注入方案之日被认定为内幕信息的形成时间。[②]在“中山公用”内幕交易案中，上市公司中山公用科技股份公司（以下简称科技公司）的控股股东中山公用事业集团股份公司（以下简称集团公司）计划将集团公司整体资产注入科技公司从而实现集团公司整体上市。由于集团公司系国有资本控股，集团公司重大资产处置需要经过行政审批程序，故集团公司董事长向原中山市委书记陈某某汇报集团公司资产注入科技公司计划之时被认定为内幕信息的形成时间。[③]

可见，并购本质上是上市公司股东或其实际控制人与特定交易对手之间的资产交易，股东或实际控制人出让部分股份或者整体退出上市公司，交易对手方支付对价，故并购拟交易双方到位或确定之时，可认定为内幕信息形成。[④]司法实践在理解该类型化规则时，应注意以下要点：

其一，具有并购意向的公司一般只有在互相直接接触或者通过投行等中介机构协助接触的基础上才有可能确定拟交易对象并进行初步磋商。

从逻辑上分析并购交易的行为过程，接触事实发生在前，交易主体确定在后。因此，原则上不能认为处于“过于初始阶段的接触信息”[⑤]具有重大

---

① 苏江：《涨停王高淳陶瓷内幕交易真相》，《21世纪经济报道》2011年1月15日第13版。

② 吕蕾：《资产注入遭遇“暗礁”行政认定函能否推定其罪——专家热议证券内幕交易的“罪与非罪”》，《上海法治报》2010年7月9日第A8版。

③ 黄建屏、梁美：《李启红等内幕交易、泄露内幕信息案》，载《刑事审判参考》（2011年第6集·总第83集），法律出版社2012年版，第2页。

④ 谢杰：《内幕交易罪若干疑难问题的实践认定》，《吉林公安高等专科学校学报》2011年第5期。

⑤ Mill Bridge V，Inc. v. Benton，2010 WL 5186078(E.D. Pa. 2010).该案所涉及的信息由于处在过于初始的并购接触阶段而被法院认定为不具有重大性。

性。因为目标公司与收购方的管理层均极有可能在接触之后直接否定展开初步磋商必要，即排除对方成为拟交易对手。并购的自然过程通常最先表现为寻求收购或者被收购的行为，即收购方（被收购方）或者其委托的公司官员主动接触被收购方（收购方），在基本排除接触环节相关事实所形成的信息具有重大性的前提下，后续环节中的被接触方的反应对信息重大性认定显得极为关键。一旦被接触方开始对主动接触方的收购提议表现出部分认同倾向时，可认定交易主体已经确定。

其二，结合阶段性市场热点、潜在并购双方股东的持股情况、上市公司股价波动、内部人交易行为等要素，在部分情况下，即使没有证据显示并购重组意向的公司之间有过直接接触，也可根据收购方确定目标公司的事实判断并购重组交易双方已经到位，进而认定内幕信息已经形成。

资本市场不时会出现阶段性的并购交易热点行业或者公司。在对并购重组充满欲望的资本市场或者阶段性市场背景下，任何单方面的并购重组计划都极有可能成为市场关注焦点，并购意向或者规划方案中确定潜在交易对手即使处于交易流程的初步阶段，也不能阻碍该信息具有重大性的判定。[①]即使潜在的并购交易双方尚未进行明显的或者有证据表明的接触，上市公司证券价格可能已经出现显著波动。同时，潜在并购双方具有同一股东或实际控制人，并且内部人员已经开始从事内部人交易的，尚未公开的并购信息即使处于早期阶段，仍可基于知情人员的态度以及交易行为，推论该信息具有重大性。因为“如果信息知情人员纷纷从事内部人交易并导致证券价格产生异动，意味着内部人已经认识到了信息重大性，这显然可以作为推论信息具有重大性的关键要素”。[②]在这种市场环境、证券价格、股权关系、内部人交易情况等各项指标已经显示并购重组迹象的情况下，并购交易中具有主动权的一方锁定一个或者多个交易对手方时，可以认为交易双方

---

① 分析资本市场阶段性地高度关注并购交易这一市场环境对于认定内幕信息形成时间影响问题的判例，参见 U.S. v. Teicher, 987 F.2d 112, (2d Cir. 1993)。

② S. E. C. v. Geon Industries, Inc., 531 F.2d 39, 47, 48(2d Cir. 1976).

已经到位或者确定。[1]对于由上市公司启动的并购重组而言，这种资产交易实际上是上市公司控股股东或实际控制人选择特定对手及其提出的方案，退出上市公司并获取对价的交易过程。上市公司控股股东或实际控制人对于是否进行资产重组具有主动性与选择性。在其通过并购可行性论证等确定主要交易对手的方案时，并购对手方已经处于相对确定状态，可以认为拟交易主体就位。相应的，非公众公司收购上市公司的，其主动性集中于今后可能控制上市公司的母公司，非公众公司通过方案论证等选定借壳上市的壳资源，意味着其后续采取的措施单方面即可影响上市公司股价，故确定壳公司就代表并购重组的交易双方已经确定。

其三，在上市公司与并购交易对手方为同一主体实际控制的情况下，所谓的并购交易双方的接触、确定、启动初步磋商等都是实际控制人的主观意志，客观上难以分离出明显且独立的选择、确定交易对手的事实，只能将内幕信息形成时间顺位推移至与之相隔最近的时间节点——实际控制人、上市公司及相关资产管理人员、证券交易中介等初步磋商的开始时间。[2]

根据《内幕交易犯罪解释》第 5 条第 3 款的规定，影响内幕信息形成的动议、筹划、决策或者执行人员，其动议、筹划、决策或者执行初始时间，应当认定为内幕信息的形成之时。但对于完全由实际控制人操控的并购重组项目而言，实际控制人是影响且参与整个内幕信息发展过程的最终决策者，并

---

① 在上述“延边公路”内幕交易案中，广发证券于 2006 年 5 月 10 日形成《广发证券股份有限公司借壳上市》这一内部方案，明确将辽宁时代和延边公路作为备选的借壳上市目标公司且制定了详尽的借壳上市推进计划。尽管上市公司延边公路于当日晚间公告称其主要股东和管理层未与广发证券就借壳上市事项有过任何接触；股改工作尚处前期筹备阶段。但从股权关系来看，吉林敖东药业集团股份公司分别为广发证券的股东与上市公司延边公路的控股股东。当时正值券商借壳上市这一市场热点的阶段性爆发阶段。延边公路自 2006 年 4 月 25 日至 5 月 10 日收盘，7 个交易日累计涨幅达 74%；其中，4 月 26 日尾盘触摸涨停之后，4 月 27 日至 5 月 10 日连拉五个涨停板。参见余风：《延边公路暴涨谜团深交所彻查广发证券》，《第一财经日报》2006 年 8 月 2 日第 A1 版。

② 在实际控制人为国有资本投资主体的情况下，所谓的初步磋商实际上等同于并购计划向行政负责人进行汇报。

购程序中的未公开重大信息是否形成，只能着眼于实际控制人的行为而非其他动议者、筹划者或者执行者的行为。美国纽约南区法院①在2011年的内幕交易判例中指出，当参与计划进行并购的公司管理者本身是公司实际控制人的情况下，由于其有权决定是否使交易程序继续进行、是否推进交易计划等，其实际态度及行动对于判断并购概率具有直接的效果。②然而，具体如何判断实际控制人的"实际态度及行动"，该判例并未给出更为细致的规则。笔者认为，实际控制人全局主持下的并购重组本质上是将其本人实际控制的其他资产与上市公司资产之间进行再度配置，实际控制人之外的行为主体进行动议或者筹划，其确定性存在很大的疑问，而实际控制人本人的动议或者筹划，很大程度上是一种主观性的思考，一般不具有外部的、直观的表征。因此，只有在客观化的初步磋商启动时才能确认实际控制人控制下的上市公司的交易对手方。这种认定结论的规则依据仍然是并购重组的交易主体到位，并且是《内幕交易犯罪解释》上述原则性条款的具体化。

(2) 财务类内幕信息形成时间判断。

与证券发行人有关的财务信息对于证券交易价格均具有影响，财务报告等信息披露事项是资本市场投资者最为关注的资讯，而财务预期则是在财务信息尚不完全确定时投资者进行资本配置决策的核心参考要素。在财务报告尚未制作完毕之前，基于财务资料形成的上市公司财务预期具有现实的不确定性，但由于财务预期与上市公司盈利与亏损具有直接联系，财务预期对于证券定价而言具有重要参考价值。因此，涉及财务的未公开信息形成时间判断同样是需要重点研究的类型化规则。

我国《证券法》规定了证券交易活动中涉及公司财务的重大未公开信息构成内幕信息，列举了各种构成内幕信息的重大事件以及其他对证券交易价格具有重大影响的信息类型，但并未就涉及公司财务的内幕信息进行内

---

① 美国纽约南区法院是联邦一审法院中最活跃与最重要的单位，其审理的金融案件通常具有标杆价值。主要是由于其管辖范围覆盖了纽约的主要金融中心。

② S.E.C. v. Wyly, 788 F. Supp. 2d 92(S.D. N.Y. 2011).

涵界定与类型归纳。对于涉财务内幕信息界定问题，在理论上有观点认为，与证券发行公司资产、获利有关的发行公司本身内部变化或者营运情形的未公开信息，属于涉及公司财务的内幕信息，上市公司内部人在此类信息未公开时在相关证券交易中加以利用的，构成内幕交易。①这种广义的界定模式将除上市公司重大人事变动之外的，包括公司经营、资产、股权变动等在内的几乎所有重大信息均归类为涉财务内幕信息，对财务信息进行了过于宽泛的理解，即将以非财务资料形式呈现的与上市公司经营业绩有关的非财务信息纳入财务信息的范畴。而上市公司财务信息实际上是以货币性数据资料为核心的、呈现公司资本动态的运动的信息，主要包括资产负债表、全面收益表、股东权益变动表、现金流量表。②

因此，笔者认为，涉及财务的内幕信息应当是与上市公司经营业务的收益与亏损直接关联的、以财务资料形式呈现的重大未公开财务信息。结合《证券法》有关内幕信息范围界定的规定、中国证监会或证券交易所关于财务信息披露的规章与规则以及反内幕交易法律实践，③中国资本市场中的上市公司涉财务内幕信息类型具体包括：(1)上市公司年度报告、中期报告、季度报告以及业绩预告；④(2)重大收益、亏损；(3)债务担保、资产抵押、报废的重大变更；(4)重大债务以及违约未能清偿到期重大债务。

利用与证券或者证券发行人财务有关的重大未公开信息从事内幕交易

---

① 参见林俊宏、黄鈵淳、许碧真：《从讯谍案谈内线交易民事赔偿责任之相关问题》，《法官协会杂志》(第7卷第2期)2012年12月。

② International Accounting Standard 1(ISA 1), Presentation of Financial Statements, International Accounting Standards Board.

③ 应当看到，上市公司资产出售、股权变更、收购以及重大合同签订等均与上市公司资产负债表直接关联，此类信息在尚未公开时显然应当属于涉财务内幕信息，但由于反内幕交易法律实践对涉及并购重组、重大合同的内幕信息认定问题已经积累了长期、相对稳定、类型化的法律经验与规则逻辑，基于资本市场监管现实的考量，需要对此类内幕信息类型进行独立分析。

④ 我国《证券法》《公司法》并未就上市公司季度报告与业绩预告问题做出规定。有关上市公司季报与业绩预告信息披露的规定，参见中国证监会《上市公司信息披露管理办法》《公开发行证券的公司信息披露编报规则第13号〈季度报告内容与格式特别规定〉》以及深圳证券交易所《上市公司信息披露工作指引第1号——业绩预告和业绩快报》等。

主要表现为两种行为模式：一是通过财务信息造假的方式违规披露重大信息，利用该信息从事相关证券交易。例如，在财务报告中虚构营收等，在财务利好信息发布后卖出相关证券。二是通过不披露重大财务信息或者滥用已知的未公开重大财务信息，从事相关证券交易。例如，明知上市公司月度营收显著降低、明显减产、库存激增、重大亏损，在季报公开前卖出证券避损或者卖空证券获利。对于前一种行为模式而言，虚假、伪造的财务信息生成时间实际上就是内幕信息形成时间，在法律适用上并不存在过多障碍。在后一种行为模式中，由于各种财务资料逐渐累积为财务报告或者重大盈利、亏损结论是一个量变到质变动态发展进程，判断特定时间节点的财务资料或者信息集合具备重大性存在相当困难，需要进行具体分析：

其一，根据我国证券法律、法规、规章以及交易所规则的规定，上市公司定期报告(年度、中期、季度报告)应当披露对证券投资决策具有重大影响的信息，[①]财务信息披露范围[②]基本覆盖了与上市公司经营与财务有关的所有资讯。相关报告制作完成之时即为内幕信息形成时间，直至报告披露，均应当禁止泄露或者基于该信息从事相关证券交易。应当强调的是，定期财务

---

① 《上市公司信息披露管理办法》第19条规定："上市公司应当披露的定期报告包括年度报告、中期报告和季度报告。凡是对投资者作出投资决策有重大影响的信息，均应当披露。年度报告中的财务会计报告应当经具有证券、期货相关业务资格的会计师事务所审计。"第20条规定："年度报告应当在每个会计年度结束之日起4个月内，中期报告应当在每个会计年度的上半年结束之日起2个月内，季度报告应当在每个会计年度第3个月、第9个月结束后的1个月内编制完成并披露。"

② 《上市公司信息披露管理办法》第21条规定："年度报告应当记载以下内容：(一)公司基本情况；(二)主要会计数据和财务指标；(三)公司股票、债券发行及变动情况，报告期末股票、债券总额、股东总数，公司前10大股东持股情况；(四)持股5%以上股东、控股股东及实际控制人情况；(五)董事、监事、高级管理人员的任职情况、持股变动情况、年度报酬情况；(六)董事会报告；(七)管理层讨论与分析；(八)报告期内重大事件及对公司的影响；(九)财务会计报告和审计报告全文；(十)中国证监会规定的其他事项。"第22条规定："中期报告应当记载以下内容：(一)公司基本情况；(二)主要会计数据和财务指标；(三)公司股票、债券发行及变动情况、股东总数、公司前10大股东持股情况，控股股东及实际控制人发生变化的情况；(四)管理层讨论与分析；(五)报告期内重大诉讼、仲裁等重大事件及对公司的影响；(六)财务会计报告；(七)中国证监会规定的其他事项。"第23条规定："季度报告应当记载以下内容：(一)公司基本情况；(二)主要会计数据和财务指标；(三)中国证监会规定的其他事项。"

信息强制性披露只是在特定的时间节点上对已经客观存在的财务事实所进行的事后揭示，无法监管发生在各个定期财务报告公布日期间①发生的重大财务信息披露与内幕交易问题。根据相关信息披露法律规范要求，定期报告空档期出现财务情况重大变动，应当通过业绩预告②、临时报告③等方式进行财务信息披露，但对于财务信息知悉人员何时应当禁止从事相关证券交易问题，在认定规则层面仍是空白。④笔者认为，在所有涉及财务的内幕信息类型中，上市公司债务(违约)、担保等重大财务变动情况信息具有明显的事件指向性，即系列事实以一元化的线性态势按照时间顺序逐步发展为特定事件。故实践中完全可以直接根据事实进程时间轴上的特定节点确定内幕信息形成时间与重大信息披露时间——此类重大财务事件发生后，上市公司应当立即披露；出现明显的债务违约、承担担保义务、担保责任等

① 例如，上市公司上年度财报披露之后、本年度季报制作完成之前；中期报告披露之后、第三季度报告制作完成之前；本会计年度结束、年度财报制作完成之前等。

② 《上市公司信息披露管理办法》第25条规定："上市公司预计经营业绩发生亏损或者发生大幅变动的，应当及时进行业绩预告。"第26条规定："定期报告披露前出现业绩泄露，或者出现业绩传闻且公司证券及其衍生品种交易出现异常波动的，上市公司应当及时披露本报告期相关财务数据。"

③ 《上市公司信息披露管理办法》第30条规定："发生可能对上市公司证券及其衍生品种交易价格产生较大影响的重大事件，投资者尚未得知时，上市公司应当立即披露，说明事件的起因、目前的状态和可能产生的影响。"第31条规定："上市公司应当在最先发生的以下任一时点，及时履行重大事件的信息披露义务：(一)董事会或者监事会就该重大事件形成决议时；(二)有关各方就该重大事件签署意向书或者协议时；(三)董事、监事或者高级管理人员知悉该重大事件发生并报告时。在前款规定的时点之前出现下列情形之一的，上市公司应当及时披露相关事项的现状、可能影响事件进展的风险因素：(一)该重大事件难以保密；(二)该重大事件已经泄露或者市场出现传闻；(三)公司证券及其衍生品种出现异常交易情况。"

④ 典型情形表现为：2011年3月18日，汉王科技发布2010年年报，全年总收入突破12亿元，较2009年增长112.71%，实现净利润8 790.16万元；汉王股价当日最高涨幅逼近6%。在紧随其后的一个交易日(3月21日)，汉王科技9名高管合计减持120万股该公司股票，股价在75元左右。然而，4月18日，汉王股价暴跌6%，收盘66.61元。汉王科技随即公布利空信息，一季报预亏4 000万元至5 000万元；4月19日，汉王逼近跌停。4月28日，汉王10转增10股后，股价下跌4.78%，收盘25.7元。4月30日，汉王发布第一季度业绩报告，半年预亏9 000万元，股价最低跌至23.90元。截至5月20日收盘，汉王股价跌至19.89元。在靓丽的2010年报公布之后、第一季度巨亏以及中报预期预亏之前，汉王科技高管紧急且精准减持，资本市场哗然以及法律人士指出汉王高管涉嫌虚假陈述、内幕交易之余，并未及时出现针对上市公司及其高管的虚假陈述民事诉讼以及内幕交易行政调查。参见孙勇杰：《内幕交易撞枪口　汉王科技退市疑云》，《时代周报》2011年第51期。

事实(例如,被担保人资不抵债等)之时,应当认定为内幕信息形成时间,在信息披露之前禁止知悉该信息的人员从事相关证券交易。

其二,对于上市公司重大担保、债务违约之外的其他未公开财务信息,例如,上市公司出现重大亏损或者相对于上一次定期报告出现大幅度盈利增长,由于其并不具有事件指向性或者特定性,而是各种交易累计基础上的经营数据信息,确实难以勾勒出信息初步生成、具备重大性、最终确定发生的线性发展流程。只能将信息披露义务与内幕交易禁止中的信息重大性实质标准进行同一化处理,即未公开的财务资料或者经营数据反映出上市公司重大财务变动时为内幕信息形成时间或者信息披露义务生成时间。①对于如何具体把握"重大"财务变动,内幕交易司法实践中有观点认为,由于上市公司内部人能够掌握销售业绩、月度营收、市场动态、税前损益等信息,就上市公司内部对于其证券交易价格具有影响的财务变动情况而言,上市公司内部人主观上处于确知或者应知的状态。在诸如月度营收等财务信息变化之后、财务报告定期发布之前,信息知悉人员从事相关证券交易的,应当以内幕交易进行定罪处罚。②这种观点实际上忽略了财务情况变动"重大性"的量化尺度。

笔者认为,上市公司出现对财务有一定影响的信息(例如订单数量下降、营收减少),信息知悉人员便不能买卖相关证券,或者上市公司应当立即披露该信息,这显然会过度突出信息对于证券定价的价值或者引起资本市场中的投资者对财务信息进行过度反应。同时,上市公司盈利或者亏损是一个财务数据的累积过程而非事件发展进程,盈利增长或者出现亏损完全可能是暂时的(例如,月度亏损),难以涵盖上市公司阶段性的财务结论(例如,季度、半年财务报告),在财务信息定期披露时可能被其他经营数据所稀

---

① 由于上市公司出现重大亏损、扭亏为盈、盈利增速等并不具有事件性,故上市公司应当以业绩预告的形式"及时"(而不需要"立即")披露该重大信息。内幕交易禁止期间为该预期形成时至披露时。

② 参见我国台湾地区"最高法院"2005 年度台上字第 1433 号刑事判决。

释。此外，出于维护上市公司商业利益的需要，过于严格地限制内部人交易或者积极地披露短期经营数据，可能导致上市公司在业务开展上出现不利的连锁反应（例如，上市公司披露本月订单数量大幅下降是因为某重要采购商不再续订，可能会引起其他采购商紧张、恐慌甚至直接撤单等）。所以，仅仅出现订单撤销、营收减少等财务动向并不能认为相关信息已经具备了重大性，对于证券交易价格具有重大影响的财务信息应当是重大亏损或者重大盈利信息。而亏损与盈利都是以数据形式出现的财务发展趋势或者财务结论，故关键在于设定一个合理的趋势指标或者数值范围，以此为基础并结合当时资本市场中有关该证券定价的具体认识，确认亏损或盈利信息对于证券交易价格的影响是重大的。

笔者建议，经营数据反映出上市公司财务出现以下情形的，应当认定该数据信息具有重大性，应当禁止知悉人员从事相关证券交易，并及时披露该重大信息：预计本期财务报告期实现扭亏为盈；上期财务报告期盈利，预计本期财务报告期亏损；预计较上年同期相比利润出现超过50%的大幅变动。同时，应注意分析当时的证券交易价格动向、市场预期等因素具体验证财务变动信息对股价的具体影响。如果证券价格等已经在上一轮行情中对盈利或者亏损趋势进行了提前或者超涨（跌）反应，实际上已经形成了利多（空）出尽的市场格局，则原本能够影响证券交易价格上涨或者下跌的未公开财务信息实际上已经钝化，即使达到上述量化标准，也不应认定其具备重大性。

3. 内幕信息形成时间司法判断例外情形的个案论证

内幕信息形成时间司法判断的基本原理与类型化规则并不具有绝对的排他效力，应允许在个案中适用例外情形。因为内幕信息形成时间原则性的判断原理较难针对个案特点进行直观分析。同时，即使是实践中比较成熟的类型化规则，例如并购重组型内幕信息，也不可能绝对地适用于所有与上市公司收购、资产重组有关的内幕信息形成时间判断问题。实践中应正视基本原理与类型化规则的局限性，以更为接近个案情形与专属特征的指导性案例呈现例外性适用规则。①

仍以并购重组以及生成于该环节的内幕交易为例，并购一般表现为具有收购或者出售资产的意向方在市场中寻找交易对手，而从事内幕交易的基本上是并购双方公司中的内部人。然而，部分并购项目并非由交易方为主进行前期接洽，而是由财务顾问牵线搭桥、撮合配对、协助磋商等。以颇受关注的谢某某、安某某内幕交易犯罪案②为例，尽管属于并购重组中的内幕交易，却因主体身份及其与上市公司的关系而具有显著的差异性特征——实施交易的行为主体是知悉该信息的财务顾问而非并购公司内部人。但中国证监会向法院提交的认定函并未关注到该项差异而仍将内幕信息形成时间界定为重组交易双方主体确定之时。③

由财务顾问作为证券中介协调并购各方接洽，虽然在形式上出现了确定的并购交易主体，但上市公司或其实际控制人以及交易对手方对于是否以及与何方进行收购、资产重组等问题，具有单方面选择权，不应直接认定经过财务顾问协调确定交易主体的信息会对上市公司证券价格产生重大影响。④就并购重组环节内幕信息形成时间判断而言，在个案认定中必须区分资产交易主体不同的确定途径予以具体分析。

在以财务顾问为主导确定并购重组交易主体的资本操作启动阶段，通常先由财务顾问牵头，撮合具有收购或者出售上市公司股份意见的交易双

---

① “两高”在联合发布《内幕交易犯罪解释》的同时，还公布了两起内幕交易犯罪典型案例。参见张先明：《最高人民法院公布两起内幕交易犯罪典型案例》，《人民法院报》2012 年 5 月 23 日第 3 版。这种具有创新性质的资本市场犯罪指导性案例探索，有必要通过制度化运作将之明确化、固定化、常规化。在具体操作上，不仅仅是整体公布案件事实与法律适用意见，更应当凸显个案中具体疑难问题的司法规则；不仅仅是完整地发布内幕交易犯罪指导性案例，还可以是归纳司法解释文本无法覆盖但个案判决意见有效解决的疑难问题及其相应规则，并将多个此类案件以“组案”的形式进行发布，强化对司法实践中特别疑难问题的权威论证与分析。

② 参见(2011)浦刑初字第 2738 号刑事判决书；许峰：《保代“神叼侠侣”内幕交易第一案吹响民赔号角》，《证券时报》2012 年 2 月 4 日第 A4 版。

③ 谢某某、安某某内幕交易犯罪案中的一节事实是谢某某利用财务顾问职权获取的与上市公司并购重组(天宝矿业借壳万好万家)有关的信息实施相关证券交易。参见(2011)浦刑初字第 2738 号刑事判决书。

④ 谢杰：《最新内幕交易犯罪司法解释的缺陷与规则优化》，《法学》2012 年第 10 期。

方并约定初步商谈时间，随后由资产交易双方工作人员进行初步接洽，最终由上市公司控股股东或者实际控制人与资产交易方负责人就并购重组事宜展开初步磋商。在这种证券交易模式中，资产交易双方是完全独立或者不受任何外部资本力量控制的资本市场行为主体，并购重组存在诸多不确定因素。财务顾问拟定资产交易双方时，只能认识到相关公司存在并购重组意向，或者根据经验判断相关公司的财务状况与重组意愿比较契合，具有实施并购的现实条件。至于是否启动初步磋商程序、何时进行磋商、磋商规格、谈判框架结构等内容，则完全处于不明朗状态。资产交易双方实现合作的可能性尽管可以基于专业能力与经验进行预期，但财务顾问对于这种可能性的掌控程度较弱，不确定性较大。故不能将经过证券中介引荐并确定上市公司并购重组交易主体之时认定为内幕信息形成，而应将信息具备重大性的时间节点适当延后，界定在并购重组意向双方在证券中介撮合下进入初步磋商阶段之时。财务顾问等证券中介掌握上市公司并购重组有关信息的职务便利，在其引荐资产交易双方之后、相关主体尚未开展初步磋商之前从事相关上市公司股票交易的，由于无法合理预期该阶段的信息对证券交易价格会产生重大影响，内幕信息尚未形成，不能认定其构成内幕交易。

我国资本市场中并购重组环节的内幕交易行为，一般表现为知悉重大未公开信息的行为主体大量买入目标公司证券，在并购信息公开进而引发目标公司证券交易价格大幅上涨之后卖出谋取巨额利润。这种典型的并购环节内幕交易行为在交易模式上可以归纳为做多目标公司股票。但是，全球资本市场中还广泛存在着其他类型的并购环节内部人交易：其一，做多收购方公司股票。行为人在获悉与并购有关的未公开信息之后，看好收购方公司的预期收益，买入收购方公司的股票。其二，做空收购方公司股票。行为人在获悉与并购有关的未公开信息之后，看空收购方公司的预期收益，融券卖空收购方公司的股票。

由于收购方向目标公司股东支付溢价获取股权在全球资本市场中极为普遍，作为资产交易主体的收购方与目标公司一旦确定，此类信息的公开显然会引起目标公司证券价格的上升。因此,并购交易主体确定这一未公开信息对于目标公司证券交易价格具有重大影响,应当认定内幕信息形成。并购交易主体确定时,目标公司证券交易价格上涨固然具有显著的可预期性,但收购公司的证券价格并不能据此推论将会上涨,实践中并购声明发布后收购公司的证券价格出现显著下跌的情形比较常见。[①]在确定的并购信息公开后市场仍然会出现收购方公司证券涨跌分歧的情况下,更难以认定并购双方初步接触与磋商信息会对收购方公司证券交易价格产生重大影响。

我国内幕交易司法实践中尚未出现知情人员利用并购环节未公开信息买卖收购方公司证券的案例。美国具有代表性的联邦法院判例意见是:证券市场价格对未公开信息所对应的重大事件潜在反应的不确定性,并非判断未公开信息重大性的必要指标。并购交易中的未公开信息应当在初步磋商这种早前环节就具备重大性。[②]可见,美国内幕交易判例规则并不认同并购交易主体确定这类早期信息对于收购方公司证券交易价格可能不具有重大影响的观点,或者说不认为收购方证券交易价格在并购初期信息发展过程中的极度不确定性应当影响信息重大性的判断。对此,笔者持不同意见,具体理由是:

其一,将并购交易主体确定这类早期并购信息认定为具有重大性的市场前提不成立。对于发生在并购重组中的内幕交易案件,在信息发生阶段初期就认定其具有重大性,主要是基于资本市场对于并购信息典型的积极反应。并且,资本市场中广泛存在的"噪声交易者"基于对并购信息过度反

---

① 资本市场通常对收购方的预期比较谨慎。因为收购意味着扩张,在积极谋求扩张的情况下,收购势必会给收购方带来包括财务风险、公司治理等多方面的更多不确定因素。如果市场认为收购之后没有协调效应或者收购价格过高,收购方股价就会下跌。例如,2012 年 7 月 23 日,中信证券宣布其全资子公司中信证券国际拟以 12.52 亿美元收购里昂证券 100%股权,其中 19.9%股权收购已完成交割,双方有意于 2013 年 6 月 30 日前完成所有资产交易程序。当天中信证券港股跌 5.23%,在日本上市的中信股价更是暴跌 20%左右。参见刘畅:《中信证券:收购里昂反而暴跌》,《北京晨报》2012 年 7 月 24 日 B7 版。

② U.S. v. Mooney, 425 F.3d 1093(8th Cir. 2005).

应而实施的“噪声交易”会进一步炒作或者放大市场交易价格与实际价值之间的短期偏离。[①]但这种积极或者过度反应的对象实际上只限定于目标公司的证券价格。就收购方公司证券交易价格而言，市场对于并购交易与收购方证券价格之间的关系客观上存在的认识分歧，造成初步磋商阶段存在着各种投机性的做空或者做多的市场反应，并购信息对于收购方公司证券交易价格的影响会淹没在各种市场分歧或者方向相反的投机交易之中，从而弱化了并购初期信息与收购方证券价格的关联性。因此，之所以将并购交易中的内幕信息形成时间节点提前确定在交易双方确定之时，就是考虑到这一初期信息对于目标公司证券价格影响的重要性，既然这个市场前提对于收购方公司证券价格并不成立，就有必要针对知情人员买卖收购方公司证券的行为确定独立的内幕信息形成时间判断标准。

其二，基于并购交易主体等早期未公开并购信息从事收购方公司证券交易具有高度风险，属于向市场提供流行性的投机行为而非应承担责任的内幕交易行为。未公开信息只有在对证券交易价格具有重大影响时，才能认定内幕信息。在并购交易双方均为上市公司的情况下，判断内幕信息是否形成应当坚持相对性，即应分别分析相关信息对收购方或者目标公司证券的影响。与并购有关的未公开信息的重大性对于收购方与被收购公司而言各有不同。收购方以明显高于市场的价格收购目标公司，对于目标公司的股价具有重大意义，但对于收购方公司的证券价格并不必然具有重大性，反而应当强调此类早期并购信息对于收购方公司证券价格判断的风险性。由于无法预期并购交易主体确定、相关公司官员接触、启动初步磋商等信息对于收购方公司证券交易价格的影响，基于此类未公开信息做多或者做空

---

① 金融市场中的“噪声交易(者)”是指基于各种不稳定的、非理性的投资决策而实施交易的行为(人)。金融市场中的“噪声交易(者)”造成交易或者风险水平与理性投资者预期的价值产生偏差。在市场非重要事件较多的情况下，噪声交易(者)对于价格的因果影响性远远大于少量的重大事件本身。参见 Fischer Black, Noise, 41 Journal of Finance 529(1985); J. Bradford De Long, Andrei Shleifer, Lawrence H. Summers & Robert J. Waldmann, Noise Trader Risk in Financial Markets, 98 Journal of Political Economy 703(1990)。

收购方公司股票承载着显而易见的风险,不能认为与并购有关的初期信息相对于收购方公司证券具有重大性,因而也不能认定内幕信息在上述阶段已经形成。

可见,在个案中判断并购重组环节内幕信息的形成时间,除了应当考察并购交易过程中是否存在证券中介的实质参与外,还应进一步分析知悉未公开并购信息的行为主体所具体从事的金融交易行为,针对的是目标公司证券还是收购方公司证券。如果个案中的交易行为表现为做多或者做空收购方公司证券或相关金融衍生产品,则分析内幕信息是否形成不能以并购交易主体是否确定为标准,而应当显著地延后至初步磋商结果形成之时,即并购交易双方就交易价格与交易结构两大要素①达成原则性共识(合约)。尽管并购交易具体情况千差万别,但交易价格和交易结构始终是任何并购项目中的本质性内容。价格与结构上的共识是并购交易磋商双方互为理解的确定性证据。并购交易磋商双方就价格和结构达成原则性共识固然并非对目标公司证券交易价格产生重大影响的起始时间,却为判断该信息是否开始对收购方公司证券交易价格产生重大影响提供了一个具体的适用标准。在交易价格和交易结构业已确定的情况下,有关并购交易的信息量已经充分且明确,并购交易最终宣布撤销或者误导投资者进行投资决策的可能性都比较小,可以对收购方公司的证券交易价格进行稳定的预期。在信息未公开的条件下,知情人员相对市场外部投资者在交易风险控制上具有明显的优势。因此,并购双方就交易价格与结构达成共识时,可以认定对收购方公司证券具有重大影响的内幕信息形成,知情人员据此做多或做空收购方公司证券的,构成内幕交易。

---

① 其中,交易价格要素具体是指并购所需要支付的现金或者股权价值。实践中,如果不存在固定数字化的价格时,价格的计算一般是基于目标公司证券预期时间的市场价格、收益、净资产进行测算。交易结构主要是指并购交易的法律形式(例如,双方公司合并、子公司合并、资产买卖、现金收购、换股等)以及收购方支付对价的类型(现金、普通股、优先股、权证、信用债券等)。有关并购重组项目磋商中价格与结构要素的详细判例判断,参见 Greenfield v. Heublein, Inc., 742 F.2d 751, 757, (3d Cir. 1984)。

所以，内幕交易犯罪个案中的核心事实差异实质上影响着未公开信息是否具备重大性的判断，在进行内幕信息形成时间司法判断时，应运用指导性案例填补基本原理与类型化规则无法覆盖的例外情形。

（五）内幕交易犯罪情节认定问题

由于内幕信息知情人员、非法获取内幕信息人员从事内幕交易、泄露内幕信息行为，符合“情节严重”标准的，才构成犯罪，只有达到“情节特别严重”的程度，才能适用第二档法定刑，所以，犯罪情节对内幕交易犯罪的定罪量刑实践具有深远的意义。基于对内幕交易犯罪情节问题的高度重视，《内幕交易犯罪解释》通过多达五个条文对此问题设置了细致的司法判断规则：《内幕交易犯罪解释》第 6 条与第 7 条对内幕交易犯罪“情节严重”“特别严重”的量化标准进行了规定；《内幕交易犯罪解释》第 8 条至第 10 条对犯罪数额认定这一内幕交易犯罪情节中的核心难题作出了规定。由于犯罪情节直接影响内幕交易的定罪与量刑，故有必要对相关问题展开深入探讨。

1. 内幕交易犯罪情节标准实践适用障碍与难点

由于我国资本市场犯罪司法实践长期以来对内幕交易犯罪“情节严重”标准设置不甚合理，“情节特别严重”标准持续缺位，没有突出从宽情节对于惩治疑难资本市场犯罪案件的重要性，更没有对作为犯罪情节评价核心指标的内幕交易犯罪数额认定规则进行深入分析与论证，导致内幕交易犯罪情节司法认定存在很大的障碍。“两高”最新内幕交易犯罪司法解释尝试对内幕交易犯罪情节相关重要问题进行解决。

根据《内幕交易犯罪解释》第 6 条的规定，内幕交易犯罪情节严重包括以下情形之一：证券交易成交额在 50 万元以上的；期货交易占用保证金数额在 30 万元以上的；获利或者避免损失数额在 15 万元以上的；内幕交易或者泄露内幕信息三次以上的；具有其他严重情节的。对照 2010 年 5 月 7 日最高人民检察院、公安部《关于公安机关管辖的刑事案件立案追诉标准的规定（二）》（以下简称《经济犯罪追诉标准（二）》）第 35 条的规定，《内幕交易犯罪解释》仅将《经济犯罪追诉标准（二）》中的“多次”内幕交易行为具体化为

“三次”，并没有对内幕交易犯罪情节严重的各项指标进行实质性优化。

笔者认为，上述内幕交易犯罪“情节严重”标准较难实现刑法规范对资本市场金融产品交易秩序的保障，内幕交易犯罪“情节严重”标准仍旧处于虚置状态，从而容易产生弱化司法权威的负面效果。从内幕交易犯罪刑法理论研究情况分析，“情节严重”标准过低长期以来颇为理论界质疑。①实践中，中国证监会查处的内幕交易行政处罚案件数额远远超过内幕交易犯罪情节严重标准，但大多都没有进入刑事追诉程序——根据笔者对中国证监会网站公布的2010年、2011年内幕交易违法案件进行的统计分析，中国证监会网站公布的2010年内幕交易行政违法案件为5件，涉及证券交易成交额累计分别为70万余元、88万余元、110万余元、135万余元、210万余元，超过内幕交易犯罪情节严重标准2倍至7倍；2011年内幕交易违法案件为9件，其中4起案件的内幕交易成交额低于50万元，5起案件成交额累计为79万余元、104万余元、312万余元、380万余元、416万余元，最高超过情节严重标准8倍多。可见，刑事司法实践客观上也难以按照如此低的数额标准追究涉案人员的刑事责任。

从司法解释具体规定与资本市场现实对比的层面进行分析，由于不符合资本市场发展的社会现实，内幕交易犯罪“情节严重”的数额标准与细化解释较难得以适用。证券成交额50万元以上、期货保证金30万元以上、获利或避损额15万元以上等情节严重的数额标准严重偏离我国证券期货交易实践。例如，根据中国金融期货交易所《股指期货投资者适当性制度实施办法（试行）》的规定，自然人申请开户时保证金账户可用资金余额不低于人民币50万元的，期货公司会员才能为其申请开立股指期货交易编码。同时，根据中国金融期货交易所《股指期货投资者适当性制度操作指引（试行）》的规定，一般法人投资者申请开户，净资产应当不低于人民币100万元。将期货内幕交易情节严重标准与股指期货投资者基本财务条件数额标

① 顾肖荣、张国炎：《证券期货犯罪比较研究》，法律出版社2003年版，第416页。

准进行对比，我们可以清晰地看到，内幕交易犯罪“情节严重”中期货交易占用保证金累计30万元以上的标准竟然低于股指期货最低的开户保证金数额要求，且远远低于法人参与金融期货交易的一般净资产要求。

同时，三次交易、其他情节严重等标准在实践中较难执行。以“三次交易”为例，基于证据获取与证明责任上的现实难度，资本市场犯罪司法实践中证明涉案人员针对特定的证券或者期货交易品种实施一次或者两次内幕交易行为已经异常困难，证明三次内幕交易行为则近乎不现实。再以“具有其他严重情节”为例，这种“兜底规定”实际上根本没有指导实践的司法规范指引功能，没有必要在司法解释中继续建构这种没有具体规范内涵的兜底性司法规则。

更值得重点分析的是，犯罪情节的标准设定应当针对内幕交易这一发生在资本市场的资本市场犯罪行为特点创造性地探索既能充分反映内幕交易行为危害又能紧密联系内幕交易行为实质特征的情节严重评估标准。内幕交易行为实质上表现为基于内幕信息而实施的相关证券、期货交易，除了与交易行为相关的数额、次数等危害性量化指标之外，内幕信息本身实际上也存在程度上的差异或者可区分性。从这个意义上分析，基于市场反应更为强烈的内幕信息从事相关证券、期货交易的犯罪行为，在情节上应当相对于市场反应一般的内幕交易行为更为严重，司法解释理应将涉案内幕信息对资本市场的实际影响要素纳入情节严重的评价范围。

2. 内幕交易犯罪情节司法判断规则的优化路径

内幕交易犯罪“散户式”的司法解释标准导致“情节严重”无法筛出具有严重社会危害性的非法证券期货交易行为，也会使最高司法机关制定的解释文件束之高阁，最终丧失权威。内幕交易犯罪情节量化指标无法体现出这种资本市场犯罪的行为特质，很大程度上体现出司法解释对于资本市场犯罪缺乏深度与专业化的认知。内幕交易犯罪的主体、行为、对象等要件经由司法解释，实际上已经使其犯罪构成极具张力，故特别需要“情节严重”这一综合性入罪要素通过司法解释的填充有效控制内幕交易犯罪的刑事法网。“情节严重”标准的准确定位，既是盘活内幕交易犯罪刑法规范的实践要求，也是资本市场犯罪刑事司法的政策选择。

由于我国资本市场犯罪普遍存在“情节严重”等定罪标准设置过低、没有针对证券期货交易特点建构实践标准等问题，内幕交易犯罪“情节严重”标准优化应当纳入资本市场犯罪体系进行结构性完善。笔者建议，有必要优化资本市场犯罪司法解释，通过对内幕交易、操纵资本市场等行政处罚案件进行数据统计，分析此类非法证券期货交易中成交资金额、占用保证金数额、获利数额、避损数额等数据信息，将各个主要项目的数额平均值设定为犯罪情节严重的下限。当然，有必要指出的是，对于提高内幕交易犯罪等资本市场犯罪“情节严重”标准（核心显然是提高定罪数额标准）的建议，实践中可能出现的一种质疑是，提高定罪标准会向公众传递出对资本市场犯罪的打击力度趋于减弱的信息。这种隐忧也是我国长期以来将资本市场犯罪刑事追诉数额标准设定在一个较低水平的重要原因。但是，从上述“情节严重”标准虚置及其危害的分析中可知，过低的追诉标准势必导致“法不责众”。资本市场投资者空守着严厉的刑事追诉标准这一所谓的坚强后盾，实质上却由于追诉标准的不切实际造成了更严重的后果——资本市场犯罪刑法规范的较少适用。因此，适当提高内幕交易犯罪“情节严重”入罪标准，有利于廓清违法与犯罪的界限，在同步提升证券期货违法案件行政执法能力的情况下，能够实质性地减少刑事司法实践的随意性，本质上是强化了资本市场犯罪的惩治力度与刑法规范的执行力。

同时，司法解释有必要将“其他情节严重的情形”等指标剔除“情节严重”的认定标准之外，转而将内幕交易犯罪行为对资本市场秩序、投资者权益所产生的可量化恶劣影响（例如，内幕交易犯罪行为侵犯股民权益导致大规模证券集团诉讼、引发群体性事件等）、内幕信息公开后证券、期货合约的交易价格产生剧烈波动（例如，内幕信息公开之后连续五个交易日涨停、跌停或者连续十个交易日涨幅或者跌幅超过70%）等作为“情节严重”司法认定的标准。

以涉案内幕信息对资本市场实际影响效果量化指标为例，内幕信息是内幕交易犯罪的核心构成要素，以内幕信息为中心对内幕交易犯罪行为的危害性程度进行评价显然契合内幕交易犯罪在客观行为方面的独立性特征。内幕信息的重要法律特征表现为重大性或者价格敏感性，即内幕信息一旦公开将会对证券、期货合约的交易价格产生显著影响。但在资本市场实践中，尽管各类不同的内幕信息对于资本市场均会产生显著影响，但这种显著影响的具体程度是存在很大明显差别的。

资本市场实践中，有的内幕信息属于短期性的重大事件或者重要情况。例如，上市公司重大诉讼，其对于上市公司经营利润的影响是阶段性或者相对确定的，在上市公司股票交易价格上通常表现为阶段性的下跌。有的内幕信息则属于长期性的重大事件或者重要情况，例如，上市公司经营业绩在经历高速增长之后由于业务限制开始出现巨额亏损且公司财务状况将长期难以改善，上市公司股票交易价格在公司业绩亏损披露之后长时间大幅下挫。同时，内幕信息公开后对资本市场的实际效果也存在明显的差异。有的内幕信息公开后导致当日涨停、跌停或者较大幅度的涨跌。有的内幕信息虽然确实具有价格敏感性，但公开后市场反应并不十分激烈，相关证券交易价格只出现了一定幅度的上涨或者下跌。这种内幕信息公开后的资本市场交易实际效果虽然并非内幕交易犯罪的构成要件，但如果将每一个案件中的同类市场反应指标纳入评估体系进行分析，确实能够从直观的价格指标上区分出何种或者哪一个内幕信息对于资本市场公平竞争机制的侵害程度更为显著。从欧盟这样的成熟资本市场反内幕交易犯罪司法实践经验角度分析，欧盟法院在内幕交易法律制裁强度评估环节，高度重视与内幕信息有关的金融工具交易价格事实上的变动情况，并将该要素作为判断内幕交易法律制裁比例性的重要尺度。①我国内幕交易犯罪司法解释应当重视此

① Case C-45/08：Judgment of the Court（Third Chamber）of 23 December 2009 Spector Photo Group NV, Chris Van Raemdonck v Commissie voor het Bank-, Financie-en Assurantiewezen（CBFA）-Directive 2003/6-Insider dealing-Use of inside information-Sanctions-Conditions.

类成熟资本市场司法实践经验。总之，经过实证分析、客观论证或者针对内幕交易行为特征而设置的内幕交易犯罪"情节严重"司法解释标准才能经受刑事司法实践考验。

实践中还应当特别注意的问题是，资本市场犯罪司法实践已经证明，取证难是内幕交易犯罪案件查处中的重大难题。①所以，单纯从入罪或者强化惩罚的角度设置内幕交易犯罪的司法规则，其实际效果并不一定能够完全发挥。笔者认为，资本市场犯罪司法解释有必要针对内幕交易案发隐蔽性、封闭性、内部性的特征，植入二元化的情节认定规则，即合理设置从宽情节，对于积极配合调查或者提供相关信息的内幕交易违法犯罪参与者，设置一定的从轻、减轻、免除处罚，从而实现缓释内幕交易犯罪查处压力的目标价值与宽严相济刑事政策在资本市场犯罪案件中的具体适用。笔者建议司法解释可以增加此类规则：内幕交易、泄露内幕信息，具有下列情形之一的，可以依法从轻或者减轻处罚：(1)配合证券期货监管部门或者公安机关调查的；(2)受金融机构高层管理人员逼迫从事内幕交易的；(3)主动消除或者减轻内幕交易行为危害结果的；(4)提供内幕交易违法犯罪行为的策略、方案、违法交易数据、账户信息、资金来源信息等线索材料的，等等。内幕交易、泄露内幕信息犯罪情节略微超过规定标准的，主动投案自首的，可以免除处罚。

3. 内幕交易犯罪数额司法认定规则的实践探索

内幕交易犯罪数额集中表现了此类资本市场犯罪行为的规模及其对资本市场交易秩序的危害性，故准确计算内幕交易犯罪数额是内幕交易犯罪情节认定中极为重要的问题。根据《内幕交易犯罪解释》第6条与第7条的规定，内幕交易犯罪数额表现为证券交易成交额、期货交易占用保证金数额、获利或者避免损失数额等三种类型。其中，证券交易成交额与期货交易占用保证金数额可以直接根据从事内幕交易犯罪行为的账户交易数据予以

① 苏江：《世界级难题："内幕交易"取证难倒监管层》，《21世纪经济报道》2007年4月6日第12版。

计算，在司法实践中并不存在疑难。而获利或者避免损失数额不仅涉及内幕交易犯罪刑法适用与金融实务中的不少疑难问题，而且对于内幕交易犯罪罚金数额裁量具有直接影响。根据《刑法》第 180 条的规定，实施内幕交易犯罪行为，情节严重的，处五年以下有期徒刑或者拘役，并处或者单处违法所得一倍以上五倍以下罚金；情节特别严重的，处五年以上十年以下有期徒刑，并处违法所得一倍以上五倍以下罚金。故内幕交易犯罪罚金完全以内幕交易行为的违法所得为依据。同时，《内幕交易犯罪解释》第 10 条规定：《刑法》第 180 条第一款规定的"违法所得"，是指通过内幕交易行为所获利益或者避免的损失。可见，内幕交易获利或者避损数额是罚金刑的直接裁量依据。但是，对于内幕交易获利数额与避损数额认定问题，《内幕交易犯罪解释》并没有制定针对性的数额计算方法，该问题极有可能在实践过程中出现较多争议与分歧。

笔者建议，内幕交易犯罪司法解释有必要优化与细化违法所得数额司法判断规则，以"正收益"为核心设计内幕交易犯罪数额认定方法。具体而言，在内幕交易犯罪案件中，涉案内幕信息公开会引起证券、期货交易价格上涨或者下跌的，行为人在该信息公开之前建仓谋取价格上涨利益或者平仓规避价格下跌风险的，应当直接根据价格上涨收益与规避风险收益认定违法所得。同时还应当看到，资本市场实践操作中，有的内幕交易者在重大信息未公开之前抢先建仓后并没有全部平仓；除了将实际套现收益认定为违法所得之外，对于未平仓的浮动收益也应当进行刑法评价。所以，内幕交易违法所得"实际正收益"认定规则在实务中应当重视以下细节与重点：

（1）获利型正收益的认定。

对于内幕信息公开后会引发证券、期货交易价格上涨或者下降的，由于相应的做多或者做空交易都可以使行为人谋取实际利润，故其具体的交易方向并不影响违法数额的认定。关键在于判断建仓数额与平仓数额之间的价差。在内幕信息引起价格上涨的情况下，行为人掌握内幕信息直到该内幕信息公开之后的时间里，其建仓买入证券、期货合约且全部平仓卖出的，相关获利价差都是正收益，直接认定为违法所得；如果存在部分没有平仓卖出的证券或者期货合约，由于不存在实际获取的正收益，应当在以下评估正收益环节另行认定。在内幕信息引起价格下跌的情况下，行为人建仓卖空相关证券、期货合约且全部平仓买入了解仓位的，相关获利差价均认定为违法所得；未平仓买入回补部分同样根据评估正收益数额规则另行判定。

（2）避损型正收益认定。

内幕交易正收益显然并不局限于实际获取交易利润，持有的证券或者期货合约应当出现亏损而基于内幕信息抢先交易规避损失，实际规避损失数额也是一种正收益。在内幕信息公开对证券、期货合约交易价格产生下跌影响的情况下，行为人基于内幕信息提前平仓卖出证券或者了解期货头寸的，应当首先计算内幕信息公开之后引发证券、期货合约交易价格下降期间的平均价格，然后计算行为人在信息公开前平仓的平均价格，最后将两者的价差认定为内幕交易规避损失的正收益。没有全部平仓的，不存在规避损失的问题，故不能作为内幕交易违法所得处理。

（3）评估正收益的认定。

评估正收益是内幕信息持有人基于内幕信息从事证券、期货交易但在案发后仍未平仓部分应当通过评估规则认定为违法所得的犯罪数额。由于没有平仓的证券、期货合约仅存在账面价值，没有实际转化为行为人的现实收益，需要通过评估规则准确评价为可归责的内幕交易违法所得数额。内幕信息引起价格上涨的，未平仓正收益应当是内幕信息对市场产生影响期间的证券、期货合约的平均交易价格与行为人实际建仓平均成本价格之间的价差。内幕信息公开引发价格下降，行为人在内幕信息公开前建仓卖空，尚未平仓部分应当在案发后强行平仓，但该未平仓部分的正收益不能根据平仓数额进行评估，而仍然应当根据内幕信息对市场影响期间内平均价格与行为人建仓评价价格之间的价格进行认定。获利正收益与评估正收益相加为内幕交易违法所得总量。

此外，在内幕交易犯罪案件中，内幕信息来源、交易资金供给、证券账户安排、交易实际操作等往往由数个行为人共同实施，内幕交易共犯结构存在很大的差异，有必要建构具有针对性的共犯数额判断规则。根据资本市场犯罪共犯原理，两个以上行为人基于获利目的共同利用内幕信息从事相关证券、期货交易，构成内幕交易共犯。然而，由于金融犯罪共犯数额认定在理论上存在分赃数额、分担数额、参与数额、犯罪总额等不同判断规则，①如何根据内幕交易犯罪行为特点确定共犯数额，刑法理论与司法实践中存在极大的认识分歧。

《内幕交易犯罪解释》第 9 条实际上采用了“微调的”犯罪总额规则，即内幕交易犯罪构成共犯的，按照共同犯罪行为的成交总额、占用保证金总额、获利或者避免损失总额定罪处罚，但罚金刑处罚上，判处各被告人罚金的总额应掌握在获利或者避免损失总额的一倍以上五倍以下。这意味着内幕交易犯罪案件中的每个共犯在定罪与自由刑裁量层面对内幕交易犯罪总额承担责任，仅在适用罚金刑时，将内幕交易共犯违法所得总额作为所有共犯罚金数额的基准，而非对每个共犯判处罚金的基准。

对此，笔者认为，有必要将“修正的”犯罪总额规则作为内幕交易共犯数额的认定依据，即原则上将内幕交易犯罪总额认定为共犯数额，例外情况下以参与数额或者个体违法所得数额作为共犯数额。实践中，内幕交易共犯一般共同谋划内幕交易策略、共同分配违法所得、共同抵抗行政调查与刑事侦查，内幕交易共犯结构中的部分行为人及其行为在整体中不具有可区分性，应当以内幕交易犯罪总额认定共犯数额。有的内幕交易共犯尽管存在明确的事先共谋，但行为主体分别出资、独立交易、自负盈亏，在这种情况下，主犯显然仍然应当对总额承担责任，但从犯的行为及其实际作用具有明显的可区分性，即从犯实施的内幕交易行为在总体数额中可以作为一个独立的部分区分出来进行评价，且对于内幕交易共犯社会危害性的增加与强化并不明显，应当以实际参与数额（证券交易成交额或者期货交易占用保证

① 刘宪权：《金融犯罪数额问题的刑法分析》，《法学》1998 年第 11 期。

金额)或者个体违法所得认定其犯罪数额。

第三节　利用未公开信息交易犯罪

财经媒体早在2000年就以“基金黑幕”为题对基金公司滥用资金管理权与信息优势操纵市场、“老鼠仓”交易等进行专题报道,引发市场、学者、监管层强烈关注。[①]实际上,不仅是基金管理公司,证券期货公司、信托公司、保险公司等同样具有大量自营交易业务与资产管理业务,其从业人员基于职务便利也掌握大量未公开的证券期货投资决策信息。证券、期货交易所、行业协会甚至是相关监管机构人员,其在履行交易服务、行业自律、行政执法等管理性职务过程中同样掌握大量未公开重要信息。但是,对于内幕信息之外的未公开信息的法律监管没有上升到刑法强度,导致利用未公开信息进行违规交易行为惩防效率较低。《刑法修正案(七)》增设利用未公开信息交易罪,与内幕交易罪一起组成了我国证券期货内线交易犯罪刑法规范体系,进一步严密了打击利用未公开信息违规从事金融交易的刑事法网。《刑法》第180条第4款规定的内幕信息之外的其他重大未公开信息,是与金融商品内在价值无直接关联的、由特定市场资金流动变化而影响金融商品市场价格的外发性信息(例如,基金公司管理的客户资金、保险公司管理的年金账户等买入、卖出股票的信息),其经济价值在于发现特定金融商品短期供求关系变动影响下的预期市场价格与当前供求关系影响下的市场价格之间的价差。利用未公开信息是基于资产管理中应当由权益人独享的重大信息谋取交易利润,行为人违法所得的代价是其所供职的机构或者客户的经济利益损害与市场特定信息利益冲突的违反。利用未公开信息交易犯罪刑法规制的价值在于防控资本市场信息利益冲突,保护投资者合法权益。

在中国这样并不成熟的资本市场中,“内幕市”成为最为投资者熟知的

---

① 参见平湖、李箐:《基金黑幕——基于基金行为的研究报告解析》,《财经》2000年第19期。

"定位",内线交易相当严重。[1]除了依靠我国金融监管部门立案调查内线交易行为,对内线交易者进行行政处罚,我国刑法内幕交易罪对内线交易犯罪规定了定罪量刑标准。但是,由于资本市场中不仅存在利用内幕信息从事证券期货交易的行为,内幕信息之外的其他未公开信息同样会对金融产品的交易价格产生重要影响,金融机构及监管部门工作人员利用职务便利获取的此类内幕信息之外的重要信息从事违规交易,虽然受到市场广泛谴责,但责任追究不力。

利用未公开信息交易罪是《刑法修正案(七)》增加的罪名。全国人大常委会于2009年2月28日通过《刑法修正案(七)》,增加一款规定作为《刑法》第180条第4款:"证券交易所、期货交易所、证券公司、期货经纪公司、基金管理公司、商业银行、保险公司等金融机构的从业人员以及有关监管部门或者行业协会的工作人员,利用因职务便利获取的内幕信息以外的其他未公开的信息,违反规定,从事与该信息相关的证券、期货交易活动,或者明示、暗示他人从事相关交易活动,情节严重的,依照第一款的规定处罚。"最高人民法院、最高人民检察院《关于执行〈中华人民共和国刑法〉确定罪名的补充规定(四)》将该条全新刑法规范的罪名提炼为"利用未公开信息交易罪"。司法实务部门也陆续查处了若干利用未公开信息交易犯罪案件。监管层对资本市场中的基金"老鼠仓"违法犯罪案件进行了连续性的查处,但在构成要件的解释与具体司法判断规则层面仍有待深入解析。

一、利用未公开信息交易犯罪的构成要件与刑法解释

利用未公开信息交易罪的犯罪对象是内幕信息之外的其他重大未公开信息,其实行行为包括行为人直接利用未公开信息从事相关证券期货交易或者建议他人从事相关交易活动两种方式,犯罪主体包括金融机构从业人

---

① 参见郭文婧:《"四重拳"严打资本市场内幕交易》,《国际金融报》2010年11月25日第6版。

员与监管部机构工作人员两种类型，本罪的主观方面表现为故意。由于利用未公开信息交易罪各个构成要素均属于刑法规范体系中的全新表述，有必要对本罪的构成特征进行论证与分析，从而为司法实践提供一个可供操作的利用未公开信息交易罪法律规格。

(一) 利用未公开信息交易犯罪的行为对象：有价信息(其他重大未公开信息)

《刑法》第 180 条第 4 款将利用未公开信息交易罪的犯罪对象规定为“内幕信息以外的其他未公开的信息”。未公开信息是证券期货犯罪体系中的一个崭新概念。在立法机关设置利用未公开信息交易罪之前，证券期货违法犯罪语境下的未公开信息并不是一个确定的法律概念。与内幕信息不同，未公开信息的司法认定并没有相关的前置性行政法律、法规、规章等规范基础可以作为判断依据。由于刑法条文仅对未公开信息的外延(“内幕信息以外”)进行了原则性规定，未公开信息的内容、范围、特征、实质等完全处于不确定状态，极易造成刑法适用上的混乱。

刑法理论上，对于未公开信息的定义主要有以下几种观点：第一种观点认为，“内幕信息以外的其他未公开的信息”，主要是指资产管理机构、代客投资理财机构即将用客户资金投资购买某个证券、期货等金融产品的决策信息。[①]第二种观点认为，未公开信息，是指对证券、期货市场价格变动具有重要影响且在依法披露前限于少数人知悉的未来投资经营信息。[②]第三种观点认为，未公开信息是指证券期货交易活动中，内幕信息以外的其他对证券、期货的市场价格有重大影响的尚未公开的信息。[③]

---

① 参见黄太云：《〈刑法修正案(七)〉内容解读(一)》，《人民法院报》2009 年 4 月 8 日第 6 版；卢勤忠：《基金犯罪研究》，北京大学出版社 2010 年版，第 279 页；卢勤忠：《利用未公开信息交易罪的认定》，《政法论丛》2010 年第 1 期。

② 缑泽昆：《〈刑法修正案(七)〉中“老鼠仓”犯罪的疑难问题》，《政治与法律》2009 年第 12 期。

③ 参见赵秉志：《简析〈刑法修正案(七)〉的若干热点罪名》，《法制日报》2009 年 10 月 21 日第 12 版；赵斌、曹云清：《利用未公开信息交易罪若干问题研究》，《江西公安专科学校学报》2009 年第 4 期。

笔者认为，上述意见不同程度地对未公开信息的特征进行了概括，但在核心环节上均没有对未公开信息的实质特性进行重点把握。

第一种观点强调未公开信息是资产管理机构即将用客户资金投资金融产品的决策信息，不仅将其局限于客户资金对应的投资决策信息，而且认为未公开信息是即将产生的信息，具有“未然性”。实际上，未公开信息也可以是金融机构利用自有资金投资金融产品的信息，不必限制于客户资金的狭隘范畴。同时，更重要的是，未公开信息还可以是业已形成的信息，不能否定其亦可具有“实然性”的特点。

第二种观点突出未公开信息属于投资性经营信息的特点。但是，并非只有投资性信息才能被认定为内幕信息以外的其他未公开信息。例如，证券公司研究部工作人员在某公司证券投资分析报告已经制作完毕但尚未公开的情况下，利用职务便利获取其中的分析数据与研究信息，买卖相关公司的股票。此时，该份某公司证券投资分析报告显然属于内幕信息以外的其他未公开信息，但其并不具有投资性，而是属于研究性经营信息。故没有必要将未公开信息框定在投资性经营信息的范围内。此外，由于金融监管部门工作人员利用职务便利获取与证券期货相关的执法信息从事证券期货交易同样构成本罪，所以，未公开信息也不局限于经营信息，监管信息也应当纳入未公开信息的范围。

第三种观点模糊地归纳了未公开信息具有未公开性、价格敏感性等特征，实际上等于是重复了刑法条文的规定，属于简单的概念整合，对于司法实务分析判断基本没有指导价值。

笔者认为，未公开信息既可以是金融机构开展金融业务过程中的经营信息，也可以是形成于上市公司内部但相关法律法规没有明文规定将其纳入内幕信息范围且对上市公司股票走向具有重大影响的价格敏感信息，更可以是金融监管部门、证券期货交易所以及行业协会在行政执法、业务指导、交易管理、行业自律监督过程中掌握的监管信息、管理信息或者行业信息，甚至可以是利率、汇率、税收等宏观调控政策信息等。因此，利用未公开信息交易罪中的“内幕信息以外的其他未公开的信息”是指，不为公众所知悉，对相关证券期货交易价格有重要影响，金融机构、监管部门以及行业协会按照规定采取规范管理的投资经营、技术分析、监督管理、行业资讯、调控政策等信息。

(二) 利用未公开信息交易犯罪的客观行为：信息利益冲突

根据《刑法》第 180 条第 4 款的规定，利用未公开信息交易罪的客观行为表现为，行为人实施了利用职务便利获取的内幕信息以外的其他未公开的信息，违反规定，从事与该信息相关的证券交易活动，或者明示、暗示他人从事相关交易活动，情节严重的行为。

“违反规定，从事与该信息相关的证券交易活动”，不仅包括证券投资基金法等法律、行政法规所规定的禁止基金等资产管理机构的从业人员从事损害客户利益的交易等行为，而且包括所有证券期货市场监管法律法规以及中国证监会发布的禁止金融机构从业人员从事违背受托义务的利用未公开信息交易活动等行为。利用未公开信息交易行为一般表现为，金融机构从业人员或者金融监管机构人员市场一般投资者买入证券或者其衍生品、期货或者期权合约等金融产品前，自己先行买入，或者在市场一般投资者及其投资的基金卖出前，自己先行卖出等行为。同时，构成利用未公开信息交易罪还可以采用明示或暗示他人从事买卖证券、期货合约的行为。当然，利用未公开信息交易行为必须达到“情节严重”程度，才能构成犯罪。“情节严重”的标准应当根据司法解释规定的追诉标准加以确定。最为重要的是，利用未公开信息交易滥用了应排他性地基于客户利益而使用的信息的经济价值。

二、利用未公开信息交易犯罪的司法判断规则

利用未公开信息交易罪在司法实务中存在一系列疑难问题。例如，如何辨识未公开信息的特点及其与内幕信息的区别？利用未公开信息交易行

为是否“违反规定”？行为人是否基于职务便利获取未公开信息？从事的证券期货交易是否与未公开信息相关？有必要综合运用证券期货犯罪刑法原理与金融知识论证上述疑难问题的司法判断规则，使利用未公开信息交易罪不只是停留在理论评价层面，而是在实践中真正得以充分适用。

（一）未公开信息

未公开信息的认定无疑是利用未公开信息交易罪中最为重要的问题之一。“内幕信息以外的其他未公开的信息”这一刑法语言文字表述在规范解释层面存在明显的不确定性，导致司法实务较难精准地认定行为人从事相关证券期货交易所利用的是否属于未公开信息。因此，在刑法理论上极有必要细致地分析未公开信息的特征，为司法实务部门认定未公开信息提供标准参考。同时，刑法司法解释亦应当尽快对未公开信息的内容与范围进行明确规定。

1. 未公开信息特征的把握

从《刑法》第180条第4款的规定来看，“未公开信息”应具备以下基本特性：一是差别性，即未公开信息必须是内幕信息之外的其他信息；二是未公开性，即“未公开信息”尚未通过法定渠道或其他以公众熟知方式向社会大众和广大投资者公布；三是关联性，即未公开信息必须是与证券、期货合约的市场价格有关的重大信息，而不能是其他一切信息；四是价格敏感性，即未公开信息对于证券、期货合约的价格具有重要影响；五是可利用性，即未公开信息被行为人所掌握后，行为人或其亲友可从中受益之信息。在上述“未公开信息”的五个特性中，尤为值得探讨的是未公开性与价格敏感性。

（1）未公开性。

未公开性是指，金融机构、监管部门以及行业协会按照规定采取规范管理的投资经营、技术分析、监督管理、行业资讯等信息未在公开市场上被公布或者尚未被证券期货投资者知悉。未公开信息处于秘密状态时，该信息的使用、管理等必须按照规定进行操作。此类信息一旦按照规定进行公布或者被市场人士通过技术分析合法公开，相关人员利用该信息从事相关的证券期货交易并不为法律所禁止，没有戒绝交易的法律义务。

未公开性实际上意味着相关信息处于一种秘密状态，此种状态具体可以分为依法保密与内控保密。依法保密主要是指金融监管部门、行业协会按照法律、法规等规定必须保证相关信息的未公开性，未经许可不得使用、披露相关信息。例如，根据《中国证监会工作人员行为准则》第 18 条、第 21 条的规定，证监会工作人员公开发表言论和文字材料时，不得涉及证券期货监管未公开信息；内容涉及资本市场信息的，应当真实、客观。非因工作需要，不得与他人谈论证券期货监管未公开信息。证监会工作人员应当遵守国家关于证券期货监管机构工作人员不得买卖股票和从事期货交易的规定。可见，金融监管机构、行业协会等单位在执法过程中形成的金融监管未公开信息依法处于保密状态。内控保密主要是指证券公司、期货公司、基金公司、保险公司等金融机构按照中国证监会内部风险控制指引、保守秘密规定等文件的规定保证公司相关经营信息处于秘密状态。例如，中诚信证券评估有限公司是经中国人民银行上海分行核准从事信用评级等业务的非银行金融机构，该公司的《信息保密制度》规定，公司或公司职员在开展证券评级业务活动中获取的国家秘密；关于项目或与项目有关的、关于客户或与客户业务相关的不被公众领域所知的信息、资料、文件，或客户声明必须保密的信息、资料、文件，不论是纸面形式、磁记录形式、光学记录形式、电子记录形式还是其他记录形式都属于保密对象。公司附属组织和分支机构以及职员都有保守前述秘密的义务。接触到前述秘密的员工，例如管理人员、技术人员、财务人员、销售人员、秘书、保安人员等对保守前述秘密均负有责任。[①]可见，证券公司、期货公司、保险公司等金融机构在开展业务、经营管理过程中形成的经营性信息按照内控规范处于保密状态。

---

① 《中诚信证券评估有限公司信息保密制度》，http://www.sac.net.cn/newcn/home/info_detail.jsp?info_id=1198548770100&info_type=CMS.STD&cate_id=1198222163100（访问日期：2015年3月1日）。

(2) 价格敏感性。

价格敏感性是指，金融机构、监管部门以及行业协会按照规定采取规范管理的投资经营、技术分析、监督管理、行业资讯等信息对证券、期货交易价格有重大影响。对于未公开信息价格敏感性的判断与分析，实践中存在疑问的主要有以下问题：

一是价格敏感性的必备性问题。

《证券法》《刑法》均明确规定对证券、期货交易价格有重大影响的信息才能认定为内幕信息，而《刑法》第 180 条第 4 款并没有明确规定未公开信息必须具备价格敏感性的特征。但是，这显然并不意味着未公开信息不必具有价格敏感性。因为如果某金融机构工作人员利用职务便利非法利用不可能对证券期货交易价格产生重要影响或者影响极为有限的未公开信息从事相关交易，其不仅无法实现谋取利益或者规避损失的行为目的，而且也不会对其所在金融机构以及相关客户的利益产生实际损害。此类行为的社会危害性不足以构成利用未公开信息交易罪。

因此，在利用未公开信息交易罪中，价格敏感性是认定未公开信息的重要客观标准。行为人只有在其利用的未公开信息达到可能对证券期货交易价格具有重大影响的客观标准才承担刑事责任。未公开信息可能会影响相关的证券期货的市场价格，进而对资本市场上的投资者是否愿意以当前的价格购买或者出售相关金融资产产生重要影响，并且，投资者的对应性行为会再次反作用于证券期货交易价格。利用符合价格敏感性特征的未公开信息非法从事证券期货交易，才能适用利用未公开信息罪追究非法交易者的刑事责任。

二是价格敏感性的确定性问题。

未公开信息对于相关证券期货交易价格的重要影响存在可能性重要影响与确定性重要影响的区别。有的未公开信息对于有关证券期货交易价格的重要影响表现为一种合理预期，但这种预期会因为其他因素的介入导致对于证券期货交易价格没有产生重要影响；有的未公开信息的证券期货交易价格的重要影响通过客观交易数据确定地予以显现。这里存在的问题是，利用未公开信息交易罪中的“其他未公开的信息”是否以该信息对证券期货交易价格具有确定性的重要影响为必要？《刑法》第180条第4款对此问题显然没有进行规定，这就需要通过刑法解释理论予以明确。笔者认为，行为人利用的信息只有对相关证券期货交易价格产生确定性的重要影响，才能认定为本罪中的未公开信息。

从刑法体系解释的角度分析，内幕信息与未公开信息在基本特征层面具有等同性，既然构成内幕信息以该信息对证券期货价格有重大影响为必要，则未公开信息应当与其保持一致。由于内幕交易罪与利用未公开信息交易罪归属于刑法同一法条内部，两罪的社会危害性相当，内幕交易与利用未公开信息交易犯罪的行为样态、构成要件配置、法定刑设定等均相同，故在内幕信息与未公开信息的基本特征层面，不应当有超越刑法证券期货犯罪中内线交易类犯罪体系一致性的明显差异。在《刑法》第180条第1款已经明确规定内幕信息是“对证券、期货交易价格有重大影响的信息”的情况下，构成未公开信息亦应以对证券期货交易价格产生确定性影响为必要。

从证券期货犯罪违法与犯罪界限的角度分析，利用未公开信息交易违法行为与犯罪行为之间应当有所区别，行为人利用可能对证券期货交易价格产生重要影响的未公开信息从事证券期货交易，可以构成违法，但不能认定为犯罪。构成未公开信息的前提是该信息对于证券期货交易价格具有确定性影响，这不仅是利用未公开信息违法与犯罪之间合理边界的重要体现，而且有利于有效控制利用未公开信息交易罪的刑事法网，避免本罪打击范围过大。

2. 未公开信息与内幕信息的界分

证券期货犯罪刑法理论以及证券法理论通说将内幕信息核心特征概括为秘密性与重大性。[①]由于秘密性即指内幕信息未公开，重大性是指内幕信

---

① 参见刘宪权：《证券期货犯罪理论与实务》，商务印书馆2005年版，第320—328页；刘宪权：《内幕交易、泄露内幕信息罪若干疑难问题探析》，《犯罪研究》2003年第2期；刘宪权、卢勤忠：《金融犯罪理论专题研究》，复旦大学出版社2002年版，第436—441页；范健、王建文：《证券法（第二版）》，法律出版社2010年版，第358—360页。

息对于证券期货价格有重大影响，故内幕信息的基本特征本质上与未公开信息的未公开性和价格敏感性并无二致。虽然未公开性与价格敏感性在概括的层面属于未公开信息与内幕信息共同具备的基本特征，但必须廓清两者的界限。首先，未公开信息与内幕信息基本特征上的共性只是处于抽象、静止的概括层面，在司法实践具体、动态的分析判断层面，未公开信息与内幕信息在未公开性、价格敏感性问题上的判断标准与法律依据截然不同。其次，未公开信息具有明显区别于内幕信息的独立性特征与差异化标志。在刑法理论上清晰地划定未公开信息与内幕信息之间的边界具有重大意义，其不仅能够精细化地解释“内幕信息以外的其他未公开的信息”的刑法规范含义，梳理未公开信息的外延，而且有利于在司法实务中丰富与深化未公开信息的认定标准。

（1）信息具体内容的差异化表现。

内幕信息以外的对证券期货交易价格有重要影响且不为公开市场知悉的信息才属于未公开信息，这就决定了未公开信息与内幕信息在具体内容上具有非此即彼的逻辑关系。

内幕信息的具体内容及其范围具有明确的前置性行政法律、法规、规章、行业规则等作为规范依据，司法机关在实践中可以根据相对确定的行政法律、法规、规章、行业规则等规范所设定的具体要求填充刑法中内幕信息的具体内容。我国《证券法》《公司法》《期货交易管理条例》、中国证监会发布的《上市公司信息披露办法》《上市公司重大资产重组管理办法》以及上海、深圳证券交易所发布的最新版的《股票上市交易规则》等一系列法律、法规、规章、行业文件等，对各类法定内幕信息、有关公司分配股利或者增资的信息、有关公司债务担保、相关资产重大变动的信息、有关公司收购的信息等不同种类的内幕信息进行了具体规定。上述内幕信息范围之外的其他对证券期货交易价格具有重大影响且不为公开市场所知悉的信息均为未公开信息。可见，利用未公开信息罪中的未公开信息与内幕交易罪中的内幕信息在具体内容上形成的非此即彼的逻辑关系，在刑法证券期货犯罪体系内共同搭建了互为补充的“未公开的信息”的逻辑范畴与概念结构，强化了证券期货犯罪核心概念刑法解释的明确性。

与内幕信息的具体内容具有规范明确界定性截然相反的是，未公开信息的具体内容基本没有前置性法律、法规、规章等规范性文件进行明确规定。因此，具体哪些内容可以划入刑法规定的未公开信息的范畴，是一个需要通过对主要信息内容进行列举的开放性问题。笔者认为，以下对于证券期货交易价格有重要影响的信息可以被纳入刑法未公开信息的范围：一是证券、期货交易所、证券、期货公司的非公开交易业务数据信息。例如，在证券交易中，证券交易所将行情信息、证券指数、成交概况、证券交易排名、会员交易排名等基本数据信息予以公开，但是，对于机构投资者的持仓量、新近建仓量、加仓减仓量、资金进出量等具体交易数据以及相关清算数据按照严格的信息数据管理制度进行保密。此类未公开交易业务数据中对证券期货交易价格有重大影响的信息，属于刑法中的未公开信息。二是证券公司、期货公司在从事自营业务、资产管理业务、投资咨询业务等过程中形成的经营性信息。例如，证券公司在利用自有资金从事自营业务时，证券公司自营业务账户动态、交易席位情况、自营业务规模、资产配置决策等经营过程中形成的信息，实际上对于该信息所指向的证券期货供求关系具有实质性影响，此类信息按照中国证监会有关证券期货公司业务风险管理指引的规定必须采取信息保密措施进行信息风险控制，属于刑法中的未公开信息。三是基金管理机构等将要利用客户资金进行巨额投资的决策信息。基金管理公司、全国性以及地方性社会保险基金管理机构、托管机构运作管理的基金数量巨大，其对于证券期货市场的影响深远，此类投资性决策信息，属于刑法中的未公开信息。四是商业银行、保险公司、信托公司等金融机构在从事与证券期货投资相关的经营活动中形成的投资决策、资金动向数据、投资咨询等综合性信息。例如，商业银行中间业务包括了金融期货交易业务、证券投资分析业务、基金托管业务等与证券期货相关的业务，其中涵盖了大量影响证券期货交易价格的决策信息、数据信息、咨询信息；保险公司、信托公司从事的证券回购、基金投资、资产管理等业务涉及影响相关证券产品交易价格的投资信息。五是证券业、基金业、期货业、保险业、银行业等监管部门以及相关行业协会在行政执法与行业管理中形成的执法监管信息、政策信息、经济态势数据信息以及行业管理信息等。例如,中国人民银行调整利率、存款准备金率,或者统计局每月公布物价指数信息等,此类对证券期货交易价格具有极为重要影响的行政部门政策信息与数据信息在公布之前均严格按照国家保密法律规定执行信息数据保密,属于刑法中的未公开信息。

(2) 信息是否公开的区别化判断。

利用未公开信息交易罪侵犯法律所保护利益的手段本质上是一种证券期货市场信息的非法获取与使用——行为人利用职务便利获取内幕交易以外的其他“未公开的信息”从而在资本市场中形成不正当信息优势,在信息配置不公平的情况下通过相关证券期货交易攫取巨额利益。故信息是否公开直接决定了利用相关信息从事交易行为是否具有犯罪性。在如何认定证券期货交易价格具有重要影响的信息是否公开的问题上,利用未公开信息罪与内幕信息罪具有不同的司法判断规则。

证券发行人、上市公司必须严格按照《证券法》、中国证监会《上市公司信息披露管理办法》等规定依法真实、准确、完整地披露信息,所以,在证券发行、交易过程中对证券价格有重大影响的内幕信息的披露规则具有明确的法律规定性。根据《证券法》第 52 条、第 80 条、第 81 条的规定,对上市公司股票交易价格产生较大影响的内幕信息,上市公司应当按照规定将有关该重大事件的情况向国务院证券监督管理机构和证券交易所报送临时报告,并予公告,说明事件的起因、目前的状态和可能产生的法律后果。信息公告应当在国务院证券监督管理机构指定的媒体发布,同时将其置备于公司住所、证券交易所,供社会公众查阅。基于《证券法》关于信息披露的规定,刑法理论上一般主张适用内幕信息的形式公开标准,即尚未被公众知晓的重大信息在证券监管机构制定的媒体予以发布之时,应当认定内幕信息业已公开。[①]在实践中也有观点认为应当采纳实质公开标准，即内幕信息按照法定形式披露之后，必须经过一定时间被市场消化，才能认定为内幕信息已经公开。[②]但是，无论是形式公开还是实质公开，判断内幕信息是否公开必须严格围绕重大信息披露的法定时间节点进行法律分析。

相对于内幕信息具有明确的法定披露时间节点而言，未公开信息没有持续信息公开的法定要求，甚至关于未公开信息本身能否公开问题，刑法理论上仍然存在较大争议。有学者认为："内幕信息是应该到时公开的，而基金从业人员掌握的投资信息则是自始至终都不能公开的，相当于商业秘密，这是两者的根本区别。"[③]不同意见认为："在金融市场中，根据相关法律法规，经相关机构采取保密措施的各种信息，有的要求必须对外公布，而有的则要求定期或定时对外披露。"[④]

笔者认为，未公开信息本身具体内容的复杂性意味着其披露规则具有不同的法律要求，这也决定了司法实务中判断未公开信息是否公开必须综合不同的分析标准并结合不同的信息特点予以认定。

首先，对于按规定进行披露的未公开信息，应以其公布时间作为未公开信息业已公开的初步判断基点。未公开信息显然具有披露的要求。虽然在刑法条文结构与文字表述上，《刑法》第 180 条第 4 款并没有采取与本条第 1 款相同的方式明确规定在信息"尚未公开前"从事相关证券期货交易的行为构成本罪，但这并不代表未公开信息不存在公开的问题。在金融实务中，金融机构以及相关监管部门在证券期货交易以及执法过程中形成的未公开信息，其保密要求只是阶段性的，相当部分未公开信息最终向市场予以公开。

---

① 参见张小宁：《论内幕交易罪中"内幕信息"的界定》，《昆明理工大学学报（社会科学版）》2009 年第 3 期；顾肖荣、张国炎：《证券期货犯罪比较研究》，法律出版社 2003 年版，第 403—404 页。

② 参见陈海鹰、朱卫明、叶建平：《泄露内幕信息罪、内幕交易罪的若干问题探析——由"杭萧钢构案"展开》，《法治研究》2008 年第 3 期；刘宪权：《内幕交易、泄露内幕信息罪若干疑难问题探析》，《犯罪研究》2003 年第 2 期。

③ 卢勤忠：《利用未公开信息交易罪的认定》，《政法论丛》2010 年第 1 期。

④ 蜍泽昆：《〈刑法修正案（七）〉中"老鼠仓"犯罪的疑难问题》，《政治与法律》2009 年第 12 期。

典型适例：基金公司依法定期公布季报、半年报、年报，向基金投资者披露详尽的投资信息；[①]国家统计局定期公布宏观经济数据；中国人民银行宣布调整利率、存款准备金率；等等。此类信息对于证券期货交易价格具有显著影响，超过保密期限后即向市场公开。故未公开信息的正式公布日期可以作为判断该信息是否公开的时间基准。

其次，在正式公布之前未公开信息已经实际公开的，应当将实际公开日期认定为公开时间。未公开信息并不仅是静态的概念表达与资讯堆砌，其具有明显的动态执行性。未公开信息被执行后所产生的实际效果很可能已经深刻地对证券期货市场的交易价格产生影响。价格的显著变动会引起市场分析人士的关注，从而将信息概括地传递至整个资本市场。例如，2010年第二季度，各大基金调仓后新近大量购入的股票中，中天科技、远兴能源和S仪化于2010年7月19日分别大涨6.13%、4.96%和4.61%。同时，基金大幅加仓的浙江龙盛、东方航空和信达地产的当日涨幅也分别达到5.76%、4.85%和3.59%。各大证券媒体对此投资信息进行了广泛的报道。[②]基金新建仓位的信息经由媒体传播已经被公众所知晓。因此，如果相关信息在有关金融机构、金融监管部门按照法律规定的形式正式公布之前，已经通过价格波动规律被市场分析人士以及投资者所消化，不能以信息正式公布之日作为公开时间，而应当将实质公开时间认定为未公开信息也已公开。

再次，对于金融机构持续保密的未公开信息，不存在按照规定进行披露与公开的问题。保险公司、证券公司等金融机构利用自有资金进行证券期货投资，此类投资经营性决策信息属于公司内部保密信息，在没有泄密的情况下，仅为公司特定人员所掌握，在保密期限内始终处于非公开状态。

综上所述，判断未公开信息是否已经公开，应当根据未公开信息的不同性质及其披露要求，综合以下标准进行认定：定期按照规定的时间与约定的

---

① 见《证券投资基金法》第76条。

② 参见吴倩：《基金骑“牛股” 散户慎追捧》，《广州日报》2010年7月24日第A17版。

方式通过公众媒体(新闻发布会、网络、报纸、期刊等)向社会公开;未公开信息执行之后相关证券期货交易价格明显异常波动,已被市场消化公开;证券期货专业分析人员通过技术分析推断相关信息,向客户或者公众公开分析结论的;等等。在未公开信息公开之后从事相关证券期货交易的,不构成利用未公开信息交易罪。对于自始至终不公开的未公开信息,不存在信息正当公开问题,除了未公开信息非法泄露并公开之外,利用此类信息从事证券期货交易的,符合利用未公开信息交易罪的构成要件。

(二)利用未公开信息从事金融交易

金融机构从业人员、有关监管部门工作人员等利用因职务便利获取的未公开信息,自己从事相关证券期货交易,是利用未公开信息交易罪典型的实行行为。实践性难点问题集中体现为利用未公开信息与本人从事证券期货交易的认定。

1. 利用未公开信息的推定与反驳

由于《刑法》第180条第1款内幕交易罪只规定了证券期货交易行为必须发生在内幕信息公开之前,证券期货犯罪理论对于利用内幕信息这一要素的必备性问题存在争议。[①]《刑法修正案(七)(草案)》征求意见时,理论上就有观点建议取消"利用"要件。[②]但最后《刑法》第180条第4款利用未公开信息交易罪仍明确规定构成本罪必须"利用"未公开信息。实践中普遍性的观点是,在证券期货内线交易犯罪案件中,直接证明行为人利用未公开信息、内幕信息具有相当难度,应当通过推定方式进行认定。[③]内幕交易刑事案件审判实践已经对推定行为人利用内幕信息的有效性予以确认,但司法

① 参见卢勤忠:《基金犯罪研究》,北京大学出版社2010年版,第262—265页;刘宪权:《证券期货犯罪理论与实务》,商务印书馆2005年版,第333—338页。

② 参见顾肖荣:《对〈刑法修正案(七)〉(草案)的建言与求证》,《政治与法律》2009年第1期。

③ 参见赵斌、曹云清:《利用未公开信息交易罪若干问题研究》,《江西公安专科学校学报》2009年第4期;杨冬:《证据推定 监管层严打内幕交易》,《证券时报》2010年第2版;最高人民检察院法律政策研究室、中国证券监督管理委员会法律部编著:《证券期货犯罪司法认定指南》,中国人民公安大学出版社2009年版,第54页。

实务中不乏反对推定的意见。[①]在利用未公开信息交易罪的语境下，能否对“利用”这一要素进行推定？

笔者认为，在行为人始终不承认利用未公开信息从事相关证券期货交易的情况下，根据一系列形成证据链条的环境证据推定其实际上利用了未公开信息是合法且合理的。

根据证据法原理，“刑事推定本身就是一种证明规则”。[②]在基础事实客观确实的情况下，可以据此作出推定。推定行为人基于未公开信息实施证券期货交易并不意味着在利用未公开信息交易刑事案件中放弃了无罪推定原则。在没有明显的否定性解释、经验所认可的范围内，司法机关可以通过推定对刑事案件的相关事实作出留有余地的保守估计。[③]

根据利用未公开信息交易违法犯罪的实际情况分析，具有接触未公开信息职务便利的金融机构从业人员以及监管部门工作人员本身就具有禁止买卖与未公开信息相关的证券期货的戒绝交易义务，故完全可以基于其违背法定义务的交易事实推定其利用未公开信息。以证券从业人员、证券监管部门工作人员为例——根据《证券法》第 40 条的规定，证券交易所、证券公司和证券登记结算机构的从业人员、证券监督管理机构的工作人员以及法律、行政法规禁止参与股票交易的其他人员，在任期或者法定限期内，不得直接或者以化名、借他人名义持有、买卖股票，也不得收受他人赠送的股票；根据 2011 年 1 月 1 日实施的《证券公司信息隔离墙制度指引》的规定，在业务经营过程中掌握或知悉内幕信息或者可能对投资决策产生重大影响的尚未公开的其他信息的人员，禁止违规买卖列入观察名单、限制名单的投资产品。可见，证券行业从业人员与证券监管工作人员具有绝对的证券交易戒绝义务；对于其他投资产品的买卖，必须严格按照内控规定进行操作。

---

① 参见苏江：《涨停王高淳陶瓷内幕交易真相》，《21 世纪经济报道》2011 年 1 月 5 日第 13 版。

② Michael H. Graham, Burden of Proof and Presumptions in Criminal Cases, 45 Criminal Law Bulletin 6(2009).

③ 参见邓子滨：《刑事法中的推定》，中国人民公安大学出版社 2003 年版，第 115—118 页。

所以，在证券从业人员、证券监管工作人员掌握未公开信息、从事相关证券期货交易的基础上，推定其交易行为系利用未公开信息实施的结论，不仅处于常理范围之内，而且能够得到合规管理制度的验证。

因此，笔者认为，控方提供证据证明存在符合下列要素的证券期货交易行为，可以推定行为人实际利用了未公开信息：(1)行为主体依职责或者经授权，掌握或知悉可能对证券期货交易价格产生重大影响的尚未公开的信息；(2)行为主体在掌握或知悉上述信息期间、该信息公开之前买卖相关证券期货。必须重视的是，推定可以反驳，当反驳的合理性强度超越推定强度时，可以认定行为主体并非基于未公开信息从事相关证券期货交易。行为人有足够证据证明存在以下情形之一的，推定其利用未公开信息的意见不能成立：(1)在掌握或者知悉未公开信息之前，已经凭借对市场公开资料、数据等信息的分析作出相关投资判断与交易策略；(2)有正当理由相信行为人虽然依职责或经授权能够掌握但客观上确实没有接触未公开信息；(3)根据证券期货市场有关状况、操作规律、发展趋势，按照经验法则与证券期货知识，结合证券期货监管部门组织的专家委员会或者证券期货交易所的专业认定意见，能够得出行为人从事的证券期货投资品种与未公开信息无关等。

2. 本人从事相关证券期货交易的判断规则

金融机构从业人员、有关主管部门、行业协会工作人员以其个人的证券期货交易账户、资金账户自行或者委托经纪人实施金融交易，或者以其近亲属、情妇(夫)等具有共同利益关系人员的交易账户、资金账户从事相关证券期货买卖，当然应当认定为本人从事相关证券期货交易。但是，上述交易样态通过直观判断就能够加以认定，显然属于“低端”的利用未公开信息交易违法犯罪形式，在金融从业人员或者监管工作人员违规案例中较为罕见。

实际上，利用职务便利获取未公开信息的行为主体本人实施相关金融交易，本质上是对与未公开信息有关的证券期货交易行为的一种控制，其不仅是形式控制(以本人名义直接或者委托他人买卖证券、期货合约)，而且表现为实质控制(控制他人或者利用他人账户从事相关交易)。以实质控制形态表征的利用未公开信息交易行为多发且较难认定，更有必要研究判断标准。

笔者建议，具有以下情形之一的，可以认定相关证券期货交易受到行为人的实际控制：(1)向他人提供购买证券、期货合约的资金，且他人买卖证券、期货合约的利益或者损失，全部或者部分由本人占有或者承担；(2)对他人的证券期货交易账户、资金账户或者他人所持有的证券、期货合约具有使用、管理、收益、处分等权限；(3)本人的近亲属、情妇(夫)等具有共同利益关系的人从事相关证券期货交易。上述认定标准决定了实务部门在查处利用未公开信息交易案件时，绝不能遗漏任何有关资金走向、人际关系、异动账户等要点的分析。

3. 利用未公开证券市场信息从事金融期货交易行为的性质判断

2010 年 4 月起，随着上海证券交易所推出沪深 300 股指期货合约，我国资本市场正式进入了金融期货时代。但是，股指期货交易在丰富金融交易品种的同时，对利用未公开信息交易的规范应对提出了全新挑战。由于《证券法》《证券投资基金法》及相关配套行政法规、规章等文件明确禁止证券公司、基金公司等从业人员从事证券交易，相关从业人员本人或者利用他人名义从事证券交易必须承担相应的法律责任。同时，根据《期货交易管理条例》《期货从业人员资格管理办法》等法律文件的规定，期货公司管理人员和技术人员等从业人员不得参与期货交易。但是，现有的法律、法规、规章等文件均没有规定证券公司、基金公司从业人员能否从事股指期货交易。由于沪深 300 指数期货涨跌直接与证券市场多空信息挂钩，证券公司、基金公司等直接接触证券交易市场的从业人员显然有条件利用其所在公司职务行为掌握的未公开信息，判断沪深 300 指数期货的涨跌走向，通过多空选择进行套利。尤其是规模极为庞大的基金公司管理人员，其利用投资者基金从事大盘股的操作，对于股指具有实质性影响，其利用基金公司未公开的证券投资信息，在股指期货市场上建仓谋取个人利益，在金融实践中是完全存在实现可能的。

对于利用证券市场未公开信息从事金融期货交易的行为是否构成利用未公开信息交易违法犯罪，实践中有的观点持肯定的态度，但也有不少反对意见认为，沪深 300 指数期货合约指数标的的广泛性实际上已经在技术上控制了部分证券公司、基金公司等从业人员利用未公开信息从事股指期货交易的非公平性交易风险，利用证券现货市场的未公开投资信息在股指期货市场进行跨市场的交易，虽然具有利用未公开信息交易的行为特征，但基于证券现货市场与股指期货市场的关联度难以论证，这种行为不宜作为犯罪处理。

笔者认为，证券、基金公司、证券交易所等从业人员存在利用未公开信息从事股指期货交易谋取个人利益的行为风险，有必要通过刑法规范进行震慑与规制。在股市呈单边下挫状态下，这种利用未公开信息交易的行为具有严重的社会危害性，容易引发系统性风险。在市场行情不利时，券商、基金公司等从业人员，特别是主要负责人员利用证券现货市场的抛售信息，选择在股指期货交易中做空，容易获取巨额利益。其主要原因在于，此类证券市场从业人员的职务行为决定了其具有交易信息优势，在证券市场通过职务行为抛售股票，同时自己在股指期货做空套利，交易的公平性荡然无存。所以，坚持股指期货指数标的广泛性能够消解证券从业人员利用未公开信息从事股指期货交易套利风险有待商榷。

同时，我们应当看到，在金融期货交易领域，应当完善相关交易制度，对利用未公开信息交易行为形成完备且一致的法律规制体系。《刑法修正案(七)》全新设置了利用未公开信息交易罪，证券交易所、期货交易所、证券公司、期货经纪公司、基金管理公司、商业银行、保险公司等金融机构的从业人员以及有关监管部门或者行业协会的工作人员，利用因职务便利获取的内幕信息以外的其他未公开的信息，违反规定，从事与该信息相关的证券、期货交易活动，或者明示、暗示他人从事相关交易活动，情节严重的，构成犯罪。对于利用未公开信息从事股指期货交易情节严重的行为，显然构成利用未公开信息交易罪。在刑法已经明确规定利用未公开信息交易罪的情况下，有必要对于此类利用未公开信息交易行为进行规范震慑。当然，由于前置性行政法律、法规、规章等文件没有对股指期货市场中证券公司、基金公司、证券交易所等从业人员利用职务行为获取的未公开信息从事交易行为作出具体的禁止性规定，实际上造成了法律体系一致性阙如。这也是证券期货法律规范应当进行完善的方向。

在明确利用未公开证券市场信息从事金融期货交易行为具有刑事可罚性的基础上，我们也应当注意到，证券现货市场与股指期货市场毕竟只是关联市场而非同一市场，对于跨市场的利用未公开信息交易行为，在司法认定上，显然应当与同一市场的利用未公开信息交易行为有所区别。刑法重在震慑而非积极介入资本市场的监管。关键在于要求证券公司、基金公司、证券交易所等建立有效的内控机制，切实阻断证券从业人员利用未公开信息从事股指期货交易谋取个人利益的风险。在监管部门尚未出台规范从业人员从事股指期货交易的具体细则之前，相关证券业机构应当率先建立严格的内部交易报告制度，要求核心业务部门人员以及技术人员全面向本单位披露其从事的股指期货交易内容；对于高级管理人员，其从事股指期货交易应当接受合规部门的审查，在核准之后才能进行股指期货交易。特别是基金公司，应当通过严格的内控机制防止从业人员违背信义义务利用交易权限，无视基金投资者利益，通过相关股指期货交易谋取私利的行为。

（三）建议他人从事金融交易

在原来的内幕交易罪刑法规范架构内，并没有规定利用内幕信息建议他人从事相关金融交易的行为构成犯罪，这主要是考虑到建议行为在实践中认定难度很大，建议行为入罪打击面过大。[①]《刑法修正案（七）》则在利用未公开信息交易罪、内幕交易罪中同步增设了建议行为这种内线交易犯罪新类型。根据《刑法》第 180 条第 4 款的规定，行为人利用基于职务便利获取的未公开信息明示、暗示他人从事相关金融交易，同样构成利用未公开信

① 参见刘宪权：《金融犯罪刑法理论与实践》，北京大学出版社 2008 年版，第 331 页。

息交易罪。

然而，建议他人从事相关金融交易本质上是一种言语的表达，根据维特根斯坦的“语言游戏”理论，同样的言语完全可以形成截然不同的用法与意义，必须通过静态语言符号发现背后动态人类活动的建设性内容；[①]建议他人从事相关证券期货交易不可避免地牵涉金融技术性判断问题；刑法规范没有对泄露未公开信息、被建议者实际从事相关交易的必要性问题进行明确规定。这都对实务部门精准认定建议行为制造了障碍，有必要在厘定相关疑难问题的过程中明确“明示、暗示他人从事相关交易活动”的内涵。

1. 关于被建议者是否实际从事相关证券期货交易问题

行为人建议他人从事相关证券期货交易之后，有的被建议者按照意见对相关证券期货品种进行了买卖，有的被建议者却没有实际从事相关金融交易。对于后一种情况，能否认定未公开信息知悉人符合利用未公开信息交易罪“明示、暗示他人从事相关交易活动”的行为标准？

笔者认为，利用职务便利获取未公开信息的行为人明示、暗示他人从事相关金融交易，他人没有从事相关交易的，一般情况下不能认定其构成利用未公开信息交易罪。因为不管是利用未公开信息交易罪，还是内幕交易罪，本质上都属于证券期货市场中的内线交易犯罪，既然在整个案件的犯罪行为体系中没有客观体现交易属性，就不能认为相关行为符合利用未公开信息交易罪的罪质。同时，由于利用未公开信息交易罪的成立必须符合“情节严重”的标准，而知悉未公开信息的行为人建议他人从事相关交易，他人没有实施证券期货交易行为，客观上不会扰乱资本市场的交易秩序。如果建议行为没有造成未公开信息泄露，建议他人交易行为所产生的恶劣影响处于可控状态，不符合利用未公开信息交易罪“情节严重”的实质标准；如果造成未公开信息泄露甚至大规模泄露，对于利用职务便利获取未公开信息并建议他人从事相关金融交易的行为主体，可以按照侵犯商业秘密罪、故意泄

① 参见[德]维特根斯坦：《哲学研究》，汤潮、范光棣译，生活·读书·新知三联书店 1992 年版，第 75 页。

露国家秘密罪等泄密类犯罪进行定罪处罚，没有必要强行通过利用未公开信息交易罪处理。

2. 关于泄露未公开信息问题

行为人在获知未公开信息的情况下，明示或者暗示他人买卖相关证券、期货合约构成利用未公开信息交易罪，是否以实际向对方泄露未公开信息为必要？

刑法理论上有观点认为，明示或者暗示他人买卖相关证券、期货合约，本质上均使他人在一定程度上了解了有关未公开信息；如果金融机构从业人员、监管部门工作人员单纯提供不确定的交易意见，他人没有知悉未公开信息的，也不能认定其行为属于明示或者暗示他人买卖相关证券、期货合约。[①]可见，上述意见主张没有透露未公开信息具体内容的建议行为就意味着证券期货交易意见并不确定，故明示或者暗示他人买卖相关证券、期货合约必须以向他人透漏未公开信息为前提。

但是，笔者认为，明示或暗示他人买卖相关证券、期货合约构成利用未公开信息交易罪，不以向对方泄露未公开信息为必要。因为刑法体系解释可以证明透漏未公开信息的非必要性。利用未公开信息交易罪行为要件体系中包含了两种实行行为，一是本人利用未公开信息从事相关金融交易，二是本人在知悉未公开信息的基础上建议他人从事相关金融交易。既然两种行为同属于利用未公开信息交易罪的实行行为，其在要素配置上应当具有等量性——知悉未公开信息＋基于未公开信息发生的相关金融交易；在危害结果层面也具有等量性——基于未公开信息产生的内线交易扰乱了相关证券期货交易市场的公平秩序。两种行为模式的差异性仅仅在于，前一种实行行为中违规交易的原因是未公开信息知悉人自己直接实施，后一种实行行为中违规交易的原因是未公开信息知悉人建议他人实施。因此，未公开信息是否透漏并不具有构成要件要素的实体意义，充其量只能作为

---

① 缑泽昆：《〈刑法修正案（七）〉中“老鼠仓”犯罪的疑难问题》，《政治与法律》2009年第12期。

进一步判断行为人通过何种具体方式建议他人从事相关交易活动的客观情形。

行为人向特定对象透漏未公开信息，应当将其认定为明示行为，还是暗示行为，抑或单纯的透漏未公开信息不符合利用未公开信息交易罪建议行为的特征？

有学者指出，内幕交易罪中的明示就是内幕信息知情人员在知悉内幕信息后直接明确将内幕信息告诉交易者，提示其从事相关证券期货交易；利用未公开信息交易罪中的明示具有相同的含义。①不同意见认为，金融从业人员、监管机构工作人员等故意告知特定对象未公开信息，此种行为本质上属于暗示他人从事相关交易。②更有意见认为，只要具备建议他人从事相关证券期货交易的目的，向他人透漏未公开信息不区分明示与暗示，均构成利用未公开信息交易罪。③

笔者认为，在利用未公开信息交易罪的语境下，知悉未公开信息的行为人向特定对象透漏未公开信息，属于明示还是暗示抑或两者皆非，无法设置一个封闭性的认定标准，必须根据个案中未公开信息的特质进行具体判断。

利用未公开信息交易罪不同于内幕交易罪，在后者的刑法规范与犯罪行为框架中，绝大部分内幕信息都属于上市公司并购重组、资产增减、利润走向等影响特定证券交易价格的重大消息，内幕人员告知特定对象内幕信息的内容，直接等同于提供一个确定且可信的交易策略。因此，在内幕交易罪中，告知特定内幕信息就是明示他人从事相关证券期货交易。利用未公开信息交易罪则不然。有的未公开信息能够直接锁定对应的证券期货交易对象与方法。例如，基金公司对某只特定股票大量建仓或者加仓。有的未公开信息无法明确框定证券期货交易品种，甚至连操作方向都无法确定。

---

① 参见卢勤忠：《基金犯罪研究》，北京大学出版社2010年版，第260、279页。

② 缑泽昆：《〈刑法修正案(七)〉中“老鼠仓”犯罪的疑难问题》，《政治与法律》2009年第12期。

③ 赵斌、曹云清：《利用未公开信息交易罪若干问题研究》，《江西公安专科学校学报》2009年第4期。

例如，金融机构一年期存贷款基准利率上调若干百分点，可能引起股价齐跌，完全也可能属于“利空出尽”反而引发股价齐涨。行为人即使将此信息明确告知特定对象，如果没有告知其在股指期货市场中的操作方向（买还是卖），实际上无法认定其行为属于明示；同时，由于此类金融政策性信息没有对应的证券交易品种，更不可能认定其明示他人从事相关证券交易。因此，判断行为人向特定对象透漏未公开信息的行为性质，应当在一个原则性与开放性的基本尺度下结合个案情形与当时的证券市场状况作具体分析——未公开信息具有确定的证券期货交易品种指向与操作方向的，向特定对象透漏未公开信息可以认定为明示；根据未公开信息结合证券期货市场知识，基本能够确定交易品种与操作方向的，向特定对象透漏未公开信息可以认定为暗示；向特定对象透漏未公开信息之后，根据资本市场一般投资者知识标准无法确定证券期货交易策略的，不能认为其透漏行为符合利用未公开信息交易罪“明示、暗示他人从事相关交易活动”的特征。

3. 关于明示、暗示的认定问题

在明确被建议者实际从事相关交易、透漏未公开信息等因素如何影响“明示、暗示他人从事相关交易活动”司法判断的基础上，论述明示、暗示司法认定标准问题则相对顺畅。

明示他人从事相关证券期货交易是指，未公开信息知悉者明确告知相关证券交易品种及操作方向，或透漏未公开信息内容且该信息能够明确指向相关证券交易品种及操作方向，或既告知未公开信息又提示相关证券交易品种及操作方向。

暗示他人从事相关证券期货交易具有间接性与互动性，前者表现为未公开信息持有人没有直白地告知确定的证券期货交易策略，后者决定了需要被建议者通过主观能动性的一定发挥来理解如何从事相关证券期货交易。因此，司法实践中认定暗示行为具有一定难度。笔者认为，暗示行为的本质在于心照不宣。根据当时证券期货市场的实际状况与发展规律、证券期货常识以及经验法则进行判断，未公开信息知悉人间接提出的倾向性意见（“不宣”）能够使资本市场正常投资者领悟相关证券期货交易活动（“心照”），可以认定为未公开信息知悉者暗示他人从事相关证券期货交易。

（四）利用未公开信息交易行为违法性司法判断规则

根据《刑法》第 180 条第 4 款的规定，金融机构及有关主管部门工作人员利用通过职务便利获取的未公开信息从事证券期货交易或者建议他人从事证券期货交易，只有在“违反规定”的前提下才构成利用未公开信息交易罪。刑法为利用未公开信息交易罪明确设置“违反规定”的构成要件，决定了违法性分析是司法机关判断涉案行为是否构成本罪极为重要的工作。利用未公开信息交易的违法性判断主要涉及“违反规定”的范围界定、前置性规范的内容分析以及“违反规定”的判断依据等具体问题。

1. “违反规定”的范围界定

纵观我国刑法分则的规定，大量个罪的成立以违反相关法律、法规等规范性法律文件为前提，但其空白罪状的表述方式迥异：（1）有的概括地表述为“违反国家规定”（例如，《刑法》第 137 条工程重大安全事故罪）。由于《刑法》第 96 条在总则部分对国家规定的范围进行了确定性的解释，“国家规定”的最低法律位阶为国务院制定的法规、决定、命令等。（2）有的直接提示了具体的法律（例如，《刑法》第 330 条妨害传染病防治罪，“违反传染病防治法”），司法机关可以直接对相关个罪违法性的前置规范进行定位。（3）有的归纳了规范性法律文件的类别与位阶（例如，《刑法》第 325 条非法向外国人出售、私赠文物藏品罪，“违反文物保护法规”），司法机关同样可以相对明确地确定相关个罪违法性的前置规范。（4）有的则仅规定了前置性规范的类别，但没有明确其法律位阶（例如，《刑法》第 126 条违规制造、销售枪支罪，“违反枪支管理规定”）。由于法律位阶的明确是司法机关对相关个罪进行违法性判断的前提与依据，刑法即使规定了相关规范性文件从属的类别，也难以清晰界定相关规定的范围。

构成利用未公开信息交易罪的前提是“违反规定”。在我国刑法分则中，以“违反规定”形式出现的空白规范极少，除了利用未公开信息交易罪之外，只有《刑法》第186条违规出具金融票证罪、第407条违法发放林木采伐许可证罪以及第442条擅自出卖、转让军队房地产罪采取相同的立法模式。

有学者指出，违规出具金融票证罪中的“违反规定”，显然不限于国家法律、行政法规，还应当包括部门规章以及银行或其他金融机构制定的相关规章制度和重要业务规则等行为规范。[①]由于利用未公开信息交易罪与违规出具金融票证罪的刑法条文同属经济刑法规范体系，加之“违反规定”在法条文字表述上也确实明显区别于“违反国家规定”，按照上述经济刑法理论及逻辑展开的一种合理的解释是，利用未公开信息交易罪中的“违反规定”不应当局限于全国人大及其常委会制定的法律和决定、国务院制定的行政法规等规定，还应当覆盖国家有关部门规章、全国性行业协会规则以及相关金融机构、主管部门规章制度、规范指引等内部规范性文件。

笔者认为，利用未公开信息交易罪中的“违反规定”，是指违反法律、法规、部门规章、国家政策、全国性行业规范。

犯罪的违法性始终被认为是理所当然的特征。[②]“违反规定”只是对利用未公开信息交易罪客观违法行为判断的一种特别提示，而并非刻意强调本罪只需以具有一定规范形式的文件而不需要规范性法律文件对涉案行为进行违法性判断。由于证券期货犯罪合法与违法的界限认定非常困难，必须通过对“违反规定”的细致分析实现利用未公开信息交易违法与犯罪界限的清晰界分。犯罪的成立应当具有统一性，故法律、法规、部门规章等国家统一性规范性法律文件显然可以是认定利用未公开信息交易罪的前置性规范。国家关于证券期货等金融行业的政策是制定相关法律、法规、规章的指导基础，也可以作为判断相关利用未公开信息交易行为是否违反规定的规范依据。证券、期货、基金、信托、保险、银行等全国性行业协会，是相关法律、法规、规章授权对行业进行管理与业务指导的组织，其指定的行业规范具有指导效力，同样应当作为判断利用未公开信息交易行为是否违反规定

① 顾肖荣：《论经济刑法中的几个基本问题》，《法学》2008年第8期。

② [德]李斯特：《德国刑法教科书(修订译本)》，徐久生译，法律出版社2006年版，第202页。

的基础。

刑法只允许保护法律所预先设定的利益。[①]对于利用未公开信息交易罪等证券期货犯罪而言，其违法性判断依据必须通过明显的方式被吸收到犯罪构成的罪状表述之中，故利用未公开信息交易罪必须具有明确的形式违法性。“违反规定”就不可能是一种违规性的、宽泛的、松散的范围指向，而应当是一个违法性的判断问题。根据犯罪二次违法性理论，刑法具有二次性规范的属性，犯罪具有二次性违法的基本特征。[②]在认定犯罪的过程中，涉案行为的违法性依据根植于前置性规范，违法行为只有在超越其他法律规范的情况下，才能通过刑法规范进行二次评价与检讨。这种违法性判断应当是一种根据广义的法进行的法律评价，而非根据各式各样的规定进行的违规性分析。违法性判断的依据应当具有明显的外部性，单位的内部规章制度不能作为违法性判断的前置性规范基础。因此，利用未公开信息交易罪中“违反规定”的范围不能延展至金融机构、有关主管部门的内部规章制度。

虽然金融机构、相关主管部门、行业协会的内部规章制度不能作为判断相关利用未公开信息交易行为是否“违反规定”的依据，但这并不意味着司法机关在对涉案行为进行违法性分析的过程中可以完全忽略内部规章制度。因为法律、法规、规章等对于金融机构、主管部门、行业协会工作人员利用未公开信息提前进行证券期货交易牟利行为的违法性规定，通常是一种原则性、概括性、宣示性的禁止，司法机关很大程度上只能根据此类前置性法律规范对行为的违法性进行一般化的把握。而单位内部规章制度或者合同约定，是一种具体化的规则设计，可以成为司法机关在办案过程中细致分

---

① [德]克劳斯·罗克辛:《德国刑法学总论(第1卷):犯罪原理的基础构造》,王世洲译,法律出版社2005年版,第12页。

② 参见杨兴培:《“许霆案”的技术分析及其法理思考》,《法学》2008年第3期;杨兴培:《犯罪构成的三个层面分析》,《法学》2005年第5期;杨兴培:《一起夫妻争吵引起自杀案的刑法思考和伦理思考》,《华东政法学院学报》2004年第6期;杨兴培:《犯罪的二次性违法理论探究》,载本书编辑委员会主编:《社会转型时期的刑事法理论》,法律出版社2004年版,第415页。

析利用未公开信息交易行为违法性的重要参考资料。在具体适用过程中，司法机关可以先行分析单位内部规章以及合同约定是否与前置性法律规范相抵触。如果单位内部规章及合同约定是前置性法律文件框架下的细化解释与应用，不属于对法律没有明确禁止的违法交易行为设置内部约束，则司法机关可以充分运用内部规定具体性的优势更加精确地分析涉案交易行为的违法性，从而实现利用未公开信息交易罪违法性司法审查的精确化。

2. 前置性法律规范的具体内容

在明确了“违反规定”的范围之后，应当进一步考察“规定”的具体内容。司法机关只有在搜索到“规定”具体内容的基础上，才能根据前置性规范判断利用未公开信息交易行为的违法性。然而，证券、期货、银行、保险、基金等领域的法律、法规、规章、行业规则等前置性规范对于利用未公开信息交易行为的违法性规定实际上处于极度不完善的状态。

在法律这一位阶层面，《证券法》《保险法》《社会保险法》《商业银行法》都没有对证券公司、证券交易所、保险公司、商业银行、社保基金投资管理机构等工作人员利用未公开信息从事证券期货交易的违法性作出明确规定，完全没有相关的禁止性条款，甚至根本没有“未公开信息”的法律概念。《证券投资基金法》《信托法》只是从禁止背信行为的角度规定基金管理人、受托人不得利用基金财产或者信托财产为基金份额持有人或者信托人之外的其他主体谋取利益，没有明确禁止利用未公开信息交易行为。①在法规这一位阶层面，《期货交易管理条例》只规定了禁止内幕交易，没有设置未公开信息的法律概念，没有禁止利用未公开信息交易行为的任何规定。在部门规章这一位阶层面，证券、期货、保险、基金、银行等金融部门规章对于各类金融机构及其工作人员的行为规范进行了细致的规定，却在利用未公开信息交

---

① 《证券投资基金法》第 20 条规定，基金管理人不得利用基金财产或职务之便为基金份额持有人以外的人牟取利益；《证券投资基金法》第 73 条规定，基金财产不得用于从事内幕交易、操纵证券交易价格及其他不正当的证券交易活动。《信托法》第 26 条规定，受托人除依照本法规定取得报酬外，不得利用信托财产为自己谋取利益。受托人违反前款规定，利用信托财产为自己谋取利益的，所得利益归入信托财产。

易禁止性规定的内容设置上，仍然存在严重的规范缺位问题。尽管修订后的中国证监会《基金管理公司投资管理人员管理指导意见》第21条明确规定，投资管理人员应当严格遵守公司信息管理的有关规定以及聘用合同中的保密条款，不得利用未公开信息为自己或者他人谋取利益。这为司法机关根据行政部门规章认定基金公司管理人员利用未公开信息交易行为是否违反规定提供了重要的规范依据。但是，其他金融领域的部门规章存在大面积的空白。例如，在保险规章领域，原中国保险监督管理委员会制定的《保险资金运用管理暂行办法》《保险公司董事、监事和高级管理人员任职资格管理规定》《保险公司管理规定》《保险资产管理公司管理暂行规定》等一系列涉及保险资金投资信息管理的规定均未明确提及保险公司工作人员禁止利用未公开信息交易谋取利益的行为。①

可见，现阶段司法机关不可能根据法律、法规、规章等前置性规范设置的相关内容来判断涉嫌利用未公开信息交易的行为是否“违反规定”，因为此类前置性法律规范处于集体性阙如状态。利用未公开信息交易罪违法性判断的前置性规范内容真空的原因在于：《刑法修正案（七）》采取能动的立法进路应对资本市场中具有严重社会危害性的行为——金融机构、金融主管部门工作人员利用职务地位优势及其产生的未公开信息优势攫取证券期货市场投资者利益行为。而刑法能动的结果便是：在行政性法律、法规、规章等规范性法律文件没有就利用未公开信息交易行为的违法性设置具体的内容规定之前，利用未公开信息交易罪很大程度上只具有刑法规范的宣示意义，处于无法进行司法适用的法条虚置状态。

前置性规范具体内容真空问题反映了利用未公开信息交易罪存在逆向立法问题。对于一般证券期货犯罪等经济刑法立法而言，前置性行政法律法规的具体规范先行设置证券期货违法行为的禁止性规定，刑法将其中最为严重的部分行为纳入犯罪圈。刑法理论上将这种证券期货犯罪立法模式

① 只有《保险资金运用管理暂行办法》第21条概括性地规定，托管机构从事保险资金托管，不得利用托管资金及其相关信息谋取非法利益。

归纳为“以证券期货法律法规为刑事立法基础原则”，[①]按照这种正向的刑事立法思路，前置性行政法律法规应当在禁止性规定中明确利用未公开信息交易行为的违法性，或者在罚则中规定利用未公开信息交易行为行政责任与刑事责任的基本条款，刑法随后跟进，配置利用未公开信息交易罪的构成要件。但是，在利用未公开信息交易罪中，《刑法修正案（七）》先行提出证券期货交易中的未公开信息的概念，并设置利用未公开信息交易犯罪行为的罪状，而相关的行政法律法规在《刑法修正案（七）》施行后的较长时间内没有及时进行调整。“刑法先行”与“行政未变”的立法现状使得利用未公开信息交易罪具有明显的逆向立法特征。由于《刑法修正案（七）》增设的出售、非法提供公民个人信息罪和非法获取公民个人信息罪也具有刑法反逼行政法律法规设置前置性规范的特点，[②]故以利用未公开信息交易罪逆向立法为代表的非典型经济犯罪立法模式实际上已经成为一种不容忽视的趋势。

在传统刑法理论中，无论是大陆刑法理论强调的法益保护的“辅助性”，[③]还是英美刑法认可的刑法的“最后手段性”，[④]都一致性地主张刑法只能在民法、行政法等损伤性较弱的制裁手段不足以保护法益的情况下才能够予以适用。[⑤]利用未公开信息交易罪逆向立法、倒逼前置性法律规范保护法益的刑法能动现象似乎在合理性层面存在极大的疑问。

但是，笔者认为，刑法在前置性规范具体内容缺位的情况下，先行设置利用未公开信息交易罪，是刑法在风险社会中对传统刑法谦抑性原则的一种微调，是在合理的限制中对于经济生活中的出现的严重危害资本市场秩序行为的能动反应。这不仅是理性的呼唤，而且是在更高的层次上符合传

---

① 刘宪权：《证券、期货犯罪的刑事立法及其完善》，《法学》2004年第5期。

② 参见陈晓英：《刑法亮剑“倒逼”个人信息保护法出台》，《法制日报》2008年9月8日第5版。

③ 参见[德]克劳斯·罗克辛：《德国刑法学总论（第1卷）：犯罪原理的基础构造》，王世洲译，法律出版社2005年版，第23—24页。

④ Douglas Husak, The Criminal Law as Last Resort, Oxford Journal of Legal Studies, Vol.24, pp.207—235, 2004.

⑤ 参见[德]约翰内斯·韦塞尔斯：《德国刑法总论》，李昌珂译，法律出版社2008年版，第6页。

统刑法理论的实践性思考。随着经济迅猛发展，金融市场与金融创新已经成为经济社会生活中极为重要的组成部分。风险刑法的政策重心，正从原来的危害公共安全犯罪带来的危险应对，逐渐转置为证券期货犯罪等金融犯罪带来的风险反应。金融创新的指数级增长模式决定了金融违法犯罪行为千变万化。面对金融违法犯罪行为推陈出新及其对资本市场产生的严重风险，刑法在民法、行政法没有及时跟进的情况下迫不得已进行提前反应，促使法律体系全面保护资本市场安全稳定，对具有严重社会危害性的金融违法犯罪行为进行整体性的规范控制。

同时，根据李斯特的违法性理论[①]，作为不法的犯罪是一种违法行为，对犯罪的法律评价包括形式违法与实质违法。形式违法指向违反法律的禁止性规定；实质违法意味着一种社会危害性或者反社会性。形式违法与实质违法之间可能出现矛盾，即有关行为没有违反现有法制的要求却具有严重的反社会性。对于司法适用而言，司法机关必须严格按照现有的规定认定其是否构成犯罪，包括严格审查前置性规范判断犯罪行为的违法性，没有违反前置性法律法规，就不存在构成相关证券期货犯罪的基础。对于刑法修改而言，完全可以超越现有民法、行政法的制裁范围对危害社会的行为进行理性应对。

经过上述理论分析可知，虽然刑法在前置性规范尚未对利用未公开信息交易行为的违法性进行明确禁止的情况下提前设置了利用未公开信息交易罪的罪状，但其本质上符合风险刑法应对资本市场危害社会行为的现实要求与传统刑法的违法性理论。利用未公开信息交易罪超前立法，同时，采用“违反规定”的空白罪状，强调利用未公开信息交易罪的犯罪性仍然应当以前置性法律规范规定的违法性为前提。这与金融犯罪具有行政违法与刑事违法双重性特征相吻合，也符合经济法律法规与经济刑法之间规范协调性与一致性的要求。[②]以利用未公开信息交易罪为代表的金融犯罪逆向立

---

① 参见[德]李斯特：《德国刑法教科书(修订译本)》，徐久生译，法律出版社2006年版，第200—201页。

② 关于证券期货行政规范与证券期货刑法规范之间关系的详细论述，参见刘宪权：《证券、期货犯罪的刑事立法及其完善》，《法学》2004年第5期。

法为今后刑法修正应对实践挑战树立了具有重要意义的标杆。对于司法实践而言,《证券投资基金法》《信托法》等法律已经对背信行为设定概括性禁止规定,中国证监会《基金管理公司投资管理人员管理指导意见》在基金部门规章层面明确禁止利用未公开信息交易行为,司法机关可以将此类前置性规范的具体内容作为考察其违法性的依据。故基金公司、信托公司工作人员利用本单位投资信息从事相关证券期货交易谋取利益的,可以认定为利用未公开信息交易罪。但是,对于《证券法》《期货管理条例》《商业银行法》《保险法》等大部分没有对"违反规定"的具体内容进行填充的金融法律、法规等规范领域,必须尽快制定禁止利用未公开信息交易行为的规定。

3. "违反规定"的判断依据

利用未公开信息交易罪中的"违反规定"并不是一个孤立的构成要件要素,其本质上是对利用未公开信息交易行为违法性问题设定一个整体性的法律规格。故"违反规定"的司法认定不能仅仅是对相关规定的援引,而是必须对整个利用未公开信息交易过程中行为的违法性进行全面的证明,即通过严格的司法审查论证利用未公开信息交易行为的违法事实及其规范依据。

在当前的证券期货犯罪司法实践中,对于涉案行为违法性判断的依据主要是中国证监会的行政处罚决定书、违法行为认定函等行政法律文书以及中国证监会在行政程序中搜集的书证、物证、证言等证据。例如,在非法经营类证券期货犯罪案件中,司法机关通常将中国证监会对非法经营证券期货业务的性质所出具的书面结论、复函等作为认定行政违法性的核心依据甚至是唯一依据。但是,理论界普遍认为,以中国证监会行政程序中形成的处罚决定、书面复函、调查笔录等文件材料,在刑事司法程序中不具有司法效力,不应当以此为依据认定证券期货犯罪行为的违法性。[①]

实际上,"违反规定"是利用未公开信息交易罪的构成要件,这就决定了

---

① 吕蕾:《资产注入遭遇"暗礁"行政认定函能否推定其罪——专家热议证券内幕交易的"罪与非罪"》,《上海法治报》2010 年 7 月 9 日第 A8 版。

司法机关必须对金融机构、相关主管部门等单位的工作人员利用未公开信息从事金融交易行为的违法性进行独立且全面的司法审查与判断，行政处罚决定书、行政复函等只能作为司法审查的参考材料而非判断依据。中国证监会对利用未公开信息交易行为违法性进行确认的行政法律文件具有的既定效力仅覆盖行政程序环节。这意味着司法机关不得以节省司法资源、金融技术性知识能力低于证券期货执法部门等理由直接将行政法律文件作为认定相关利用未公开信息交易行为“违反规定”的依据。

司法实践中，证券期货犯罪案件通常由行政执法部门在调查结束后移送司法机关。利用未公开信息交易罪的司法审查必然滞后于行政调查。大量的能够证明利用未公开信息交易行为违法性的证据势必都由证监会等行政执法部门先行调取、采集、固定、制作。[①]证券期货犯罪涉及大量交易数据、资金流动、账户信息等证据材料，司法机关只能在经过审查认可这些证据合法性的基础上，对涉案行为的违法性进行判断，不可能作为取证主体重新采集证券期货犯罪的证据。因此，认定利用未公开信息交易罪“违反规定”的具体依据应当是证券期货执法部门移送公安机关的证据。此类能够证明利用未公开信息交易行为违法性的依据进一步可以区分为直接依据与间接依据：(1)证券期货执法机构向证券期货公司、证券期货交易所等机构调取的记录证券期货交易流水数据、资金走向、账户资料等信息的书证、物证、电子证据等客观性材料，经司法机关确认具备证据合法性的，可以直接作为判断利用未公开信息交易行为违法性的依据。(2)证券期货执法机构在办案过程中形成的涉案人员供述、证人证言、调查笔录等主观性材料，在刑事司法中不具有证据合法性，必须经过司法机关依法转换为刑事诉讼证据，从而成为判断利用未公开信息交易行为是否违法

① 例如，在朱某某操纵证券市场犯罪案件中，涉案的交易行为涉及全国 48 家证券营业部、273 个资金账户、6 509 个证券账户，中国证监会总共制定了 58 卷证据材料移送公安机关，办案工作量极大。参见吴卫军：《操纵证券市场罪的理论与实务难点分析》，载陈辐宽主编：《金融证券犯罪疑难问题解析》，中国检察出版社 2009 年版，第 22 页。

的间接依据。

三、利用未公开信息交易犯罪的量刑情节认定与法定刑适用

利用未公开信息交易犯罪量刑情节与法定刑的认定与适用问题是司法实践中极为突出的争议与难点。充分运用文义解释、体系解释、实质解释等刑法解释原理，层进式地对利用未公开信息交易罪量刑情节配置问题进行分析，可以确认本罪应全部按照内幕交易、泄露内幕信息罪的法定刑条款进行处罚，即具有“情节严重”“情节特别严重”两档量刑情节及其对应法定刑配置。由于司法解释未规定利用未公开信息交易罪“情节特别严重”量化标准，量刑情节认定依据真空而引发的裁判规则不确定性与法律风险，不应由被告人承担。有必要通过科学的实证调查与规范分析，研究制定利用未公开信息交易罪的司法解释，合理建构违法与犯罪、“情节严重”与“情节特别严重”的量化界限。

（一）利用未公开信息交易罪量刑情节解释争议

我国《刑法》第 180 条规定了内幕交易、泄露内幕信息罪和利用未公开信息交易罪，对伴随着资本市场迅猛发展而滋生的内幕交易、利用未公开信息交易犯罪行为进行了卓有成效的刑法规制。尤其是《刑法修正案（七）》增设的、被实践中称为“老鼠仓”的利用未公开信息交易犯罪，近年来明显成为资本市场监管与犯罪惩治的焦点。中国证监会 2013 年立案 22 件，仅 2014 年上半年就立案 25 件，共 39 人被移送司法机关追究刑事责任；[①]2014 年年底更是对“老鼠仓”违法犯罪开展专项治理行动。[②]与此同时，利用未公开信息交易犯罪案件的理论解释与实践适用争议问题愈发突出——最高人民检

---

① 许志峰：《证监会怎样“捉老鼠”》，《人民日报》2015 年 2 月 8 日第 2 版。

② 中国证券监督管理委员会：《证监会对部分涉利用未公开信息交易案件基金公司依法采取行政监管措施》，http://www.csrc.gov.cn/pub/newsite/zjhxwfb/xwdd/201501/t20150130_267378.html（访问日期：2015 年 2 月 17 日）。

察院就我国"最大老鼠仓"马乐利用未公开信息交易案的终审裁定，以"法律适用错误，导致量刑明显不当"为由，按照审判监督程序向最高人民法院提出抗诉，[①]引发资本市场、法学理论与实务界的高度关注。2015年12月，最高人民法院在深圳第一巡回法庭对原审被告人马乐利用未公开信息交易再审一案做出改判，认定利用未公开信息交易罪具有"情节严重""情节特别严重"两档量刑情节，判处原审被告人马乐有期徒刑三年，并处罚金人民币1 913万元；违法所得人民币1 912万余元依法予以追缴。[②]

本案的争议焦点在于利用未公开信息交易量刑情节的理解与适用，即本罪是否存在、如何认定"情节特别严重"。

马乐利用未公开信息交易抗诉案的意义显然并不局限于利用未公开信息交易个案的法律适用与刑罚裁量。通过我国最高司法机关针对资本市场犯罪案件中的重大问题做出标杆性判例，不仅能够明确利用未公开信息交易犯罪司法实践中的类型化疑难问题与典型性复杂问题，而且能够深度考察刑法解释原理与司法解释规则在资本市场犯罪实践中的应用。

我国资本市场在规模持续壮大、层次愈发完善的同时，客观上催生了利用未公开信息交易等违法犯罪的数额节节攀升、不断刷新纪录，实践中涌现出大量交易量10亿元以上、违法所得千万元级别的"老鼠仓"犯罪案件。社会公众普遍认为"老鼠仓"频发的主因是惩处力度不够。[③]因此，有必要结合

---

① 马乐在担任证券投资基金经理期间，利用其掌控的未公开信息从事证券交易，累计成交金额10.5亿余元，从中非法获利1 883万余元。2014年3月，深圳市中级人民法院认为马乐利用未公开信息交易"情节严重"，一审判决其有期徒刑三年、缓刑五年，并处罚金1 884万元、没收违法所得。同年4月深圳市人民检察院提出抗诉；8月，广东省检察院支持抗诉，认为马乐应认定为"情节特别严重"。10月，广东省高级法院经审理认为，《刑法》第180条第4款只规定了利用未公开信息交易罪"情节严重"量刑情节，并未规定本罪有"情节特别严重"情形，终审裁定驳回抗诉，维持原判。广东省检察院认为该终审裁定确有错误于11月提请最高检抗诉。2014年12月，最高人民检察院决定按审判监督程序向最高人民法院提出抗诉。参见郑赫南：《"最大老鼠仓"案为何被三级检察机关抗诉》，《检察日报》2015年2月15日第2版。

② 刘婧：《最高法院对马乐利用未公开信息交易案再审改判》，《人民法院报》2015年12月12日第2版。

③ 张炜：《打击证券犯罪须"执法必严"》，《中国经济时报》2014年4月1日第3版。

当前备受关注的最高检抗诉“老鼠仓”案，对利用未公开信息交易罪量刑情节问题进行审慎的刑法解释，对《刑法》第 180 条规定的内幕交易、利用未公开信息交易的犯罪实质与经济机理进行本质追问与纵深探索，为公正惩治资本市场犯罪、有效破解实践难题、完善司法解释提供理论支持。

（二）利用未公开信息交易罪量刑情节文义解释

对于利用未公开信息交易，情节严重的，依照《刑法》第 180 条第 1 款内幕交易、泄露内幕信息罪的规定处罚，如何进行符合罪刑法定的解释，实践中存在两种截然不同的意见。

“部分依照”论认为，《刑法》第 180 条第 4 款利用未公开信息交易罪的条文明确且仅仅规定了“情节严重”唯一的一档量刑标准，即“情节严重”应依照内幕交易、泄露内幕信息罪“情节严重”量刑档次处罚，并没有明示性地规定利用未公开信息交易“情节特别严重”相应地适用内幕交易、泄露内幕信息罪“情节特别严重”的加重量刑情节。①

“全部依照”论认为，刑法条文中的“依照前款处罚”是对前款所规定全部内容的包含。具体到《刑法》第 180 条第 4 款规定的“依照第一款的规定处罚”，则包含《刑法》第 180 条第 1 款的全部规定，而不是其中的某一部分。因此，利用未公开信息交易罪具有“情节特别严重”这一量刑情节。②《刑法》同一法条的不同款项在处罚上具有协调性，这种处罚的参照不可能只是部分参照，应该是全部参照。《刑法》第 180 条第 1 款规定的内幕交易、泄露内幕信息罪，存在“情节严重”和“情节特别严重”的不同情形和两个不同量刑档次，对利用未公开信息交易罪的处罚也存在两个不同情形和量刑档次。③

两种观点在文义解释上的巨大差异与认识分歧，主要是源于《刑法》第 180 条第 4 款在文字内涵上具有两种微妙的、截然不同的语意侧重。如果将《刑法》第 180 条第 4 款的文字重心置于“情节严重的”，该款显然说明利

---

①③ 参见广东省高级人民法院刑事裁定书（2014）粤高法刑二终字第 137 号。

② 参见邹坚贞：《市、省和最高检为何层层抗诉“马乐案”最高检意欲推动老鼠仓判决立新规？》，《中国经济周刊》2014 年第 49 期。

用未公开信息交易行为只有在“情节严重”的情况下才能按照该条第1款的规定“处五年以下有期徒刑或者拘役，并处或者单处违法所得一倍以上五倍以下罚金”：其一，“情节严重”是入罪条件，不符合情节严重标准的利用未公开信息交易行为不是犯罪；其二，“情节严重”是唯一量刑情节，利用未公开信息交易罪不存在“情节特别严重”这一加重法定刑档次。如果将《刑法》第180条第4款的文字重心置于谓语“依照……处罚”，那么该款的内涵就非常明了地指向一个简单的结论：利用未公开信息交易罪的刑事处罚标准等同于内幕交易、泄露内幕信息罪。

准确地辨识刑法规范文字内容的重心显然需要遵循刑法条文结构的基本逻辑。刑法条文是一种语言，所以对刑法规范结构的解释首先要符合语法结构的原理。同时，刑法条文是一种法律语言，并且具有刑法这一区别于其他部门法的特有规范结构，因此刑法解释还需要符合罪状解释原理。

以中文语法结构的视角进行解析，“全部依照”论相对而言更具说服力。尽管《刑法》第180条第4款条文内容很长，但在语法上还是非常典型的“主+谓+宾”结构。“证券交易所、期货交易所、证券公司、期货经纪公司、基金管理公司、商业银行、保险公司等金融机构的从业人员以及有关监管部门或者行业协会的工作人员，利用因职务便利获取的内幕信息以外的其他未公开的信息，违反规定，从事与该信息相关的证券、期货交易活动，或者明示、暗示他人从事相关交易活动，情节严重的”整体构成主语，意指利用未公开信息交易犯罪；“依照……处罚”构成谓语；“第一款的规定”构成宾语，意指内幕交易、泄露内幕信息犯罪。语句的重心通常都落位于谓语，没有必要强行割裂稳定的主谓宾结构而特别强调作为主语中的部分内容的“情节严重的”。按照主谓宾的语法结构进行解释，《刑法》第180条第4款的含义就是利用未公开信息交易罪的刑罚依照内幕交易、泄露内幕信息罪的规定进行处罚，利用未公开信息交易罪相应地就必定包括“情节严重”“情节特别严重”两档法定刑。

以刑法条文结构的视角进行解析，“全部依照”论同样更符合分则个罪条文“罪＋刑”结构。刑法分则中的所有规范在法条结构上都可以分割为犯罪构成（“罪”）与刑事处罚（“刑”）两大部分。具体到《刑法》第 180 条第 4 款的分析，“证券交易所……情节严重的”整个属于犯罪构成部分，“依照第一款的规定处罚”则属于刑事处罚部分。基于“罪＋刑”的罪状结构与条文逻辑进行解释，《刑法》第 180 条第 4 款的含义同样是指符合利用未公开信息交易犯罪构成的行为应当按照内幕交易、泄露内幕信息罪的相关规定进行处罚。所以，利用未公开信息交易罪具有“情节严重”“情节特别严重”两种量刑情节、两档法定刑配置，是站在罪状结构的整体视角对《刑法》第 180 条第 4 款的内在含义所作出的解释，相对于孤立地将条文重心确定在作为利用未公开信息交易犯罪构成要素之一的“情节严重”，并将“处五年以下有期徒刑或者拘役，并处或者单处违法所得一倍以上五倍以下罚金”强调为唯一法定刑配置的意见而言，更具有合理性。

分析视角完全聚焦于《刑法》第 180 条文义内涵，很大程度上已经能够有效地解释利用未公开信息交易罪量刑情节的配置，即利用未公开信息交易罪的法定刑全部依照内幕交易、泄露内幕信息罪的处罚规定，情节严重的，处五年以下有期徒刑或者拘役，并处或者单处违法所得一倍以上五倍以下罚金；情节特别严重的，处五年以上十年以下有期徒刑，并处违法所得一倍以上五倍以下罚金。但是，如果需要更为确实地证明“全部依照”论能够符合罪刑法定原则，依然有必要在刑法解释上提供更为充分的证据或者使用递进一层的解释规则予以补强。

（三）利用未公开信息交易罪量刑情节体系解释

刑法规范的体系解释不仅能够强化论证利用未公开信息交易罪具有“情节严重”“情节特别严重”两档量刑情节，而且还能从刑法规范文本在司法适用的具体差异中探究“情节特别严重”能否以及如何实际适用于利用未公开信息交易罪。

由于刑法分则条文众多且部分规范设计采用相同的结构，根据刑法规范的体系性解释规则，特定法条的构成要件或者刑罚配置不明确，可以基于其他内容明确、结构相同、关系密切的法条对其内涵展开解释。纵观我国《刑法》分则条文，与《刑法》第180条第1款内幕交易、泄露内幕信息罪与第4款利用未公开信息交易罪法条关系、条文结构、量刑情节配置问题完全相同的，只有《刑法》第285条第2款非法获取计算机信息系统数据、非法控制计算机信息系统罪[①]与第3款提供侵入、非法控制计算机信息系统程序、工具罪。[②]非法获取计算机信息系统数据、非法控制计算机信息系统罪规定了"情节严重""情节特别严重"两种量刑情节，位于同一法条后一款的提供侵入、非法控制计算机信息系统程序、工具罪的刑法条文也使用了"情节严重的，依照前款的规定处罚"的规范设计结构。

内幕交易、泄露内幕信息罪与利用未公开信息交易罪，非法获取计算机信息系统数据、非法控制计算机信息系统罪与提供侵入、非法控制计算机信息系统程序、工具罪，这两组犯罪都是《刑法修正案（七）》修改与增设的资本市场犯罪与信息网络犯罪，《刑法修正案（七）》的立法权威解读对利用未公开信息交易罪与提供侵入、非法控制计算机信息系统程序、工具罪的"情节严重"的分析，也都是强调"情节严重的才构成犯罪"，即"情节严重"是两罪的客观处罚条件，[③]并没有任何证据突出利用未公开信息交易罪与提供侵入、非法控制计算机信息系统程序、工具罪只有"情节严重"这一种法定刑配置。

---

① 《刑法》第285条第2款非法获取计算机信息系统数据、非法控制计算机信息系统罪规定："违反国家规定，侵入前款规定以外的计算机信息系统或者采用其他技术手段，获取该计算机信息系统中存储、处理或者传输的数据，或者对该计算机信息系统实施非法控制，情节严重的，处三年以下有期徒刑或者拘役，并处或者单处罚金；情节特别严重的，处三年以上七年以下有期徒刑，并处罚金。"

② 《刑法》第285条第3款提供侵入、非法控制计算机信息系统程序、工具罪规定："提供专门用于侵入、非法控制计算机信息系统的程序、工具，或者明知他人实施侵入、非法控制计算机信息系统的违法犯罪行为而为其提供程序、工具，情节严重的，依照前款的规定处罚。"

③ 利用未公开信息交易，情节严重的，才构成犯罪。情节严重主要指多次建立老鼠仓、非法获利数额巨大、对客户资产造成严重损失等情形。提供侵入、非法控制计算机信息系统程序、工具，情节严重的，才构成犯罪。情节严重主要是指大量提供、出售数额较大、提供的程序工具等被大量使用造成严重危害等情况。参见黄太云：《〈刑法修正案（七）〉解读》，《人民检察》2009年第6期。

对于《刑法》第 285 条第 3 款提供侵入、非法控制计算机信息系统程序、工具罪的法定刑配置应当部分还是全部依照《刑法》第 285 条第 2 款非法获取计算机信息系统数据、非法控制计算机信息系统罪的规定处罚，尽管刑法理论并未将之作为问题予以深究，[①]但司法实践无争议地对提供侵入、非法控制计算机信息系统程序、工具罪适用“情节严重”与“情节特别严重”两个档次的法定刑。

在司法解释中，2011 年最高人民法院、最高人民检察院《关于办理危害计算机信息系统安全刑事案件应用法律若干问题的解释》（以下简称《计算机犯罪解释》）对提供侵入、非法控制计算机信息系统程序、工具罪不仅明确规定了“情节严重”的入罪标准，而且规定了“情节特别严重”加重法定刑的量化标准。[②]这说明最高人民法院与最高人民检察院就此类问题达成过共识——同一刑法条文中的前款罪名规定了“情节严重”“情节特别严重”两档法定刑，后款罪名按照前款规定处罚，则后款罪名应适用“情节严重”“情节特别严重”两种量刑情节。

在判例实践中，行为人提供侵入、非法控制计算机信息系统程序、工具

---

① 同属于《刑法修正案（七）》修改与增设的犯罪类型，刑法理论并未像研究内幕交易、泄露内幕信息罪、利用未公开信息交易罪那样深入分析非法获取计算机信息系统数据、非法控制计算机信息系统罪、提供侵入、非法控制计算机信息系统程序、工具罪的法定刑配置与适用问题，可能的原因在于：（1）资本市场犯罪的关注度相对于网络犯罪而言明显更高；（2）网络犯罪条款技术性非常强，对于刑法理论研究领域而言显得比较生僻；（3）网络犯罪案件控辩对抗激烈程度相对比较低，司法实践中即使出现提供侵入、非法控制计算机信息系统程序、工具罪被认定为“情节特别严重”并适用第二档法定刑，在辩方没有激烈法律意见对抗的情况下，刑法理论很难关注到此类非常具体却涉及法律适用准确与否的重要问题。

② 《计算机犯罪解释》第 3 条规定：“提供侵入、非法控制计算机信息系统的程序、工具，具有下列情形之一的，应当认定为刑法第二百八十五条第三款规定的‘情节严重’：（一）提供能够用于非法获取支付结算、证券交易、期货交易等网络金融服务身份认证信息的专门性程序、工具五人次以上的；（二）提供第（一）项以外的专门用于侵入、非法控制计算机信息系统的程序、工具二十人次以上的；（三）明知他人实施非法获取支付结算、证券交易、期货交易等网络金融服务身份认证信息的违法犯罪行为而为其提供程序、工具五人次以上的；（四）明知他人实施第（三）项以外的侵入、非法控制计算机信息系统的违法犯罪行为而为其提供程序、工具二十人次以上的；（五）违法所得五千元以上或者造成经济损失一万元以上的；（六）其他情节严重的情形。实施前款规定行为，具有下列情形之一的，应当认定为提供侵入、非法控制计算机信息系统的程序、工具‘情节特别严重’：（一）数量或者数额达到前款第（一）项至第（五）项规定标准五倍以上的；（二）其他情节特别严重的情形。”

被认定为“情节特别严重”，审判机关以加重法定刑“三年以上七年以下有期徒刑，并处罚金”为基准结合其他量刑情节做出判决的案例，实际上并不少见：被告人冯某将其制作的钓鱼网站和木马病毒程序提供给诈骗犯罪被告人王忠某、王鹏某等众多人使用，至少 136 次，从中获利 22 000 元，构成提供侵入、非法控制计算机信息系统程序、工具罪，属情节特别严重，被判处有期徒刑三年六个月，并处罚金三万元。[①]被告人阙某某、陈某某违反国家规定，提供专门用于非法控制计算机信息系统的程序、工具，其中阙某某参与犯罪的违法所得共计 94 595.31 元，陈某某参与犯罪的违法所得共计 28 980.18 元，均属情节特别严重，构成提供非法控制计算机信息系统程序、工具罪，且系共同犯罪。在提供非法控制计算机信息系统程序、工具共同犯罪中，阙某某起主要作用，是主犯；陈某某起次要、辅助作用，系从犯，依法应当从轻、减轻处罚。阙某某、陈某某能如实供述自己罪行，并能主动退缴违法所得，依法从轻处罚。结合考虑犯罪情节及悔罪表现，对被告人阙某某从轻处罚，对陈某某减轻处罚并适用缓刑。阙某某犯提供非法控制计算机信息系统程序、工具罪，被判处有期徒刑四年，并处罚金人民币 5 万元；陈某某犯提供非法控制计算机信息系统程序、工具罪，被判处有期徒刑二年，缓刑三年，并处罚金人民币 1 万元。[②]被告人陆某某向 1 145 名用户销售具有侵入、非法控制计算机信息系统功能的木马程序，情节特别严重，其行为构成提供、侵入非法控制计算机信息系统程序、工具罪，被判处有期徒刑三年十个月，并处罚金 3 万元。[③]

从立法权威解读、最高司法机关共识、判例实践等分析中可以看到，《刑法》第 285 条第 2 款非法获取计算机信息系统数据、非法控制计算机信息系统罪和第 3 款提供侵入、非法控制计算机信息系统程序、工具罪，与内幕交易、泄露内幕信息罪和利用未公开信息交易罪具有完全相同的规范结构，提

① 浙江省宁波市鄞州区人民法院(2012)甬鄞刑再字第 2 号。

② 福建省厦门市思明区人民法院刑事判决书(2014)思刑初字第 950 号。

③ 江西省万载县人民法院刑事判决书(2014)万刑初字第 86 号。

供侵入、非法控制计算机信息系统程序、工具罪毫无争议地具备“情节特别严重”的量刑档次，意味着至少在形式的、规范的刑法解释框架下，利用未公开信息交易罪理应具备“情节特别严重”的量刑情节与法定刑配置。然而，有必要强调的是，司法解释是否明确规定“情节特别严重”的具体判断标准，是加重法定刑能够在实践中予以适用最为重要的客观条件。与《计算机犯罪解释》明确规定非法获取计算机信息系统数据、非法控制计算机信息系统罪、提供侵入、非法控制计算机信息系统程序、工具罪“情节严重”“情节特别严重”量化认定标准不同，司法解释规定内幕交易、泄露内幕信息罪“情节严重”“情节特别严重”的量化判断标准，①利用未公开信息交易罪却只有“情节严重”的入罪标准②而没有司法解释对其“情节特别严重”的判断尺度做出规定。这就成为刑法解释论争议之外利用未公开信息交易罪尚无一例生效判决认定为“情节特别严重”的刑法实践与司法规则根源。

---

① 2012年最高人民法院、最高人民检察院《内幕交易解释》第6条规定：“在内幕信息敏感期内从事或者明示、暗示他人从事或者泄露内幕信息导致他人从事与该内幕信息有关的证券、期货交易，具有下列情形之一的，应当认定为刑法第一百八十条第一款规定的‘情节严重’：(一)证券交易成交额在五十万元以上的；(二)期货交易占用保证金数额在三十万元以上的；(三)获利或者避免损失数额在十五万元以上的；(四)三次以上的；(五)具有其他严重情节的。”第7条规定：“在内幕信息敏感期内从事或者明示、暗示他人从事或者泄露内幕信息导致他人从事与该内幕信息有关的证券、期货交易，具有下列情形之一的，应当认定为刑法第一百八十条第一款规定的‘情节特别严重’：(一)证券交易成交额在二百五十万元以上的；(二)期货交易占用保证金数额在一百五十万元以上的；(三)获利或者避免损失数额在七十五万元以上的；(四)具有其他特别严重情节的。”2010年最高人民检察院、公安部第35条规定：“[内幕交易、泄露内幕信息案(刑法第一百八十条第一款)]证券、期货交易内幕信息的知情人员、单位或者非法获取证券、期货交易内幕信息的人员、单位，在涉及证券的发行，证券、期货交易或者其他对证券、期货交易价格有重大影响的信息尚未公开前，买入或者卖出该证券，或者从事与该内幕信息有关的期货交易，或者泄露该信息，或者明示、暗示他人从事上述交易活动，涉嫌下列情形之一的，应予立案追诉：(一)证券交易成交额累计在五十万元以上的；(二)期货交易占用保证金数额累计在三十万元以上的；(三)获利或者避免损失数额累计在十五万元以上的；(四)多次进行内幕交易、泄露内幕信息的；(五)其他情节严重的情形。”

② 《经济犯罪追诉标准(二)》第36条规定：“[利用未公开信息交易案(刑法第一百八十条第四款)]证券交易所、期货交易所、证券公司、期货公司、基金管理公司、商业银行、保险公司等金融机构的从业人员以及有关监管部门或者行业协会的工作人员，利用因职务便利获取的内幕信息以外的其他未公开的信息，违反规定，从事与该信息相关的证券、期货交易活动，或者明示、暗示他人从事相关交易活动，涉嫌下列情形之一的，应予立案追诉：(一)证券交易成交额累计在五十万元以上的；(二)期货交易占用保证金数额累计在三十万元以上的；(三)获利或者避免损失数额累计在十五万元以上的；(四)多次利用内幕信息以外的其他未公开信息进行交易活动的；(五)其他情节严重的情形。”

（四）利用未公开信息交易罪量刑情节实质解释

文义解释初步建立了利用未公开信息交易罪具有“情节特别严重”量刑情节与罪刑法定原则之间的吻合关系；体系解释补强了这种规范解释的合法性与合理性。但是，真正排除异议地锁定上述刑法解释的正确性，不能止步于条文形式的分析与阐释，应当深入内幕交易、泄露内幕信息罪、利用未公开信息交易罪的实质并由此确认利用未公开信息交易罪量刑情节配置问题。同时，量刑情节与法定刑在立法上完成“出厂设置”之后，实际上并非能够直接且绝对地适用于司法实践，在没有“使用指南”（立法说明或者立法解释）的情况下，必须通过合法且合理的刑法解释将刑法文本落于实处。

利用未公开信息交易罪不具备“情节特别严重”量刑情节这一观点在实质解释层面能够成立，其唯一的可能性在于证明利用未公开信息交易罪的社会危害性没有达到与内幕交易、泄露内幕信息罪相同的水平：如果利用未公开信息交易的犯罪实质危害相对内幕交易犯罪而言更轻，并且这种社会危害性程度上的实质差异足以产生法定刑配置上的区别，则情节特别严重的内幕交易犯罪行为应当适用“五年以上十年以下有期徒刑，并处违法所得一倍以上五倍以下罚金”的基本幅度，而情节特别严重的利用未公开信息交易犯罪行为由于没有制造相同程度的实质危害，适用《刑法》第 180 条第 1 款规定的加重法定刑处罚会出现罪刑失衡，只能配置并适用该款规定的第一档次的法定刑。然而，内幕交易犯罪与利用未公开信息交易犯罪事实上具有性质相同且程度相当的实质危害，所以在刑罚配置上不应当出现前者具备“情节特别严重”量刑档次而后者没有的情况。

从比较刑法的角度分析，内幕交易、利用未公开信息交易、市场操纵等都属于全球资本市场刑法规定的核心犯罪行为，通常统一归属于证券欺诈犯罪或者市场滥用犯罪项下适用完全相同的法定刑，彼此之间不存在相对更重或者更轻的差异。例如，美国《证券交易法》禁止任何人直接或者间接地通过州际商务、邮电通讯、证券交易等设施，使用操纵、欺诈或违反证券监管部门基于保护市场和投资者利益所制定的法规的方式，从事注册证券、非注册证券、以证券为基础的掉期合约等交易，内幕交易、利用未公开信息交易、虚假陈述、市场操纵等都属于证券欺诈；[①]构成犯罪的，适用统一的法定刑——个人单处二十年以下监禁，或单处 500 万美元以下罚金，或两者并处；单位处 2 500 万美元以下罚金。[②]再如，欧盟于 2014 年最新发布的《市场滥用刑事制裁指令》(以下简称《指令》)将内部人交易与市场操纵等统一称为市场滥用犯罪，要求欧盟成员国将刑罚上限的最低标准规定为四年监禁；[③]根据 2014 年欧盟《市场滥用监管规章》的规定，内部信息(inside information)包括金融商品及其发行人内幕信息与客户交易、资金配置信息，内部人交易犯罪包括内幕交易与利用未公开信息交易。[④]可见，美国、欧盟等全球成熟资本市场刑事法律制度都将内幕交易、利用未公开信息交易以证券欺诈或者市场滥用犯罪的一种具体行为类型进行定罪处罚，完全没有对两者做出实质危害性的区分。

我国《刑法》中的资本市场犯罪采用了相对精细化的构成要件设计，将内幕交易、利用未公开信息交易、散布虚假信息(《刑法》第 181 条第 1 款编造并传播虚假证券、期货交易信息罪)、欺诈客户(《刑法》第 181 条第 2 款诱骗投资者买卖证券、期货合约罪)、市场操纵(《刑法》第 182 条操纵证券、期货市场罪)等行为区分为不同的犯罪类型。内幕交易犯罪与利用未公开信息交易犯罪尽管同属一个条文，但两者之间存在着明确的规范界限：(1)信息内容差异。内幕信息主要是围绕上市公司本身的信息，如公司的重组计划、公司高管人员的变动、公司的重大合同、公司的盈利情况等对该公司证券、期货的市场价格有重大影响、按照有关规定应及时向社会公开但尚未公开的信息；而“重大未公开信息”的主要是所在资产管理机构准备将客户资

---

① 15 U. S. C. § 78j(b).

② 15 U. S. C. § 78ff(a).

③ Directive 2014/57/EU of The European Parliament and of The Council of 16 April 2014 on criminal sanctions for market abuse(market abuse directive), Article 2, 3, 5 & 7.

④ Regulation(EU) No 596/2014 of The European Parliament and of The Council of 16 April 2014 on market abuse(market abuse regulation), Article 7 & 8.

金投资购买哪只证券、期货的投资交易信息，一般属于单位内部的商业秘密，法律并未要求此类信息应当公开，不属于内幕信息的范围。(2)利益侵害差异。内幕交易更多是损害不特定的社会公众投资者和股民的合法权益，利用未公开信息交易更多是损害资产管理机构的客户的利益。[①]然而，上述《刑法修正案(七)》权威解读所揭示的是内幕交易与利用未公开信息交易在犯罪构成上的重要边界，而非两者在犯罪实质危害性层面的本质差异。更值得注意的是，权威解读在分析内幕交易与利用未公开信息交易构成区别与规范边界的过程中，非常准确地指出了评价内幕交易与利用未公开信息交易实质危害的核心方面：市场信息效率与市场参与者权益。而内幕交易与利用未公开信息交易在核心层面的实质危害上具有明确的共性。

内幕交易与利用未公开信息交易的实质危害均聚焦于行为人触犯资本市场竞争规则而制造不公平的信息优势，即违反资本市场法律规范利用尚未公开的信息的经济价值从事相关金融交易、损害其他市场参与者合法权益。资本市场中的重大未公开信息的经济价值表现为其能够有效地揭示金融商品市场价格与实际价值之间的价差。法律并不一般性地禁止利用私有信息从事金融交易，也不禁止基于对市场公开信息获取能力差异形成竞争优势而获取金融交易利润，而是禁止滥用信息优势与资本市场信息的经济价值并从价差发现与相关金融交易中获取利益的行为。有效的信息传递与公平的信息竞争是资本市场参与者投入资本参与金融商品价格发现的市场基础。内幕交易是滥用了应及时向市场所有参与者披露的信息的经济价值，利用未公开信息交易滥用了应排他性地基于客户利益而使用的信息的经济价值，两者都是基于谋取个人交易利益的目的而实施的资本市场信息竞争机制与其他市场参与者利益的严重侵害行为，具有相同的危害实质。

因此，内幕交易与利用未公开信息交易都是滥用信息价值、干扰信息效率、损害其他投资者信息利益的资本市场侵害行为，可以在立法上进行犯罪

---

① 参见黄太云：《〈刑法修正案(七)〉解读》，《人民检察》2009年第6期。

构成上的区分，但在实质的社会危害性层面具有相当性，并不存在相对重罪与轻罪的差别。分析至此可以确认，利用未公开信息交易罪具有“情节严重”“情节特别严重”两档量刑情节，两罪具有完全相同的法定刑配置。

进一步的问题在于，如何具体适用利用未公开信息交易罪“情节特别严重”的量刑情节。实践中主要有两种意见：一种观点认为，司法解释并未对利用未公开信息交易罪“情节特别严重”的加重法定刑适用标准作出规定，目前不能在个案中直接适用。但对照《经济犯罪追诉标准（二）》规定的利用未公开信息交易“情节严重”与《内幕交易解释》规定的内幕交易、泄露内幕信息“情节严重”，两者数值标准相当，据此推算，应当在制定利用未公开信息交易司法解释时按照《内幕交易解释》设计的标准，将利用未公开交易罪的“情节特别严重”标准设定为证券交易成交额 250 万元以上、期货交易占用保证金数额 150 万元以上、获利或者避免损失数额 75 万元以上。另一种观点认为，内幕交易犯罪与利用未公开信息交易犯罪具有相同的实质危害与量刑情节配置，既然《内幕交易解释》已经明确规定了内幕交易、泄露内幕信息罪“情节严重”“情节特别严重”的量化标准，利用未公开信息交易罪可以参照适用，诸如马乐案等非法获利数额在千万元级别的利用未公开信息交易犯罪行为完全可以被认定为“情节特别严重”。

然而，由于法官、检察官对个案进行刑法解释的权限缺失与重大疑难复杂问题解释能力的存疑，资本市场犯罪司法实践很大程度上必须依靠司法解释进行指导，尤其是“情节严重”“情节特别严重”此类裁量空间大的综合性量化标准。在利用未公开信息交易罪“情节特别严重”本身并没有司法解释的情况下，直接参照《内幕交易解释》，法律依据并不充分。①更为关键的

① 从现阶段已经作出的生效判决的具体情况分析，所有非法获利 1 000 万元以上的利用未公开信息交易犯罪案件都只被审判机关认定为“情节严重”。例如，李旭利累计成交额 5 226 万余元、共计获利 899 万余元，郑拓累计成交额 5 亿余元、获利 1 400 万余元，苏竞累计成交额 7.33 亿余元、获利 3 652 万余元，等等，均没有被法院认定为“利用未公开信息交易情节特别严重”。参见郝洪：《李旭利案终审宣判“股仓硕鼠”为何频现》，《人民日报》2013 年 10 月 30 日第 9 版；严晓蝶：《苏竞“老鼠仓”获刑 2 年 6 个月》，《东方早报》2014 年 10 月 22 日第 A22 版。这也从一个非常重要的侧面证明司法解释对于情节标准量化界定的极大影响。

是，犯罪实质危害的相当性决定了内幕交易与利用未公开信息交易犯罪量刑情节与法定刑配置相同，但并不绝对意味着两罪在“情节严重”“情节特别严重”的判断标准上应然地适用完全相同的量化尺度。相反，由于内幕交易与利用未公开信息交易在具体的犯罪机理上具有截然不同的运作机制，司法解释在制定“情节严重”“情节特别严重”量化判断标准时需要进行有针对性的布局与调整。《经济犯罪追诉标准（二）》对内幕交易、泄露内幕信息罪与利用未公开信息交易罪的“情节严重”设置完全相同的数额标准，其本身的合理性就值得探讨，更不能以此主张未来制定利用未公开信息交易罪情节标准时完全按照内幕交易犯罪的标准进行等量化处理。

内幕交易与利用未公开信息交易的犯罪机理是指特定交易者滥用重大信息的经济价值、实现个人经济利润或者风险转移以及损害其他市场参与者利益的运作方式及其经济本质。资本市场犯罪的实质是对其社会危害性的本质界定，而资本市场犯罪的机理则是对其经济危害性的量化规定。

其一，从信息价值的角度分析，内幕信息是与金融商品或其发行主体有关的、对金融商品内在价值具有影响并外化为市场价格波动的内生性信息（例如，资产重组、重大合同等与上市公司经营与财务密切关联的信息），其经济价值在于发现基础资产内在价值与金融商品市场价格之间的价差。《刑法》第 180 条第 4 款规定的内幕信息之外的其他重大未公开信息，是与金融商品内在价值无直接关联的、由特定市场资金流动变化而影响金融商品市场价格的外发性信息（例如，基金公司管理的客户资金、保险公司管理的年金账户等买入、卖出股票的信息），其经济价值在于发现特定金融商品短期供求关系变动影响下的预期市场价格与当前供求关系影响下的市场价格之间的价差。由于内幕信息公开造成的是金融商品内在价值的客观波动，内幕信息之外的其他重大未公开信息公开引发的是金融商品供求关系的短期波动，通常而言内幕信息对市场价格变动的影响幅度更大。在违法所得相同的条件下，利用未公开信息交易需要动用的交易量规模更大。[①]

其二，从利益侵害与违法所得的角度分析，内幕交易是利用应当向资本市场披露并由所有市场参与者(包括潜在投资者)共享的重大信息谋取交易利润，行为人违法所得的代价是市场所有参与者的经济利益与市场整体信息效率的损害。而利用未公开信息是基于资产管理中应当由权益人独享的重大信息谋取交易利润，行为人违法所得的代价是其所供职的机构或者客户的经济利益损害与市场特定信息利益冲突的违反。在违法所得相同的条件下，利用未公开信息交易所侵害的市场参与者范围更特定、经济利益更容易量化且数额相对较小。

所以，同属“情节严重”或者“情节特别严重”的量刑情节并适用相应的法定刑幅度，内幕交易与利用未公开信息交易所需要达到的量化标准并不相同，作为评价两种犯罪行为类型最为重要的指标，交易量、违法所得的数额尺度应当合理做出差异化处理。要达到相当的违法所得、市场侵害，利用未公开信息交易的成交量需要更多；要达到相当的投资者权益侵害，利用未公开信息交易的违法所得应当更高。利用未公开信息交易罪“情节严重”“情节特别严重”所对应的证券交易成交额、期货交易占用保证金数额、获利或者避免损失数额等标准应当高于内幕交易、泄露内幕信息罪。在利用未公开信息交易犯罪司法解释具体设计数值时，可以通过对已有的利用未公开信息交易行政处罚与刑事犯罪案件展开数量分析，计算证券交易成交额、期货交易占用保证金额、获利或者避免损失额等关键数据的中位数，取整数后作为“情节严重”的具体数额指标，并按照一定的倍数(《内幕交易解释》为

① 司法实践中利用未公开信息交易犯罪案件中成交数额普遍极大也验证了这一判断。根据市场公开材料显示，进入刑事诉讼程序的利用未公开信息交易案，最高成交数额超过 10 亿元，最低成交数额也达到了 300 万元以上。参见中国证券监督管理委员会:《证监会通报对利用未公开信息交易的执法工作情况》，http://www.csrc.gov.cn/pub/newsite/zjhxwfb/xwdd/201412/t20141226_265701.html(访问日期:2015 年 2 月 17 日)。利用未公开信息交易的成交额基本上全部超过《内幕交易解释》“情节特别严重”证券成交额 250 万元以上的数额标准，如果利用未公开信息交易罪参照《内幕交易解释》，实际上虚置了“情节严重”标准。

5 倍）制定“情节特别严重”的量化标准。

在制定利用未公开信息交易犯罪司法解释时，如果按照上述统计数值调整“情节严重”“情节特别严重”定罪量刑标准，相对目前数额水平而言，显然入罪与处罚标准明显提高。可能的质疑是，提高定罪量刑标准会向公众传递出对资本市场犯罪的打击力度趋于减弱的信息。这种担心规制弱化的隐忧也是长期以来将资本市场犯罪刑事追诉数额标准设定在一个较低水平的重要原因。但是，过低的追诉标准势必导致“法不责众”、加重法定刑情节难以落实，从而造成真正经济危害极大、犯罪数额极大的利用未公开信息交易犯罪案件适用“情节特别严重”变得异常困难与复杂。截至 2014 年年底，在已查办的案件中涉案利用未公开信息交易金额累计 10 亿元以上的有 7 件，非法获利金额在 1 000 万元以上的有 13 件，无一例被认定为“情节特别严重”。①因此，根据资本市场违法犯罪案件的实际情况，适当调整利用未公开信息交易罪“情节严重”“情节特别严重”的数额标准，不仅有利于廓清违法与犯罪的界限、落实与优化两档法定刑的处罚强度配置，而且有助于发挥行政处罚对于资本市场犯罪主体经济利益、职业资格剥夺的监管效果，以及民事诉讼的损害赔偿机制作用。落到实处的刑罚措施以及通过刑事、行政、民事全方位制度安排震慑利用未公开信息交易犯罪人，才能真正强化资本市场犯罪的震慑效率与刑法规范的执行力。

（五）利用未公开信息交易罪量刑情节的司法适用

充分运用文义解释、体系解释、实质解释等刑法解释原理层进式地对利用未公开信息交易罪量刑情节配置问题进行分析，可以确认本罪应当全部按照内幕交易、泄露内幕信息罪的法定刑条款进行处罚，即具有“情节严重”“情节特别严重”两种量刑情节及其对应的法定刑配置。但是，目前只有《经济犯罪追诉标准（二）》对利用未公开信息交易行为“情节严重”的入罪标准

① 中国证券监督管理委员会：《证监会通报对利用未公开信息交易的执法工作情况》，http://www.csrc.gov.cn/pub/newsite/zjhxwfb/xwdd/201412/t20141226_265701.html（访问日期：2015 年 2 月 17 日）。

作出了规定，司法解释没有对利用未公开信息“情节特别严重”建构量化标准并指导司法实践。内幕交易与利用未公开信息交易在犯罪机理上的实质性差异，利用未公开信息交易执法、司法实践中成交额、违法所得等核心数额指标异常巨大的实际情况，加上司法解释对量刑情节量化把握的权威性以及实务部门对此的依赖性，共同决定了利用未公开信息交易“情节严重”“情节特别严重”的认定不能参照《内幕交易解释》相应的量化指标。所以，目前在个案中认定老鼠仓“情节特别严重”缺乏权威与可确信的规则依据。

具体到马某利用未公开信息交易抗诉案，最高人民检察院的抗诉理由实际上已经排除了事实不清的问题，故本案在适用法律上涉及量刑情节认定与刑罚裁量两个核心问题。

其一，关于量刑情节的认定。马某成交额超过 10 亿元、非法所得超过 1 800 万元，即使对照上述实证调查的建议数值，也已经远超“成交额 1 亿元、违法所得 1 000 万元”的“情节特别严重”标准，从犯罪危害与刑罚裁量幅度之间实质上的均衡性的角度分析，认定其为“情节特别严重”并不会导致事实上的严重失衡或者失当。但是，由于司法解释没有对利用未公开信息交易罪“情节特别严重”的量化标准进行明确规定，这种量刑情节认定标准的依据真空而引发的裁判规则的不确定性与法律风险，不应当由被告人承担。所以，生效判决不予认定马某“情节特别严重”的量刑情节，其结论是正确的。但是，问题在于生效判决明确指出“《中华人民共和国刑法》第一百八十条第四款规定，证券交易所、期货交易所等金融机构从业人员以及有关监管部门或者行业协会的工作人员，利用未公开信息交易，‘情节严重的，依照第一款的规定处罚’，该条款并未对利用未公开信息交易罪规定有‘情节特别严重’情形”①。这一论证理由与法律解释是错误的，应当予以纠正。

其二，关于量刑适当或者不当的判断。由于本案目前只能认定为“情节严重”并在“五年以下有期徒刑或者拘役，并处或者单处违法所得一倍以上

---

① 广东省高级人民法院刑事裁定书(2014)粤高法刑二终字第 137 号。

五倍以下罚金”的幅度内进行刑罚裁量，加上自首的从轻处罚情节，判处三年有期徒刑不能认为量刑不当，但能否适用缓刑确实值得探讨。根据《刑法》第72条缓刑适用条件的规定，同时符合犯罪情节较轻、有悔罪表现、没有再犯罪的危险、宣告缓刑对所居住社区没有重大不良影响四个条件的，可以宣告缓刑。初审法院判定、二审法院确认本案适用缓刑的理由在于“认罪态度良好，其违法所得能从扣押冻结的财产中全额返还，判处的罚金亦能全额缴纳，确有悔罪表现，符合适用缓刑的条件”。①这些理由均与适用缓刑的人身危险性判断标准（有悔罪表现、没有再犯罪的危险、宣告缓刑对所居住社区没有重大不良影响等）相吻合，但都是与客观发生的犯罪行为及其所对应的已然社会危害无关的要素。对于作为适用缓刑的犯罪危害性判断标准的“犯罪情节较轻”并未予以精确说明，评估缓刑适用的法律要素并不周延。“非法交易股票76只，累计成交金额人民币10.5亿余元，从中获利人民币1 883万余元”②尽管不能认定为“情节特别严重”，但与“犯罪情节较轻”似乎完全无法匹配，甚至构成激烈的矛盾与冲撞。《刑法》第72条明确将犯罪情节作为判断是否适用缓刑的法定条件、第180条第4款将利用未公开信息交易罪规定为情节犯，所以，成交额、非法获利等犯罪情节在定罪（判断是否构成犯罪）与刑罚裁量（是否适用缓刑）两个环节进行考量，并不违反禁止重复评价原则。

根据审判监督程序抗诉规定，③适用法律错误或者量刑不当，应当撤销

---

①② 广东省高级人民法院刑事裁定书(2014)粤高法刑二终字第137号。

③ 2012年最高人民法院《关于适用〈中华人民共和国刑事诉讼法〉的解释》第389条规定：“再审案件经过重新审理后，应当按照下列情形分别处理：(一)原判决、裁定认定事实和适用法律正确、量刑适当的，应当裁定驳回申诉或者抗诉，维持原判决、裁定；(二)原判决、裁定定罪准确、量刑适当，但在认定事实、适用法律等方面有瑕疵的，应当裁定纠正并维持原判决、裁定；(三)原判决、裁定认定事实没有错误，但适用法律错误，或者量刑不当的，应当撤销原判决、裁定，依法改判；(四)依照第二审程序审理的案件，原判决、裁定事实不清或者证据不足的，可以在查清事实后改判，也可以裁定撤销原判，发回原审人民法院重新审判。原判决、裁定事实不清或者证据不足，经审理事实已经查清的，应当根据查清的事实依法裁判；事实仍无法查清，证据不足，不能认定被告人有罪的，应当撤销原判决、裁定，判决宣告被告人无罪。”2012年最高人民检察院《人民检察院刑事诉讼规则》第584条规定：“人民检察院认为同级人民法院第一审判决、裁定有下列情形之一的，应当提(转下页)

判决、依法改判。就量刑情节的适用法律而言，马某利用未公开信息交易案的生效判决不予认定“情节特别严重”，尽管说理错误，但结论正确，属于适用法律方面有瑕疵，应当裁定纠正。就缓刑的适用而言，本案检察官认为对其判处三到五年的有期徒刑是合理的，但判处有期徒刑三年并适用缓刑则明显存在犯罪与刑罚之间的不相适应。[①]应当看到，情节犯中“情节严重”与缓刑条件中“犯罪情节较轻”如何协调适用确实存在争议与疑难，有待审判监督结论出台后进一步深入研究。然而，本案在是否正确适用缓刑、量刑是否不当等方面存在极大争议，其症结归根结底在于“情节特别严重”司法解释量化标准的缺位以及由此带来的裁判不确定性。有必要重申司法解释科学地制定利用未公开信息交易“情节严重”“情节特别严重”认定标准的重要性，一旦“情节特别严重”的量刑标准明确，符合成交额、非法所得数额标准的案件，在没有减轻处罚条件的情况下，直接在“处五年以上十年以下有期徒刑，并处违法所得一倍以上五倍以下罚金”的法定刑幅度内处罚，排除了利用未公开信息交易数额特别惊人却适用缓刑的可能性，从而实现与社会大众的常识判断、司法专业的理性预期相互吻合与协调。没有达到“情节特别严重”标准的，则在“五年以下有期徒刑或者拘役，并处或者单处违法所得一倍以上五倍以下罚金”法定性幅度内按照缓刑适用条件作出刑罚裁量。一方面，将合法且合理的刑罚裁量权限交由司法机关自主行使，另一方面，严格审查缓刑判决的合法性。

对于未来利用未公开信息交易罪量刑情节适用标准的预期，实践中有观点认为，最高人民检察院向最高人民法院抗诉利用未公开信息交易案，有可能促成最高司法机关报请全国人大常委会对现行《刑法》利用未公开信息交易罪量刑情节问题予以解释。[②]然而，立法解释不仅属于制发概率低、实

（接上页）出抗诉：（一）认定事实不清、证据不足的；（二）有确实、充分证据证明有罪而判无罪，或者无罪判有罪的；（三）重罪轻判，轻罪重判，适用刑罚明显不当的；（四）认定罪名不正确，一罪判数罪、数罪判一罪，影响量刑或者造成严重社会影响的；（五）免除刑事处罚或者适用缓刑、禁止令、限制减刑错误的；（六）人民法院在审理过程中严重违反法律规定的诉讼程序的。”

① 参见郑赫南：《十大法律监督案例解读：“最大老鼠仓”案为何被检方抗诉》，《检察日报》2015年2月15日第2版。

② 参见邹坚贞：《市、省和最高检为何层层抗诉“马乐案”最高检意欲推动老鼠仓判决立新规？》，《中国经济周刊》2014年第49期。

施成本高的法律解释渊源，而且与目前亟须解决的利用未公开信息交易罪量刑情节标准问题并不匹配。[①]我国《刑法》分则中有大量犯罪设置了“情节严重”“情节特别严重”的规范配置，实践中鲜见由立法解释对其量化标准进行填充。立法解释介入利用未公开信息交易罪量刑情节问题的唯一可能性，在于最高人民法院在马某利用未公开信息交易抗诉案中明确裁定本罪不具备“情节特别严重”这一量刑情节与对应的法定刑配置，与最高人民检察院的意见出现实质性差异，即最高人民法院和最高人民检察院在个案中的法律解释存在原则性的分歧。[②]不过根据前文刑法解释原理的运用与分析，以及“两高”在《计算机犯罪解释》中达成的共识，形成利用未公开信息交易罪只有“情节严重”一个量刑情节而无“情节特别严重”裁定结论的概率极低。因此，最高司法机关运用科学的实证调查与规范分析，共同研究制定利用未公开信息交易罪的司法解释，合理建构违法与犯罪、“情节严重”与“情节特别严重”的量化界限，是今后指导司法实践准确适用本罪量刑情节的预期路径。在量化标准具体设定上，建议“情节严重”的核心判断指标为成交额 2 000 万元以上或者违法所得 200 万元以上，“情节特别严重”为成交额 1 亿元以上或者违法所得 1 000 万元以上。

第四节　市场操纵犯罪：资本市场价格机制干扰的刑法规制

市场操纵犯罪是资本市场犯罪中行为结构最为复杂、理论解释与实践认定最为疑难的犯罪类型。市场操纵等资本市场犯罪不仅是促生与催化资

---

① 1981 年《全国人民代表大会常务委员会关于加强法律解释工作的决议》(以下简称《法律解释工作决议》)第 1 条规定：凡关于法律、法令条文本身需要进一步明确界限或作补充规定的，由全国人民代表大会常务委员会进行解释或用法令加以规定。《刑法》第 180 条内幕交易、泄露内幕信息罪、利用未公开信息交易罪的法律条文本身并没有亟须立法解释明确界限与补充规定的必要。

② 《法律解释工作决议》第 2 条规定：“凡属于法院审判工作中具体应用法律、法令的问题，由最高人民法院进行解释。凡属于检察院检察工作中具体应用法律、法令的问题，由最高人民检察院进行解释。最高人民法院和最高人民检察院的解释如果有原则性的分歧，报请全国人民代表大会常务委员会解释或决定。”

本市场欺诈与非理性繁荣、危机与阶段性崩溃的主要诱因，而且是金融市场固有风险与市场参与者认知偏见的必然产物。市场操纵犯罪的危害实质集中体现在其对资本市场价格机制的干扰。深度评估市场操纵犯罪刑法规制的运作效率，有助于在全球金融一体化加速发展、互联网金融加速“去中心化”的背景下，为中国资本市场参与国际金融市场竞争提供法治制度层面的理论支撑与实践战略建议。

一、市场操纵犯罪的构成要件与刑法解释

对于资本市场而言，金融商品的交易价格与交易量举足轻重，它们直接反映着金融商品的市场供求关系。通常情况下，正常的投资者在资本市场的命运主要由自己投资对象的市场表现和众多的投资者的认可度来决定的，即投资者虽然可以进行心理期待，但却没有左右局势的能力，他们既不能影响股价走向，更不能控制股价走向。资本市场的风险与不确定性，就是意味着这种价格波动风险的变幻莫测。也正是这种风险与不确定性，才使得资本市场具有吸引力，才真正体现证券市场的风险中立与机制公平。而操纵资本市场行为通过各种资源优势，阻碍或者排斥市场力量调节证券交易价格或交易量，人为地影响金融商品市场的供求关系，使证券价格与其价值严重脱离内在联系，而操纵者在金融商品价格的变化之中损害他人的利益，以谋求私利，这就必然会对资本市场的正常管理秩序造成损害。但是，由于市场操纵犯罪行为的策略建构与实施方式具有高度的复杂性，一定程度上妨碍了刑法理论对于市场操纵犯罪的解释，模糊了司法实务对市场操纵犯罪的认定。因此，有必要在把握市场操纵犯罪基本法律规格的基础上，深入市场操纵犯罪的核心——行为——从行为实质与运作机理的角度，深刻阐释操纵行为如何对证券市场产生作用，从而达到阻碍或者排斥市场机制发挥的非法结果。只有在对市场操纵犯罪的静态构成与动态机理进行双重把握的前提下，刑法理论与司法实务才有可能对市场操纵犯罪进行准确

的解释、分析与判断。对于市场操纵犯罪刑法规制实践而言，只有在刑法理论层面对操纵证券、期货市场罪的构成特征进行准确的把握，才能够正确认定操纵证券、期货市场罪，明确市场投机、市场操纵违法以及市场操纵犯罪之间的基本界限。

（一）市场操纵犯罪的行为对象：资本市场及其价格形成机制

市场操纵犯罪的行为对象显然是资本市场，但是，刑法规定的市场类型决定了资本市场的具体范围。根据我国《刑法》第 182 条操纵证券、期货市场罪的规定，市场操纵犯罪的犯罪对象显然就是证券、（以证券作为基础资产的）期货市场。操纵行为所直接针对的特定证券、期货交易品种，并非市场操纵犯罪的对象，而是操纵行为具体实施并持续开展的作用物。对于市场操纵犯罪对象研究而言，需要再次强调的问题是，操纵衍生品市场的行为应否纳入市场操纵犯罪的刑法规范框架之中进行法律规制。

金融衍生品是指其价值依赖于标的资产价值变动的标准化合约或者经由交易对手协商订立条款的合约，包括期权（option）、互换（swap）、零息债券（zero coupon bond）等金融衍生产品。①衍生品市场就是创制并从事金融衍生产品交易的金融市场。虽然衍生品交易的过度投机催生了 2008 年全球金融危机的爆发，但衍生品市场的合理创新与稳健发展仍旧是全球金融实践的必然走向与发展脉络。然而，由于我国衍生品交易市场的发展滞后，客观上造成立法机关在技术上难以评价衍生品市场中操纵行为的表现形式以及社会危害性，从而无法评估期货及衍生品交易环节操纵行为犯罪化的必要性。衍生品交易实践经验的匮乏也决定了金融犯罪刑法理论对衍生品市场中操纵行为违法性与入罪必要性分析的研究处于空白状态。

但是，中国的衍生品交易不可能永远处于停滞状态，当我国金融市场通过努力，建立起一定规模的场外与场内衍生品交易市场之时，不能没有反衍生品市场操纵犯罪的刑法条款。从国外的实践经验来看，大型投资银行、基

① R. L. McDonald, Derivatives markets, Boston: Addison-Wesley, 2006, p.1.

金公司、私募等机构投资者中的核心业务管理人员存在利用信息优势控制衍生品交易谋取巨额利润的嫌疑；衍生品市场高杠杆性交易的放大效应与信息披露规范力度的差强人意，导致市场操纵行为对金融市场合理配置资本功能造成的破坏更大，也更难被监管部门发现。同时，衍生品市场与其基础资产市场密切关联，行为人完全可以通过证券市场与衍生品市场的关联度实施跨市场的操纵犯罪行为。所以，我国反操纵法律实践应当对衍生品市场中的违规行为形成灵活的反应机制。在今后证券市场操纵违法犯罪的规范修正与增补过程中，将市场操纵犯罪对象范围拓展至以证券为基础的衍生品市场，明确操纵衍生品市场行为的违法性与犯罪性，及时将衍生品交易中的操纵行为纳入监管范围，为衍生品市场的公平交易提供充分的法律保障，顺应证券及其相关衍生品市场操纵行为的系统性规制与平衡性惩处的趋势。

资本市场是各种有价证券以及以证券为基础的衍生性金融商品供求关系的总和。从这一表象性定义出发，资本市场就是金融商品的交易价格与交易量，操纵市场就是操纵价量。但是，如果从功能性内涵的角度解析证券市场，就会发现上述理解仅认识到了资本市场中的商品要素，忽略了另一核心要素——资本。根据法律经济学理论的经典分析，市场是提供双赢交易机会的场所，通过资源优化配置实现社会福利最大化。①资本市场实际上就是通过金融商品交易价格与交易量的变动引导资本流动，从而实现资本合理配置的机制。探究证券市场功能性内涵的价值在于发现金融商品要素（证券、期货等交易价格与交易量）之外的资本要素（资本的流动与配置）。

资本对金融商品的定价与配置是资本持有者的决策与行为，即投资者判断市场状况后对资本进行处分。资本要素体现的是投资者的行为状态。在资本市场中，金融商品要素与资本要素相互影响：金融商品交易价格与交易量的变动方向及其量度，释放市场信号，投资者通过资本投入与撤离配置

---

① Anthony T. Kronman & Richard A. Posner, The Economics of Contract Law, Little, Brown & Company, 1979, p.2.

资源；投资者决策与行动下的资本流动反作用于市场，影响金融商品的定价与交易量。代表金融商品要素的金融商品交易价格与交易量是资本市场的显性部分，由于其依托于有形的金融商品标的，可以从外部直观审视。代表资本要素的投资者行为是支撑或者推动金融商品交易价格与交易量的基础力量，是资本市场隐性部分。

虽然金融理论已经对投资者行为对证券、期货、衍生品等金融商品交易价格的影响及其与资本市场之间的关系进行了深度分析，[①]但由于法律理论缺少量化评价工具，在难以统一观察与评价投资者行为的情况下，往往忽略资本市场中的资本要素。所以，从动态的角度考察，价量操纵是市场操纵的一种行为类型，其通过直接控制证券、期货等金融商品交易价格或交易量的方式，使真实市场信号发生扭曲，形成人为制造的信号，其直接的结果可以是金融商品交易价格或者交易量受到人为控制，其还可以产生间接的结果，即通过受到控制的价格或者交易量信号诱使资本市场投资者从事相应资本运作，达到市场操纵的效果。同时，不能遗漏的是资本操纵亦属一种独立的市场操纵类型，其通过控制、误导投资者的资本决策与行为，阻碍市场资本自由发现价格或投资规模，同样能够达到市场操纵的效果。只是我国现行证券法（包括期货交易管理条例）以及刑法将价量操纵明确规定为操纵证券、期货市场违法犯罪类型，而未对“殊路同归”的资本操纵进行明示的法律禁止。

市场操纵与价量操纵的等同化理解还存在操纵证券、期货市场罪犯罪构成逻辑结构认识偏差问题。我国《刑法》第 182 条规定的操纵证券、期货市场罪实际上是一个非常精致且逻辑清晰的罪状建构体系，即操纵证券、期货市场罪的犯罪构成并非平面的主客观要件堆砌，而是内含着一个“行为类

---

① See Andre Molière, Investor Behavior: Patterns and Pitfalls, Nova Science Pub Inc, 2011; Richard Lehman, Far from Random: Using Investor Behavior and Trend Analysis to Forecast Market Movement, John Wiley & Sons, 2010; Hendrik S. Houthakker & Peter J. Williamson, The Economics of Financial Markets, Oxford University Press, 1996, pp.141—320.

型—行为性质—处罚条件”的层进式证明结构。(作为行为类型的)价量操纵之所以不能等同而只能推定(作为行为性质的)市场操纵,根本原因在于资本市场中存在着许可的市场操作的概念。

所谓许可的市场操作,是指证券发行人、证券发行人控股股东或其他市场参与者按照法律法规规定或监管机构许可进行的证券回购、履行法定或约定义务、稳定价格等交易行为。我国及国际证券市场监管规范体系均对许可的市场操作及其非市场操纵的法律性质进行了规定。例如,根据中国证监会2005年《上市公司回购社会公众股份管理办法(试行)》、2008年《关于上市公司以集中竞价交易方式回购股份的补充规定》的规定,上市公司按照中国证监会规定的程序、信息披露规则、交易方式等进行股份回购,不构成操纵证券市场。欧盟《市场滥用指令》、《股份回购与金融工具稳定规章》明确规定,根据欧盟相关规则的程序要求实施证券回购、稳定金融工具交易价格等不构成市场操纵。[①]许可的市场操作主要是证券发行人或其控股股东等基于履行可转债义务、雇员股权参与计划、向市场提供积极信号等法律规定或监管机构认可的目的,交易自己证券的行为,即使控制了相关证券的交易价格或者占据了当时市场的主要交易量,表面上符合价量操纵特征,但由于严格按照信息披露制度执行交易,不属于市场操纵。我国传统证券期货犯罪刑法理论对市场操纵与价量操纵进行等同化解释,不仅在规范形式上剔除了许可的市场操作在操纵证券市场罪犯罪构成中的体系性位置,而且在实质上剥夺了行为人抗辩其事实上的价量操纵不构成法律上的市场操纵的权利。

所以,价量操纵是法律推定市场操纵的基础,市场操纵并不等同于、局限于价量操纵,资本操纵也是市场操纵的行为内容。基于此,笔者认为,市

① Directive 2003/6/EC of The European Parliament and of The Council of 28 January 2003 on insider dealing and market manipulation(market abuse), Article 8; Commission Regulation(EC) No 2273/2003 of 22 December 2003 implementing Directive 2003/6/EC of the European Parliament and of the Council as regards exemptions for buy-back programmes and stabilisation of financial instruments.

场操纵犯罪的行为实质是价量操纵与资本操纵的独立进行或者联合展开，即行为主体可以通过价量操纵或资本操纵中的任何一种路径对证券市场及其价格形成机制形成操纵，也可以通过叠加使用价量操纵与资本操纵强化对证券市场的操纵力度。在规范上进行细化理解——我国《刑法》第182条明示的三种操纵证券、期货市场的行为类型，本质上是一种价量操纵行为，代表了市场操纵犯罪行为体系中非常重要的一部分实质内容。除此之外，通过向证券、期货市场传递信息的手段控制市场资本配置，即资本操纵，是市场操纵的另一部分实质内容。

(二) 市场操纵犯罪的客观行为：价量操纵与资本操纵

在明确了市场操纵犯罪的行为对象是价量操纵与资本操纵的独立进行或者联合展开，即对资本市场及其价格形成机制的非法干扰的基础上，我们便能进一步对市场操纵犯罪的客观行为进行深度的阐释。

1. 价量操纵

纵观连续交易、相对委托、洗售等价量操纵行为类型，本质上都是通过扭曲市场真实供求关系的交易行为，人为地控制证券交易价格或交易量。具体而言，联合交易是两个以上行为人合谋在某一时段内一起买入或卖出某种证券、期货合约；连续交易是行为人单独或两个以上行为人合谋在某一时段内连续买卖某种证券、期货合约；相对委托交易是行为人与他人串通，以事先约定的时间、价格和方式相互进行证券、期货交易；洗售交易是在自己实际控制的账户之间进行证券、期货交易。①

从价量操纵行为类型的特点分析，联合交易与连续交易是集中资金、信息等资源优势的交易行为，控制证券、期货交易价格或者人为制造证券、期货交易量；相对委托交易与洗售交易属于没有实际经济效果或者不转移证券以及资金产权的虚假交易，人为制造不反应证券、期货正常供求关系的虚假价格或者虚假交易量。在价量操纵中，行为人的证券交易(行为手段)与

① 参见刘宪权：《操纵证券、期货交易价格罪行为方式之解读》，《法商研究》2005年第1期。

相关证券产品交易价格或交易量(行为结果)之间存在因果关系;交易行为占同期交易量的比例可以被准确统计;在交易行为的资金与证券产品动向被相关证据准确固定的基础上,交易行为与交易价格的关联度完全可以通过数量金融工具予以计算与认定。交易行为与交易价格(量)之间的因果关系奠定了联合(连续)交易、相对委托交易、洗售交易等行为的责任基础。

由此可见,在资本市场中,价量操纵的机理表现为本人及其一致行动人实施的证券、期货等交易,作用于特定金融产品,控制交易价格或交易量。

2. 资本操纵

资本操纵则是一种完全不同的行为机理:通过向市场传递信息,作用于市场投资者,控制其参与特定证券交易,即控制资本要素的配置。资本操纵包括以下要素:(1)目的。行为人意图通过操纵策略获取金融商品交易利益。例如,买入后诱导市场资本拉升金融工具价格后出货(做多型操纵)或卖空金融工具后诱导市场资本打压其价格后平仓(做空型操纵)。(2)手段。制作并向市场传递信息,主导或控制市场资本配置动向。(3)效果。受信息影响的资本市场投资者从事与该信息相关的证券、期货、衍生品等交易。(4)因果关系。抽离行为人发布的信息,相关市场参与者不会从事与该信息有关的证券交易。(5)利益。行为人执行事先建构的交易策略从相关金融商品交易中获取利益。手段、效果、利益、因果关系等均为客观要素,是实现经济利益主观目的的内在逻辑。

尽管价量操纵与资本操纵在目的、手段、效果、因果关系、利益实现等各个机理要素方面均存在明显的不同,但是,两者之间最为重大且最为复杂的机理要素差异,集中体现在因果关系层面。①价量操纵中的交易行为直接与金融商品交易价格或者交易量发生操纵与被操纵的因果关系,而资本操纵中虽然存在交易行为(通过特定时间段的交易行为买卖证券获取利益),但资本操纵中的相关交易行为本身并不直接与特定金融商品的交易价格或交

① 相关分析都建立在行为人单纯实施价量操纵或者资本操纵的逻辑前提基础之上。

易量，从而使得交易行为与证券市场之间发生操纵与被操纵的因果关系。

资本操纵中的交易行为是操纵行为实施之前的建仓准备行为以及操纵现实效果发生之后的平仓获利行为。资本操纵中的交易行为，其交易量通常不会达到相关金融商品交易同期总成交量的显著比例，排除流动性极低或者基本无流动性的证券，资本操纵的买卖行为对证券交易价格变动的关联度亦不显著。同时，资本操纵中发布虚假、误导、利益冲突等信息的行为并非意图（实际上也不可能）直接作用于证券交易价格与交易量，而是通过非法信息的传递直接影响资本市场投资者的交易行为，进而间接地引发相关证券交易价格或交易量达到一定受到行为人控制的水平。

3. 价量操纵与资本操纵的动态界限

分析至此我们可以清晰地看到，价量操纵中的核心行为要素是从事交易，资本操纵中的核心行为要素是发布信息。因此，价量操纵就是交易型操纵，资本操纵就是信息操纵，在这两组概念之中，每一对概念实际上都是市场操纵犯罪最基本的类型化单元，只是每一对概念中的前者是从行为实质的角度进行定义，而后者是从行为形式的角度进行界定。

在价量操纵中，交易行为直接影响金融商品交易价格或者交易量，因此，交易行为与市场波动之间关系的判断结论直接影响市场操纵犯罪是否能够成立。资本操纵中的核心要素是非法信息传递行为，这不是资本市场波动的直接或者第一层次的作用力量，而是影响金融商品交易价格或交易量变动的客观条件。根据刑法因果关系中的条件因果理论，两者之间固然存在客观上的因果关系。但这种理论上的因果关系并无实证依据与证据依托。因为在条件因果理论下，资本操纵与价量变动之间存在两层条件关系——非法的信息制造与信息传递是直接影响资本市场中的投资者从事交易的条件，受影响投资者的交易行为（资本配置）是金融商品价量变动的条件。正常情况下的资本市场是一个流动性高度分散的交易平台，受到操纵者信息发布支配而从事相关金融商品交易的资本市场投资者的数量、交易量、资金流向、交易价格分布等事实状况在实践中根本无法统计，这意味着资本操纵中的操纵行为与所谓受到支配与控制的投资者之间的资本配置行为之间的因果关系难以直接证明。

同时，由于不能排除同时期相关金融交易品种的部分市场参与者没有受到操纵者对于资本投资方向与对象的影响，而是按照正常的供求关系认识配置资本，这就进一步割裂了资本操纵行为对于市场部分投资者的影响。从这个层面分析，即使是资本操纵核心行为——非法信息传递——其与投资者资本配置结果之间的因果关系（第一层次条件因果）实际上也是推定的。在受到资本操纵行为是否影响证券、期货、衍生品市场投资者买入或者卖出相关金融商品的运作行为无法通过证据进行客观化评估的情况下，相关金融商品交易价格或交易量进而受到影响的论断更无从证明，故资本操纵行为与证券价格或交易量受到影响之间的因果关系（第二层条件因果）同样也是推定的。因此，资本操纵行为与相关证券交易价格或者交易量受到控制之间的因果关系在司法实践中实际上是难以甚至无法被证明的，即使我们强行将其视为一种证明，至多也是经过二次条件因果推定之后形成的推论。

刑事证明理论认为，就刑事司法推定规则而言，推定以一次为限，因为推定的基础事实必须是牢固的，二次推定的基础是推定的结论，导致最后的结论无法在刑事上被认为真实可靠。①同时，推定本身是一种对事实的盖然性判断，本不应在刑事程序中采纳，只是在基础事实与推断事实之间存在着充分且合理联系的极少数情况下，才允许适用刑事推定。②而在盖然性基础上再次推定，后次推定结论的盖然性成分将会呈现乘数效应，超越刑事证明标准对盖然性的容忍限度。因此，从条件因果的角度进行分析，资本操纵通过影响资本市场投资者的交易行为进而影响证券交易价格或者交易量的论断，充其量只是二次推定下的条件因果，不能成为刑事证明程序下的法律判

---

① 邓子滨：《刑事法中的推定》，中国人民公安大学出版社 2003 年版，第 116 页。

② Michael H. Graham, Burden of Proof and Presumptions in Criminal Cases, 44 Criminal Law Bulletin 1(2009).

断，故资本操纵与价量操纵基于行为方式、行为对象以及行为程度的差别，决定了操纵行为与证券市场受到控制之间的因果关系表现为完全两种形态。

所以，掌握市场操纵犯罪行为机理的差异，具有极为重要的实践价值：考察价量操纵的违法性，重点在于分析非法交易行为与证券交易价格或交易量之间的关系，而审查资本操纵的违法性，重点在于判断信息产地行为与证券市场投资者决策（资本流向）之间的关系。

4. 操纵行为的市场属性

根据我国《刑法》第182条的规定，操纵证券、期货市场罪的客观行为以下四种方式：(1)单独或者合谋，集中资金优势、持股或者持仓优势或者利用信息优势联合或者连续买卖，操纵证券、期货交易价格或者证券、期货交易量；(2)与他人串通，以事先约定的时间、价格和方式相互进行证券、期货交易，影响证券、期货交易价格或者证券、期货交易量；(3)在自己实际控制的账户之间进行证券交易，或者以自己为交易对象，自买自卖期货合约，影响证券、期货交易价格或者证券、期货交易量；(4)以其他方法操纵证券市场。这显然是市场操纵行为的规范且形式的内涵写照。由于犯罪的核心是行为，故市场操纵犯罪的核心是市场操纵行为，加之刑法理论上对于上述操纵证券市场罪的客观行为的理解存在很多不同的看法，实践中也存在许多疑难问题，因此下文会着重就刑法所规定的市场操纵犯罪行为进行细致分析，此处便不再赘述。

但是，应当深度挖掘与清醒认识的是，在总体把握市场操纵犯罪构成中的客观行为要件时，应当注意，由于市场操纵犯罪行为直接作用的对象是市场，故纳入市场操纵犯罪刑法条文评价的行为应当是一种市场行为，不具有任何市场因素的行为，不是市场操纵犯罪刑法规制的范畴。传统证券期货犯罪刑法理论与司法实务往往没有对市场操纵犯罪行为的“市场性”要素予以重点关注，从而对于影响证券市场交易价格或者交易量的行为都倾向于认定为市场操纵犯罪行为。笔者认为，应当突破传统证券期货犯罪刑法原理的局限，从市场的角度解构以市场操纵为核心的资本市场犯罪相关刑法规范，建构全新的资本市场刑法理论体系。在市场操纵犯罪的个罪语境下准确诠释资本市场犯罪行为的本质，关键在于确认市场操纵犯罪行为的市场属性。

5. 市场操纵犯罪行为的入罪范围

市场操纵犯罪刑法解释是依托于资本市场刑法规范的论理性阐释，其显然应当对我国《刑法》第 182 条规定的操纵证券、期货市场罪所明示列举的三种操纵模式，即联合(连续)交易、洗售交易、相对委托交易操纵市场犯罪类型进行深度解析。但是，市场操纵犯罪行为的表现形式具有多样性，这意味着操纵犯罪并不局限于这些刑法所明示例举的行为模式。同时，随着近几年来资本市场的迅猛发展，实践中不断出现一批完全区别于连续交易、洗售交易、相对委托交易等传统操纵证券、期货市场违法犯罪行为，无法为刑法明示的犯罪类型所覆盖。这些刑法条文所没有明确规定的市场操纵违法犯罪行为类型在特定的时间段内甚至构成了市场操纵犯罪案件的主要组成部分，①亟须在理论上对刑法没有明示的操纵行为类型进行分析与解释。②

正是由于刑法在制定操纵证券市场违法犯罪规制条文的过程中考虑到了资本市场的发展性与操纵违法犯罪模式的更迭性，《刑法》第 182 条以“兜底条款”的形式将“以其他方法”操纵证券、期货市场的犯罪行为纳入本罪的处罚范围。但是，对于究竟哪些行为属于《刑法》第 182 条规定的“以其他方法操纵证券、期货市场”，刑法解释理论与司法实践对此问题存在极大的争议。这一问题显然是市场操纵犯罪刑法解释的重要内容。

---

① 这种刑法没有明示规定的犯罪行为类型占据相关案件主要数量构成的现象在经济犯罪、金融犯罪中是比较普遍的。例如，在近几年，证券投资咨询机构抢先建仓，通过发布利益冲突的信息人为影响投资者买卖相关证券并从中进行投机交易盈利的案件占据了市场操纵违法犯罪案件的相当比例。这就意味着无论是行政处罚还是刑事司法，在认定相关行为时，很大程度上需要援引“以其他方法”操纵证券市场的“兜底条款”。

② 后文将对连续交易、洗售、相对委托等刑法明示的操纵证券市场的犯罪行为类型进行集中论述与阐释。本部分重点针对“以其他方法”市场操纵犯罪行为展开解释。

刑法解释理论上有观点认为,“以其他方法操纵证券、期货市场”主要包括:(1)散布谣言,传播虚假信息;(2)采用声东击西的方式,操纵某类型证券、期货合约中的一种,以达到操纵同类型其他证券、期货合约的目的;(3)以暴力、胁迫的方法迫使他人或以某种利益引诱他人买卖证券、期货合约;(4)利用职务的便利人为地抬高或压低证券、期货交易价格;(5)扎空(指证券市场上的某一操纵集团,将证券市场流通股票吸纳集中,致使证券交易市场上的卖空者,除此集团之外,已无其他来源补回股票,只好与操纵者了结,扎空集团借机随意决定证券价格);(6)卖空;(7)技术陷阱。即通过对证券、期货市场价格的波动形式,证券、期货合约约定俗成的成交数量和证券、期货的投资心理等市场因素的分析,帮助投资者选择适当的投资机会和投资方式,对实际的证券、期货投资活动具有重要指导意义,有的操纵者便利用制造虚假的图示的方法,达到引诱投资者买卖证券、期货合约的目的;(8)躲在幕后提供资金供人炒作证券、期货合约操纵市场;(9)封盘炒作。[①]

也有观点认为,“其他方法”的具体表现形式包括:(1)蛊惑交易,即行为人故意编造、传播、散布虚假信息,误导投资者的投资决策,使市场出现预期中的变动而自己获利。(2)抢先交易,即行为人对相关证券或其发行人、上市公司公开作出评价、预测或者投资建议,自己或建议他人抢先买卖相关证券,以便从预期的市场变动中直接或者间接获取利益的行为。(3)虚假申报,即行为人持有或者买卖证券时,进行不以成交为目的的频繁申报和撤销申报,制造虚假买卖信息,误导其他投资者,以便从期待的交易中直接或间接获取利益的行为。(4)特定价格交易,即行为人通过拉抬、打压或者锁定手段,致使相关证券的价格达到一定水平的行为。(5)特定时段交易,即行为人在证券交易中特别容易引起波动的时间段内进行操纵交易,从而影响价格走势的情形。[②]

---

① 杜发全、万兰茹:《操纵证券交易价格行为浅析》,载赵秉志主编:《新千年刑法热点问题研究与适用》(下),中国检察出版社 2001 年版,第 906 页。

② 鞠曦明:《试论操纵证券市场罪中的“其他方法”》,《犯罪研究》2010 年第 3 期。

还有观点认为,“以其他方法操纵证券、期货市场”应当包括以下行为方式:(1)扎空,即证券市场上操纵者将证券市场流通股票吸纳集中,致使证券交易市场上的卖空者,除此集团之外,已无其他来源得到该种股票,扎空集团借机操纵证券价格的方式。(2)拉抬,即利用资金优势不停地抬高某一股票的报价,以拉升其价格。(3)做尾盘,即以影响某种股票的收盘价为目的,在接近收盘前买卖某种股票。(4)挤榨,即在某种证券短缺时,故意控制其需求,并利用市场的拥挤制造虚假价格。该手法经常出现在利用其他手法操纵证券价格的过程之中,配合其他操纵手法而使用。(5)违反诚信的安定操作,即行为人单独或与他人合谋,违反有关规定,以固定、稳定,或者安定有价证券的行情为目的,在有价证券市场上实施一连串的买卖交易行为,且通常在发行证券时实施,如承销商为维持证券价格而回购证券,以制止证券价格的跌势。①

更有观点针对证券与期货市场操纵行为的不同,区别性地归纳“以其他方法操纵证券、期货市场”的行为类型。其他证券市场操纵行为应当包括以下内容:(1)散布谣言、传播虚假信息(非自己编造)。(2)扎空,即操纵者将流通股票全部吸纳集中,致使卖空者除从该操纵者处补回股票外别无他法。(3)封盘炒作,即先通过涨停封盘,造成多方攻势凌厉的假象,吸引更多的买盘跟进,然后自己多翻空,撤回买盘资金。(4)上市公司买卖或者与他人串通买卖本公司的股票。(5)采取声东击西的方式进行操纵,即利用版块炒作进行操纵等。其他方式操纵期货市场主要是囤积商品,包括期货商品(期货合约所指商品)和其他替代商品。因为期货交易价格不仅与期货和约的供求关系紧密相关,还与现货市场的期货商品供求关系有关。囤积现货市场的期货商品,必然导致现货市场上该商品价格的涨跌,进而影响期货交易价格的涨跌。②

---

① 金泽刚:《操纵证券市场行为的认定及其刑事责任》,载游伟主编:《华东刑事司法评论(第2卷)》,法律出版社2002年版,第113—115页。

② 周骏如、张雅芳:《证券、期货犯罪法律适用疑难问题研究》,《法治论丛》2009年第2期。

笔者认为，对于操纵证券、期货市场罪中“其他方法”的解释不能进行随意或者任意的扩张解释。尽管“以其他方法”操纵证券、期货市场是“兜底条款”或者概括性规定，以防止挂一漏万的情况出现，但是，在罪刑法定原则确立的今天，如果一味强调“概括”，则完全可能出现新的“口袋罪”。因此，在刑法理论上阐释或者在司法实践中认定“以其他方法”操纵证券、期货市场行为，必须进行符合罪刑法定原则的严密法理论证。

刑法“兜底条款”一般是指基于堵截犯罪行为脱逸刑事法网的现实需要而对法条无法穷尽的情形进行概括规定的法律条文。立法机关之所以在刑法中建构“兜底条款”，是为了弥补法条与现实之间的脱节，将实质上符合犯罪构成但刑法条文没有明示却已经内含的行为类型纳入刑事规制范畴。刑法“兜底条款”的模糊性与罪刑法定原则所要求的明确性存在一定程度的矛盾。但是，刑法“兜底条款”客观上能够克服因立法者知识有限而造成的立法缺陷及重大遗漏。尤其是在经济犯罪领域，经济刑法规制的犯罪行为生成于发展迅猛的经济生活之中，“兜底条款”通过有效提升刑法规范张力的方式强化了法益保护。因此，在各国刑法广泛使用“兜底条款”并严格以罪刑法定原则为基石对之进行限制性解释的共识下，根源性地否定、排斥刑法“兜底条款”并不理性与现实。应当通过合法的形式对刑法“兜底条款”进行合理解释，还原犯罪构成完整的实质内涵，实现罪刑法定与法益保障的相对平衡。

刑法“兜底条款”的适用应严守刑法谦抑精神，启动“兜底条款”评价相关行为必须秉持谨慎原则，其核心就是对“兜底条款”坚守限制解释的立场。贯彻上述刑法理念的关键是确立“兜底条款”同质性解释原理，即纳入“兜底条款”进行刑法评价的对象应当与该刑法条文业已明确规定的法律类型或者具体犯罪的实质内涵具有相同的性质与特征。对于个罪中的“兜底条款”而言，同质性解释原理更为明确的表述应当是：纳入该罪“兜底条款”进行归责的犯罪行为应当与该罪明示的行为类型或该罪的实质具有相同的特征。

同质性解释原理是理解所有刑法“兜底条款”都必须适用的普遍性理

念。在采用“兜底条款”立法技术的刑法分则条文中，个罪的同质性信息理应从该罪的犯罪实质中予以探析。但是，由于“兜底条款”其本身往往就是该罪实质的抽象，两者在字面表述上基本一致，难以直接获取有价值的信息。刑法理论通常从该刑法条文明确规定的行为类型中归纳该罪的同质性特征。①背信损害上市公司利益罪“兜底条款”就属于这种典型情形：背信损害上市公司利益罪以“采用其他方式损害上市公司利益”作为“兜底条款”的规范表述，直接导出了本罪的实质，即“损害上市公司利益”。但由于这一实质比较抽象，需要从具体的行为类型中搜索更为具体、实用的同质性信息。我国《刑法》第 169 条背信损害上市公司利益罪在规定了本罪主体、职务便利、结果等要素之后，明确列举了向其他单位无偿提供资产、明显不公平交易、向明显不具有清偿能力的单位提供资产或担保、无正当理由放弃债权或承担债务五种具体的行为类型。上述五种刑法明示的情形虽然表现形式各异，归根结底都是通过明显不正当、不公平的资产运作损害上市公司利益的行为。这为本罪“兜底条款”的理解提供了直观的同质性信息。我们可以确定地将“采用其他方式损害上市公司利益”的具体内容限定为通过明显不正当、不公平的资产运作损害上市公司利益的犯罪行为。

应当看到，上述同质性解释方法的合理性，是完全建筑在特定犯罪的实质与该罪明示的行为类型同质性特征完全等同的基础之上的。但是，个别犯罪的实质特征及其规范抽象(“兜底条款”)可能并不完全等同于该罪条文明示行为类型的共同特征，这就意味着不能基于同质性解释的惯常思维诠释所有刑法“兜底条款”。否则，就会陷入两种误区：基于刑法未明示的行为方式与明示的行为类型不具共同特征的结论，直接排斥“兜底条款”的适用；牵强解释刑法并未明示的行为方式与明示的行为类型具有共同特征，不当纳入“兜底条款”予以归责。

操纵证券、期货市场罪就是这种情况，即操纵证券、期货市场罪的全部

---

① 参见阴建峰、万育：《略论非法经营罪堵截条款之界限》，《中国检察官》2011 年第 2 期；张艳丹、马渊杰：《“经济刑法”中的兜底规定初探》，《法学杂志》2010 年第 9 期。

实质特征与刑法条文所明示列举的各种操纵行为之间不是完全等同的关系,而是前者包容后者的关系。正如前文所述,市场操纵犯罪的行为实质是价量操纵与资本操纵的独立运行或联合展开。因此,对"以其他方法"市场操纵犯罪的内容进行解释性填充,不能仅仅从价量操纵的角度进行分析,而且需要从资本操纵的角度进行理解。只有这样才能对某种新型的、疑似具有操纵性质的行为进行更为全面、深度与准确的考察。

同时,笔者认为,尽管操纵证券、期货市场罪中"以其他方法"操纵证券、期货市场这一"兜底条款"是一种概括性规定,但在对其进行解释时不能进行概括或扩张。尽管同质性解释原理的适用已经起到了"兜底条款"限制解释的一般功能,但仍有必要附加限制启动"兜底条款"同质性解释的"事前"机制与巩固"兜底条款"同质性解释限制入罪功能的"事后"机制。

"事前"机制的具体内容是:在运用我国刑法条文评价之前,先以国际标准的视角考察特定违规行为在全球主要刑法规范体系中是否普遍性地以某种罪名予以规制,以及各国法律如何具体规定此种特定行为。因为刑法"兜底条款"是基于防止"挂一漏万"的实用性考量而制定的法条,其文字表述具有极强的包容性,在司法实务中运用"兜底条款"分析相关行为,容易陷入"越看越像"的评价误区。刑法理论必须对"兜底条款"先天性单一入罪方向解释惯性保持警觉,在"兜底条款"运行之初即予以限制,使其保持一定的评价惰性。而判断本国刑法"兜底条款"是否有必要对一种法律没有明示的行为启动评价机制,相对有效的策略是全面考察其他国家刑法如何规制此类行为。这种方法对于新类型资本市场违法犯罪行为的刑法评价而言更富有价值。当今资本市场呈现出全球化、复杂化、多样化以及整合化的发展格局,各国不仅在证券、期货、衍生品发行与交易的技术性规则上日益趋同,而且在金融法律监管方面不断统一认识与加强国际协作。如果一种新型或者尚未被我国市场全面认知的资本市场违规行为,在国际资本市场犯罪刑法规范体系中普遍被评价为操纵犯罪,启动我国刑法操纵资本市场罪"兜底条款"进行评价的必要性相对较强,反之,则相对较弱。

“事后”机制的具体内容是:特定行为经过刑法解释后被认为符合“兜底条款”构成相关犯罪,应当通过司法解释等正式法律解释形式将该特定行为的犯罪性质予以明确;在构成要素以及处罚条件上,相对于刑法明示的行为类型,也应当在合法且合理的原则下进行更为严格的把握。刑法理论中有观点认为,“兜底条款”是立法者为了防止刑法不能完全涵盖社会生活中需要以刑法规制的所有类型的犯罪行为而特意制定的条文,根据“兜底条款”,行为人实施的行为符合相关犯罪构成的,便可依相应的犯罪论处。[①]这意味着刑法能够在没有明示刑事违法性的前提下直接通过隐含在法律内部的逻辑将某种行为认定为犯罪,并且在构成要素与处罚条件的定量标准把握层面,不对刑法明示行为类型与以“兜底条款”归责的行为个别化的分析与判断。

然而,笔者认为,刑法“兜底条款”的适用应当在形式层面进行一定限制,即必须通过司法解释以正式的规范形式对“兜底条款”的具体内容进行填充。同时,对于根据“兜底条款”认定为犯罪的非法律明示类型,在其内部构成要素的理解上,应尽量细化归纳不同社会危害程度的具体类型,在罪质判断环节予以分流处理,充分考虑非犯罪化处理的可能;在相关犯罪处罚条件的设置上,应当更严格地判断刑事处罚的必要性,更全面地考量行政处罚的可替代性。因为“兜底条款”与明示条款毕竟存在显著区别,只有附加“事后”限制机制,才能更为全面地抵消刑法“兜底条款”立法模糊性与不确定性对被告人权利可能产生的侵害风险。

综上所述,市场操纵犯罪的全球考察旨在总结资本市场刑法保护的国际标准;操纵证券、期货市场罪“兜底条款”的同质性解释旨在明确个罪规范的实质内涵;严格规范“兜底条款”刑法解释的形式要求与实体内容旨在限制刑法介入证券期货监管的程度。附加“事前”与“事后”双重限制的同质性解释规则,不仅提升了对疑似操纵行为刑法属性法律论证的说服力,而且为

---

① 丁华宇:《刑法中的兜底性条款探析》,《黑龙江省政法管理干部学院学报》2009年第4期。

实务部门深度把握操纵证券、期货市场罪的实质提供了理论铺垫。

二、市场操纵犯罪的司法判断规则

市场操纵犯罪法律规制实践存在一定的障碍,主要症结在于现有的刑事法律规范文本及其实践解释,与金融市场运行机制、金融实务操作经验、金融市场基本原理的脱节。附着于市场操纵犯罪监管理论与实践的法律与金融之间的纠缠与混沌,源自市场操纵犯罪行为模式的技术性阐释不足。具体而言,就是现有的资本市场犯罪法律理论与实践探索,尚未能够充分地以金融市场与金融原理为核心解释与说明市场操纵犯罪行为类型与模式。法律实践意欲超越市场操纵犯罪法律规范文本的桎梏,针对资本市场的现实形势作出能动的解释与反应,但又受困于罪刑法定的严格要求与刑事立法完善的频率与成本限制,而无法实现规范介入与市场机制自由运作的有机结合、协调运行。解决这种反市场操纵犯罪实践困境的关键是聚焦于作为市场行为与经济行为的市场操纵犯罪行为本身,以现有的法律规范文本为基础,以市场操纵犯罪行为为核心,沿着市场操纵犯罪实质、手段、类型、模式这一缜密的逻辑线条,对市场操纵犯罪法律规制实践疑难问题作出符合罪刑法定的细致梳理、合法解释,以及符合逻辑、经验与资本市场实际的规范拓展,系统化地建构合理的市场操纵犯罪法律适用规则与标准。2014年国务院《关于进一步促进资本市场健康发展的若干意见》中的第9条"营造资本市场良好发展环境"亦明确指出应当"健全操纵市场等犯罪认定标准"。所以,本节在既有的市场操纵犯罪实质、行为机理、法律实践技术性难题发现及其基本应对政策的宏观阐释与深度论证的基础之上,以虚假交易操纵、实质交易操纵等行为模式为基本框架,进一步纵深性地论证洗售、相对委托、连续交易等市场操纵犯罪行为的实践判断规则。

(一) 洗售操纵

虽然洗售操纵犯罪是一种比较传统的市场操纵犯罪行为,各国资本市场法治实践对洗售操纵犯罪行为已经形成了比较成熟的监管规则，但由于资本市场交易技术与机制的不断创新，加之金融实务中投资者对其实际控制的账户操作存在各种不同的可能性，一部分实际控制账户之间的金融商品交易完全可以是出于合法的目的，因而需要就洗售操纵犯罪的操作方式、正当性目的抗辩、全新信用交易机制下实际控制账户之间的倒仓行为等进行深入解析。

1. 洗售操纵犯罪操作方式的认定

法律规范没有就洗售操纵犯罪的交易时间、价格、数量、方向等要素作出明确规定，洗售操纵行为人在其实际控制的账户之间从事的金融商品交易，在时间、价格、数量等方面究竟是否具有操作方式的法律条件限制，法律理论与实务中存在较大的认识分歧。有观点认为，冲洗买卖是同行为主体实施的相反买卖，数量、价格、时间自然应完全相符。①支持上述意见的学者进一步认为，洗售操纵应当是行为人在同时期以相同价格进行相反方向的委托买进与委托卖出或者申报买进与申报卖出，不仅不能有时间上的间隔，并且在交易纪录上应当实际成交，即时间、价格、数量必须完全相同。因此，从罪刑法定主义的观点出发，应当对洗售操纵的行为方式采取严格解释，不能任意过度扩张意涵。②然而，也有意见认为，由于现代证券交易是在集中交易市场进行的，采用集中竞价撮合成交的交易模式，加上涨跌停板等制度的限制，即使同一个人在同一时间、就同一数量、以同一价格、就同一种证券进行委托买卖，也难免产生偏差，不一定按照行为人委托的内容撮合成交。③持类似观点的学者认为，在对冲洗买卖进行规范适用时，应允许存在时间和价格要素上的差距，但在交易数量上仍然应当坚持完全相同原则——这样才符合冲洗买卖的目的仅仅是为了制造“记录交易”这一本质。

---

① 参见吴光明：《证券交易法论》，台湾三民书局2006年版，第242页。

② 参见王志诚：《洗售操纵之认定基准》，《法令月刊》2008年第3期。

③ 参见李开远：《从证券交易法之修正论删除第一五五条第一项第二款有关处罚股价操纵行为——“冲洗买卖”刑事责任之探讨》，《铭传大学法学论丛》2003年11月。

如果同一行为主体所实施的相反交易数量不一致，则仅在相同数量范围内成立冲洗买卖。①

笔者认为，尽管中国《刑法》第 182 条第 1 款第 3 项并未明示性地对洗售操纵犯罪行为的操作方式进行规定，但构成洗售操纵行为应当在方向、价格等核心要素上予以一定限制。同时，资本市场中金融交易以及竞价规则决定了洗售操纵行为的实行在数量、时间等要素上并不需要具有完全或者实质的相同性。

其一，交易方向的相对性或者相反性。洗售操纵犯罪的行为人在自己实际控制账户之间从事金融商品交易，无论动用多少账户，不论占用多少资金或者仓位，金融交易的方向必须是相对或者相反的，即特定金融商品交易账户买入，相对的账户卖出。如果实际控制的交易账户之间不存在相关金融商品一进一出的对应关系，该交易行为在性质上就不属于洗售。

其二，交易价格的相同性。中国资本市场中的证券交易采取集合竞价与连续竞价相结合的竞价交易机制。集合竞价的成交价格是以委托买入与委托卖出价格平衡时成交；连续竞价的成交价格是已经受理的委托和新受理的委托价格一致时交易成立。洗售操纵犯罪的行为主体在实际控制账户之间从事证券交易，交易的完成必须建筑在买卖指令撮合配对的基础上，而集合竞价与连续竞价中的成交前提就是价格平衡或者价格一致。因此，洗售操纵中方向相反的证券交易应当在价格上具有相同性。

其三，交易数量的相对接近。洗售操纵者控制特定金融商品的交易价格或者交易量，买入与卖出对应金融商品交易账户之间的交易数量应当是相对接近的。之所以无法实现完全相同，主要是因为在开放的金融商品集中电子化交易平台上，市场中存在着众多投资者，完全可能在相同的时间与操纵者提出相同的买入或者卖出价格申报，从而成为撮合成交中的一部分。即使买入或者卖出申报数量完全相同，实际控制金融商品交易账户之间的

① 参见于莹：《论以虚伪交易方式操纵证券市场》，《国家检察官学院学报》2003 年第 5 期。

交易申报并不会在所有情况下全部撮合成功，而是会因为外部投资者介入而在成交数量上与申报数量有所偏差。[①]

其四，交易时间可以存在先后。根据中国资本市场中的证券交易所的交易规则，在提出申报且无撤单的情况下，委托当日有效。不能成交的申报将等待机会成交；部分成交的申报，剩余部分将处于等待成交状态。投资者的委托如未能全部成交，证券公司在委托有效期内可继续执行，直到有效期满。开盘集合竞价期间未成交的买卖申报，自动进入连续竞价。连续竞价期间未成交的买卖申报，自动进入收盘集合竞价。因此，在洗售操纵犯罪行为的操作中，实际控制账户之间的买入申报与卖出申报并不一定在完全相同或者紧密连续的时间进行，只要在申报有效期间内撮合配对即可。

通过对资本市场交易规则与洗售操纵实际手法的考察可知，洗售操纵中实际控制账户之间的金融交易在时间、数量等要素上并不一定要坚持整体上的绝对相同性或者相近性。只要在交易价格上具有一致性并实际成交，就能够达到影响证券、期货以及相关衍生品交易价格、交易量的操纵性结果。当然，如果稽查机构或者司法机关在实际控制账户的交易记录中发现委托申报的时间、数量、价格完全相吻合或者相对接近，这显然能够成为锁定洗售操纵犯罪行为重要的客观证据。但是，即使不存在严格一致或者大体相近的证据，并不妨碍对于洗售操纵犯罪行为操作机制的把握。

2. 洗售交易正当目的抗辩的判断

实践中，由于所有证券、期货交易记录都由证券（期货）交易所、证券（期货）登记结算机构等进行备案，即使是场外衍生品交易，也需要在交易当事

① 尽管在洗售交易框架下的实际控制账户金融商品交易数量是相当的，但是，实务部门在分析洗售操纵犯罪实际控制账户交易量的过程中，还需要注意，从事洗售操纵的相关金融商品交易账户中的部分金融商品与资金是用来影响交易价格或者交易量的，仍然可能有部分金融商品与资金是逢高抛售谋利或者实现卖空事后逢低买入平仓获利的。从这个意义上分析，并非所有参与洗售操纵犯罪的实际控制账户中有关特定金融商品的交易数量都是匹配或者相近的。

人的信息系统中进行数据备份。金融监管机构在锁定实际控制账户的情况下，[①]完全能够向司法机关出具实际控制账户之间的交易数据并且计算出洗售操纵犯罪的行为细节。

但棘手的问题在于，资本市场中各种投资者交易目的迥异，涉嫌洗售操纵犯罪的行为人通常会提出与正当交易目的有关的各种抗辩——实际控制账户之间的金融商品交易是关联企业之间在证券二级市场中的关联交易，并没有影响市场中特定证券交易价格、交易量的非法目的；本人从事的交易在绝对数量上并不大，但特定证券交易品种处于无量盘整等流动性极低的状态之下，客观上造成本人交易比例在该证券交易总量中占据显著比例，但本人主观上并没有对证券市场价格形成重要影响的目的。

笔者认为，在洗售操纵犯罪案件中，即使相关证券、期货、衍生品交易在行为人实际控制的账户之间现实发生，也应当允许控辩双方就疑似操纵行为是否具有正当目的进行充分论辩，但在具体操作时，应当注意原则上推定操纵目的、具体分析个案目的合理性的基本定位。

其一，洗售交易行为客观存在的事实已足以推定市场操纵的违法犯罪目的。

资本市场中投资者（投机者）从事证券、期货、衍生品交易，无论数量大小，也不论做多还是卖空，正常的市场投资与投机行为都表现为“看多买入与看空卖出”，通常情况下不会出现在实际控制账户中将金融商品进行不正常的、空耗交易成本的左右互倒、自我交易。因为这种归属于同一资金与金融商品控制主体的金融商品交易并不会产生价差利润，反而会产生税费等大量交易成本，明显违背经济规律与资本市场常识。基于正当目的从事的

① 当然，这一前提与基础的建构在实践中也是相当困难的。在现有的金融违法稽查技术条件下，金融监管机构全面掌握操纵者实际控制的账户仍然存在实质性的执法能力障碍。故中国证监会、公安部证券犯罪侦查局以及检察机关资本市场犯罪专门化办案机构（今后专业化办案发展的方向）应当进行行政稽查、刑事执法、刑事检察的实践平台整合，通过侦查技术的提升锁定实际控制账户、资金来源、操盘网络技术、证券中介机构支持等不同环节的违法犯罪事实，从而为洗售操纵犯罪案件提供坚实的证据基础。

投资与投机交易，相对于洗售交易而言，在行为正当性层面是完全对立的。这意味着控方推定洗售交易具有操纵市场目的具有充分的事实与经验基础，而犯罪嫌疑人或被告人提出正当目的抗辩，如果要达到推翻推定操纵市场犯罪目的的强度，就应当具有坚实的事实与合理性基础，并且最低证明程度应当达到优势证据标准。

其二，对于洗售交易正当目的的分析与判断，应当根据犯罪嫌疑人或者被告人提出的具体抗辩要点进行个案分析，具体规则是正当目的所对应的基础事实具有真实性与合理性。

(1) 有关合理避税抗辩。如果犯罪行为人主张洗售交易是为了合理规避资本利得税，①则辩方必须对洗售交易具有合理控制税收的意义与原理进行证明。如果实际控制账户之间的金融商品交易根本没有合理规避税收可能，反而会产生增加交易税费成本的，显然应当否定正当目的抗辩的合理性。

(2) 有关资本市场行情判断抗辩。如果犯罪嫌疑人或被告人主张实际控制的多个账户执行买入交易时是基于看多行情、卖出交易时是基于看空行情，则辩方必须对每次交易的依据进行合理说明。因为行为人在相对特定的时间范围内，对同一证券、期货、衍生品交易的行情判断发生看多与看空之间截然相反的转换与反复，显然是不符合常理的。同时，从频繁的申报与成交次数、占总交易量的比例以及同期特定证券基本面等综合因素中完全可以准确梳理实际控制账户中每笔证券、期货、衍生品交易是否具有合理依据。

---

① 资本利得税(Capital Gains Tax)是指国家对资本利得(低买高卖资产所获收益)征税。最为常见的资本利税就是对买卖股票、债券、房地产等所获得的收益进行征税。由于资本利得税对于证券市场中的中小投资者等附加了实质性的交易成本，同时也不利于降低公司之间的股权交易成本，并不是所有国家都征收资本利得税。See Jean Eaglesham & John Willman, Final showdown on CGT reforms, Financial Times, Jan. 23, 2008.中国国家税务总局于2007年11月发布《关于修改年所得12万元以上个人自行纳税申报表的通知》，股票转让所得开始被置于个人所得税纳税申报表。随后，国家税务总局从2010年起对个人转让上市公司限售股所得征收个人所得税。这意味着我国对部分股票交易已经开征了资本利得税。

(3) 有关流动性过低抗辩。如果犯罪嫌疑人或被告人主张实际控制账户之间从事特定证券、期货、衍生品买卖的交易量占特定期间内总成交量比例明显较高(例如,超过20%)并非单方面由其交易行为绝对数量较高导致,而是该金融商品流动性本身过低所引发的,则应当在证明规则层面直接排除这种正当目的的抗辩及其附带证据的相关性。事实上,通过洗售交易操作流动性极低的证券并控制其交易量或者交易价格本身就是这种操纵犯罪的典型手段。控制流动性低的金融商品交易的操作成本低,并且所有被操纵行为介入后的虚假价格信号驱使跟进的投资者实际上都是洗售操纵犯罪后续交易的对手方,在因果关系上具有犯罪与被害的准确对应性。所以,以流动性过低作为抗辩理由,非但不具有合理性、相关性与可采性,在司法实践中甚至可以作为强化洗售操纵犯罪目的推定效果的基础事实。

(二) 相对委托操纵

实践中,以事先约定时间、价格等要素的方式相互从事证券、期货以及衍生品交易的相对委托行为确实存在排除价量操纵性质的其他可能(尽管操纵之外的相对委托行为也会涉及违规、违法或者犯罪),加之法律理论对于相对委托特殊操作机制、共同犯罪结构以及排除市场操纵犯罪性质的合法抗辩事由等问题未能进行充分探讨,造成相对委托操纵犯罪在司法认定中存在诸多难点与困惑,有必要结合资本市场的实际情况,针对相对委托操纵犯罪实践疑难问题集中分析司法判断规则。

1. 大宗交易平台相对委托行为的认定

大宗交易通常是指交易量、资本金额等远超公开竞价市场平均交易水平的证券交易。[①]交易双方直接在金融商品场内交易当日价格波幅范围内

---

① 以《上海证券交易所大宗交易实施细则》为例,证券单笔买卖达到如下最低限额,可以采用大宗交易方式:A股交易数量在50万股(含)以上,或交易金额在300万元(含)人民币以上;B股交易数量在50万股(含)以上,或交易金额在30万美元(含)以上;基金交易数量在300万份(含)以上,或交易金额在300万元(含)人民币以上;债券交易数量在2万手(含)以上,或交易金额在2 000万元(含)人民币以上;债券回购交易数量在5万手(含)以上,或交易金额在5 000万元(含)人民币以上。

或者收盘价(日内无成交)商定成交价,经交易所确认后完成交易。大宗交易的成交量计入特定金融商品总成交量,但成交价格不计入收盘价以及指数。大宗交易价格不影响场内交易价格、大盘指数等。对照《刑法》第182条相对委托操纵的规定与上述证券大宗交易的基本规则,大宗交易实际上就是持有大量证券以及资金的证券市场投资者在证券交易所的监管下,以约定的时间、价格、方式相互进行证券交易。单纯从行为上分析,大宗交易具有相对委托的特征。但由于大宗交易不进入指数统计,只是将相关交易量向市场公布,不会直接影响证券市场中的交易价格,法律上并不认为大宗交易构成相对委托操纵违法犯罪。

然而,尽管证券大宗交易平台的相关证券交易具有明确的相互性且一般排除市场操纵属性,但在法律与金融理论上应当进一步辨析是否存在例外情况——不能断言在大宗证券交易平台上实施的这种事先约定的证券交易一律应当排除其市场操纵犯罪性质。

其一,大宗交易价格对于证券市场的影响应当具有现实性。尽管大宗交易价格并不计入收盘价格,但证券市场中所有的交易实际上都代表着一定的价格信息或者证券供求关系信号而受到证券市场广泛关注。由于单笔大宗交易在数量上远远超过集中竞价市场中的单笔交易水平,建筑在这种大规模交易量上的证券交易价格对于市场是具有现实影响的。①证券市场参与者往往会将大宗证券交易平台上相关证券交易价格作为基准或者参考因素,通过一定的折价或者溢价比例分析集中竞价市场中的证券交易价格。②

其二,市场操纵者通过大宗交易平台实质上的相对委托机制相互从事证券交易,确实是一种现实的违法犯罪风险。一般情况下,在大宗交易平台

① 参见秦洪:《大宗交易折价率提升 A股估值面临压力》,《证券时报》2012年3月27日第C2版。

② 通常情况下,由于大宗证券交易数量极大,卖方会根据二级市场的交易价格进行一定的折让将证券专卖给买方,但是,在特殊情况下,如果证券市场中出现与特定证券有关的利好信息,证券需求方无法在一个交易日吸收到足够的证券,也会在大宗证券交易平台上进行溢价收购。

的证券交易是基于减持、收购甚至税收优惠等财务或者商业目的而进行的，不存在违规、违法、犯罪等情形，不过大宗交易往往也会涉及各种类型的疑似市场操纵。实际操作中，大宗交易证券转让价格具有灵活多变的特点，之前交易日收盘价、当日收盘价以及约定的协议价都有可能成为减持价格，只要最终的价格落在当天的涨跌停板范围内，①都符合证券交易所规则。大宗证券交易平台上约定的证券交易价格一般只接受形式审查，监管机构很少对背后的实质意义进行审查。大宗交易通常折扣率较大且手续费成本低，在实践中容易成为市场操纵者的“吸筹”平台。同时，市场操纵者在集中竞价市场拉升或者打压证券交易价格之后，随即便可在大宗交易市场高位抛售或者低位买入。②大宗交易平台上的市场参与者通过事先约定从事的相对证券交易具有一定的市场操纵违法犯罪风险，大宗平台交易价格对于资本市场具有价格引导作用。所以，行为人通过互相串通的方式，以大宗证券交易规则的正当性规定为掩护，以事先约定的时间、价格、方式等相互从事证券交易，有证据证明对二级市场证券交易价格、交易量产生重大影响的，应当认定为相对委托操纵犯罪。

2. 相对委托操纵共犯结构的认定

实践中，操纵证券、期货、衍生品市场的行为越来越难以单独犯罪的形式实施。在体量庞大的资本市场上，市场操纵行为主体必须有相当规模的资金、信息、持仓等实力与资源。依靠某一个自然人、某一单位的力量要真正操纵资本市场实际上很难做到。同时，单一主体实施操纵资本市场犯罪，

---

① 当然，大宗证券交易机制可能存在变革的可能。上海证券交易所于2012年发布了《关于征求优化大宗交易机制有关措施意见的函》，拟在现有的大宗交易基础上，在每个交易日的16时至20时，增加一个独立的大宗交易时段。与此同时，上证所还拟大幅放宽大宗交易的门槛从50万股降至10万股，涨跌幅限制也从10%放宽至50%，并相应增加锁定期。大宗交易的锁定期拟分为两档：涨跌幅限制范围为前一交易日收盘价的70%至130%的(涨跌幅在30%以内)，锁定期限至少为6个月；涨跌幅限制范围为前一交易日收盘价格的50%—150%，锁定期限至少为1年。参见胡学文：《大宗交易新政或遭遇两难尴尬——摁住短期行为　浮起避税空间》，《证券时报》2012年3月21日第A6版。

② 参见李保华：《新规剑指股价操纵大宗交易利益格局或受冲击》，《经济观察报》2012年3月19日第15版。

由于资源有限，通常只能使用多个实际控制账户。由于当前中国金融市场稽查监管技术已经得到了实质性的提升，完全可以发现特定账号证券交易的异常情况。单独操纵资本市场所依赖的有限流动的资金与交易账号相对容易被检测。所以，当前的市场操纵行为往往是由违法犯罪分子联手实施，并通过分散资金与交易的方式进行操盘。相对委托操纵犯罪正是充分体现了市场操纵犯罪的共犯结构性特征。从构成要件的角度分析，构成相对委托操纵犯罪的前提在于行为主体之间的"串通"与事先约定。这就要求法律实务部门在处理相对委托操纵犯罪案件时，特别要注意对共同犯罪的认定和处罚。准确认定相对委托操纵共同犯罪，必须对共犯结构进行精准把握，其前提在于确定合法且合理的共同操纵故意与共同操纵行为的司法认定规则。

（1）相对委托的共同操纵故意。

共同操纵故意本质上是共同市场操纵犯罪行为主体认识到他们的共同操纵犯罪行为和由此行为会引发的影响资本市场的危害结果，并希望或者放任这种危害结果发生的心理态度。[①]对于相对委托共同操纵故意的认定而言，还必须进一步深入到"串通""事先约定"等双向性意思联络。然而，共同操纵故意的类型并不一定局限于双向性犯罪意思联络。在市场操纵犯罪法律实践中，完全存在证券公司等明知对方是市场操纵者并知悉对方从事市场操纵行为而仍向其提供交易账号，从而收取巨额委托交易费用的情况。对于这种市场操纵者（实行犯）与资金、账号、交易条件提供者之间形成的关系，在双方具有合意的情况下，与一般共犯不存在差异。但是，在资金、账号、交易条件提供者知悉相对委托操纵实行犯，而该实行犯并未明知前者知悉操纵事实的情况下，是否成立市场操纵共犯，实践中存在一定疑问。

《刑法》第182条操纵证券、期货市场罪的法律条文明确使用"串通""事先约定"等双向性合意要求十分明确的规范表述对相对委托操纵犯罪进行

① 刘宪权、谢杰：《证券期货犯罪刑法理论与实务》，上海人民出版社2012年版，第407—408页。

规定，但这只是相对委托等操纵犯罪实行犯的共同犯罪故意内容要求。相对委托市场操纵犯罪类型是必要的共同犯罪，犯罪行为成立的前提就在于行为主体必须达到两人以上，否则也就不能称之为相对委托。但实行行为犯罪者之间必要的双向性合意并不排斥为他们提供资金、账号、交易条件等帮助的证券公司、"人头账户"提供者等必须与实行行为主体形成双向性的市场操纵合意。片面帮助者完全可以在相对委托实行犯不知情的情况下，单纯基于获取手续费、交易回扣、"返点"、劳务费等利益而单方面向市场操纵实行犯提供帮助。

所以，笔者建议，在今后制定市场操纵犯罪司法解释时，有必要在共同市场操纵故意认定部分作出如下规定——证券公司等金融机构或者其他单位或个人，明知行为人操纵证券、期货市场，向其提供资金、账户、交易技术等协助的，以操纵证券、期货市场罪共犯论处。实践中，对于没有与相对委托交易实际操作者进行"串通""事先约定"的资金、技术、服务提供者，在明知相关人员从事相对委托操纵犯罪的情况下，可以根据片面共犯原理追究市场操纵犯罪的刑事责任。

（2）相对委托的共同操纵行为。

共同的市场操纵犯罪行为是指各共同金融犯罪人在共同的故意支配之下，所实施的具有内在联系的同一性质的市场操纵犯罪行为。①对于相对委托操纵犯罪行为而言，这种共同操纵犯罪行为的结构性关系更为紧密，行为主体必须通过周密的安排在实质相同的时间内，以约定的价格、数量以及方式相互进行金融商品交易。

具体而言，相对委托市场操纵犯罪行为可以是共同的实行行为，即每个共同犯罪成员都是实行犯（例如，数个私募基金或者自然人投资者共同集中资金与证券优势，同时在相关账户中以约定的数量、价格等要素从事方向相对的证券交易，拉抬股价引起市场参与者跟进后集中出货谋利）；也可以有

---

① 谢杰：《操纵资本市场犯罪刑法规制研究》，上海人民出版社2013年版，第176页。

不同的分工，有的实施实行行为，有的实施帮助行为，而有的则可能是实施组织行为（例如，相对委托操纵市场的组织者联系信息渠道、资金支持、"人头账户"、交易操盘人员等，交易执行者在各自控制的证券账户之间以一定价格和数量相互从事对敲交易）。

相对委托操纵犯罪行为内容中最为关键的部分显然是相互进行的金融商品交易行为。尽管处于市场操纵共同犯罪行为体系中的核心位置，但相对于其他不受金融监管机构技术性监管的共犯行为而言，相互进行的金融商品交易行为还是能够受到交易所实时监控的。然而，当前金融监管程序主要属于被动性执法，只能在形成市场操纵相关线索的情况下启动调查程序，通过事后追究的方式惩罚市场操纵违法犯罪主体。基于取证难以及执法效率低的现实，被动性监管措施无法应对市场操纵犯罪的挑战。因此，有必要完善市场操纵违法犯罪一线监管制度，确立市场操纵实时监控主动性执法与市场操纵责任追究被动性执法并重的监管格局。完善市场操纵犯罪一线监管与实时监控，必须赋予证券交易所对市场操纵更为广泛、直接、主动的监控权与调查权。交易所配备了远远优于中国证监会的实时监控技术设备，能够主动发现异常交易行为，时时锁定异常交易数据，快速跟踪异常交易资金动向。市场操纵行为经过事后分析往往可以得出交易极度异常的客观数据性结论。事先高度关注异常交易数据往往能够发现并跟踪市场操纵的实际控制力量。有必要细化数据标准，制定异常交易中的价格波动偏离值、换手率等指标，并公告异常交易时段所有会员营业部的名称及交易数额。①相对委托操纵犯罪在技术上的本质特征就是通过分散化的相互性金融交易制造虚假的资本市场交易信息，而市场操纵监管技术的提升对于刑事司法实践认定相对委托操纵犯罪行为提供了重要的制度支撑。

---

① 关于交易所对资本市场违法犯罪的法律监管权限拓展问题更为详细的论述，参见谢杰：《论资本市场内幕交易法律监管的完善路径》，《上海商学院学报》2011 年第 2 期；谢杰：《惩防内幕交易应扩大交易所监控权》，《证券时报》2010 年 7 月 30 日第 3 版。

(三) 连续交易操纵

连续交易操纵犯罪在行为主体上可以单独操作也可以联合实施，在行为内容上又与正常的连续交易投资或者投机行为具有形式等同性，在行为结果上具有区别于相对委托、洗售操纵不同的危害程度，亟须在法律理论层面对连续交易操纵犯罪构成要件疑难问题进行清晰且有效的规范解释。

1. 联合操纵的主体结构与责任分配

《刑法》第 182 条第 1 款第 1 项连续交易操纵犯罪的法律条文并未对这种类型的市场操纵犯罪主体设置任何形式条件限制，资本市场中的自然人或者法人投资者以及证券公司等专业投资机构，均可构成连续交易操纵犯罪的行为主体。连续交易操纵犯罪可以单独实施，也可以是联合操作。联合性的连续交易操纵犯罪行为主体是一种复杂的共犯结构形式，有必要予以深入分析。

构成联合性连续交易操纵的两个或者两个以上的行为主体显然必须具有在某一时段内一起买入或卖出特定金融商品的联合意图。形式上的联合意图与实质上的一致性行为都可以作为认定联合买卖主观意图的依据。形式上的联合意图是指行为主体之间具有约定或者通过谈判、协商等方式形成决定或协议。实质上的一致行动是指行为主体之间没有具体的决定或协议，但行为主体之间在资金、股权、身份等方面具有关联、控制等一致行动关系。实践中，联合性连续交易操纵犯罪是一种常态，资金提供者或者融资者、账户提供者、金融商品交易操盘者以及交易操纵计划制定与谋划者构成了联合主体结构中的组成部分。

在连续交易操纵犯罪联合主体结构中，承担不同犯罪分工的行为人在责任认定上应当对应着不同的司法规则：

其一，对于在连续交易操纵犯罪行为中专门负责形成或者促成“资金优势”“持股优势”的行为主体，即融资或者金融商品现货提供者而言，其作用主要在于配合操纵犯罪实行行为人完成一定的资金持有、金融商品持仓量，提供连续交易操纵资金、金融商品等方便的经济支持。只有在其主观上明知他人具有操纵市场故意，且客观上仍然给予资金或者金融商品供操纵实行者进行交易，才构成连续交易操纵犯罪的帮助犯。

其二，对于在连续交易操纵犯罪中提供证券、期货、衍生品等交易账户从而确保相关金融交易可以分散进行从而规避监管与市场关注的行为主体而言，有的表现为提供本人证券、期货、衍生品等交易账户，有的表现为联系、整合、集中大量“人头账户”，不能仅仅根据行为人在主观上是否明知而判断其是否构成连续交易操纵犯罪。明知他人连续交易操纵市场的现实需要而提供本人账户供其使用，尽管主观上存在故意且客观上提供了帮助行为，但由于连续交易操纵犯罪实际上是真实的金融商品交易行为，且单个交易账户在操纵账户体系中分担交易数量较少且具有明显的可替代性，并不会直接影响或者人为制造金融市场中的供求关系。因此，从社会危害性的角度分析，偶发性地向连续交易操纵者提供本人交易账户，可以认定为情节显著轻微、危害不大，而不作为连续交易操纵犯罪进行定罪处罚。但是，明知他人从事连续交易操纵犯罪而提供大量证券、期货、衍生品等交易账户，甚至是证券公司等金融机构利用机构掌握的大量账户或者账户管理权力等帮助市场操纵者分散交易仓位，进而降低交易与价格“解码”效应的，其在连续交易操纵犯罪结构中起到了关键性的帮助作用，应当作为联合操纵主体予以认定。

其三，对于根据操纵计划制定者或者谋划者指令具体操盘的行为人而言，应当根据在联合操纵主体结构中的角色定位判断其是否应当作为责任主体承担市场操纵的刑事责任。对于自然人连续交易操纵主体结构而言，操盘者不存在社会劳动分配意义上或者形式上的工作，而是单纯根据指令发布者的安排进行操盘，完全应当根据主观上是否知道或者应当知道本人实施的是连续交易操纵犯罪中的金融交易操盘行为，分析操盘者是否构成共犯结构中的一环。对于机构实施的连续交易操纵犯罪共犯而言，操盘者实际上是公司、企业员工，形式上具有正当的工作人员身份，实质上也从事部分正当且合法的工作任务，不能仅从主观明知与客观参与的角度直接认定相关员工构成市场操纵犯罪。更为合理的判断规则是，对操盘者的责任范围进行一定限制，只有全盘知悉连续交易操纵违法犯罪计划并全程参与连续交易操纵的操盘者，才有必要作为联合性操纵犯罪主体中的责任人员承担市场操纵犯罪的刑事责任。

2. 操纵交易价格与交易量

证券期货犯罪刑法理论对连续交易操纵犯罪行为构成中的利用资源优势、连续交易行为等核心要素已经进行了全面且深入的分析。[①]但是，作为客观构成要件的操纵交易价格、交易量，在司法实践中仍然存在一些难点问题，非常值得关注。

构成连续交易操纵犯罪需要满足"操纵"证券、期货交易价格或者交易量的法定条件。细致对比《刑法》第 182 条操纵证券、期货市场罪明示规定的三种市场操纵犯罪行为模式可知，连续交易操纵、相对委托操纵、洗售操纵之间非常重要的区别在于，连续交易操纵在行为结果层面必须达到"操纵"证券交易价格或者交易量的程度，而相对委托操纵、洗售操纵只要达到"影响"证券交易价格或者交易量的程度。"操纵"与"影响"在因果关系强度以及刑事证明程度上的要求显然存在显著的差异，"操纵"的因果强度与证明力度必须超过"影响"。

《经济犯罪追诉标准(二)》在行为程度上设置了一定的量化指标，纯粹从成交量的角度量化"操纵"与"影响"之间的量度差异，并且将这种强度差控制在百分之十(证券)或者百分之二十(期货)的标准。[②]这种客观量度上的差异无法通过技术分析辨别优劣，实际上只是一种基于"常识"判断而形成的政策定位，在资本市场法律理论层面没有必要进行过度的肯定或者批判。但是，"操纵"与"影响"之间的区别，除了从成交量的角度进行理解之外，显然还应当着眼于委托申报量、价格波动等要素设定量化指标。同时，

---

① 刘宪权、谢杰：《证券期货犯罪刑法理论与实务》，上海人民出版社 2012 年版，第 366—375 页。

② 参见《经济犯罪追诉标准(二)》第 39 条第(一)项至第(四)项。

除了客观要素上的标准之外，还可以尝试从主观故意程度上区分操纵性故意与影响性故意，从而丰富“操纵”证券、期货交易价格或者交易量与“影响”证券、期货交易价格或者交易量之间的不同衡量与分析标准。①

三、新型市场操纵犯罪实践疑难问题剖析

在信息型操纵犯罪中，利益冲突市场操纵犯罪的违法性实质并不在于信息本身所具有的虚假性或者欺骗性，而是金融市场中的信息发布者与接受者之间存在利益冲突。正是这种利益冲突决定了特定市场参与者只能在信息发布行为和与该信息有关的金融交易行为之中选择其一。如果特定市场参与者在发布信息的同时实施与该信息有关的金融交易行为，就会基于非法控制信息接收者的资本配置行为而触发市场操纵违法犯罪的法律责任，即构成“抢帽子”交易操纵。中国资本市场的反市场操纵法律实践之所以对“抢帽子”交易是否构成市场操纵犯罪存在极大的争议，表面原因是中国法律规范并没有十分明确地对“抢帽子”交易的法律性质进行界定，但根本原因是对于“抢帽子”交易利益冲突的法律与金融层面的双重实质缺乏深刻的把握。有必要在利益冲突违法性实质的指引下，对“抢帽子”交易操纵犯罪法律实践判断中的疑难问题进行深入的审视与洞悉。此外，对于不存在信息披露义务或者利益冲突问题的行为主体而言，其向市场发布信息从而可能触及反市场操纵犯罪条款的前提与基础，应当限定为相关信息具有虚假性、误导性或者欺诈性。这种市场操纵犯罪行为模式在理论上归属于虚假交易操纵，实践中称为蛊惑交易操纵犯罪。法律理论与实践对于虚假交易操纵犯罪并没有进行准确的定位，这在很大程度上造成了实务部门惩治与防控蛊惑交易操纵犯罪时存在一定的规范不明确性或者不确定性。“抢帽子”交易与蛊惑交易都是新型市场操纵犯罪，亟须通过虚假交易操纵

① 下文论及的连续交易操纵犯罪主观目的限制性解释就是从主观构成的侧面丰富“操纵”与“影响”在整个市场操纵犯罪构成要件体系中的差异化内容。

犯罪的法律与金融分析研究蛊惑交易操纵犯罪的细化监管规则。

(一)“抢帽子”交易操纵犯罪的认定

“抢帽子”交易操纵犯罪的行为机理决定了在技术层面难以量化性地确认证券、期货投资咨询机构、资产管理公司、财经媒体等行为主体发布的证券、期货信息对于资本市场投资者(投机者)决策行为的影响。因此,在认定“抢帽子”交易操纵犯罪的过程中,应当坚持相对严格的把控,从而控制“抢帽子”交易操纵犯罪法律监管的合理边界。

1. 媒体从业人员发布利益冲突信息谋取交易利益行为的认定

“抢帽子”交易操纵犯罪意图实现谋取证券、期货、衍生品市场中的交易利润,需要控制特定证券、期货等金融商品所对应的相当数量的资本流动。由于电视、电台、报刊、网络等财经新闻媒体对于证券、期货市场投资者的决策具有重大影响,相当数量的“抢帽子”交易操纵犯罪中的信息发布需要依靠媒体从业人员的协助予以实施以及实现证券、期货投资信息的大规模推广与传播。在此过程中,确实有一部分媒体从业人员利用发布利益冲突信息谋取证券、期货交易利益。甚至也有部分媒体从业人员在事先持有相关证券、期货仓位的情况下,独立发布或者联合其他媒体共同发布有关上市公司及其发行证券利好或者利空的报道,随后通过实施相关金融商品交易谋取利益。

财经新闻媒体从业人员的这种行为是否能够认定为市场操纵犯罪,法律实务中存在较大的疑难与困惑。尽管财经新闻媒体及其从业人员在我国现有的反市场操纵法律以及司法解释的规范框架下,不能单独构成“抢帽子”交易操纵犯罪的行为主体,[①]但在部分成熟资本市场的法律监管框架下,媒体从业人员可以独立构成“抢帽子”交易操纵违法犯罪的主体。例如,

---

① 根据《经济犯罪追诉标准(二)》第39条第(七)项的规定,证券公司、证券投资咨询机构、专业中介机构或者从业人员,违背有关从业禁止的规定,买卖或者持有相关证券,通过对证券或者其发行人、上市公司公开作出评价、预测或者投资建议,在该证券的交易中谋取利益,情节严重的,应当以操纵证券、期货市场罪立案追诉。所以,根据我国的法律规定,“抢帽子”交易的犯罪主体只能是“证券公司、证券投资咨询机构、专业中介机构或者从业人员”,媒体及其从业人员不能构成“抢帽子”交易操纵犯罪的主体。

英国《金融服务与市场法》第 118A 条规定，对于新闻从业人员实施的传播信息行为，应当充分考量其职业准则，一般不作为市场滥用处理，除非其直接或者间接从传播信息中获取任何好处或者利益。[①]同时，财经新闻媒体从业人员在与证券、期货投资咨询机构通谋的情况下完全可以构成“抢帽子”交易操纵。所以，分析新闻媒体从业人员利用利益冲突信息从事相关证券交易谋利行为是否能够构成“抢帽子”交易操纵犯罪，具有重大的实践意义。

笔者认为，在判断财经新闻媒体从业人员是否构成“抢帽子”交易操纵违法犯罪问题时，应当采取相对严格的司法认定理念与法律判断标准以及具有纵深性的司法判断规则。在司法实务中审慎判断相关新闻媒体从业人员的交易行为是否构成“抢帽子”交易操纵，应当严格按照明知利益冲突、排除一般违规、附加处罚条件、严格审查信息内容四个层次的纵深性规则，限制此类行为的入罪范围。

第一，在金融投资咨询机构、资产管理公司等编制具有利益冲突的金融投资信息，经媒体从业人员审核后在媒体平台发布的情况下，只有新闻媒体机构及其从业人员明知相关金融投资咨询机构在发布信息之前或者同时已经持有与信息所涉及的证券、期货交易仓位的，才具有将媒体机构及其从业人员认定为“抢帽子”交易操纵犯罪共犯的归责基础。

在媒体机构及其从业人员对金融投资咨询机构拟在媒体平台发布的信息进行必要的审查之后，根本无从知悉证券、期货投资咨询机构在发布信息之前已经持有相关证券、期货仓位的，不能根据操纵证券市场违法犯罪追究法律责任。因为新闻记者、编辑、评论员等媒体从业人员，客观上没有必要的条件判断与审查金融投资咨询机构是否持有其推荐、评价的股票或者债券。媒体只需完成形式审查义务，法律显然不应当强求媒体从业人员对研究报告、金融分析背后的证券、期货投资咨询机构及其从业人员的金融交易情况进行实质审查。因此，认定媒体从业人员构成“抢帽子”交易操纵犯罪

---

① Financial Services and Markets Act 2000 § 118A Supplementary Provision about Certain Behaviour.

的共犯，应当在主观故意上就上述明知内容进行充分且确实的证明。

第二，媒体机构及其从业人员的行为符合“抢帽子”交易基本要件的——在事先持有或者建构相关证券、期货、衍生品仓位的情况下，发布与金融商品及其发行人有关的利好或者利空信息，随后进行相对应的卖出或者买入的证券、期货、衍生品交易操作，并且获取巨额利益的——仍然不能直接认定为“抢帽子”交易操纵犯罪。

资本市场实务操作或者司法实践中，确实存在财经记者、评论员等对投资者具有较大影响力的人员，提前买入或者做空相关证券，利用新闻媒体从业的职务便利，针对证券及其发行人的情况发布利好或者利空信息，在随后的证券交易价格上升时抛售股票，在随后的证券交易价格下降时买入，谋取巨额交易利润。传统证券期货犯罪刑法理论上有一种具有代表性的观点认为，这种通过发布信息影响市场并从中赚取价差的行为，应当认定为具有市场操纵的故意与行为。①

然而，在新闻媒体机构及其从业人员根据对市场公开资料的分析发布相关意见或者评论时，只要没有对基本的事实进行虚构或者编造，没有对评论意见进行夸大与扭曲，这种资本市场中的信息传递行为并不属于失实的新闻报道与评论。同时，新闻媒体机构及其从业人员向证券、期货市场投资者发布信息，本身就是要通过这种信息传播的方式进行言论阐释，对于资本市场或者相关投资者的资本配置行为产生影响，显然也是言论自由权利行使的当然结果，不能直接认定具有市场操纵的违法犯罪故意。新闻媒体机构及其从业人员针对其评论、报道的证券从事相关金融交易，就交易行为本身而言，实际上就是财经媒体人员根据专业知识进行市场投资或者投机，并不具有市场操纵违法犯罪的行为属性。当然，新闻机构及其从业人员没有向市场披露其评论、报道的金融商品相关的交易信息，在法律上应当属于对利益冲突信息的隐瞒，应当根据相关财经新闻媒体证券交易禁止性规定以

① 刘连煜：《新证券交易法案例研习》，台湾元照出版公司 2007 年版，第 453 页。

及新闻职业道德规范，认定其利用利益冲突信息谋取证券交易利益的行为构成违规、违法，但直接不能认定其构成“抢帽子”交易操纵犯罪。

第三，媒体机构及其从业人员撰写、报道、发表、评论、传播严重背离事实、未经查证、编造的虚假金融投资信息，在事先或者信息发布同时建构相关仓位的情况下，通过发布虚假信息引发资本市场波动，随后从事相关金融商品交易谋取巨额利益的，应当认定为“抢帽子”交易操纵。

“抢帽子”交易操纵犯罪的实质在于信息发布者与信息接收者之间的利益冲突，故通常情况下构成“抢帽子”交易操纵犯罪不需要就信息是否具有虚假性问题进行考察。但是，为了针对新闻媒体这一特殊行业的言论自由施加一定的制度保护，有必要在信息内容要素层面设置一定的附加条件，建构专属于新闻媒体从业人员“抢帽子”交易操纵犯罪的独立要件。在符合“抢帽子”交易操纵犯罪基本构成要件的基础上，新闻媒体从业人员构成“抢帽子”交易操纵的前提是其传递的信息具有虚假性。在认定相关行为是否符合发布、评论虚假金融市场信息时，应当根据案件中的客观情况进行严格的、限定性的解释与分析。因为资本市场中的信息具有极强的专业性，新闻媒体从业人员基于专业知识、经验、判断能力、调查水平等综合情况的限制与差异，不能要求必须对失实报道承担市场操纵违法犯罪的责任。即使传播的信息属于虚假证券、期货信息，但如果媒体机构及其从业人员能够提出失实报道的合理来源与依据，例如，对相关报道或者评论进行采访、对上市公司财务情况进行了调查等，则不能认定为编造并传播虚假证券、期货信息。目前以《经济犯罪追诉标准(二)》为代表的资本市场犯罪司法解释并没有将新闻媒体机构及其从业人员利用利益冲突信息从事证券、期货交易谋利的行为作为市场操纵犯罪处理，主要也是基于保护新闻媒体相关权利的考量而在刑法适用层面采取的司法克制定位。所以，在法律实践中，只有对特别严重的虚假证券、期货信息传播媒体机构及其从业人员实施的非法利益特别巨大的证券、期货交易行为，才能以市场操纵犯罪追究其法律责任。

第四，判断新闻媒体从业人员发布金融市场投资信息是否具有虚假性，应当适用独立的标准。

如何确立新闻媒体从业人员发布证券期货投资报道等市场信息的虚假性判断标准是反市场操纵犯罪司法实践中的疑难问题。我国台湾地区资本市场中发生的劲永公司股票操纵案就是一起典型案例:张某某是台湾证券交易所上市部中级专员,负责公司股票上市审查、上市公司财务报告出现异常的项目查核等业务。2004 年 11 月,张某某根据证交所主管指示,协助其同事陈某某对在台湾证交所上市的劲永公司进行实地查核,在履行职务过程中知悉证交所准备对劲永公司疑似财务造假事件展开调查。张某某意图提前卖空劲永公司,利用利空信息造成劲永公司股价下跌,并从股票价差中谋取卖空利润。张某某通过林一某、林明某的信息传递,在没有证据材料依据的情况下,将劲永公司财务造假将被证交所调查的信息转达至“联合报”记者高某某。基于这一信息渠道,高某某与其同事撰写了《劲永财报疑不实两成“灌水”》的财经报道,并发表于《联合报》2005 年 1 月 25 日第 A5 版。利空信息经报纸向市场传递之后,劲永公司股价立即下跌 1 元/股。直至 2005 年 3 月中旬,记者高某某使用类似方法,通过撰写并发表新闻报道的方式向市场散布与劲永公司有关的、没有证据材料依据的利空、利好信息,提前买入劲永公司股票,利用利好信息拉升股价之后,高位卖出获利,或者提前卖空劲永公司股票,利用利空信息压制股价之后,低价买入回补,反复操作共计获利 2 000 余万元新台币。相关报道使用“疑似财务造假”(利空信息)、“目前股价水平属于低估,未来股价下探空间不大,有机会挑战 12 元关口”(利好信息)等措辞;报道中对上市公司的评估、质疑都不符合实际情况。检察官以违反“证券交易法”起诉该记者操纵有价证券,但一审、二审法院均判决被告人无罪。本案的争议焦点在于如何确定记者报道证券信息虚假性的判断标准。主张有罪的核心理由是,记者在没有证据材料的情况下发布与上市公司业绩有关的利空或者利好报道,经查证与事实不符的,应当认定其新闻报道为虚假信息。主张无罪的主要论据是,要求记者一定要在掌握确切证据材料的基础上才能够报道相关财经新闻,否则该信息就是虚假信息，显然严格限制了媒体与记者的相关权利，这种信息虚假性判断标准不应当适用于新闻媒体从业人员抢帽子交易操纵案件。①

笔者认为，金融市场新闻报道信息的虚假性认定应当适用独立的司法判断规则。普通市场信息与实际情况相背离、对特定事件的信息化反应不真实，可以认定为虚假信息。但是，维护新闻媒体权利与保障金融市场参与者产权之间价值平衡的现实需要决定了金融市场中的虚假新闻报道应当从信息内容、行为主体主观认知等角度进行区别于一般虚假信息认定标准的甄别。其一，在信息内容上，媒体从业人员基于现有的资料对上市公司的财务状况进行猜测、对上市公司基本面进行推论、对上市公司股价发展趋势进行评估，以“看好”“看空”“估值较高”“估值较低”“疑似”等估计、推断、揣测等意见发表的方式发表信息，均属于常规的新闻报道模式。即使事后将信息内容与事态发展进行比对能够确认报道的信息是错误的，亦不能将该报道认定为虚假信息。因为新闻记者对信息进行发布、对新闻事件进行推测或者评价，本来就不可能形成统一口径或者精准符合事件客观情况。但是，如果媒体从业人员在新闻报道中编造证据、材料支撑其错误的评价与猜测的，该信息则超越了失实报道的界限而具备了虚假信息的客观特征。其二，在媒体从业人员对其进行的新闻报道的主观认识上，即使其不能证明报道、言论所内含的信息是真实的，但只要根据自己拥有的资料和自主判断能够合理相信信息是真实的，就不能认定其散布虚假信息与利益冲突信息进而构成“抢帽子”交易操纵。媒体从业人员对与特定金融商品市场表现有关的事件进行报道，除了搜集、整理、表述相关事实与材料之外，不可避免地会融入报道主体对事件的认识、评价以及对未来发展趋势的预测。这种新闻报道中的主观判断与趋势揣测是媒体从业人员基于当前有限的材料做出的分析与推论，只要没有严重违反新闻报道的专业标准、写作规范，不仅不受到现行法律规范的禁止，而且没有义务保证报道内容与客观事实及其发展完

① 参见我国台湾地区台北“地方法院检察署”2005年度侦字第6609号起诉书、台湾地区台北“地方法院”刑事判决2005年度瞩诉字第1号、台湾地区“高等法院”刑事判决2008年度上诉字第3852号。

全吻合。媒体从业人员合理相信新闻报道是真实的，无需达到向市场传递的信息具有客观真实性的证明标准。没有确实与充分的证据排除合理怀疑地证明新闻报道者明知其撰写与发表的信息是虚假的，就不能认定信息具有虚假性。结合上述新闻报道虚假性判断标准，就劲永公司股票操纵案中的新闻报道虚假性判断问题而言，该记者发表的新闻报道具有一定的新闻价值与信息来源渠道，报道所使用的措辞相对普通、保守与克制，没有证据证明其明知信息失实，不应当认定该篇新闻报道构成虚假信息。

2. "抢帽子"交易操纵实害结果的认定

"抢帽子"交易操纵的实际损害结果可以是受到利益冲突信息诱导的投资者在证券交易过程中产生损失，也可以是证券市场中特定证券的交易价格、交易量发生重大异常波动。《经济犯罪追诉标准(二)》只规定了金融投资咨询机构或其从业人员实施抢帽子交易，在"情节严重"的情况下，应以操纵证券市场罪予以立案追诉，[①]实际上并没有准确界定何种实际损害结果对于"抢帽子"交易操纵犯罪的构成具有决定性影响，也没有对谋取利益的数额进行量化规定。中国《刑法》第 182 条操纵证券、期货市场罪的刑法条文已经设置了"情节严重"这一规范明确性十分有限的规定，司法解释继续在抢帽子交易操纵行为的具体要件中再次规定"情节严重"，会导致实务部门难以准确且有效适用法律与司法解释。

笔者认为，"抢帽子"交易操纵犯罪的实际损害结果应当以非法获利数额为核心进行评估。同时，"抢帽子"交易操纵犯罪的起刑点数额标准不仅应当在非法获利金额上明显高于抢帽子交易操纵违法行为，而且应当明显高于与市场操纵犯罪具有相当性的其他资本市场犯罪(例如，内幕交易罪、利用未公开信息交易罪)非法获利入罪标准。所以，笔者建议，作为"抢帽子"交易操纵犯罪入罪标准的非法获利数额可以界定在一个相对较高的数量层级，例如 3 000 万元。此外，还有必要增设其他条件，进一步对情节严重予以量化，例

---

① 参见《经济犯罪追诉标准(二)》第 39 条第(七)项。

如,“抢帽子”交易操纵行为引起 5 000 人以上的代表人诉讼或者金融集团诉讼。这种量化性的实际获利、实际衍生损害标准,不仅具有限制资本市场刑法介入程度的效果,而且可以为司法实务部门提供简便且确定的技术性判断尺度。

(二) 蛊惑交易操纵犯罪的认定

蛊惑交易操纵犯罪表现为向资本市场及投资者编造、传播、提供、发布不真实、不准确、不完整或不确定的重大信息,诱导投资者在不了解真实且全面信息的情况下从事相关证券、期货、衍生品交易,从而通过预期的资本市场价格波动谋取金融交易利润。可见,蛊惑交易操纵犯罪在行为机理上是比较复杂的,在实践中通常会涉及多方面的判断难题,亟须厘清虚假信息重大性、信息欺诈行为、上市公司信息操纵行为等问题的司法认定规则。

1. 虚假信息重大性的认定

在蛊惑交易操纵犯罪中,作为行为对象的虚假信息应当具备重大性,即行为人编造、传播、散布不真实、不完整、不确定的欺诈性、虚假性信息,必须可能对资本市场中的投资者造成重大影响,或者可能对特定金融商品市场价格产生重大影响。虚假重大信息是能够对具有一般资本市场知识的普通投资者(投机者)的资本配置决策产生重大影响的事实或事件内容的信息化反应,只是这种反应是资本市场中人为编造、虚幻失实的干扰性价格信号。在认定蛊惑交易操纵犯罪虚假信息重大性的过程中,应当注重从其他资本市场犯罪中与重大信息有关的个罪中,对信息重大性的基本规范标准进行定位。内幕交易、泄露内幕信息罪、利用未公开信息交易罪中涉及内幕信息与内幕信息之外的其他未公开信息。《证券法》《刑法》中内幕信息与未公开信息所覆盖的证券、期货法律规范,已经内含了相对全面的信息重大性判断规则,完全可以在蛊惑交易操纵犯罪信息重大性的分析中予以适用。①

---

① 详细的信息重大性判断规则参见谢杰:《操纵资本市场犯罪刑法规制研究》,上海人民出版社 2013 年版,第 259—270 页;谢杰:《利用未公开信息交易罪的规范解释与实践应用》,载彭东主编:《刑事司法指南(总第 51 集)》,法律出版社 2012 年版,第 99—102 页;谢杰:《内幕信息形成时间判断规则研究》,《证券市场导报》2013 年第 8 期。

蛊惑交易操纵犯罪案件中的虚假信息在内容上通常与上市公司资产、财务、经营、管理等重大事项有关，信息重大性判断一般不存在很大的争议。

例如，2012 年“散布网络信息攻击上市公司伊利股份案”是在我国资本市场中引发高度关注的编造并传播证券交易虚假信息罪判决。李某某等人炮制了名为《内幕惨不忍睹：伊利被这样掏空》的文章并在互联网上广泛传播。虚假信息公开后不到 1 小时就导致市场出现恐慌性抛盘，伊利股份旋即跌停。①信息内容涉及上市公司资产被掏空这样的敏感且重大问题，决定了该案中的虚假信息具备重大性。

再如，1997 年《刑法》实施后我国首例编造并传播虚假证券交易信息罪案件中，被告人李某某连续向深圳证券交易所、上市公司江苏三山实业股份有限公司(以下简称“三山实业”，现更名为四环生物，股票代码：000518)、《深圳特区报》、《特区证券报》等单位电话告知、邮寄、传真虚假信息，谎称“广西北海正大置业有限公司”共收购三山实业股票 250.33 万股，占三山实业流通股的 5.006%，要求予以信息披露。后《特区证券报》原文刊登了被告人李某某提供的虚假收购信息。经查证，工商登记系统中并不存在“广西北海正大置业有限公司”的信息，证券交易所交易记录中亦不存在被告人李某某编造的收购信息与交易数据。②信息内容涉及上市公司收购意味着该案中的虚假信息显然具备重大性。

蛊惑交易操纵犯罪司法实践中相对困难的法律适用问题是：行为人所编造并传播的信息内容虚假性颇为明显、信息所内含的事件发生概率非常低、信息实际上很难令人相信，但是，相当数量的市场参与者受到信息影响

---

① 法院认为，被告人李某某等 4 人故意编造并传播影响证券交易的虚假信息，扰乱证券交易市场，造成严重后果，其行为均构成编造并传播证券交易虚假信息罪，分别判处 4 人八个月至一年零六个月不等的有期徒刑，并处以 1 万元到 3 万元罚金。参见李静：《“网络攻击”伊利案 4 人一审获刑》，《新京报》2012 年 1 月 18 日第 B4 版。

② 法院审理查明，被告人李某某编造并传播的虚假信息由报纸披露之后，三山实业股票价格随即上涨每股 3.2 元，当日收盘上涨每股 3.1 元，当日成交量约 2 000 万股，超过总流通股 42%，总成交额超 2 亿元。被告人李某某先后抛售其持有的三山实业股票，共完成交易额近 150 万元。法院判决，被告人李某某编造并传播虚假证券交易信息，造成三山实业股票价格异常波动，其行为构成编造并传播证券交易虚假信息罪，判处有期徒刑二年零六个月，并处罚金 1 万元。参见湖南省株洲县人民法院刑事判决书(1997)株法刑初字第 230 号。

改变资本配置决策，相关金融商品市场价格基于虚假信息所指向的方向进行明显调整时，此时应当如何判断虚假信息重大性？

日本金融市场中发生的“占星术操纵股价事件”就是一起非常典型的、由显而易见的虚假信息引发的市场操纵案件：日本的一本博彩类杂志《赌博秘籍》主要发表与赌博、彩票、证券市场投机交易等有关的文章与信息。一名“星座学”（占星术）研究者连续三期在《赌博秘籍》发表文章，以星座分析方法向读者推荐“熊沢制油”等三家上市公司股票。经查证，文章中阐述的内容纯属作者虚构。但文章登载之后，熊沢制油等上市公司股票迅速上涨，该星座研究者卖出相关股票获利。东京简裁法院以传播虚假证券信息判决文章作者罚金 50 万日元。[①]质疑该案判决合理性的观点认为，不能以虚假信息披露之后的股票价格剧烈波动直接认定信息具备重大性，基于星座等毫无根据的分析所形成的证券市场信息，明显是虚假的或者不可信的，投资者应当自担风险，信息发布者不应当承担蛊惑交易操纵犯罪的责任。[②]

笔者认为，信息的重大性确实是受到信息内容虚假性程度现实制约的。虚假信息之所以会对资本市场参与者产生影响进而引发金融商品市场价格波动，本质上是因为信息本身存在不确定性。如果信息内容具有显而易见的荒谬性或者非理性，信息的属性趋向于确定虚假性，或者说丧失了不确定性，理论上也就不应该对资本市场参与者以及金融商品市场价格产生影响。相应的，虚假信息也就丧失了具备重大性的客观基础。但是，正如行为金融理论关于资本市场参与者有限理性所分析的那样，投资者（投机者）在现实的金融市场操作中往往是非理性的，绝大多数市场参与者实施的金融交易通常表现出很强的随机性与混沌性。基于显而易见的、甚至是荒唐的虚假信息而引发的市场参与者关注，并导致金融商品价格波动或者金融资产出

---

① （判决）平成 9.1.30（東京簡裁）罰金 50 万円（略式命令）；金融庁証券取引等監視委員会『証券取引等監視委員会の活動状況〈平成 15 年〉』国立印刷局、2003 年、154 頁。

② 神山敏雄『日本の経済犯罪—その実情と法的対応』日本評論社、2001 年、37 頁；张天一：《论证券交易法上散布流言或不实数据操纵价格罪》，《中原财经法学》2008 年第 20 期。

现高度的投机性泡沫——这种现实风险也不应当在蛊惑交易操纵犯罪的法律控制规范体系中予以彻底且绝对的排除。资本市场刑法规范将特定的蛊惑交易纳入犯罪化的范围,不仅对行为人施以最为严厉的刑罚震慑,也是对资本市场所有参与者的强化保护,更是对资本市场信息自由竞争环境的介入。在制度安排上,不应当遏制市场淘汰虚假信息的自主化能力,也没有必要为某些市场参与者的无知甚至愚蠢而产生的非系统性损害设置蛊惑交易市场操纵犯罪的赔偿机制。所以,如果基于常识即可认为普通投资者(投机者)接触到相关虚假信息时不会予以关注,也不会基于该信息对金融商品配置决策予以调整的,则该信息不能认定为重大信息。但是,如果蛊惑交易者针对并利用市场参与者的非理性、易受操控性、交易行为的混沌性等金融行为心理,传播显而易见的虚假信息却引发市场参与者高度关注、金融资产价格剧烈波动并具有制造系统性风险危机的,则应当认定相关虚假信息具有重大性。

2. 信息欺诈行为的认定

蛊惑交易操纵犯罪在控制市场行为的实施过程中,客观上至少应当存在编造、传播的行为,其本质就是资本市场信息欺诈。当然,操纵者可以不直接编造资本市场信息,而是明知并预见到虚假证券、期货、衍生工具交易信息对市场的影响,通过向市场传播并利用投资者可能出现的市场反应谋取市场波动之后的利润。

对于如何理解传播证券虚假信息行为,传统证券期货犯罪刑法理论一般认为,传递虚假的证券信息,范围应具有公众性、扩散性与拓展性,信息传播对象必须是不特定多数人。①传播虚假证券市场信息的违法性本质根植于妨碍证券市场信息管理秩序,行为人传递虚假信息的范围如果限定于特定人,难以达到扰乱证券市场信息管理秩序的严重程度。②我国台湾地区有关市场操纵犯罪的刑法理论中也有类似观点认为,传播通常是指将信息散布于众,是对多数人进行信息传递的行为。蛊惑交易操纵中的信息传播行

---

① 参见李宇先、贺小电:《证券犯罪的定罪与量刑》,人民法院出版社2000年版,第101页。
② 参见王晨:《证券期货犯罪的认定与处罚》,知识产权出版社2008年版,第253页。

为应当限定于向证券市场中的多数人进行虚假信息传递。[1]如果仅仅对特定投资者进行虚假陈述、信息诱导，尚且不足以影响证券市场交易价格，所以，向特定证券市场投资者的传播虚假信息行为，可以按照普通证券欺诈犯罪处理，[2]而不是具有市场整体影响力的市场操纵犯罪。

上述意见具有一定的合理性。因为传播信息的行为就是向社会公众扩散，蛊惑交易操纵犯罪中的传播虚假证券信息行为显然应当包括向资本市场中的多数公众或者不特定投资者（投机者）传递虚假信息。

但是，蛊惑交易操纵犯罪的实质在于通过虚假证券、期货信息的传播诱导投资者的行为，从而通过期待的证券、期货市场波动谋取利润。只要能够产生证券、期货市场波动的效果，受到虚假信息欺诈的投资者是否具有公众性、多数性实际上并不是绝对的法律限制条件。这是资本市场信息传播行为区别于普通信息传播行为的重要特点。资本市场信息传播的关键在于实质上的市场价格效果，普通信息传播则侧重于形式上受众的不特定性与多数性。在资本市场中，并非只有公众性、多数性的投资者才能影响金融商品交易价格或者交易量，个别投资者由于持有巨量证券、期货仓位或者掌握巨额资金，个别性的投资者行为负载了巨额交易量或者资金量，完全可以凭借一己之力，引起资本市场金融商品的价格波动。传统证券期货犯罪刑法理论中的部分观点认为，通过信息诱导个别投资者无法引起市场波动，显得比较片面与绝对，与金融实践中真实情况也不尽相符。

例如，投资银行经纪部门向特定客户发布内部邮件，传递虚假证券交易信息，相关持有巨额资金的客户根据邮件中发布的虚假信息从事相关交易，由于资金量巨大引发市场波动，投资银行自营业务部门事先建构仓位，从这种预期的市场效果中谋取巨额交易利润。从这个角度分析，蛊惑交易操纵犯罪中传播行为的实质内涵完全可以区别于刑法其他个罪（传播淫秽物品

---

① 参见庄永丞：《论证券价格操纵行为之规范理论基础——从行为人散布流言或不实资料之操纵行为开展》，《东吴法律学报》2008 年第 1 期。

② 参见林国全：《以散布流言或不实数据方法操纵价格》，《月旦民商法杂志》2005 年第 7 期。

牟利罪等）中传播行为，即可以不完全等同于向公众、不特定或者多数主体发布虚假信息，而是向特定、个别、少数证券市场投资者进行虚假信息引导。

实际上，《刑法》第 181 条第 2 款诱骗投资者买卖证券、期货合约罪中的一种客观行为，即提供虚假信息，尽管在大多数情况只能产生欺诈特定客户的效果，但是，如果特定客户资金量或者金融商品持仓量特别巨大，对特定客户的欺诈行为完全可能引发资本市场中相关金融商品交易的整体价格或者交易量。作为欺诈特定资本市场投资者的诱骗投资者买卖证券、期货合约罪，完全可能形成对资本市场中特定交易品种的非法控制。所以，根据《刑法》第 181 条第 2 款构成诱骗投资者买卖证券、期货合约罪，但具有影响资本市场交易量或者交易价格实质风险或者实害结果，且行为人实施的金融交易从价格波动中获取利润的，本质上应当归属于蛊惑交易操纵犯罪。

3. 上市公司内部人信息操纵行为的认定

蛊惑交易操纵犯罪的核心在于对与金融市场投资者决策具有重要影响的信息形成非法控制。这种非法控制表现为对虚假信息从无到有的内容控制（编造），以及从暗到明的范围控制（传播）。上市公司内部人对于上市公司的信息具有绝对的控制优势，所以，实施蛊惑交易操纵犯罪在操作上更为简捷，在实践中也比较常见。司法解释也对上市公司内部人信息操纵犯罪或者蛊惑交易操纵犯罪的认定规则进行了说明，但规定的内容并不十分明确[①]——究竟什么是利用信息优势操纵证券交易价格、证券交易量？司法解释并没有进行准确的指引。信息优势是否包括内幕信息的知情优势？如何区分内幕交易行为与蛊惑交易操纵行为？这一系列问题都有必要在上市公司内部人信息操纵行为认定过程中进行阐释。

市场操纵犯罪中的信息优势完全可以包括内幕信息知情优势。蛊惑交易操纵者编造、传播的信息可以是具有欺诈性、虚假性的内幕信息。所以，

① 根据《经济犯罪追诉标准（二）》第 39 条的规定，上市公司及其董事、监事、高级管理人员、实际控制人、控股股东或者其他关联人单独或者合谋，利用信息优势，操纵该公司证券交易价格或者证券交易量的，应当以操纵证券市场罪追究刑事责任。

上市公司内部人通过编造虚假内幕信息实施信息操纵行为，或者利用内幕信息知情优势从事相关证券交易谋利，可能涉及内幕交易犯罪与蛊惑交易操纵犯罪的行为属性辨识。区分两者的关键在于是否存在编造、传播、散布虚假重大信息，诱使投资者实施相关金融商品交易的事实。内幕交易属于“静观其变”，即期待内幕信息所指向的事实或者评价得以执行，使相关证券交易价格实现符合自己预期的变动。蛊惑交易操纵属于“兴风作浪”，即通过积极行为编造、传播没有实际依据却能够引起证券交易价格波动的信息，诱使投资者在不明真相的情况下作出投资决定并形成期待的市场性效应，从中谋取违规交易利益。当然，内幕交易犯罪与蛊惑交易操纵犯罪完全可能同时进行，在这种特殊情况下应当按照根据刑法原理准确认定行为性质。

其一，上市公司董事、经理、大股东、实际控制人等内部人利用信息优势操纵证券交易价格、交易量，其中的“信息优势”可以解释为明知与上市公司重大事件有关的信息系不真实的信息而仍然予以发布或者传播，并通过子虚乌有的“内幕信息”在市场上发散之后对投资者形成的干扰而影响本公司证券的交易价格、交易量，上市公司内部人利用对真实情况的把握而在虚假内幕信息披露前，买入或者卖出证券。在这种情况下，上市公司内部人即使利用了对真实内幕信息的知情优势，但信息操纵行为是影响证券市场投资者决策并进而引发市场波动的决定性因素，应当认定为蛊惑交易操纵犯罪。

其二，上市公司董事、经理、大股东、实际控制人等内部人利用信息优势操纵证券交易价格、交易量，其中的“信息优势”也可以解释为在市场对于与上市公司有关的重大信息发布后没有引起任何有效反应，而通过新闻媒体进行夸大性宣传，在引起投资者关注与反应之后，通过市场的波动谋取交易利润。这种信息操纵最典型的表现形式就是内幕交易失败之后实施蛊惑交易操纵。实践中，并非所有上市公司重大事件在公开之后都会引发市场的高度关注从而引发证券交易价格、交易量的剧烈变化。此时，上市公司内幕信息知情人员在内幕信息公开前建构的仓位根本无法通过预期的市场波动谋取非法利益。并且，由于在内幕信息公开之前实施的证券交易可能已经支出了较大的融资、融券或者操作成本，如果内幕信息公开之后市场效果产生的证券价格变动利润不足以弥补行为人实施内幕交易的成本，内幕交易者也无法获取非法利润。在这种情况下，有的内幕交易者会通过新闻、网络等各种信息传播平台对与上市公司有关重大事件的效果进行夸大，刺激证券市场投资者对信息进行高度反应，导致证券交易价格、交易量上出现强势波动。例如，做空股票者通过媒体夸大上市公司利空事件的效果，引起投资者恐慌后大量抛售急速打压股价，做空者低位回补获利；做多股票者通过媒体夸大上市公司利好事件的效果，引起投资者跟进买入之后高位抛售获利。对于这种内幕交易获利机制失败之后通过发布不真实的信息夸大重大信息实际效果的，在信息操纵过程中实际上存在内幕交易与蛊惑交易操纵两个性质不同、时间先后的行为，交易量、违法所得等情节标准符合追诉条件的，应当分别认定为内幕交易罪与操纵证券市场罪。

其三，上市公司董事、经理、大股东、实际控制人等内部人利用信息优势操纵证券交易价格、交易量，其中的“信息优势”还可以解释为明知与上市公司重大事件有关的信息系不完整、不确定的信息而仍然予以发布或者传播，并通过证券市场投资者对于信息全貌并不完全知悉的信息劣势影响投资者行为，而上市公司内部人或者其他相关知悉内幕信息的人从期待的市场波动中受益。在这种情况下，内幕交易与蛊惑交易操纵的界限是很模糊的。

典型案例：2011 年末上市公司重庆啤酒“疫苗门”疑似信息操纵事件引起资本市场与社会各界高度关注，①但对于其行为性质究竟属于蛊惑交易

① 市场公开信息显示，2011 年 11 月 23 日晚（周三），重庆啤酒公告称，公司控股的重庆佳辰生物工程公司研发将近 13 年的治疗用（合成肽）乙型肝炎疫苗将于 2011 年 11 月 27 日（周日）召开揭盲工作会议，公司股票将于 11 月 28 日（周一）至 12 月 2 日（周五）停牌，在 12 月 5 日公告揭盲工作会相关信息后复牌。受此消息刺激，重庆啤酒股价 11 月 24 日涨停，11 月 25 日上涨 7.28%，两日累计涨幅达 18%，卖单基本出自机构席位。12 月 7 日晚，重庆啤酒发布揭盲信息：安慰剂组有效反应率为 28.2%；治疗用（合成肽）乙型肝炎疫苗 600 μg 组有效反应率为 30.0%；治疗用（合成肽）乙型肝炎疫苗 900 μg 有效反应率 29.1%。这组数据意味着疫苗研发几乎等于失败。12 月 8 日重庆啤酒复牌后连续 11 个交易日跌停，市值蒸发逾 260 亿元，包括证券投资基金在内的部分机构者以及个人投资者均造成重大损失。参见谢杰：《动态判断内幕信息的形成》，《财经》2012 年 3 月 19 日；张珈：《重庆啤酒流通股东质疑信息操纵》，《证券时报》2011 年 12 月 15 日第 B1 版。

操纵还是内幕交易，各方观点并不明确。从重庆啤酒重大信息披露以及停牌的时间节点来看，2011 年 11 月 27 日（周日）揭盲工作会议是对乙肝疫苗研发情况的分析和讨论，而上市公司重大研发项目信息的具体内容实际上已经客观形成。在没有使用停牌机制对于潜在的内幕交易行为进行限制的情况下，11 月 24 日至 25 日两个交易日出现巨幅上涨，难免引发市场对于乙肝疫苗研发信息可能泄露并引发内幕交易的怀疑。同时，上市公司在 11 月 23 日晚间公开的疫苗研发数据揭盲工作会议将于 12 月 5 日召开，实际上是将一个高度不确定、不完整且极易引发市场猜想的信息留给市场，加之根据之前的市场惯性，在相关研发数据公开之后均会有一个股价的上升性波动，这种模糊、不确定、不完整的信息披露对证券市场中的投资者将会产生重大影响，事实上也确实在两天内连续推高了证券交易量和交易价格。这种利用不完整、不确定信息影响投资者决策的行为同样符合蛊惑交易操纵的行为特征。在知悉内幕信息与不完整信息发布并存的信息优势情况下，相关交易行为在形式上可能出现内幕交易与蛊惑交易操纵的交织。因此，上市公司内部人或者其他明知揭盲数据的行为人，于 11 月 24 日至 25 日两个交易日进行减持重庆啤酒的证券交易，存在内幕交易的问题；由于在减持证券的过程中，行为人通过对信息的绝对控制优势，利用市场投资者对信息知悉存在的不完整性、不确定性，在持续暴涨的市场环境下使其在一个快速拉升的高位进行减持，整个行为过程在客观上又存在蛊惑交易操纵的性质。在根据相关证据以及信息披露规则能够确认上市公司发布不确定、不完整信息以及上市公司内部人利用市场波动效果高位减持的情况下，应当认定其行为同时符合内幕交易犯罪与蛊惑交易操纵犯罪，内幕交易与蛊惑交易操纵互为手段与目的的牵连，应当根据牵连犯原理从一重罪论处。比较内幕交易罪与操纵证券市场罪的法定刑，操纵证券市场罪的罚金刑是无限额罚金，重于内幕交易罪以违法所得为基础的倍比罚金，故操纵证券市场罪应当是重罪。同时，由于市场操纵犯罪中“利用信息优势”整体覆盖了利用内幕信息从事相关交易，应当以构成要件覆盖面更广的操纵证券市场罪认定这种蛊惑交易操纵与内幕交易同时实施的、在结构上相对复杂的上市公司内部人信息操纵犯罪行为。

上市公司内部人员实施的信息操纵行为判断还存在一个疑难问题，即上市公司董事、经理等高级管理人员在没有完整、全面、准确的财务依据的情况下，向市场公布重大盈利预期，意图从市场价格波动中谋取金融交易利润的，能否认定为蛊惑交易操纵。

我国台湾地区资本市场中发生的“台肥股价操纵案”即属典型案例：酉某某是台湾肥料股份有限公司（以下简称“台肥公司”）董事长。酉某某认为，台肥公司股票价格过低，因而组织公司定期通过媒体向投资者、社会公众汇报公司经营状况，吸引公众投资，意图提振股价。酉某某本人更是在台肥公司第27届第2次临时董监事会议时发表讲话，当年营业额为80亿元新台币，下一年的营业额目标为220亿元新台币，预期营收增长超过2倍。酉某某讲话稿经台肥公司投资者关系与宣传部门完善后形成新闻稿并送交其审核，审核通过后随即发往各大媒体。信息发布后，市场立即将其解读为重大利好，信息公开后的十个交易日内，台肥公司股票从每股53元新台币上涨至每股68元新台币。同期，酉某某指示下属以旗下的台埔公司、台胜公司、台庄公司、联生公司四家子公司名义连续购买台肥公司股票，共计35 469张、19亿余元新台币。信息公开之后的第12天，酉某某指示下属在不影响股价的情形下将买入的股票分批全部卖出，但由于第二天媒体就披露台肥公司下属子公司私下购买母公司股票等信息，台肥公司股价当即跌停导致之后没有能够继续卖出股票。①

“台肥股价操纵案”在法律适用上的争议比较大：一审判决认为，在没有精确财务数据的情况下向市场传递无法合理验证的巨额营收预期，造成证券市场价格剧烈波动，且同期实施证券交易意图从价格波动中获取利益，应当构成蛊惑交易操纵犯罪。二审判决则认为，预估营业额超过当年营业额

① 参见我国台湾地区台北“地方法院”刑事判决2002年度诉字第1171号、台湾地区“高等法院”刑事判决2003年度上重诉字第1308号。

数倍的确实具有一定的夸张成分，上市公司董事长等高级管理人员仅仅基于下属部门提供的经营计划就向市场公开提出非常激进的盈利方案和预期，同样非常草率，但并没有证据证明上市公司内部人员的财务预期是虚假的，所以，不能认定这种行为构成蛊惑交易操纵。

笔者认为，上市公司内部人员实施的信息操纵行为，在行为内容上主要表现为不正当地控制与上市公司财务有关的信息向市场公开的方式、时间、表述等。由于上市公司内部人信息操纵属于一个相对广义的行为概念，在判断行为属性时，应当严格区分非法信息披露与蛊惑交易操纵的界限。上市公司内部人员向市场传递夸张的财务预期与虚假的财务报告，都属于对上市公司重大信息的操纵，并且都具有引发证券交易价格剧烈波动的重要影响力，但两者的核心差异在于——财务信息披露不实是对上市公司重大信息进行造假的行为，客观上能够根据财务报告、实际经营数据与会计材料等予以证明。上市公司内部人员通过财务造假并向市场传递虚假财务信息，意图从虚假财务数据引发的市场价格波动中谋取金融交易利润的，应当构成蛊惑交易操纵。而传递夸张财务预期只是对上市公司未来盈利能力、现金流水平的估计，尽管信息操纵者不能提供有效的证据证明其向市场传递的信息具有真实性、准确性、全面性，但指控其构成蛊惑交易操纵的控方实际上也没有能力排除合理怀疑地证明这种预期就是虚假的。在信息真实性与虚假性均无法被彻底或者有效证明的前提下，承担证明责任的控方显然应当承担不利的诉讼结果，即不能认定上市公司内部人员向市场公布夸张的财务预期构成蛊惑交易操纵。

四、最新市场操纵犯罪司法解释的理解与适用

最高人民法院、最高人民检察院于 2019 年 6 月 28 日联合发布《关于办理操纵证券、期货市场刑事案件适用法律若干问题的解释》（以下简称《市场操纵解释》）。市场操纵是金融市场犯罪中行为结构最为复杂、理论解释与

实践认定最为疑难的犯罪类型之一。《市场操纵解释》的出台，有利于推进司法实务部门更为公正、准确且有效地认定《刑法》第182条操纵证券、期货市场罪“兜底条款”中的“以其他方法操纵证券、期货市场”、实际控制账户、市场操纵“情节严重”与“情节特别严重”量化标准、违法所得等证券期货犯罪刑法理论与实践中长期存在争议的法律适用疑难问题。《市场操纵解释》的实施对于依法惩治证券期货犯罪，防范化解金融风险，维护投资者合法权益，保障科创板改革有序开展，促进资本市场稳定健康发展，具有十分重要的意义和作用。①

然而，由于法律与金融跨学科知识的交叉性与纵深性、金融市场机制的创新性与技术的前沿性、市场操纵犯罪司法实践问题固有的复杂性与特殊性、科创板试点注册制的探索性与改革性，②实际上已经明显超越了单一学科框架下证券期货犯罪刑法理论的预期以及传统司法解释的逻辑准备与技术能力。因此，有必要针对实际控制账户的认定、特定市场操纵模式的判断规则、市场操纵定罪量刑的数量标准、违法所得的计算方法等重大且疑难问题，就《市场操纵解释》相关条款进行批判性审视与建构性优化。

对市场操纵犯罪司法解释进行深刻反思与细致解构，不仅有助于推动证券期货犯罪刑法理论研究范式的转换与升级，而且有利于为正在推进的科创板试点注册制提供坚实且具体的司法保障措施。③更具价值的是，以法律与金融的双面向视角解析市场操纵犯罪司法解释，进而形成的完善意见与补充规则，能够在《证券法》大修和加快推进《期货法》制定的关键时刻、《刑法》证券期货犯罪条款协调修正的重要节点，提供立法参考。基于此，笔

---

① 参见姜佩杉：《“两高”公布关于证券期货犯罪司法解释　为打好防范化解重大金融风险攻坚战提供有力司法保障》，《人民法院报》2019年6月29日第1版。

② 参见侯捷宁、苏诗钰：《易会满：在新的起点上全面深化资本市场改革》，《证券日报》2019年6月14日第A2版。

③ 最高人民法院于2019年6月20日出台的《关于为设立科创板并试点注册制改革提供司法保障的若干意见》，提出了审理证券期货犯罪刑事案件的政策导向：依法从严惩治违规披露、不披露重要信息、内幕交易、利用未公开信息交易、操纵证券市场等金融犯罪分子，严格控制缓刑适用，依法加大罚金刑等经济制裁力度。

者尝试反思与解构最新市场操纵犯罪司法解释存在的问题并提出规则优化建议，以期对金融立法与司法及时应对证券期货犯罪的挑战有所裨益，同时希望通过精细化的制度安排更好地实现资本市场效率与投资者权益的协调和统一。

（一）市场操纵刑事案件中实际控制账户的认定问题

实际控制账户的认定是市场操纵刑事案件适用法律首先需要解决的问题。因为只有明确可以归属于特定行为主体的账户范围，才能将之作为潜在的操纵主体及其操纵行为进行刑法评价。《市场操纵解释》第5条所设置的核心标准是：(1)区分本人账户与他人账户。(2)实际控制他人账户表现为：控制资金流动并承担损益；行使管理权、支配权或者使用权；基于投资或者协议方式行使交易决策权；基于其他方式行使交易决策权。(3)以没有交易决策权作为免责事由。①可见，司法解释在吸收证券监管文件相关条款②的基础上，进一步提出实际控制账户的核心判断依据是对他人账户的交易行为具有决策权。这确实能够在很大程度上基于刑法实质判断规则，将普遍认为具有隐蔽性的操纵交易关联账户予以有效且全面的规制，并通过例外规则允许辩方提供排除交易决策权法律属性的证据进行反驳。实践中比较典型的控股关系、投资关系、代持关系、融资关系、委托代理关系、近亲属或者关系密切人的身份关系等，在司法解释作出了上述规定之后，基本不会出现较大争议。但上述司法解释仍不乏重大疑问。

---

① 《市场操纵解释》第5条规定："下列账户应当认定为刑法第一百八十二条中规定的'自己实际控制的账户'：(一)行为人以自己名义开户并使用的实名账户；(二)行为人向账户转入或者从账户转出资金，并承担实际损益的他人账户；(三)行为人通过第一项、第二项以外的方式管理、支配或者使用的他人账户；(四)行为人通过投资关系、协议等方式对账户内资产行使交易决策权的他人账户；(五)其他有证据证明行为人具有交易决策权的账户。有证据证明行为人对前款第一项至第三项账户内资产没有交易决策权的除外。"

② 参见中国证券监督管理委员会《证券市场操纵行为认定指引(试行)》(证监稽查字〔2007〕1号)(以下简称《操纵认定指引》)第8条规定："利用他人账户操纵证券市场的，利用人为操纵行为人。具有下列情形之一的，可认定为前款所称利用他人账户：(一)直接或间接提供证券或资金给他人购买证券，且该他人所持有证券之利益或损失，全部或部分归属于本人；(二)对他人持有的证券具有管理、使用和处分的权益。"

1. 司法解释"交易决策权"标准的困境

《市场操纵解释》第5条不仅没有对"其他有证据证明行为人具有交易决策权的账户","有证据证明行为人对前款第一项至第三项账户内资产没有交易决策权"中的"有证据证明"提供方向性的证据规格指引,而且并未就证券、期货市场中交易结构相对复杂的账户类型提供明确的判断指引:

一是信托计划项下的证券账户。在典型的证券投资集合资金信托计划的交易结构中,投资者委托信托公司担任管理人并从事相关证券交易,信托公司进一步委托各类专注于二级市场交易的私募机构担任投资顾问。在具体交易时,投资顾问通过软件向管理人下达投资建议指令,信托公司基于风控指标、管理人职责等选择接受或者拒绝投资顾问的建议;接受建议的,信托公司根据建议指令,在信托计划对应的证券账户下达交易指令。如果相关证券账户中特定交易行为构成市场操纵——投资者虽然是信托计划受益人,对于账户资产享有投资权益,但显然不是账户实际控制人。信托计划管理人(信托公司)尽管是证券账户的客观交易主体,但交易策略并非由其制定,很难将证券账户中的操纵性交易归责为信托公司的实际控制行为。根据《市场操纵解释》第5条的"交易决策权"标准,真正形成并提出操纵性交易策略与建议的投资顾问,能否构成对案涉账户的实际控制,实际上存在极大争议。投资顾问的行为性质是投资建议,权利属性是交易建议权,所以,将信托计划投资顾问认定为对信托公司管理的、投资者享有财产权的账户具有"交易决策权",不无疑问。

二是各类场外衍生工具挂钩的自营账户。在场外个股期权①、股票收益权互换②等各类场外衍生工具交易中,证券公司通过场外交易专用的自

① 关于证券公司场外期权业务的内容及其监管标准,参见中国证监会《关于进一步加强证券公司场外期权业务监管的通知》(证监办发〔2018〕40号)、《关于进一步规范证券基金经营机构参与场外衍生品交易的通知》(证监办发〔2016〕81号)等监管文件。

② 股票收益互换通常是指客户与证券公司互为对手方,双方通过合同约定,在未来特定期限内,就特定股票的收益表现与名义本金的固定利息进行现金流交换。See John C. Hull, Options, Futures, and Other Derivatives(6th Edition), Prentice Hall, 2006, p.1.

营账户进行个股风险对冲交易。以实践中常见的股票收益权互换交易为例，客户向证券公司就其收益权互换账户的交易发出指令(买入或者卖出挂钩股票标的)，证券公司有权根据风控指标、合规要求或者其他全权自主认定的因素，决定接受还是拒绝互换交易指令；证券公司选择接受并执行指令的，互换交易双方采用现金净额进行结算；证券公司有权根据互换交易指令决定是否在自营账户中进行对冲交易，如进行对冲交易的，互换交易成交价格以甲方对冲交易实际成交结果为准。可见，在客户与证券公司互为对手方的场外衍生工具交易中，客户在系统中下达的是互换要约、买入或者卖出期权要约等衍生交易指令，证券公司针对挂钩股票在其自营账户中进行对冲交易。从法律关系上分析，似乎是归属于券商独立决策下的自营交易行为。但实践中确实存在且已经查处了部分客户利用场外衍生工具交易作为“通道”实施市场操纵等违法行为的情况。[①]如果客户下达的收益互换、期权交易等衍生交易策略具有操纵性，而证券公司又根据衍生交易指令在其自营账户中对挂钩股票标的进行实时完全对冲交易，[②]根据《市场操纵解释》第 5 条的“交易决策权”标准，由于自营账户的交易决策、盈亏风险等均归属证券公司，能否认定客户对于终端买入或者卖出股票的证券公司自营账户形成实际控制，值得商榷。

《市场操纵解释》第 5 条将实际控制账户的核心依据定位于“交易决策权”，其内部逻辑进路是稳定且自洽的，即尝试在“隐蔽”的操纵性交易中，基于主观意图与实行行为相统一的“决策”概念来锁定异常账户之间的实质关联。但在法律适用过程中，一旦遭遇结构复杂且合约设计精细的金融交易，司法解释便容易陷入困境——对下达投资建议或者衍生交易指令的客户不予认定其实际控制证券账户，存在市场操纵刑法规制不力的风险；基于“其

① 参见蔡奕：《证券创新交易模式对市场监管的挑战及法律应对》，载黄红元、徐明主编：《证券法苑》(第十一卷)，法律出版社 2014 年版，第 43 页。

② 实时完全对冲策略在场外衍生工具交易实践中通常是指，客户通过互换交易操作终端发出互换交易申请，并通过证券公司风控审核，证券公司在其专用的自营对冲账户中买入或者卖出相同数量的标的股票，将标的股票的交易收益按照合同约定的现金交割模式与客户进行结算。

他有证据证明行为人具有交易决策权的账户”的“兜底条款”认定其实际控制相关账户，又与显而易见的部分证据①与法律解释相矛盾。

2. 解锁困境与排解矛盾的具体路径

刑事司法实践有必要还原真实的证券、期货市场交易逻辑与场景，在厘清复杂金融交易民事法律关系的基础上完善认定实际控制账户的证据规格，回归实控关系的“行为”本质而非“权利”依据，针对金融行为作出刑法实质判断。

第一，通过交易所大数据分析系统监控异常证券账户组，据此调取证券公司等金融机构留存的客户交易数据，以客观的金融交易及其账户信息将“隐蔽”还原为“透明”。

信托计划、场外衍生工具等复杂金融交易确实具有隐蔽交易主体与持仓规模的金融功能。②例如，股票收益互换交易只对收益进行现金流交换，不需要进行股票实物交割，股票实物交易的实施、股票的投资者权益均归属于证券公司，作为交易对手方的客户表面上是“隐蔽”的。尤其是我国证券、期货市场充斥着类型繁多的通道业务，券商、保险、信托等都可成为各种资金进出股市、债市、期市的管道。尽管“资管新规”执行后通道业务明显收紧、收缩，③但毕竟层层嵌套的金融交易结构并未全面禁绝，通道业务的客观存在进一步加深了操纵性交易形式上的隐蔽性。

然而，当前我国交易所的自律监管模式与技术能力，已经足以将看似“隐蔽”的账户及其操纵性交易还原为透明的客观数据。一方面，看穿式监管切实提高了市场监察效率、加强了市场风险监测，能够有效识别特定投资者对应的不同账户的交易、持股等信息。④另一方面，随着交易所大数据分

---

① 投资顾问建议权通常不能直接解释为信托计划项下对证券账户的决策权，客户的互换交易指令权通常也不能直接解释为对证券公司进行对冲的自营账户的决策权。

② Henry T.C. Hu & Bernard Black, The New Vote Buying: Empty Voting and Hidden (Morphable) Ownership, South California Law Review, 79(4), 2006, p.825.

③ 中国人民银行、中国银行保险监督管理委员会、中国证券监督管理委员会、国家外汇管理局《关于规范金融机构资产管理业务的指导意见》(银发〔2018〕106 号)明确规定：金融机构不得为其他金融机构的资产管理产品提供规避投资范围、杠杆约束等监管要求的通道服务。

④ 参见皮六一、薛中文、刘苏：《看穿式监管的国际实践及主要模式研究》，《证券市场导报》2019 年第 1 期。

析已经提升至每秒百万笔以上的信息处理水平，数据监测在对象、手段、模式、管理、资源等方面均实现了重大转变，违规监测模型更加智能化，能够支持不同金融产品的差异化监察、跨市场监察。①交易所自律监察、证券行政监管、刑事司法有必要在线索信息共享的基础上实现案件移送与证据移交，以交易所移送异常交易数据与调取金融机构客户交易信息为核心，还原交易者、各类通道、证券账户客观且透明的金融数据，尤其是将以投资顾问、场外衍生交易等间接形式参与证券、期货交易的 IP 地址、Mac 地址、投资建议指令、场外衍生交易指令等数据与对应的金融机构账户信息进行比对，供司法机关进行法律判断。如果投资顾问建议指令、场外衍生交易指令在网络协议、时间、价格等数据与金融机构实际交易证券、期货的账户数据高度一致，或者金融机构接受客户指令、账户执行交易比率极高，则可以作为投资顾问、场外衍生交易对手方等行为主体实际控制他人账户的初步证据。

第二，复杂金融交易结构所内含的民事法律关系是市场操纵刑事案件法律适用的基础，可以将民事法律关系背后所隐藏的异常要素作为补强证据方向，但不宜以“权利”依据为导向设定实际控制账户的核心判断规则。

无论是普通市场参与者还是涉嫌市场操纵的主体，其实施相关金融行为都必须借助于一系列合约安排。刑事司法分析相关账户是否受到特定行为主体控制，还是需要依托于民事法律对基础法律关系、权利义务要素等进行判断。刑法评价不宜直接超越或者打破民事法律框架，否则会造成刑法过度介入证券、期货市场，妨碍金融市场优化资源配置效率，继而导致证券期货犯罪刑事立法、司法解释反倒成了制约进一步深化金融改革的制度成本。因此，就前述信托计划、股票收益互换等复杂金融交易所内含的民事法律关系而言，信托账户、证券公司自营账户中的权益都不可能在民事法律层面归属于信托计划投资顾问、券商场外衍生交易业务对手方。

以股票收益互换为例：在金融交易的法律属性上，收益权互换交易与股

---

① 参见深交所综合研究所：《丰富监管手段，加强交易监控和风险管理》，《证券时报》2018 年 9 月 18 日第 A12 版。

票交易完全不同，场外衍生工具交易主体根本不可能对证券账户行使任何形式的“交易决策权”；在账户的区分层面，客户的收益权互换账户显然独立于证券公司用于风险对冲的自营账户，客户的控制权限仅限于针对收益互换账户发出交易指令，且该账户并不交易实物股票；从交易策略角度分析，客户制定的是收益权互换策略，自营账户的风险对冲策略由证券公司全权制定并执行；在投资权益上，自营账户如果买入实物股票，其股权均由证券公司行使。

上述完整的“权利”解释决定了刑事司法不能跨过民事法律判断，直接将客户在收益权互换账户下达指令、证券公司在自营账户中实时且完全按照客户指令进行对冲交易的情形，认定为客户实际控制自营账户。相反，刑法评价应当尊重民事法律关系下的金融交易逻辑，从中发现针对偏离标准民事权利义务模型的“异常”交易的查证方向：(1)客户与证券公司在订立收益权互换合同时，是否明知所有收益互换指令均会基于完全风险对冲转化为自营账户交易实物股票；(2)自营账户买卖股票所产生的交易成本是否均由客户承担；(3)客户提交的收益互换指令经由证券公司风控审核（主要是排除超额交易、ST 股票等禁止交易标的等指标）后，是否以极低的时间损耗快速传递至自营账户下达股票交易指令。如果上述查证方向下与金融交易权利义务有关的问题，均能得出肯定性的回答，则可以作为客户实际控制证券公司收益权互换专用自营账户的补强证据。

同时，民事法律关系的“权利”解释逻辑不能成为限定刑法实质解释边界的桎梏。《市场操纵解释》第 5 条将实际控制他人账户的核心判断标准确立为“交易决策权”，显然是受到了民事法律解释的过度影响。民法是调整平等主体之间人身关系与财产关系的法律，其看待问题的出发点与落脚点，自始至终都会回归至对当事人之间民事权利义务关系的确定、恢复和补偿上；刑法与民法有着截然不同的宗旨与视角，刑法在于惩罚行为人破坏法益的行为。[①]民事法律关系的核心是权利（义务），管理权、使用权、决策权等以

① 参见刘宪权：《网络侵财犯罪刑法规制与定性问题》，《中外法学》2017 年第 4 期。

“权利”为导向的判断标准完全契合民法判断的逻辑基础。但是，刑事法律关系的核心是行为，刑法判断必须针对行为的实质作出评价。《市场操纵解释》第5条所规定的“交易决策权”实际上是在刑法判断问题上混用了民法判断标准，容易出现刑法规制不力的风险、刑法判断与法律属性矛盾的困惑。

第三，从实际控制账户的行为本质出发进行刑法评价，《市场操纵解释》第5条规定的“交易决策权”标准有必要调整为特定行为人对案涉账户交易实施“决定或者重大影响行为”。

信托计划中投资顾问交易建议权与管理人交易决策权的分离，场外衍生工具中客户衍生交易决策权与金融机构自营账户交易决策权的分离，深刻揭示了没有账户“交易决策权”的行为主体，仍然可能存在实际控制从事操纵性交易账户的重大风险。这就要求司法机关需要考察复杂金融交易结构中的投资建议、间接作用于证券、期货合约买卖的衍生工具交易等，是否构成针对案涉账户的“决定或者重大影响行为”，即行为人是否实质上决定了账户的交易或者对之施加了重大影响。所谓决定行为，是指账户中的具体交易可能由金融机构或者其他市场参与者实施，但交易时间、方式、价格、策略、损益等均按照特定行为主体的指令予以确定并执行。例如，在信托计划中，终端投资者的资金来源、信托参与股票二级市场买卖的交易结构、证券交易策略与指令、超额收益的分配等均由投资顾问操作，信托公司仅作为资金进入股票市场的管道收取“通道费”，投资顾问虽然在合同层面没有限定于管理人的交易决策权，但其投资顾问建议指令均由名义上的管理人全盘采纳并在信托账户中执行相关交易。在此情形下，行为主体对于案涉账户的交易实施了决定行为，可以认定为实际控制账户。所谓重大影响行为，是指虽然没有达到全部决定的程度，但涉案账户的交易时间、方式、价格、策略、损益等指标与行为主体的指令高度一致。例如，在股票收益互换中，客户与证券公司知道或者应当知道该场外衍生交易的实质，是为客户提供交易杠杆、双方原则上并非互为交易对手方进行“对赌”、证券公司有权根据客户的收益互换指令在自营账户中进行实时且完全对冲交易，尽管部分收益互换指令因为风控审核被拒绝，或者证券公司发现成为交易对手方的套利机会而没有在自营账户中进行完全对冲，但绝大部分收益互换指令被直接转化为自营账户中的股票实物交易。在此情形下，虽然证券公司自营账户不可能由客户行使交易决策权，但确实构成了对自营账户的交易施加重大影响，也可以认定为实际控制账户。

（二）市场操纵行为模式的判断规则

由于市场操纵犯罪"兜底条款"的刑法解释长期以来一直是证券期货犯罪理论与实践中争议最大的难题，①《市场操纵解释》第1条②明确了六种操纵证券、期货市场的"其他方法"，可谓本司法解释最为重要的条款及亮点之一。③《市场操纵解释》第1条具体规定的六种行为模式是：(1)蛊惑交易操纵；(2)"抢帽子"交易操纵，也就是利用"黑嘴"荐股操纵；(3)重大事件操纵，主要是指"编故事、画大饼"的操纵行为；(4)利用信息优势操纵；(5)恍骗交易操纵，也称虚假申报操纵；(6)跨期、现货市场操纵。④

① 参见刘宪权：《操纵证券、期货市场罪"兜底条款"解释规则的建构与应用——抢帽子交易刑法属性辨正》，《中外法学》2013年第6期；谢杰：《资本市场刑法》，法律出版社2016年版，第231—238页。

② 《市场操纵解释》第1条规定："行为人具有下列情形之一的，可以认定为刑法第一百八十二条第一款第四项规定的'以其他方法操纵证券、期货市场'：(一)利用虚假或者不确定的重大信息，诱导投资者作出投资决策，影响证券、期货交易价格或者证券、期货交易量，并进行相关交易或者谋取相关利益的；(二)通过对证券及其发行人、上市公司、期货交易标的公开作出评价、预测或者投资建议，误导投资者作出投资决策，影响证券、期货交易价格或者证券、期货交易量，并进行与其评价、预测、投资建议方向相反的证券交易或者相关期货交易的；(三)通过策划、实施资产收购或者重组、投资新业务、股权转让、上市公司收购等虚假重大事项，误导投资者作出投资决策，影响证券交易价格或者证券交易量，并进行相关交易或者谋取相关利益的；(四)通过控制发行人、上市公司信息的生成或者控制信息披露的内容、时点、节奏，误导投资者作出投资决策，影响证券交易价格或者证券交易量，并进行相关交易或者谋取相关利益的；(五)不以成交为目的，频繁申报、撤单或者大额申报、撤单，误导投资者作出投资决策，影响证券、期货交易价格或者证券、期货交易量，并进行与申报相反的交易或者谋取相关利益的；(六)通过囤积现货，影响特定期货品种市场行情，并进行相关期货交易的；(七)以其他方法操纵证券、期货市场的。"

③ 参见戴佳、徐日丹：《"两高"出台两部关于证券期货犯罪司法解释7月1日起施行　操纵证券、期货市场罪立案追诉标准有六方面修改》，《检察日报》2019年6月29日第1版。

④ 参见姜佩杉：《依法惩治证券期货犯罪　促进资本市场稳定健康发展——"两高"有关部门负责人就关于办理操纵证券、期货市场、利用未公开信息交易刑事案件适用法律问题司法解释答记者问》，《人民法院报》2019年6月29日第4版。

相对于《经济犯罪追诉标准(二)》第 39 条规定的虚假申报操纵、信息操纵、"抢帽子"交易操纵等"其他方法",《市场操纵解释》第 1 条不仅新增了蛊惑交易操纵、跨市场操纵的判断规则,而且对"抢帽子"交易操纵、信息操纵、虚假申报操纵的构成要素进行了重大调整。以司法解释的形式明确构成市场操纵犯罪的"其他方法",显然有利于实务部门准确适用《刑法》第 182 条"兜底条款",但司法解释中有关市场操纵模式的具体判断规则,仍然存在诸多值得商榷、反思、补充与完善的空间。

《市场操纵解释》第 1 条第三项、第四项分别规定了重大事件操纵、利用信息优势操纵两种行为模式的具体判断规则。根据《证券法》第 52 条和第 81 条的规定,《市场操纵解释》第 1 条第三项中的资产收购或者重组、投资新业务、股权转让、上市公司收购等"重大事项"在未公开之前,实际上就是对证券市场交易价格具有显著影响的重要信息,即内幕信息。故重大事件操纵、利用信息优势操纵都是基于信息对于金融商品市场价格的重大影响而实施的市场操纵行为模式,可以统称为信息操纵。广受关注的徐某操纵证券市场案就是典型的信息操纵模式,即行为人与上市公司董事长或实际控制人合谋后形成信息优势及其炒作股价优势,控制上市公司发布"高送转"信息生成及信息披露的节奏、内容等,引发投资者大量跟风交易并推动股价、交易量异常波动。①

《市场操纵解释》第 1 条第三项、第四项对于解决之前信息操纵司法实践争议问题提供了有效的判断规则,但随之也产生了如何认定策划、实施虚假重大事项、误导投资者作出投资决策等全新疑难问题,有必要进一步予以概念澄清、具体分析、细化阐释。

第一,司法解释规定的"策划、实施资产收购或者重组、投资新业务、股权转让、上市公司收购等虚假重大事项",并不意味着其要求与此类重大事项有关的信息与内容全面造假或者纯属无中生有。这里的虚假性内涵应当

① 参见山东省青岛市中级人民法院刑事判决书(2016)鲁 02 刑初 148 号。

是策划、实施相关事项并未执行的客观基础，行为人不以并购、重组、交易、业务等内容的达成为目的，而是以配合影响价格、交易量为目的。

有的操纵者在控制上市公司经营活动与重大资产交易时，股权收购、业务拓展、技术研发、资产置换等基础交易关系及其磋商过程本身是真实存在的。例如，交易双方就并购重组问题进行了初步磋商、实质谈判等多轮会谈；相关重大交易签署了股权转让协议、重大项目订单等。但该重大交易客观上并不具备兑现条件，行为人主观上也没有完成重大事项的主观心态，行为人筹划、实施此类重大事项的意图在于制造并发布重大信息，从信息所引发的股价变动中谋取交易利润（例如，高位减持）或者其他相关利益（例如，维持股价高位运行使得大股东或者实际控制人的股票质押处于平仓线之上）。实践中将此类操控并购重组等重大事项的行为称为“忽悠式”重组。①在此类情况下，行为人不能以其策划、实施的重大交易是真实推进的为由，抗辩其不属于《市场操纵解释》规定的策划、实施资产收购或者重组、投资新业务、股权转让、上市公司收购等“虚假”重大事项。

《市场操纵解释》第1条第三项尽管使用了“虚假重大事项”的概念，但虚假性标准并不要求证明与重大事项推进有关的一系列事项是否真实发生，而是需要重点考察以下内容：（1）与重大事项有关的财务文件是否存在虚假记载。以中国证监会查处的浙江九好办公服务集团有限公司（现更名为九好网络科技集团有限公司，以下简称“九好集团”）等“忽悠式”重组案为例，九好集团以虚增收入、虚构银行资产为手段，将自己包装成价值数十亿的“优质”资产。②尽管行为人执行的重大事项行为本身是客观存在的，但其在信息披露文件中进行虚假记载，可以认定为策划、实施虚假的重大事项。（2）重大事项进程及其结果是否依法披露信息。与重大事项有关的公告信息不符合《证券法》以及信息披露监管规则，公告的信息内容与实际事件的

---

① 参见孙华：《执法升级“忽悠式”重组难逃监管法眼》，《证券日报》2017年5月3日第A2版。

② 参见中国证监会行政处罚决定书（浙江九好办公服务集团有限公司、郭某某、宋某某等4名责任人员）〔2017〕32号。

起因、筹备、策划、合约签署、执行、具体实施、结果等存在明显不一致的，可以认定为策划、实施虚假的重大事项。(3)策划、实施相关事项是否具有不正当目的。在上市公司收购资产、投资新业务中，经过完整的筹备、磋商、尽职调查、合同签订等环节，但资产估值水平明显不符合行业、市场规律，最后项目无法执行或者投资失败，而股价已经因为前期的信息披露产生波动，可以认定为不以重大事项执行为目的，构成策划、实施虚假重大事项。在重大资产重组中，虽然签署了协议，但其实际执行往往具有先决条件(例如主管部门审批)或者需要很高的履行能力(例如交易金额巨大而必须通过融资获取充足资金)，行为人在不可能满足此类条件、具备相关能力的情况下，签署合同并进行信息披露，引发股价波动的，可以认定为不宜实际执行合同为目的，构成策划、实施虚假重大事项。

第二，《市场操纵解释》第1条规定的"诱导投资者作出投资决策"，本质上是对重大事件操纵、利用信息优势操纵等条款[①]中所描述的异常行为与投资者受到误导性影响之间关联性的推定，控方并不需要证明操纵行为与投资者受引诱从事的金融交易具有直接对应的因果关系。

市场欺诈理论对此进行了比较充分的阐释：基于证券、期货市场当时的交易价格以及市场信息从事相关金融交易，同期存在涉嫌证券欺诈的行为，且投资者出现损失的，无需证明投资决策与证券欺诈行为之间的特定因果关系。[②]误导性陈述、操纵性交易等欺诈行为向证券、期货市场传递了扭曲的价格信息，可以据此推定误导性、操纵性行为期间的投资者的决策与证券欺诈行为之间存在"交易关联"，[③]不需要提供直接证据证明投资者基于误导性陈述、操纵性交易而作出资本配置决策。[④]因为由竞争性交易与各类信

---

① 《市场操纵解释》第1条第一项至第五项都规定了"诱导投资者作出投资决策"。

② See Basic v. Levinson, 485 US 224, 244(1988).

③ W. Scott Laseter & Phillip E. Friduss, 10b-5 Reliance Requirement in the Eleventh Circuit After Kirkpatrick v. J. C. Bradford & Co., Mercer Law Review, 40(3), 1989, p.752.

④ See Louis Loss, Joel Seligman & Troy Paredes, Fundamentals of Securities Regulation (5th Edition), Aspen Publishers, 2003, p.845.

息汇集所形成的市场价格，不仅是对基础资产内在价值、外在供求关系的准确体现，也是对介入市场的操纵性行为作出的失灵反应，投资者的金融交易以当时的市场价格成交，其作出资本配置决策可以认为受到了失灵、虚假或者错误的价格信号影响。[①]

所以，《市场操纵解释》对重大事件操纵、利用信息优势操纵等“以其他方法操纵、证券市场”的行为模式都配置了“诱导投资者作出投资决策”这一构成要素，但“诱导投资者作出投资决策”并不要求查证，在操纵性行为实施期间从事交易的投资者，进行决策时其主观心态是否受到误导。行为人实施了“策划、实施资产收购或者重组、投资新业务、股权转让、上市公司收购等虚假重大事项”，“控制发行人、上市公司信息的生成或者控制信息披露的内容、时点、节奏”等可能对证券、期货市场价格信号产生重大影响的行为，即从客观角度通过行为特征上明显的操纵性与异常性，嫁接起了其与投资者决策受到影响之间的关联性。

(三) 市场操纵定罪量刑的数量标准

针对近年来证券、期货市场环境发生的明显变化，以及证券期货违法犯罪活动出现的新情况新问题，《市场操纵解释》运用了成熟的司法解释技术，对《刑法》第 182 条操纵证券、期货市场罪的定罪量刑标准进行完善。[②]《市场操纵解释》第 2 条[③]针对《刑法》第 182 条第 1 款规定的三种以及本解释规

---

① See William W. Bratton & Michael L. Wachter, The Political Economy of Fraud on the Market, University of Pennsylvania Law Review, 160(1), 2011, p.83.

② 参见姜佩杉:《依法惩治证券期货犯罪 促进资本市场稳定健康发展——“两高”有关部门负责人就关于办理操纵证券、期货市场、利用未公开信息交易刑事案件适用法律问题司法解释答记者问》,《人民法院报》2019 年 6 月 29 日第 4 版。

③ 《市场操纵解释》第 2 条规定:“操纵证券、期货市场，具有下列情形之一的，应当认定为刑法第一百八十二条第一款规定的‘情节严重’:(一)持有或者实际控制证券的流通股份数量达到该证券的实际流通股份总量百分之十以上，实施刑法第一百八十二条第一款第一项操纵证券市场行为，连续十个交易日的累计成交量达到同期该证券总成交量百分之二十以上的;(二)实施刑法第一百八十二条第一款第二项、第三项操纵证券市场行为，连续十个交易日的累计成交量达到同期该证券总成交量百分之二十以上的;(三)实施本解释第一条第一项至第四项操纵证券市场行为，证券交易成交额在一千万元以上的;(四)实施刑法第一百八十二条第一款第一项及本解释第一条第六项操纵期货市场行为，实际控制的账户合并持仓连续十个交易日的最高值超过期货交易所限(转下页)

定的六种操纵证券、期货市场的情形，明确了七种“情节严重”的认定标准。同时，为更加有力、有效地惩治操纵证券、期货市场犯罪，结合此类犯罪的特点，《市场操纵解释》第3条[①]又规定了七种“数额+情节”的“情节严重”的情形。在此基础上，《市场操纵解释》第4条[②]明确了六种“情节特别严重”的认定标准，其中按照证券交易成交额的五倍、违法所得数额的十倍确定“情节特别严重”的数额标准，并规定了七种“数额+情节”的“情节特别严重”的情形。[③]应当看到，《市场操纵解释》设定的定罪量刑数量标准，无论是

(接上页)仓标准的二倍，累计成交量达到同期该期货合约总成交量百分之二十以上，且期货交易占用保证金数额在五百万元以上的；(五)实施刑法第一百八十二条第一款第二项、第三项及本解释第一条第一项、第二项操纵期货市场行为，实际控制的账户连续十个交易日的累计成交量达到同期该期货合约总成交量百分之二十以上，且期货交易占用保证金数额在五百万元以上的；(六)实施本解释第一条第五项操纵证券、期货市场行为，当日累计撤回申报量达到同期该证券、期货合约总申报量百分之五十以上，且证券撤回申报额在一千万元以上、撤回申报的期货合约占用保证金数额在五百万元以上的；(七)实施操纵证券、期货市场行为，违法所得数额在一百万元以上的。”

① 《市场操纵解释》第3条规定：“操纵证券、期货市场，违法所得数额在五十万元以上，具有下列情形之一的，应当认定为刑法第一百八十二条第一款规定的‘情节严重’：(一)发行人、上市公司及其董事、监事、高级管理人员、控股股东或者实际控制人实施操纵证券、期货市场行为的；(二)收购人、重大资产重组的交易对方及其董事、监事、高级管理人员、控股股东或者实际控制人实施操纵证券、期货市场行为的；(三)行为人明知操纵证券、期货市场行为被有关部门调查，仍继续实施的；(四)因操纵证券、期货市场行为受过刑事追究的；(五)二年内因操纵证券、期货市场行为受过行政处罚的；(六)在市场出现重大异常波动等特定时段操纵证券、期货市场的；(七)造成恶劣社会影响或者其他严重后果的。”

② 《市场操纵解释》第4条规定：“具有下列情形之一的，应当认定为刑法第一百八十二条第一款规定的‘情节特别严重’：(一)持有或者实际控制证券的流通股份数量达到该证券的实际流通股份总量百分之十以上，实施刑法第一百八十二条第一款第一项操纵证券市场行为，连续十个交易日的累计成交量达到同期该证券总成交量百分之五十以上的；(二)实施刑法第一百八十二条第一款第二项、第三项操纵证券市场行为，连续十个交易日的累计成交量达到同期该证券总成交量百分之五十以上的；(三)实施本解释第一条第一项至第四项操纵证券市场行为，证券交易成交额在五千万元以上的；(四)实施刑法第一百八十二条第一款第一项及本解释第一条第六项操纵期货市场行为，实际控制的账户合并持仓连续十个交易日的最高值超过期货交易所限仓标准的五倍，累计成交量达到同期该期货合约总成交量百分之五十以上，且期货交易占用保证金数额在二千五百万元以上的；(五)实施刑法第一百八十二条第一款第二项、第三项及本解释第一条第一项、第二项操纵期货市场行为，实际控制的账户连续十个交易日的累计成交量达到同期该期货合约总成交量百分之五十以上，且期货交易占用保证金数额在二千五百万元以上的；(六)实施操纵证券、期货市场行为，违法所得数额在一千万元以上的。实施操纵证券、期货市场行为，违法所得数额在五百万元以上，并具有本解释第三条规定的七种情形之一的，应当认定为‘情节特别严重’。”

③ 参见姜佩杉：《依法惩治证券期货犯罪 促进资本市场稳定健康发展——“两高”有关部门负责人就关于办理操纵证券、期货市场、利用未公开信息交易刑事案件适用法律问题司法解释答记者问》，《人民法院报》2019年6月29日第4版。

在条文结构还是在条款内容层面，都属于刑法司法解释中比较复杂的，有必要就其中的重大适用问题进行深度阐释。

1. 交易量标准的辨析

市场操纵犯罪性质的确定是“定性”与“定量”的结合。其中，“定性”是基于《刑法》第 182 条及《市场操纵解释》的规定，对案涉行为模式的市场操纵法律性质予以确认；“定量”是根据《市场操纵解释》第 2 条、第 3 条的规定，确定市场操纵是否构成“情节严重”。由于不管是之前的《经济犯罪追诉标准（二）》还是现在的《市场操纵解释》，都将交易量指标设定为最重要的定罪量化标准之一。尤其是连续交易、相对委托、洗售、虚假申报四种市场操纵行为模式，行为人的交易量是对其进行定罪的核心数量标准。相应的，实践中出现了一种倾向性认识，即涉案行为符合市场操纵行为模式的特征（定性），同时符合司法解释规定的交易量标准（定量），就构成相应的市场操纵犯罪。上述意见似乎在定罪逻辑上严丝合缝，但实际上代表了市场操纵刑事司法实践的典型误区。司法解释规定的交易量标准的连续交易、相对委托、洗售、虚假申报行为直接认定为市场操纵犯罪，并不符合《刑法》第 182 条操纵证券、期货市场罪的解释规则。

其一，连续交易、相对委托、洗售、虚假申报等行为达到《市场操纵解释》第二条所规定的交易量标准，只是满足了《刑法》第 182 条操纵证券、期货市场罪的犯罪构成体系中的部分内容，不一定符合市场操纵犯罪的实质，更没有齐备市场操纵的犯罪构成。

《刑法》第 182 条操纵证券、期货市场罪的文本内容和罪状结构[①]清晰

---

① 《刑法》第 182 条操纵证券、期货市场罪规定：“有下列情形之一，操纵证券、期货市场，情节严重的，处五年以下有期徒刑或者拘役，并处或者单处罚金；情节特别严重的，处五年以上十年以下有期徒刑，并处罚金：（一）单独或者合谋，集中资金优势、持股或者持仓优势或者利用信息优势联合或者连续买卖，操纵证券、期货交易价格或者证券、期货交易量的；（二）与他人串通，以事先约定的时间、价格和方式相互进行证券、期货交易，影响证券、期货交易价格或者证券、期货交易量的；（三）在自己实际控制的账户之间进行证券交易，或者以自己为交易对象，自买自卖期货合约，影响证券、期货交易价格或者证券、期货交易量的；（四）以其他方法操纵证券、期货市场的。”

地呈现了犯罪构成前后递进的三个层次——第一层次，行为模式，即对操纵性行为的样态、特征、情形的具体规范描述。市场操纵行为模式具体包括：(1)连续交易，即独立、联合其他行为主体，实施连续性的证券交易行为，操纵证券的市场价格、交易量。(2)相对委托，即复数行为主体在交易价格等核心要素约定的情况下，相互买卖证券，影响证券、期货合约的市场价格或者交易量。(3)洗售，即独立行为主体在实际控制证券、期货合约交易账户中买卖证券，影响证券、期货合约的市场价格或者交易量。(4)“影响证券、期货交易价格或者证券、期货交易量”[①]的其他方法。第二层次，刑事违法性实质，即对符合刑法及其司法解释既定行为模式所具体描述的各类操纵性行为，在刑事违法性层面的实质内涵。符合第一层次的行为模式之后，必须能够被评价为“操纵证券、期货市场”，才能在刑法上具备操纵证券、期货市场的法律属性。第三层次，刑事处罚标准。“情节严重”是刑法介入的具体数量标准；“情节特别严重”是提升至第二档法定刑的具体数量标准。对于连续交易、相对委托、洗售、虚假申报等行为模式而言，《市场操纵解释》第2条所规定的交易量指标，实际上只解决了刑事处罚标准中的定量问题，并没有解决行为模式中亦需要解决的定量问题，即如何认定“影响证券、期货交易价格或者证券、期货交易量”。

其二，连续交易、相对委托、洗售、虚假申报等涉嫌操纵的行为是否“影响证券、期货交易价格或者证券、期货交易量”，应当在行为模式判断环节就价量形成机制是否受到扭曲进行独立评估，并且不能重复使用司法解释规定的“情节严重”中的交易量标准。

《市场操纵解释》第2条明确规定，连续交易、相对委托、洗售、虚假申报等行为模式的交易量，属于判断其是否可以认定为“情节严重”的量化标准。同时，《市场操纵解释》第1条明确规定了“影响证券、期货交易价格或者证券、期货交易量”的独立构成要素。所以，作为“情节严重”判断尺度的交易

① 《市场操纵解释》第1条对每项“以其他方法操纵证券、期货市场”的行为模式都将价量影响要素，即“影响证券、期货交易价格或者证券、期货交易量”，作为构成要件之一。

量标准不能重复用以直接证明是否存在影响证券、期货交易量。从经济机理与法律属性的双重角度分析，任何交易行为介入市场之后都会对交易量产生影响，因为在一定交易日期间内实际控制一定数量的证券或者超出持仓限额的期货合约，行为人的交易量客观上占据市场总量中的一定比例，这就是一种经济上的影响，但并不能直接等同于法律意义上的影响交易量。作为法律标准的影响交易量更侧重强调的是对交易量的扭曲。

更深入一层分析，市场操纵犯罪是一个包括了行为、结果以及因果关系等完整构成要素的法律概念。《刑法》第 182 条及《市场操纵解释》第 1 条所规定的"影响证券、期货交易价格或者证券、期货交易量"，明显是对结果性内容的罪状描述。达到司法解释规定交易标准的连续交易、洗售、相对委托、虚假申报等，都只能是市场操纵犯罪构成体系中的行为概念。这种疑似具有操纵属性的交易行为，必须在证券、期货市场中形成具有可责性的结果——价量形成机制受到扭曲——才能将交易行为与危害结果联系起来认定为市场操纵犯罪。价量形成机制受到扭曲的核心内涵是证券、期货合约的价格或者交易量处于明显异常水平，可比数据的选择标准应当根据不同的市场操纵犯罪行为类型的特征进行相应调整。例如，对于连续交易、相对委托、洗售等操作期间相对更长的操纵行为类型，可以选取同期行业指数、盘块指数、大盘指数、同类个股价格或交易量数据、境外相同期货交易品种的价格或交易量数据等；对于虚假申报操纵等明显具有短线或者超短线特征的操纵行为类型，可以选取该证券、期货交易品种日内、开盘或收盘集合竞价时段、行为介入前的极短区间（以分、秒为单位，对于通过程序化交易下单的操纵行为不排除使用微秒、毫秒等时间单位）的价格或者交易量数据。如果连续交易、洗售、相对委托、虚假申报等所指向的特定证券、期货交易品种的市场价格或者交易量，并没有偏离能够合理推论或者计算的、资本市场正常或者自然竞争所形成的价格或者交易量，即使行为人本身的交易量超标，只能根据《证券法》《期货交易管理条例》以及交易所规则等，认定为信息披露违规、违反超仓限额等证券期货违法行为，并不能构成市场操纵犯罪。

2. 违法所得的计算方法

根据《市场操纵解释》第 2 条至第 4 条的规定，违法所得构成了市场操纵定罪量刑非常重要的量化指标：(1)操纵证券、期货市场违法所得数额在一百万元以上的，或者违法所得数额在五十万元以上，具有《市场操纵解释》第 3 条规定的七种情形之一的，构成“情节严重”；(2)操纵证券、期货市场违法所得数额在一千万元以上的，或者违法所得数额在五百万元以上，并具有《市场操纵解释》第 3 条规定的七种情形之一的，构成“情节特别严重”。实践中，有的行为人“风控水平”与“操纵技术”较强，可以在交易量不超标的情况下实现相当惊人的非正常收益率。此时，通过违法所得的量化标准将具有严重市场危害的行为纳入刑法规制就显得尤为关键。可见，公正、有效且科学地对违法所得予以认定，对于市场操纵定罪量刑具有极为重大的意义。然而，《市场操纵解释》第 9 条[①]仅就操纵证券、期货市场的违法所得概念进行了界定，并没有提供计算方法与认定规则，而该问题在市场操纵犯罪刑事司法实践中往往争议极大。因此，亟须以契合刑事法律规则与数量金融逻辑的双重视角，就市场操纵违法所得的计算方法与认定问题进行细化阐释。

实践中，市场操纵违法所得的基本认定规则是：(1)计算违法所得的时间区间为市场操纵行为发生时至实施终了之时；(2)证券、期货合约全部平仓的，以累计平仓收入减去累计建仓金额，同时扣除证券、期货合约的交易成本(税费、交易佣金、手续费等合理费用)；(3)尚未全部平仓的，核定收入部分还应当加入市场操纵实施终了时所持有证券、期货合约的市值。[②]可见，市场操纵行为发生时与终了时是违法所得计算最为重要的时间基准，但这两项时间节点的确立规则应根据不同市场操纵类型的特征而进行针对性调整。

---

① 《市场操纵解释》第 9 条规定：“本解释所称‘违法所得’，是指通过操纵证券、期货市场所获利益或者避免的损失。”

② 《操纵认定指引》第 50 条规定：“违法所得的计算，应以操纵行为的发生为起点，以操纵行为终止、操纵影响消除、行政调查终结或其他适当时点为终点。”第 51 条规定：“在计算违法所得的数额时，可参考下列公式或专家委员会认定的其他公式：违法所得 = 终点日持有证券的市值 + 累计卖出金额 + 累计派现金额 − 累计买入金额 − 配股金额 − 交易费用。”

对于连续交易、相对委托、洗售等交易型操纵而言，交易过程需要一定周期，市场操纵行为发生时、终了时应当分别以交易量超标的最初交易日与最末交易日为准。对于蛊惑交易、“抢帽子”交易、重大事件操纵、利用信息优势操纵等信息型操纵而言，其可能存在操纵性信息传播行为与交易行为并存的情况，应当将先出现的操纵性信息行为或者交易行为认定为操纵行为发生时，将后出现的信息对市场的影响消除或者交易行为结束认定为操纵行为终了时。对于虚假申报操纵，其核心客观行为表现为短期内频繁或者大额申报并撤回，应当首先确立其操纵行为终了时间。由于虚假申报操纵具有非常显著的短线或者超短线特征：(1)对于发生在开盘集中竞价或者盘中阶段的，应当将操纵行为影响的程度界定为日内影响。实践中需要首先确立操纵行为终了时间并对操纵行为发生时进行倒推，即实施虚假申报当日最后一笔平仓行为发生的时间为终了时，然后计算日内平仓总交易量，以此交易量数额等值确认前期建仓总数额，并以该等持仓量中最先成交的时间为操纵行为发生时。(2)对于发生在收盘集中竞价阶段的，其操纵意图显然是控制收盘价，原则上应当将操纵行为影响的程度界定为翌日影响。实践中应当将收盘价形成后一个交易日最后一笔平仓行为发生的时间为终了时，然后计算日内平仓总交易量，以此交易量数额等值确认前期建仓总数额，并以该等持仓量中最先成交的时间为操纵行为发生时。

第四章　金融犯罪的刑罚与非刑罚处罚

在当代社会中，刑罚的理性化无疑是人们始终加以追求的目标。对包括犯罪在内的犯罪进行刑事惩罚，实际上是国家对犯罪所作出的自卫手段，而国家对犯罪行为设立刑罚以及适用刑罚的目的并不仅仅是为了惩罚犯罪而惩罚，更重要的是为了有效地预防犯罪。应当看到，犯罪刑事处罚的原则尚不清晰，刑罚配置也不尽合理，这就导致犯罪的刑罚裁量规则存在仅以不完善的必要。同时，在当前犯罪司法实践中，惩治与预防犯罪的手段比较单一，主要还是依靠自由刑与罚金刑等刑罚手段。如何根据我国刑法有关非刑罚处罚的规定，充分发挥非刑罚手段惩治与预防犯罪的效率，也是犯罪刑法理论与实务，尤其是处罚理论与实践需要深刻思考的问题。尤其是对于金融犯罪而言，非刑罚处罚实际上能够起到重要的替代性作用。基于此，有必要就金融犯罪刑事处罚原则、刑罚配置、刑罚裁量以及非刑罚处罚等一系列处罚机制问题展开详细论述，以期对于金融犯罪处罚实践进一步提升惩罚与预防效率提供理论支持。

第一节　刑罚理念

刑罚应当轻缓、宽和，这早在 18 世纪资产阶级启蒙思想家发起的刑法改革运动中就已提出。对犯罪的处罚原则不应当超越刑法最基本的价值理念。同时，应当通过转变传统刑罚观的桎梏，在实践中落实犯罪处罚宽和的理念。

一、刑罚宽和理念

对犯罪刑法处罚应当坚持宽和，实际上体现了刑法干预的适度性内容。对于犯罪的处罚控制主要是着眼于把握刑法干预的合理性与必要性，这是对刑法干预的质的把握；对犯罪刑法处罚程度的宽和则是对刑法干预的量的考虑与选择。这是刑法谦抑原则的必然要求，两者共同构成刑法谦抑原则的本质内容。刑法对于犯罪处罚程度的宽和，在刑事立法活动中表现为应当尽可能地使处罚程度轻缓、宽和，具有人道性的一种立法思想。

早在18世纪，贝卡里亚首先对历史上严刑酷罚的发起了猛烈抨击："纵观历史，目睹由那些自命不凡、冷酷无情的智者所设计和实施的野蛮而无益的酷刑，谁能不触目惊心呢？目睹帮助少数人、欺压多数人的法律有意使或容忍成千上万的人陷于不幸，从而使他们绝望地返回到原始的自然状态，谁能不毛骨悚然呢？目睹某些具有同样感官、因而也具有同样欲望的人在戏弄狂热的群众，他们采用刻意设置的手段和漫长残酷的刑讯，指控不幸的人们犯有可能的或可怕的愚昧所罗织的犯罪，或者仅仅因为人们忠实于自己的原则，就把他们指为罪犯，谁能不浑身发抖呢？"[①]此外，贝卡里亚还根据社会契约理论，得出一个结论："即使严酷的刑罚的确不是在直接与公共福利及预防犯罪的宗旨相对抗了，而只是徒劳无功而已，在这种情况下，它也不但违背了开明理性所萌发的善良美德——这种理性往往支配着幸福的人们，而不是一群陷于怯懦的残忍循环之中的奴隶——同时，严酷的刑罚也违背了公正和社会契约的本质。"[②]在当今世界上，刑罚宽和的思想已经越来越被大多数人所接受。根据刑法谦抑主义思想，西方自古就有分配的正义

---

① ［意］贝卡里亚：《论犯罪与刑罚》，黄风译，中国大百科全书出版社1993年版，第42页。
② ［意］贝卡里亚：《论犯罪与刑罚》，黄风译，中国大百科全书出版社1993年版，第11页。

理念，罗马法中就有“法不关微事”“法官不管微事”的格言。刑法的谦抑理论从刑法与其他法律之间的关系出发，认为刑法在整个法律体系中处于保障法的地位，具有最后手段性。也即在通常情况下刑法并不能也不需要把所有的违法行为都当作处罚对象，而是首先应当尽量采用其他社会控制方法（如民事、行政法律手段等）来调整社会关系。只有当其他法律不能调整时，且如果不用刑法调整可能会出现不可控制局面时才能运用刑法。就此而言，我们可以说刑法只有在不得已时才能有限地适用。

刑法调控必须适度，因为“过度干预”与“无为沉默”同样都会阻碍社会发展。所谓适度是指刑法介入必须把握合适的广度、深度和力度，既不能过度，也不能不足，在保障社会所需最基本秩序和投资者最基本权利的前提下，最大限度地不干预社会的气氛和环境，这是刑法处罚宽和原则的必然要求。其中的广度是指对于哪些行为刑法需要干预；深度是指对于具备何种程度危害量的行为刑法需要干预；力度则是指对于犯罪适用刑罚处罚的严厉程度。

二、宽和处罚理念的具体实现

刑法调控要做到适度，就必须坚持犯罪的宽和处罚，而在实践中贯彻与实现这一刑事处罚原则，理应从以下几方面入手：

其一，必须转变我们长期以来形成的刑罚观，以真正做到可罚可不罚的不罚，可轻罚可重罚的坚决轻罚。我国刑法中确立的罪刑相适应原则要求我们，在罪刑关系方面必须实行配比原则。也即对于较为严重的犯罪应当配置较重的法定刑，相应的，对于较为轻微的犯罪就应当配置较轻的法定刑。理论上一般认为，立法上适当力度的法定刑设置是司法上适度量刑的前提条件，没有法定刑的合理配置，也就不可能有所谓的适度量刑。刑罚的适度性要求罪与刑的配置上应当坚持等价性，也即如果说在某一犯罪与其对应法定刑之间可以确定一个明确的罪刑比率，那么刑法适度性原则要求这样一个比率应当适当，而这种比率的适当性，同样不能仅仅根据刑法本身的要求加以衡量，它更多的是要从社会整体观念出发加以全方位的考察。在证券、期货市场上，对于犯罪的法定刑设置尤其要注意这一点。

其二，必须高度重视轻刑化的螺旋式前进与发展趋势，不断朝着轻刑化方向迈进。虽然我国现行刑法中有关金融犯罪的法定刑没有设置死刑、无期徒刑或者强度非常高的自由刑，但是比较世界各国和地区的刑法规定，我国有些金融犯罪的法定刑还是比较重的。以证券期货犯罪为例，现在世界上绝大多数国家和地区对于犯罪的法定刑均是以罚金刑为主，自由刑的规定一般也控制在七年以下。而我国刑法对于犯罪的法定刑一般都要处五年以下有期徒刑，较高（如内幕交易、泄露内幕信息罪，利用未公开信息交易罪，诱骗投资者买卖证券、期货合约罪，操纵证券、期货市场罪等）的要处十年以下有期徒刑，最高的与证券相关的犯罪类型（如伪造、变造国家有价证券罪）可处以无期徒刑。对此，我们应该予以充分的重视，必要的时候可作些调整。应该承认，轻刑化顺应了社会历史发展的规律，要实现世界发展的潮流，我国对于犯罪的刑罚处罚也应朝着轻刑化的方向发展。我国当前刑法中有关犯罪的重刑结构虽然具有存在的客观必然性，但并不能由此认为刑罚越重越好或者重刑有理。应该认识到重刑实在是不得已的，在条件许可的情况下，刑罚应该尽量要轻。当然，对于犯罪采用轻刑化政策，只是目前我们应该努力的方向和追求的目标。这一目标的实现应该是一个过程，特别是轻刑化本身不能脱离我们国家的国情且必须根据我国整个社会的物质文明和精神文明程度加以确定；另外，对于金融犯罪的轻刑化理应与其他犯罪（特别是其他经济犯罪）的轻刑化同时加以考虑，而不能单独进行。如果不顾现行我国刑法中对其他犯罪法定刑的规定，而骤然大幅度降低金融犯罪的法定刑，也可能会产生一些消极后果。事实上，欧美国家刑罚轻缓化是在其固有的经济、文化背景下并经历了两百多年曲折、反复的历史，最后伴随着整个社会文明程度的提高而逐步实现的。

第二节　犯罪的刑罚裁量

刑罚裁量又称量刑，是指人民法院代表国家依法对已经构成犯罪的行为人裁量、适用刑罚的一种司法活动。具体而言，就是指人民法院通过刑事审理，在查明犯罪事实和确认有效证据的基础上，根据犯罪行为人所实施的犯罪行为、犯罪性质、犯罪情节和对社会的危害程度，依法决定对犯罪人是否判处刑罚，判处何种刑罚和判处多重刑罚的一种审判活动。与对其他刑事犯罪的量刑活动一样，对于金融犯罪的量刑活动也必须坚持以犯罪事实为根据，以刑事法律以及相关证券、期货法律法规为准绳的原则，而且在贯彻这一原则时还必须结合考虑金融犯罪的特点和证券、期货市场的特点，通过公正且均衡的量刑规则处罚犯罪。

一、量刑原则

我国《刑法》第 61 条规定："对于犯罪分子决定刑罚的时候，应当根据犯罪的事实、犯罪的性质、情节和对于社会的危害程度，依照本法的有关规定判处。"就这一规定中的内容分析，理论上一般认为，其蕴含着我国量刑活动中所必须遵循的原则，即以犯罪事实为根据，以刑事法律为准绳的量刑原则。当然，对于金融犯罪的刑罚裁量原则而言，还要注重对犯罪独立性特征的分析。因此，犯罪的量刑原则应当涵盖以下三方面的内容：

（一）以犯罪事实为根据

以犯罪事实为根据，是指在对犯罪进行量刑活动时，首先要查明整个犯罪事实，正确认定犯罪的性质，全面把握犯罪的犯罪情节、准确评估犯罪危害程度，从而为全面展开相关量刑活动、合理适用刑罚，提供切实可靠的客观依据。

犯罪最本质的特征是行为的社会危害性。构成犯罪行为危害性的大小，是区别罪重罪轻，从而决定量刑轻重的主要标准。犯罪行为社会危害性大小虽然是由诸多因素决定的，但无论何种因素都无法脱离客观存在的犯罪事实。犯罪事实是指客观存在的犯罪诸种情况的总和。作为犯罪事实，既包括构成犯罪要件的各种事实，也包括与犯罪构成事实密切相关，直接影响犯罪危害程度的其他事实。以犯罪事实为根据是一个总的、概括的要求。其具体内容包括犯罪事实、犯罪性质、犯罪情节和犯罪对于社会的危害程度四个方面。

犯罪事实是定罪量刑的基础，查清犯罪事实是准确认定犯罪性质和正确适用刑罚的前提。因此，有关司法机关在处理犯罪案件时，必须正确地确定案件的真实情况，查清案件的犯罪事实，做到事实清楚，证据确凿。只有这样才能保证定罪准确和量刑适当。例如，在处理有关操纵证券、期货交易市场犯罪案件时，司法机关首先要查清证券、期货市场上是否确实有操纵事实的存在，如果实际上并不存在操纵证券、期货交易价格或者交易量的事实，也就无所谓定罪和量刑的问题。

应该看到，有无犯罪事实，是区分犯罪与非犯罪界限的根据；而犯罪性质则是区分此种犯罪与彼种犯罪界限的根据。证券、期货的犯罪性质是指行为人具体犯什么证券、期货罪，应以何种具体的犯罪罪名对其定罪。由于犯罪构成是行为人负刑事责任的基础，因此，判断犯罪的性质当然不能脱离每个具体犯罪的构成要件。我国刑法在总则中规定了犯罪的一般特征，又在分则中具体规定了每一个犯罪的构成要件。正确地确定犯罪性质，对于量刑有着非常重要的意义。人民法院在对犯罪行为人量刑时，必须根据犯罪事实，准确地分清犯罪的性质，既要判明行为人的行为是否属于犯罪，还要判明行为人的行为属于何种具体的犯罪。只有这样才能做到准确地适用刑罚，惩罚犯罪，以真正贯彻落实罪责刑相适应的刑法基本原则。

另外，我们还必须注意到，判明犯罪性质，只是解决了对某一具体犯罪应当依照刑法分则哪一条的法定刑来考虑量刑的问题。然而，同一性质的犯罪由于犯罪的情节不同，行为给国家和人民利益造成的危害程度就有轻重不同的差别，因此所处刑罚的轻重也就应当有所不同。犯罪情节是指犯罪构成必要要件的基本事实以外的其他能够影响社会危害性程度的各种具体事实情况。不同的犯罪的犯罪情节是刑法规定轻重不同的法定刑的依据。例如，刑法对内幕交易、泄露内幕信息罪规定，情节严重的，处五年以下有期徒刑或者拘役，并处或者单处违法所得一倍以上五倍以下罚金；情节特别严重的，处五年以上十年以下有期徒刑，并处违法所得一倍以上五倍以下罚金。对诱骗投资者买卖证券、期货合约罪规定，造成严重后果的，处五年以下有期徒刑或者拘役，并处或者单处一万元以上十万元以下罚金；情节特别恶劣的，处五年以上十年以下有期徒刑，并处二万元以上二十万元以下罚金。因此，司法实践中，对犯罪要做到正确的量刑，准确地认定犯罪的各种情节无疑至关重要并具有非常重要的意义。由于金融犯罪毕竟是一类新型犯罪，因此对于如何确定衡量各种犯罪情节的标准还需要我们不断加以摸索和探讨，适时由相关司法机关作出相应的司法解释。

犯罪对于社会的危害程度是指犯罪行为对社会造成或者可能造成的损害。我们之所以要根据犯罪行为对社会的危害程度确定刑罚，是因为行为的社会危害性是犯罪的最本质特征。各种犯罪行为的社会危害性的有无及其大小，不仅是区分犯罪与非罪的主要依据，而且还是决定罪重罪轻以及相应判刑轻重的重要标准。只能这样才能避免出现量刑上的畸轻畸重、罪责刑不相适应的现象。

总之，犯罪事实(包括犯罪事实、犯罪性质、犯罪情节以及犯罪行为对社会的危害程度)是量刑的客观基础或者根据。没有犯罪事实，就无法确立犯罪，也就更谈不上量刑了。例如，对于内幕交易、泄露内幕信息罪的认定，首先应确定客观上是否具有证券、期货交易内幕信息的知情人员或者非法获取证券、期货交易内幕信息的人员，在涉及证券的发行，证券、期货交易或者其他对证券、期货交易价格有重大影响的信息尚未公开前，买入或者卖出该证券，或者从事与该内幕信息有关的期货交易，或者泄露该信息的犯罪事实，如果行为人具有了这些犯罪事实，就要进一步考察行为人的行为是否达到了情节严重的程度，从而确定行为人的行为是否构成犯罪，如果行为人的行为达到了情节特别严重的程度，则在构成犯罪的前提下，依照刑法规定对行为人施加较重的量刑。因此，人民法院在对犯罪行为人量刑的时候，首先就要查清犯罪的事实，并准确地区分犯罪性质，全面分析犯罪情节，从而为判断犯罪的社会危害性大小和正确地适用刑罚提供可靠的客观依据。

(二) 以刑法和相关法律法规为准绳

人民法院在开展量刑活动时，必须严格依照刑法的有关规定，在坚持罪责刑相适应和刑罚个别化的原则下，做到恰当用刑，罚当其罪，这是我国社会主义法制原则在量刑工作中的具体要求。我国《刑法》第 61 条明确规定，对于犯罪分子决定刑罚的时候，“依照本法的有关规定判处”。因此，对于犯罪的量刑，同样也应坚持这一原则。具体而言，应做到以下几点：

首先，严格依照刑法分则以及相关法律法规中有关犯罪的规定，根据各具体犯罪的情节轻重，为已经确认的犯罪选择相应的刑罚。就我国现行刑法有关犯罪的法定刑规定分析，有些犯罪的刑法规定有“情节严重”和“情节特别严重”不等的法定刑幅度，如内幕交易、泄露内幕信息罪；也有些刑法规定有“造成严重后果的”和“情节特别恶劣”不等的法定刑幅度，如诱骗投资者买卖证券、期货合约罪；还有些刑法规定则只有“情节严重”或“造成严重后果”单一的法定刑幅度，如操纵证券、期货市场罪和编造并传播证券、期货交易虚假信息罪。刑法对犯罪设定这些法定情节无疑是十分必要的，因为这些情节表述可以概括那些刑事立法中无法简洁表达的内容。法律的稳定性和确定性本身并不足以为我们提供一个行之有效的、富有生命力的法律制度。在一个变幻不定的世界中，如果把法律仅仅视为一种永恒的工具，那么它就不可能有效地发挥作用。我们必须在运动与静止、保守与创新、僵化与变化无常这些彼此矛盾的力量之间谋求某种和谐。①由此可见，刑法有关犯罪的规定中出现的这些法定情节实际上就是为了解决法律的稳定性与社

① [美]博登海默：《法理学——法律哲学与法律方法》，邓正来译，中国政法大学出版社 1999 年版，第 326 页。

会现象多变性之间的矛盾，以追求量刑上的平衡和谐。就此而言，人民法院在对犯罪量刑时，应先根据法律规定的情节（通常由司法解释对这些情节作出具体说明提出一定标准）具体确定量刑幅度，然后根据犯罪案件的具体情况选择适用何种刑种以及多少刑期等，以求做到重罪重罚、轻罪轻罚、罚当其罪、罪刑相当。

其次，严格依照刑法总则有关刑罚个别化的特殊规定，甄别犯罪分子的具体情况进行量刑。也即按照刑法总则中有关从重、从轻、减轻或者免除处罚等规定，对犯罪分子适当量刑。我国现行《刑法》第62条规定："犯罪分子具有本法规定的从重处罚、从轻处罚情节的，应当在法定刑的限度以内判处刑罚。"第63条规定："犯罪分子具有本法规定的减轻处罚情节的，应当在法定刑以下判处刑罚。"在犯罪中，每个具体的案件中可能具有许多不同的法定从重、从轻、减轻或者免除情节，例如，犯罪中的共同犯罪现象较为常见，在量刑活动中应该根据刑法有关共同犯罪人中的主犯、从犯、胁从犯和教唆犯的处罚原则，根据犯罪的每个共犯成员的地位和作用以及分工形式，分别情况进行适当量刑。

（三）充分考虑犯罪的特点和实际情况

金融犯罪不同于一般的刑事犯罪，其只能产生于特定的体制之下。例如，对于特定的经济制度而言，没有市场经济就不会有证券、期货市场，没有证券、期货市场，也就不会有证券期货犯罪。正因为如此，我们在认定金融犯罪并对其进行量刑时，就必须依据社会的发展规律，从社会本身的特点以及国家调控政策等角度出发，综合加以考察。

二、量刑方法

理论上一般认为，量刑方法就是司法人员依法对犯罪分判处刑罚的手段、方式及步骤的综合。应该看到，在对犯罪量刑时，量刑方法是否科学与精确在很大程度上会影响到最后的结果是否合理。我国现行刑法对量刑方法未作统一规定，目前，全国各地法院基本上都采用"综合估量式"的量刑方法。这种量刑方法就是司法人员首先通过审理案件，掌握案情，在法定刑范围内参照全国性或者地方性的量刑指导意见、过去自己和他人办案时的量刑经验，估量出对现在案件应判的刑罚，接着再考虑案件中存在的从重、从轻、减轻处罚和免除刑罚的情节，最后综合地估量出犯罪人应当执行的刑罚加以宣告，或者先不作出大致应判的刑罚，而是考虑上述案件情节，一次性地估量出犯罪人应当执行的刑罚，即宣告刑。

"综合估量式"的量刑方法虽然简便、灵活、易操作，但由此也带来了一些不可避免的缺陷。主要问题在于，首先，由于在量刑活动中司法人员始终是量刑的主体，而不同的法官经验的丰富程度不同，在面对情节复杂的案件时重点考虑的方面也很可能不同，最后的量刑结果也会有较大的偏差，这种因法官的个人因素影响到量刑的情况应当是极力避免的。其次，采用综合估量法的量刑过程是不透明的，虽然现在已经推出了全国性的量刑指导意见，同时，各地法院也努力推出适用于本地区的量刑指导意见，但是，对于绝大多数量刑过程而言，基本上还是停留在法官的头脑之中，无法知道究竟各个量刑情节在多大程度上影响了量刑，在这样一个不透明的量刑方法之下，很难对法官的量刑结果是否合理进行评价。由此可见，采用"综合估量式"这种方法难免会受到司法人员的法律意识与工作经验等主、客观因素的影响，以致给量刑带来许多不确定因素，因此，这种方法明显缺乏一定的科学性。

我国刑法理论早已认识到这种量刑方法的弊端，根据司法实际部门的需要，开始了对量刑方法的探索和研究，并从理论与实践的结合上从不同的角度提出了具有代表性的几种量刑方法，主要包括：量刑系统数学模型法①、改良

① 这是通过引入数学的方法把量刑活动最大可能地精确化的量刑方法，也即对量刑所依据的各种事实情节予以量化，再依数学模型的方法乃至某些数学公式来计算出量刑的结果的方法。数学量刑模型法的具体操作是：从犯罪构成及其危害同刑罚相对应的角度出发，把犯罪构成四大要件具体划分为犯罪行为、犯罪手段、危害结果、责任年龄、人身危险、身心状况、主观方面、认罪态度、罪后表现、社会评价十个单元，把这些单元的不同程度设定为各种数值，使这些单元的不同程度和数值之间建立联系，进而制定出罪刑量表和罪刑折算表。对被告人量刑时，先确定构成何罪，使用刑法分则哪一条，然后按罪行量表，针对罪行的十个项目逐一打分，继而累计十项总分，按罪刑折算表确定刑种和刑期。

型的量刑方法①以及电脑量刑法②等。

对犯罪量刑的具体方法应该是，首先在根据行为人有关犯罪事实和犯罪情节确定犯罪的具体罪名后，依据各有关犯罪的司法解释所规定的具体标准确定行为人所实施的犯罪符合刑法规定的某一具体罪名中的“情节严重”“情节特别严重”“情节恶劣”“情节特别恶劣”等量刑格。这是因为刑法所规定的各种从轻、从重、减轻等法定情节均是针对具体量刑格，而不是针对整个犯罪的最高法定刑和最低法定刑之间的领域。量刑格在某种程度上最能反映某一行为的基本事实以及社会危害性，只有确定了量刑格，才能为对犯罪的最后量刑奠定基础。确定量刑格就可以基本确定量刑的大致范围，这对于犯罪的公正、合理量刑具有十分重要的作用。

在对犯罪行为人确定量刑格后，应当进一步选择量刑点，即量刑格中作为量刑基础的起点。从表面上看，最为保险的路径显然是所谓的“起始居中选择法”，即在量刑格内选择中间点作为个案的刑罚裁量起始点，随后再根据具体案件的伴随状况作出上下调整。然而，强调行为人矫正与再犯预防的罪责概念势必排斥“起始居中选择法”，因为该种方法要求的量刑起始点没有在量刑的第一环节预留犯罪预防指标发挥实用功能的空间。对于金融

---

① 例如二次量刑法，即在量刑过程中首先根据犯罪行为的社会危害性大小，遵循罪刑相适应的原则，结合犯罪发生过程中的各种情节，为犯罪选择一个与之相适应的基本刑。然后根据犯罪人的人身危险性程度，遵循刑罚目的为预防犯罪的要求，结合犯罪人的人身危险性形成和发展过程中的各种情形，对原先选择的基本刑作必要的调整，进行第二次量刑。最后将通过二次量刑调整复合后的刑罚结果作为宣告刑予以判决执行。参见杨兴培：《少年盗窃案件的处罚宽大与二次性复合量刑法》，《青少年犯罪问题》1997 年第 6 期；杨兴培：《论二次性复合量刑法》，《中国法学》1996 年第 4 期。

② 这是借助于电脑的人工智能专家系统来决定量刑结果的一种量刑方法。电脑量刑方法是一种综合性量刑方法，它综合运用了现代系统论、控制论和信息论的研究成果，采用数学模型的方法和电脑技术，集法律有关规定和法学专家及审判人员的经验于一体。电脑量刑方法的关键是研制电脑辅助量刑的专家系统。这一系统通常应该由知识获取系统、相关数据库、推理判断网络和人机对话系统等部分组成。在中国电脑量刑之所以很容易被接受，是以固有的思维方式为前提条件和催化剂的，虽然有关努力值得给予充分的评价，但在现阶段理论上有很多观点认为，对法律专家系统软件的设计和运用应该持一种慎之又慎的态度，尤其是在电脑量刑方面更不可急于求成。参见季卫东：《电脑量刑辩证观》，《政法论坛》2007 年第 1 期；苏惠渔等：《量刑与电脑》，百家出版社 1989 年版。

犯罪而言，其社会危害性很大程度体现在对资本市场的经济性破坏，相对于其他犯罪而言，其危害具有可量化性与可恢复性，有必要在量刑基准的选择阶段融入犯罪预防的量刑理念，采取“起始最低选择法”，即在量刑幅度内选择最低点作为个案的刑罚裁量起点。

在确定了量刑格与量刑点之后，我们应该根据行为人实施的犯罪的实际数额、各种法定和酌定情节等因素具体确定行为人的宣告刑。因为正确量刑必须对各种情节进行全面考虑，既要考虑法定情节和酌定情节、从宽处罚情节（从轻、减轻处罚情节或者免除处罚情节）和从严处罚情节（从重处罚情节），又要正确评价各种情节对刑罚裁量的不同作用，予以综合平衡。从有利被告人原则以及刑罚谦抑原则出发，对于犯罪各种量刑情节的考虑顺序理应是：当行为人只具有某单一情节，可以简单地按单一情节处理。如果行为人既具有从重情节，又具有从轻情节，则应以从轻情节为基点，把从重的因素考虑进去。对于多选择的法定情节，量刑时则应先确定是否免除处罚，如果行为人符合免除处罚的情节，则就不考虑适用其他情节；后确定是否减轻处罚，以确定对行为人量刑是在法定刑限度之内还是在法定最低刑之下量刑；最后根据其他量刑情节确定刑罚。

第三节　非刑罚处罚的刑事适用

非刑罚处罚是世界各国非刑罚化运动的表现之一，也是国际社会“轻轻重重”刑事政策的重要内容，更是我国宽严相济刑事政策中“宽”的具体落实。我国《刑法》第 37 条对非刑罚处罚进行了明确规定，但由于实务部门对于非刑罚处罚条件、具体处罚措施的适用、非刑罚处罚与缓刑、行政处罚的界限等问题存在认识困惑。并且，我国《刑事诉讼法》及其相关司法解释没有对非刑罚处罚的适用程序作出明确细致的规定，导致司法实践中极少适用非刑罚处罚，造成《刑法》第 37 条规范虚置。深入研究非刑罚处罚的刑事适用这一课题，把握非刑罚处罚的实体内容，建构其程序运作规范，有利于充分发挥非刑罚处罚教育、感化、挽救实施轻微犯罪的行为主体，对于深入贯彻宽严相济刑事司法政策、弥补单一化刑罚的弊端、丰富刑事处遇措施等具有很强的理论意义与实践价值。

一、非刑罚处罚刑事适用的实体标准

明确非刑罚处罚的适用主体、条件、范围等标准，是提高非刑罚处罚刑事适用率以及适用质量的实体基础。

（一）非刑罚处罚的适用主体

我国刑法理论的主流观点认为，非刑罚处罚刑事适用的主体只能是法院。[①]但是，我们认为，基于刑法解释的合法性与合理性分析，检察机关是非刑罚处罚刑事适用的当然主体。

主流观点坚持非刑罚处罚适用主体一元化的主要理由在于：(1)定罪量刑属于审判权，其他机关不得对行为人进行实体处分；(2)在刑事诉讼法没有明确检察院有权适用非刑罚处罚的前提下，《人民检察院刑事诉讼规则》第291条规定的人民检察院决定不起诉的案件，可以根据案件的不同情况，对被不起诉人予以训诫或者责令具结悔过、赔礼道歉、赔偿损失，属于过度的扩张性解释，不具有合法性。

对于检察机关属于非刑罚处罚刑事适用主体的法理论证，应当从以下几方面进行理解：

检察机关不起诉权在程序上具有定性功能。非刑罚处罚的适用对象是犯罪情节轻微、不需要判处刑罚、可以免予刑事处罚的行为人，对于此类对象，《刑事诉讼法》第177条明确规定检察院有权作出不起诉决定。《人民检察院刑事诉讼规则》第291条规定，人民检察院决定不起诉的案件，可以根据案件的不同情况，对被不起诉人予以训诫或者责令具结悔过、赔礼道歉、

---

① 张明楷：《刑法学》，法律出版社2007年版，第476页。

赔偿损失。对被不起诉人需要给予行政处罚、行政处分或者需要没收其违法所得的，人民检察院应当提出检察意见，连同不起诉决定书一并移送有关主管机关处理。因此，检察机关在程序上有权对行为人作出定罪但不诉的处理。

检察机关完全可以作为非刑罚类刑事处遇措施的适用主体。刑罚的适用主体当然应限定为法院，但《刑法》第 37 条没有将非刑罚处罚的主体明确限定为法院，因为非刑罚处罚的适用不是行使刑罚权，而是对犯罪的一种其他处遇方式。对于非刑罚化的刑事处遇方式，刑法与刑事诉讼法并没有限定必须由审判机关确定与实施。在法理解释过程中没有必要将具有不起诉权的检察院排除在适用主体之外。检察机关有权适用非刑罚处罚是对非刑罚化刑事处置权多元化配置的合理解释，关键问题并不在于否定除法院之外的其他主体能否适用非刑罚处罚，而是多元化的主体在适用非刑罚处罚过程中如何协调、配合和监督，防止司法机关工作人员滥用非刑罚处罚权，在非刑罚处罚适用对象、方案确定等层面形成标准化的操作规则。

检察机关适用非刑罚处罚符合刑事诉讼经济性的内在要求。从法律解释的合理性角度分析，在检察环节对犯罪情节轻微不需要处以刑罚的当事人作出不起诉决定，并由检察机关对其适用配套的非刑罚处罚方法，能够省却进入审判程序的司法成本。在检察环节即对犯罪情节轻微、人身危险性不大的犯罪人进行非刑罚处罚，使其及时从强制性的刑事诉讼程序中抽离，也能使犯罪人早日回归正常的社会生活，有利于社会化改造的适时开展。没有必要机械地跨过检察环节，一律交由审判机关处理这种并非重大且疑难的刑事案件。因此，将检察机关纳入非刑罚处罚刑事适用主体的范围具有合法性与合理性。

(二) 非刑罚处罚的适用条件

我国《刑法》第 37 条规定："对于犯罪情节轻微不需要判处刑罚的，可以免予刑事处罚，但是可以根据案件的不同情况，予以训诫或者责令具结悔过、赔礼道歉、赔偿损失，或者由主管部门予以行政处罚或者行政处分。"根据上述规定可知，非刑罚处罚的适用条件包括犯罪情节轻微性、刑罚处罚豁免性、非刑罚处罚必要性三方面内容。

非刑罚处罚只能适用于轻微犯罪。判断涉案行为是否属于轻微犯罪，应以犯罪情节是否轻微为标准，即应当根据犯罪的事实、性质、情节和对于社会的危害程度来具体认定。

首先，犯罪情节是否轻微最重要的是综合考虑犯罪行为过程中以及犯罪之后行为人的各种情况进行认定。罪前情况直接决定人身危险性，主要包括犯罪人的一贯表现、有无前科、是否惯犯或者偶犯；罪中情况主要决定犯罪行为的社会危害性，主要包括犯罪动机、犯罪的手段、行为侵害的对象，行为造成的损害后果，是否防卫过当或者避险过当；罪后情况主要反映犯罪人事后的悔过心态，主要包括自首、坦白、退赃等情节。只有综合考虑案件的各种情况，才能决定犯罪情节是否轻微。

其次，应当重点考虑相关司法解释中关于情节轻微的规定。刑事司法解释包含了大量免除处罚的条款，可以结合具体案情考虑对行为人是否进行非刑罚处罚。例如，2006 年最高人民法院《关于审理未成年人刑事案件具体应用法律若干问题的解释》第 16 条规定："未成年罪犯根据其所犯罪行，可能被判处拘役、三年以下有期徒刑，如果悔罪表现好，并具有下列情形之一的，应当依照刑法第三十七条的规定免予刑事处罚：（一）系又聋又哑的人或者盲人；（二）防卫过当或者避险过当；（三）犯罪预备、中止或者未遂；（四）共同犯罪中从犯、胁从犯；（五）犯罪后自首或者有立功表现；（六）其他犯罪情节轻微不需要判处刑罚的。"

再次，应当注意区分《刑法》第 37 条"犯罪情节轻微"与《刑法》第 13 条"情节显著轻微"。作为非刑罚处罚条件的"犯罪情节轻微"与作为适用但书规定条件的"情节显著轻微"之间的区分关键在于社会危害性程度不同，"情节显著轻微"意味着行为人形式上符合了犯罪的构成要件，但实质上还没有达到刑事犯罪所要求的严重危害性，因此行为人的行为因为缺少犯罪的实质要件而不成立犯罪。[①]对于情节显著轻微危害不大的行为，不需要通过宣

---

① 薛进展、杨亚民：《论犯罪概念中的"但书"规定》，《法学》2005 年第 12 期。

告为犯罪的形式进行严厉谴责。“犯罪情节轻微”说明犯罪行为的社会危害性达到构成犯罪的程度，但可以不用刑罚手段打击，也能够起到预防犯罪的效果，因此可以对其适用非刑罚处罚。

适用刑罚的目的在于预防犯罪，如果司法机关豁免刑罚已起到了威慑、教育、预防的作用，就没有必要启动刑罚程序对犯罪人进行制裁。因为对行为人作出的不起诉决定就已经起到了预防犯罪的作用。因此，在综合考虑行为人犯罪的各种情节基础上，还要从预防犯罪的目的上考虑适用刑罚的价值是否大于适用非刑罚处罚。如果前者的价值小于后者，就表明特定案件中刑罚具有多余性，应当排斥刑罚的适用。

根据《刑法》第 30 条规定，“可以根据案件的不同情况”予以非刑罚处罚，刑法规范并未使用“应当”，这就决定了对不需要判处刑罚的犯罪人并不一定都要适用非刑罚处罚方法。免予刑事处罚后是否适用非刑罚处罚，立法上给予司法机关自由裁量权，检察官、法官可以根据案件的具体情况和犯罪人的悔罪表现等判断非刑罚处罚的必要性。当前司法实践中的倾向于免予刑罚处罚案件的简单化处理，即不适用非刑罚处罚处于常态。我们认为，除了特殊情况（例如，防卫过当、紧急避险超过限度行为构成轻罪，且认罪态度好），对适用免予刑罚的犯罪人都应当尽可能适用非刑罚处罚。

（三）非刑罚处罚的适用范围

对非刑罚处罚刑事适用的范围问题，刑法理论中存在分歧。有观点认为，符合《刑法》第 37 条规定的“犯罪情节轻微不需要判处刑罚”标准的，均可适用非刑罚处罚。[1]也有观点认为，非刑罚处罚只能适用于刑法明确规定应当或者可以免除刑罚处罚的犯罪人。[2]司法实践中更有办案人员指出，对于刑法总则与分则没有明确规定可以免除刑罚处罚的犯罪人，如果其具体的犯罪行为确实轻微不需要判处刑罚的，可以将《刑法》第 37 条作为酌定免予刑罚条款作为特殊情况进行适用，但应当在程序上报请最高人民法院核准。

---

① 马克昌主编：《刑罚通论》，武汉大学出版社 1999 年版，第 751 页。

② 李巍、杜雪晶：《论我国非刑罚处罚的适用范围》，《当代法学》2003 年第 1 期。

我们认为，非刑罚处罚刑事适用的范围应当严格按照合法性原则进行界定，只有刑法总则（正当防卫、紧急避险、中止犯、从犯、自首等）与刑法分则法定刑（贪污罪、行贿罪等）规定应当或者可以免除刑罚的情形，才能适用非刑罚处罚。《刑法》第37条“犯罪情节轻微不需要判处刑罚”是对适用非刑罚处罚案件范围的概括性规定，不具有直接的适用效力。非刑罚处罚的适用前提是免予刑罚，而免刑的认定必须严格按照“刑之法定”的要求，根据法定刑罚免除情节予以判断。

值得引起重视的是，由于我国刑法总则各项免刑条件通常表述为“可以减轻或者免除刑罚”，且分则个罪的各项免刑情节没有在司法解释中予以明确和细化，从而导致在司法实践中出现免刑条款虚置或者滥用免刑情节的两种极端现象。对此，我们建议司法解释应当从个罪的角度明确免刑的适用标准，夯实非刑罚处罚刑事适用范围的基础。

二、非刑罚处罚刑事适用方法的具体运作

非刑罚处罚刑事适用在实践中处于虚置状态，其主要原因在于非刑罚处罚刑事适用方法在运作过程中存在形式不统一、内容混乱、操作规范不明确等多重障碍。笔者根据各种非刑罚处罚方法的特点对具体运作规则提出建议，供实务部门参考。

（一）训诫

训诫是人民法院、人民检察院对犯罪情节轻微不需要判刑的人，对其公开进行谴责的教育方法。训诫作为一种非刑罚处罚方法，适用于情节轻微不需要判刑的犯罪人，可以产生感化、教育效应，进而实现预防和减少犯罪的目的。

早在1979年刑法尚未颁布施行之前，我国刑事司法实践就对训诫非刑罚处罚措施进行了相对详细的规定。1963年最高人民法院《关于批评教育、传讯、训诫等的运用和如何填写司法统计报表问题的复函》指出：被告的

行为没有构成犯罪或者免予刑事处罚的，适用训诫一般只是口头教育的方式，不是刑罚种类，不能将训诫写入判决书，而是在填写统计报表时填入“宣判无罪”栏或者“免予刑事处分”栏。1964 年最高人民法院《关于训诫的批复》指出：人民法院对于情节轻微的犯罪分子，认为不需要判处刑罚，而应予以裁判的，应当用口头的方式进行训诫。早前的刑法实务基本上倾向于将训诫的形式限定为口头方式，但当前司法实践中运用的检察官寄语、法官寄语实际上又具有书面训诫的本质特征。刑法理论中有不少观点认为，将训诫拓展至书面形式效果会更为明显。①

笔者认为，训诫的形式不应当局限于口头，有必要包括通过训诫书的形式进行书面谴责教育。从严肃性的角度分析，口头训诫的正式性与严肃性显然不如书面训诫强，对犯罪人教育强度具有明显的差别。正是这种强度差别决定了有必要针对不同的犯罪人及不同的案件情况判断是选择口头训诫还是书面训诫。对于犯罪行为显著轻微的偶犯，检察官可以在办理不起诉决定的过程中对犯罪人进行口头训诫，提出教育改正的要求；法官也可以当庭训诫。而对于犯罪行为具有一定社会危害性，只是基于未成年人犯罪、家庭成员之间的轻微冲动型互殴犯罪等宽严相济刑事司法政策考虑而不予适用刑罚的，检察官有必要在不起诉决定书后附训诫书，或者通过检察官寄语的书面形式，以正式且严肃的方式对犯罪人进行法制教育；法官也可以通过法官寄语等书面形式责令改正，告诫犯罪人今后不能实施犯罪。此外，从实用性的角度考量，书面训诫形成固定的文字材料，对于犯罪人的警示作用较强，可以促进免予刑罚的行为人进行反复自省，而口头训诫因为形式上的局限性，不仅无法在物理上形成“温故知新”的文字资料，而且犯罪人经过时间的推移容易产生遗忘，训诫效果持续的时间有限。有的当事人还可能分不清训诫与一般批评教育的区别，这就使训诫的权威性大打折扣。所以，基于上述分析，书面训诫应当成为更为重要且有效的训诫形式，不能在非刑罚

① 马克昌主编：《刑罚通论》，武汉大学出版社 1999 年版，第 737 页。

处罚司法实践中直接被排除在训诫方式之外。

检察官或者法官在适用训诫时，应当根据案件的具体情况，一方面严肃地指出犯罪人的违法犯罪行为，分析其社会危害性。有被害人的案件，特别应当细致地强调其犯罪行为给被害人造成的损失。同时，应当责令犯罪人努力改正，今后不再重犯。能够提出具体改正方法的，有必要对犯罪人进行具体的提示，细化训诫内容。当然，另一方面，检察官或者法官也必须要指出，基于刑法宽容与刑罚经济性的要求，在犯罪人的犯罪行为尚属轻微的情况下，可不给予刑事处分，要求犯罪人珍惜非刑罚处罚措施给犯罪人提供的宽容处遇的机会，积极认真地投入今后的社会生活。

由于当前的司法实践一般没有将训诫措施置于独立且严肃的程序规则架构下，导致训诫的实体内容缺乏科学性，具体适用过程中随意性较大。长期以来训诫内容也缺乏新意，没有根据社会经济生活的变迁或者犯罪人的个体特征进行制度的内化发展。科学的训诫应当超越静止性教育督促的肤浅层面，立足于动态教育的高标准要求，对犯罪人在行为过程表现出来的大量的实质性问题以及今后可能存在的演化性问题进行深刻揭示，明示其问题所在，实现及时纠偏、督促引导、中止危害行为继续恶化发展。同时，科学的训诫也要立足于挽救保护的刑法宽容秉性，对已经造成犯罪事实，构成轻微犯罪的行为人，明确告知其可不予刑罚处罚，通过批评训示的方式强制纠正其犯罪思想与犯罪行为所带来的危害结果。

必须充分发挥训诫措施“谴责”与“教育”的整体功效，防止顾此失彼。作为非刑罚处罚措施的训诫区别于作为民事诉讼保障性强制措施的训诫的主要特点在于其强调谴责与教育的紧密结合。提高训诫措施的质量和科学性，必须在口头训诫与训诫书中避免出现重视教育引导性内容而忽视对现实犯罪行为的法律谴责，或者一味进行违法性谴责而教育矫正内容不充分。尤其是口头训诫，检察官或者法官必须思路清晰地明确训诫的重点内容，不仅要讲清训诫对象的犯罪事实、犯罪性质、犯罪原因、社会危害，而且要明确提出改正犯罪行为避免再犯的方向，或者具体弥补犯罪损害结果的方法。

尽量通过互动式的方法使得接受训诫的犯罪人当场表态接受训诫内容，真正实现谴责与教育的双重任务。

训诫过程中应当注意避免两种情况：(1)防止将训诫措施等同于一般性的行为谴责、批评、训斥。训诫在性质上属于非刑罚处罚措施，是刑事责任实现形式之一，具有严格的实体标准，将训诫与一般性的谴责批评同质化，显然是降低标准，容易导致训诫内容的泛化，损害其严肃性。(2)防止训诫态度平淡化。训诫措施产生效果的前提在于作为训诫主体的检察官、法官用语得当，而训诫态度的诚恳性、真切性、投入性又是衡量训诫语言文字是否恰当的外在标准。训诫主体必须坚持以人为本，注意训诫语音语调、面部表情、肢体语言的尺度，区别不同情况因事而训、因人施教，尊重和维护被训诫人应有的人格和权利，确保训诫效果。

有必要建立具有长效机制的训诫措施体系，超越训诫措施长期以来局限于短期行为的基础定位。由于训诫在非刑罚处罚体系中处于强度最轻的档次，重视训诫措施、构建体系化的训诫工作是丰富现有的非刑罚处罚措施适用方式、力度、效果的第一关，是建立健全非刑罚处罚措施的一项具体实践。刑事诉讼中的训诫实践不仅数量较为有限，而且存在“一次性”的问题，即当庭口头训诫一次性了结、检察官寄语一次性附于不起诉决定书以及法官寄语一次性附于判决书，没有形成长效的训诫机制。训诫的实体行为内容在于谴责和诫勉，而这两种行为产生效果实际上并不可能仅通过一次性的行为而予以实现。因此，检察官、法官在适用训诫措施时必须杜绝形式化的工作方式，树立中、长期工作的司法理念，建立长效训诫机制，克服一次性训诫的短期行为，确保训诫措施持续、健康、有效发展。长期性的训诫措施重点显然应当落位于“诫”而非“训”，具体落实过程中应当注意以下两种具有可操作性的办法：一是定期回访犯罪人及其所在社区、学校、工作单位等，在动态掌握犯罪人情况之后根据其社会生活实际状态撰写具有鼓舞士气、勉励意志的信函。此类信函可以“检察官勉励寄语”“法官诫勉书”等形式与犯罪人进行沟通，但其本质上仍然是训诫措施的一种延续，目的在于保证初次训诫的教育内容得以有效地实现。二是根据相关案件及行为人特点等具体情况，组织具有类似问题的行为人在回归正常社会生活后，参加检察官、法官主持的诫勉辅导讲座，并要求行为人在听讲后撰写思想报告，通过互动的方式始终保持训诫措施的生机与活力。

使用训诫处理的轻微刑事案件，虽然属于非刑罚处罚的一种具体措施，但由于其口头行为的特点，实际上不必制作法律文书，但训诫主体应当将训诫的情况在笔录中详细记明，并交当事人阅读后签名盖章。口头训诫必须注意形式上的仪式化与严肃性，应当由主持训诫的检察官、法官明确向被不起诉人、被免予刑罚人提出"现在开始对被不起诉人(被免予刑罚的犯罪人)进行训诫"，防止训诫程序成为一种非正式的工作方式，而不具有独立的程序性意义。书面训诫内容则要求具有较为规范统一的表述，虽然不能写于判决书、不起诉决定书的主文，但也应当按照一般法律文书的标准格式进行撰写。

(二) 责令具结悔过

责令具结悔过是指检察官、法官责令犯罪人用书面方式保证悔改，不再犯罪。具结悔过是通过严肃的悔过书、忏悔书、检讨书等深刻反省自己的犯罪行为、回忆谴责自己犯罪思想根源的一种悔罪行为。具结悔过能够促使犯罪人积极主动地思考实施犯罪行为的深层次原因，清醒地认识到自己行为的犯罪性质，反思自己的罪责，从而达到"知罪能改"的效果。虽然责令具结悔过中的"责令"具有明显的强制性，但使这种非刑罚处罚方法发挥出实际效果的基础，仍然必须依靠犯罪人自身的主动性。具结悔过的内容根据犯罪人的认识不同而不尽相同，没有也不需要有固定的模式和框架，重点应当是在检察官或者法官的引导下看清实然犯罪的本质和根源、承诺未来生活的健康和进取。所以，司法实践中责令具结悔过主要应当注意的是其适用方式以及防止具结悔过的形式化。

悔过书本质上是一种在自我剖析基础上的内心表白和思想表态，其适用方式不拘一格，关键在于针对不同犯罪人的行为与人格特点分情况予以适用。

检察官、法官可以在适用不起诉、免予刑罚之前要求犯罪人写好悔罪书，将具结悔过作为适用不起诉、免予刑罚的前提条件。对于基于宽严相济刑事司法政策考量进行宽大处理的未成年人犯罪案件、邻里亲属互殴案件、轻微财产犯罪案件、老年人犯罪案件，在不要求犯罪人具结悔过的前提下就适用相对不起诉、免予刑罚，不仅可能导致犯罪嫌疑人、被告人无法深刻理解检察院、法院从宽处理的法律与政策初衷，进而无法充分认识到自己所犯罪错的具体性质，而且容易使得一些被害人因此产生猜忌，认为司法机关适用法律不规范，致使被害人情绪失控。将具结悔过作为相对不起诉、免予刑罚的前提有利于充分发挥宽严相济刑事司法政策的社会效果，同时保证司法机关从宽处理犯罪的司法权威。并且，检察官、法官有必要通过要求行为人当场宣读悔罪书的方式在仪式化的刑事诉讼程序中接受深刻的法制教育。特别是在庭审过程中由犯罪人公开宣读悔罪书，能够通过法庭权威震撼犯罪人心理，强化其悔罪程度。

对于犯罪情节显著轻微的初犯偶犯，犯罪人与被害人不存在怨恨仇视等矛盾的犯罪案件，检察官、法官也可以在适用不起诉、免予刑罚之后的一定期限内要求犯罪人撰写保证书等，责令其保证在今后的社会生活中认真踏实地工作学习，践行不再犯罪的书面承诺。同时，在充分保证当事人隐私权或者经当事人同意的情况下，检察官、法官还可以将具结悔过的书面材料印成多份，交给相关单位，特别是在管辖区域内具有一定影响的案件，有必要形成具有警示教育意义的宣传资料，以反省自己、警示他人。

具结悔过内容空泛的现象时有发生，特别是职务犯罪案件中，不仅存在减刑、免刑适用率较高的刑罚规范适用基本面问题，而且存在具结悔过书形式化的具体操作问题。不少职务犯罪人表面上会含泪忏悔，“发自肺腑”地洋洋洒洒写下万言悔过书，但实际上并不具有悔罪的坚决。有的职务犯罪人在法庭审理过程中以最后陈述等形式具结悔过，表达其悔恨反省之意，但此种甚至不需要检察官、法官责令的具结悔过属于真心悔罪还是故意作秀表演以求从宽处理，实践中基本上难以进行直观的判断。实践中甚至出现了职务犯罪人抄袭悔过书的案例，①可见，具结悔过形式化已经发展到了相当严重的程度，有必要采取措施改善具结悔过的刑事适用现状。

第一，司法机关应当努力摆脱具结悔过的形式化倾向，通过司法权的积极运作介入具结悔过的非刑罚处罚实践操作，而非基于暂时的现实困境直接放弃具结悔过的刑事适用。具结悔过形式化现象的存在并不能说明这种非刑罚处罚方法无法适应社会现实的发展，更不同就此普适性地否定具结悔过特别是职务犯罪人的具结悔过均属于极不真诚的自责和自贬，其目的都直接指向乞求刑法谅解的虚伪姿态。

第二，检察官、法官在责令犯罪人具结悔过的过程中应当进行积极的引导，鼓励其发现探究自身的犯罪根源，而非人云亦云地重复没有独立性特征的虚伪忏悔。认罪服法承诺改正不能是东窗事发后的一种道德投机，也不是对牢狱之灾的惊恐，而应当是对人性、真理、司法权威的敬畏。检察官、法官有必要在与犯罪人的交流过程中提示犯罪人从个人的生活环境、性格发展、人际关系、学习工作状态中寻找犯罪根源、解释犯罪原因、实践社会改造方案。杜绝诸如“法制观念淡薄”，“忽视了世界观人生观价值观的改造”，“在不受监督和约束的状况下，我伸出了不该伸的手”，“忘记了自己是个党员领导干部”之类如出一辙、毫无意义的悔过。

第三，完善责令具结悔过的刑事适用，建立具结悔过司法评价机制。具结悔过司法评价机制是指在诉讼程序中由检察官、法官为主导，对犯罪人的具结悔过内容、深度、承诺的真诚度、改正的可行性进行全面评价形成司法意见的非刑罚处罚适用配套机制。司法机关适用责令具结悔过时，提前对犯罪人的综合情况进行评估，在犯罪性质、情节、根源、思想以及行为人性格

---

① 2007年7月11日，安徽省能源集团有限公司原党委书记、总经理（正厅级）张某某涉嫌贪污、受贿案在阜阳市中级人民法院开庭审理。庭审中，在被告人最后陈述阶段，一直沉默不语的张某某掏出老花镜，含泪念了自己写的长达4页的悔过书。然而，张某某的悔过书，和《检察日报廉政周刊》在2007年5月29日以《“我的错误是在无监督约束下发生的”》为题刊发的四川省成都市龙泉驿区原区委常委、同安镇党委书记朱福忠的悔过书有几处雷同，有抄袭的嫌疑。参见李英华：《贪官的悔过书也抄袭？》，《检察日报》2007年9月4日第6版。

特点、生活环境影响等方面形成具有针对性的评估标准。对于拟适用不起诉或者免予刑罚的犯罪人，检察官、法官结合上述评估标准对其具结悔过进行考察，符合司法机关设定的悔过标准的，可以认定为具结悔过达到悔罪效果，准予适用不起诉或者免予刑罚，实现具结悔过效果与实体处遇的对接。

（三）赔礼道歉

责令赔礼道歉是司法机关责令犯罪人公开向被害人当面承认罪错，表示歉意，并保证今后不再侵犯被害人法益的非刑罚处罚方法。[①]责令赔礼道歉的刑事适用在非刑罚处罚理论与实践中存在较多认识分歧，有必要在梳理的基础上提出与改进司法适用规则。

在非刑罚处罚刑事适用情况调查过程中发现，部分实务部门的办案人员对赔礼道歉是否具有非刑罚处罚性质、是否能够承载刑事责任实现的任务产生怀疑，认为赔礼道歉不是一种刑事责任的实现形式。民法理论中也有不少观点主张在民事责任实现中取消赔礼道歉这种形式。[②]既然赔礼道歉在民事责任实现形式性质上尚且存在疑问，其刑事责任实现形式的法律定位基础似乎更为单薄。但我们认为，赔礼道歉具有非刑罚处罚性质，能够成为刑事责任的实现形式。

首先，赔礼道歉实际上具有强制性和可执行性，只是在犯罪人非自愿的情形下非刑罚处罚刑事适用的效果不明显，没有必要强行适用赔礼道歉，有条件的情况下，可以通过其他非刑罚处罚措施替代。实践中有较多意见认为，如果犯罪人拒不赔礼道歉，司法机关无法强制执行此种非刑罚处罚。其实，责令赔礼道歉完全可以具有强制执行性。法院有权发布公告，陈述犯罪事实及其给被害人带来的物质精神伤害，通过截取部分判决书的内容消除影响，实际上起到了强制犯罪人赔礼道歉的作用；或者法院直接以犯罪人名

---

① 张明楷：《刑法学》，法律出版社2007年版，第478页。

② 夏秀渊：《论取消侵权责任法的“赔礼道歉”责任》，中国民商法律网2009年2月22日首发，http://www.civillaw.com.cn/article/default.asp?id=43065，访问日期2009年9月22日。

义刊登公告赔礼道歉。[①]当然，强制执行赔礼道歉的法律效果显然不尽如人意，实践中固然应当谨慎适用。

其次，赔礼道歉是刑事司法权介入过程中行为人对自身行为的否定性评价和自我遣责，具有刑事责任实现的特点。赔礼道歉程序由司法机关主导进行，不仅代表了犯罪人对自身行为的否定和谴责，也介入了司法权对犯罪行为的评价。作为非刑罚处罚措施的赔礼道歉不同于一般意义上的赔礼道歉。这是一种在司法机关主导下具有规范性、严肃性的刑事责任实现方式。正是由于赔礼道歉由司法机关控制、负责、督导犯罪人实行，负载了国家处罚行为的特点。

再次，赔礼道歉将道德责任与刑事法律责任融为一体，尽管不符合民事责任的实现特点，却符合刑事处遇的特殊化要求。毋庸置疑，赔礼道歉源于道德责任，将道德上的自我谴责代替民事责任的实现，确实在很大程度上模糊了法律与道德的界限。[②]但是，将赔礼道歉置于刑事程序使其道德责任的内核外化为刑事责任，是符合刑法适用体现道德谴责的部门法特质。负有刑事责任的前提必然是首先在道德评价上是负面的，刑法具备道德限制性的特点，道德边界不仅限定了犯罪化、刑罚化的范围，而且强调刑法适用过程中体现道德谴责的要求。[③]而赔礼道歉在刑事制裁阶段融入了明显的犯罪人自我道德谴责和道德责任担当，是刑事责任实现充分化、深入化的体现。犯罪行为破坏了法律秩序的平衡，触犯了社会伦理道德的底线，必须通过对犯罪人予以道义上的惩罚，重构法律秩序、确证伦理道德规则。[④]

---

① 在理论上有观点指出，公布判决书的内容的做法只产生消除影响的效果，并不存在真正意义上的赔礼道歉。参见冀宗儒：《论赔礼道歉作为民事救济的局限性》，《人民司法》2005 年第 9 期。笔者认为，法院公布判决书部分内容强制实行的书面道歉，在形式上仍然属于赔礼道歉，只是由于实质效果和意义没有达到赔礼道歉的应有效果，但并不能由此否定其具有强制执行效力。

② 参见魏振瀛：《〈民法通则〉规定的民事责任》，《现代法学》2006 年第 3 期；张新宝：《侵权责任法原理》，中国人民大学出版社 2005 年版，第 538 页。

③ Bernard E. Harcourt, Exploring the Relationship Between The Moral Limits of the Criminal Law and The Expressive Function of Punishment, 5 Buffalo Criminal Law Review 145, 146(2002).

④ 参见杜宇：《刑事和解与传统刑事责任理论》，《法学研究》2009 年第 1 期。

赔礼道歉作为非刑罚处罚方法实现刑事责任的承担，具有惩罚已然犯罪和预防未然犯罪的功能。赔礼道歉区别于其他非刑罚处罚方式，它是将语言性、人身性、刑事处罚性、谴责性整合于一体的刑事责任实现具体形式。对于被害人而言，赔礼道歉能够补偿被害心理的创伤；对于犯罪人而言，赔礼道歉能够在一定程度上恢复其法律与道德良知。所以，赔礼道歉承担非刑罚处罚任务的前提在于犯罪人实施赔礼道歉行为的自愿性，即赔礼道歉的启动不能由司法机关责令，而应当由犯罪人自愿进行。司法机关的"责令"主要体现在赔礼道歉的形式、内容及范围，这也是由于赔礼道歉毕竟是一种在司法机关主导下的刑事责任实现形式，具有权威性与严肃性。

笔者建议，有必要将责令赔礼道歉转换为督促犯罪人主动赔礼道歉，将其作为具有综合性功能的非刑罚处罚方法置于刑事责任实现的框架内，充分发挥其弥补修复受损社会关系的法律效果。通过犯罪人的赔礼道歉行为，一并清理犯罪所带来的恶性效应，防止犯罪在道德上的恶劣辐射。因为只有犯罪人真诚的道歉才能使被害人获得心理的平复和满足。而赔礼道歉启动由司法机关"责令"可能使被害人感受到犯罪人在勉强道歉，不仅无法促使犯罪人真诚悔悟，而且在实质上没有对被害人进行人性化的保护。司法机关可以鼓励督促犯罪人主动向被害人赔礼道歉，或者通过激励措施积极推进犯罪人的悔悟进程，进而缓和犯罪人与被害人之间的矛盾。

法律不可能规定赔礼道歉的基本内容，但并不是说司法实践中不需要设定督促主动赔礼道歉基本内容的最低标准。赔礼道歉是语言行为，其语言表达的内容必须达到真诚性的标准。认定真诚的基础在于语言表达的程度应当达到足以得到被害人原谅的标准。这就决定了一句简单的"对不起"显然不能适应非刑罚处罚的真诚性要求，以"对我的犯罪行为以及带给您的伤害深深表示歉意"为赔礼道歉的开始或者结尾则是适当的。书面赔礼道歉的字数没有严格的限定性，但至少应当通过一定的篇幅将愧疚之情表述清晰。

无论是口头还是书面赔礼道歉，犯罪人的道歉语言至少应当明确以下内容：(1)司法机关认定的犯罪事实；(2)个人对犯罪行为及其危害结果的认识；(3)对被害人所承受痛苦的认识；(4)对犯罪行为的悔过以及对被害人的致歉。赔礼道歉不一定需要包含“保证以后不再犯罪”的内容，因为这属于具结悔过的当然内容，不为赔礼道歉所应然包含。如果犯罪人认为确实有必要进行保证的，应当向被害人提出有针对性的保证，而不是泛泛而谈地表示今后一定断绝犯罪行为。

（四）赔偿损失

作为非刑罚处罚方法的赔偿损失是指由于犯罪行为侵害了被害人的合法权益，司法机关责令或者判处犯罪人给予被害人一定经济赔偿的刑事制裁方法。责令赔偿损失并不以被害人提起附带民事诉讼为前提，在检察机关对行为人作出相对不起诉的情况下，可以在检察机关以及人民调解委员会的主持下，由犯罪人向被害人协调赔偿数额；在法院判处免除刑罚的情况下，即使被害人没有在刑事诉讼过程中提起附带民事诉讼，人民法院也可根据案件的具体情况责令赔偿损失。

基于谨慎实践的考虑，刑事司法实务中刑事和解的案件适用类型基本上限定在因民间纠纷引发的故意伤害致人轻伤且社会影响不大的案件，尽管逐步拓展至能够委托人民调解的轻微刑事案件。由于当前作为非刑罚处罚措施的赔偿损失是置于刑事和解程序下进行的，故适用赔偿损失非刑罚处罚的案件范围比较狭窄。

笔者认为，赔偿损失非刑罚处罚措施的适用前提是免予刑罚，其适用范围显然较为宽泛，一旦将赔偿损失固定地设置在刑事和解程序中，势必被刑事和解案件类型范围所限制，无法充分发挥赔偿损失的实用性效果。因此，建议将作为非刑罚处罚措施的赔偿损失区别于刑事和解程序中的赔偿损失，设置独立的非刑罚处罚赔偿程序。在案件类型范围上，可以包括所有被免予刑罚处罚且可以通过赔偿有效弥补相关被害人、被害单位损失的案件。

我国刑法及刑事诉讼法没有对非刑罚处罚方法中的“赔偿损失”与刑事附带民事诉讼中的“赔偿经济损失”进行明确区分。由于刑事附带民事诉讼赔偿范围严格限定在由于被告人的犯罪行为造成的直接物质损失，精神损害不属附带民事赔偿的范畴，故理论与实践中均坚持将非刑罚处罚的赔偿损失范围限定在直接物质损失，精神损害不属于赔偿范围。

但是，非刑罚处罚中的赔偿损失范围应当包括因犯罪行为造成的精神损害赔偿。对犯罪人适用非刑罚处罚措施使其免受刑罚方式的制裁，对其今后的社会生活、个人发展以及精神状态没有造成明显的不良影响。非刑罚处罚的宽容处理显然有必要采取对等性的原则，不仅充分考量犯罪人的社会发展与情感因素，更应当重视对被害人进行全面有效的补偿，而要求犯罪人对被害人的精神损害进行适当赔偿就是充分保障被害人权益的重要体现。在对犯罪人适用免刑之前，司法机关先行要求犯罪人或者犯罪人主动对被害人的物质损害与精神伤害进行相对全面充分的赔偿，省却日后民事诉讼的负累，应当是非刑罚处罚中赔偿损失程序应当承担的任务。在赔偿物质损失的基础上进一步赔偿精神损害，更容易得到被害人的谅解，被犯罪行为伤害的社会关系得到了更加全面的修复，才更符合非刑罚处罚制度的价值诉求。

检察环节拟对犯罪嫌疑人相对不起诉并有必要采取赔偿损失非刑罚处罚方法的，检察机关公诉部门承办人员应当及时启动赔偿程序，自行主持或者委托人民调解委员会主持犯罪人与被害人之间的赔偿损失调解会议。双方当事人在合理的期限内达成调解协议并向检察机关提交《调解协议书（副本）》及《调解协议履行情况记录》。调解协议应当明确犯罪嫌疑人赔偿因犯罪行为给被害人造成的人身、财产、精神损失。达成调解协议并实际履行或者有现实履行可能的，检察机关作出不起诉决定。当然，除了采用相对不起诉的方式处理赔偿案件之外，必要时也可以退回侦查机关处理。

审判环节当事人对赔偿损失问题达成调解协议并实际履行或者有现实履行可能的，对于自诉案件，人民法院通知自诉人办理撤案手续；公诉案件由人民法院对被告人作出免予刑事处罚的判决。

在主持当事人进行赔偿调解过程中，对于当事人或者人民调解委员会不熟悉操作流程的情况，司法机关可以创新赔偿调解的形式，委托由检察官、法官、律师、公安民警、社区工作人员共同组成的联合调解委员会主持赔偿调解程序，依托具有丰富司法经验的人员进行赔偿调解。对于实践中经常出现犯罪人与被害人之间就赔偿数额无法达成一致的情况，有必要区分类型采取不同的操作办法。

对于犯罪人真诚悔过尽其全力赔偿被害人损失，与被害人要求存在差距但并无极度偏离的，可以不妨碍对犯罪人适用相对不起诉或者免予刑事处罚。但司法机关应当做好协调工作，向被害人说明情况并督促犯罪人在有条件的情况下全面弥补被害人损失。对于被害人提出过高赔偿金额要求的，应当耐心做好疏导工作，确实无法解释清楚的，可以由司法机关确定合理的赔偿数额并要求犯罪人先期全额履行；对于与被害人要求存在差距的部分，在协议中予以明确，告知被害人对于此部分的请求可以另行通过民事诉讼解决。

坚持全额赔偿直接物质损失和合理赔偿精神损害的原则，同时适当考虑被告人的实际赔偿能力（现在赔偿能力和将来赔偿能力），对未成年被告人还应适当考虑其监护人的赔偿能力，但不能任意减免，更不能判令不予赔偿。未成年人的赔偿责任一般应当由其监护人承担。未成年人有个人财产的，应当由本人承担赔偿责任，不足部分监护人予以赔偿，但单位担任监护人的除外。在管理上有过错的学校等单位，也应当参与赔偿程序并承担合理的赔偿责任。

赔偿损失程序强求司法机关必须注重对细节问题的把握。对于在司法机关监督下支付现金赔偿的，应当置备验钞机服务赔偿接受人；必要时，采取银行转账方式确保赔偿资金到位。对于犯罪人无法一次性全额支付赔偿费用的，可以鼓励其采取分期支付的方式，但应当设立执行回访工作机制，将非刑罚处罚赔偿损失工作向后延伸，动态掌握犯罪人赔偿损失执行情况，确保被害人权益得到全面实现。

（五）建议主管部门予以行政处罚或者行政处分

非刑罚处罚方法中的建议行政处罚或者行政处分是指司法机关根据案

件情况向主管部门提出对犯罪人予以一定行政处罚或者行政处分的司法建议，并由主管部门具体确定处罚方法和强度，向司法机关及时反馈信息。作为非刑罚处罚的建议行政处罚或行政处分不是由检察院、法院直接决定，而是由司法机关提出司法建议，由行政主管部门根据行政法律法规和案件情况自行确定。例如，司法机关认为需要给予犯罪公司勒令停业处分的，应当向工商管理机关提出司法建议。

首先，建议主管部门予以行政处罚的司法建议应当具有针对性。当前的司法建议实践中，由于司法机关较少到负有监管职责的主管部门进行深入的调研，找出滋生犯罪的根本原因，造成司法建议就事论事，泛泛而谈，大话套话多，有建设性和针对性的建议意见较少或者可操作性小，导致相关部门和单位对于建议行政处罚的意见不予重视。笔者认为，建议主管部门予以行政处罚的司法建议的制作应客观、准确地反映犯罪人的行政违法问题，要做到内容具体和具有较强的可操作性。在提出司法建议前，应当以案件反映出来的共性和个性问题为依据，深入相关主管部门进行调查，对犯罪行为不予刑罚处罚但应当进行行政处罚的原因深入分析，透过表面现象找出问题的实质和根源，以此提出有情况、有分析、有效果的司法建议。

其次，强化建议主管部门予以行政处罚的跟踪监督。司法实践中，司法机关将相关建议发出之后，虽然要求被建议单位书面答复，但是对被建议单位是否真正进行行政处罚、行政处罚的效果等问题没有跟踪监督，导致司法建议及整改回复只是形式上的文来文往，不仅没有达到预期的非刑罚处罚法律效果、社会效果，反而损害司法机关法律文书的严肃性。为此建议，行政处罚司法建议书发出后要做好督促、检查工作，防止一些单位收到司法建议后将其束之高阁，不予研究落实，以保证司法建议书充分发挥作用。如果发现主管部门未采纳行政处罚建议并采取落实整改措施的，应当报上一级司法机关向主管部门的上一级部门反映，由主管部门的上一级单位来抓行政处罚建议的落实。对于司法建议正确、不及时落实行政处罚的，要追究有关单位领导的相关责任，以此强化司法建议的权威性。

再次，应当正确把握司法建议的定位，区分行政处罚与行政处分司法建议，谨慎适用行政处分司法建议。司法机关认为对犯罪人有必要予以行政处罚的，应当大胆提出司法建议，因为行政处罚的对象违反了行政法律法规，理应建议相关主管部门进行行政处罚。而行政处分属于相关单位的内部行为，有必要尊重案发单位的相关规章制度，司法机关没有必要通过积极建议行政处分的方式过分介入案发单位的内部管理事务。

第四节　金融犯罪量刑改革

在金融犯罪、经济犯罪等刑罚方面，深入分析罪责概念，适度借鉴德国刑法量刑原则的合理内核，有利于丰富和深化我国刑法量刑的立法，为量刑改革提供有益参考。借鉴德国刑法量刑原则所提出的意见，要求法官将个体化的待量刑案件置入法定的量刑规范框架，综合考量行为人主观恶性、客观行为造成的损害量度、再犯可能等个案特质性因素，具有相当的必要性。通过量刑指南预先精细化的规范设置附加法官的规范适用行为以谋求选定恰到好处的刑罚幅度甚至是确定刑罚点，从某种程度而言属于机械且不切实际的理论假设。罪责是刑法规范与社会价值并重评价下的对刑罚性质与量度进行确认的独立内容，是与行为（行为人）与刑罚等量的规范概念。有必要在我国刑法典量刑原则部分确立刑罚裁量应当融入矫正与预防的指标。由不确定的罪责概念配之以刑罚规范与注重矫正及预防实效的社会价值规范，是对量刑原则进行优化的有效方式，也是实现刑罚规范及其判例实践追求的理性量刑的可行路径。在非刑罚处罚方面，有必要设计全新的方法丰富非刑罚处罚的形式，建构保障非刑罚处罚刑事适用规范运行的配套程序、暂缓起诉、不起诉程序，融入非刑罚处罚检察监督的整体性思考，从而将相关检察制度与非刑罚处罚结合，丰富法院为主体的刑事处罚机制之外的其他处罚路径。

一、量刑规范化改革的基础：以罪责为核心重构量刑原则

经过多次以刑法分则个罪犯罪构成为主要内容的刑法修正之后，量刑技术的革新已经成为刑法修正的核心议题。优化法定刑配置等量刑规范改革的基础在于科学设立量刑原则。我国《刑法》第 61 条确定了量刑的基本原则：对于犯罪分子决定刑罚的时候，应当根据犯罪的事实、犯罪的性质、情节和对于社会的危害程度，依照本法的有关规定判处。但是，由于该项量刑原则集中关注行为人"已然之罪"，并未考察行为人犯罪时的个体化因素以及"未然之责"，实际上造成我国刑法量刑原则存在客观化判断有余、主观化考察不足与静止性判断过多、动态性分析不足的问题。

考察大陆法系刑事立法的经典德国刑法，我们不难发现，量刑的基本原则建筑在对行为人"已然之罪"与"未然之责"动态考察的基础之上。《德国刑法典》第 46 条量刑原则规定：行为人的罪责（Schuld）是量刑基础；刑罚对行为人今后社会生活的影响应当在量刑过程中予以考量。罪责是量刑应当平衡各种对行为人刑罚产生影响的因素，包括但不限于：行为人的犯罪目的与动机；犯罪行为所反映的心理状态与行为罪过；违背特定义务的程度；行为的方式与结果；行为人的个人档案记录、身体情况、经济状况；犯罪行为实施后的表现，特别是损害赔偿以及与受害方调解的努力程度。

可见，具有丰富内涵的罪责概念使得量刑原则具有广阔的包容能力与动态的辐射效果。笔者认为，在深入分析罪责概念的基础上，适度借鉴德国刑法量刑原则的合理内核，有利于丰富和深化我国刑法量刑的立法，为量刑改革提供有益参考。

（一）罪责概念对量刑原则的影响力及其可参考的合理因素

将罪责作为量刑原则的基础，要求法官根据刑法量刑规范设定的法律依据量化评价特定行为人的罪责，根据个案要素形成的特定规范评价结果，充分考量刑罚的预防性目标价值，确定符合正义与公平理念的量刑，避免最

终的刑罚裁量结果超越或者低估行为人的罪责。①在刑罚裁量的司法实践中，根据行为人的罪责确定刑罚强度的方法可以被归纳为“规范控制下的预防性刑罚裁断”，②即行为人在刑法规范框架内的罪责评价为刑罚的预防性目标价值确定了具体的界限。此处的罪责概念是指特定量刑罪责（Strafzumessungsschuld）——定量分析行为人的行为危害与主观恶性，特别是不能忽视犯罪行为之前与之后行为人所表现出的个体性特质。以罪责为核心建构量刑原则依然坚持衡平的基础理念，但在实现衡平的过程中突出法官量刑的能动因素，以较少的具体标准释放法官刑罚裁量必要的独立思考空间。

笔者认为，借鉴德国刑法量刑原则所提出的意见，要求法官将个体化的待量刑案件置入法定的量刑规范框架，综合考量行为人主观恶性、客观行为造成的损害量度、再犯可能等个案特质性因素，具有相当的必要性。

德国刑法量刑规范及刑罚裁量实践并不着重考虑报应价值，而是极为重视刑罚在实际运用过程中的挽救、改造与补偿功能。德国刑法的刑罚种类包括主刑（Hauptstrafe）与附加刑（Nebenstrafen）。主刑只有自由刑（Freiheitsstrafe）与罚金刑（Geldstrafe）两种。附加刑的形式较为丰富且适用广泛，包括剥夺驾驶资格、剥夺公民权利、剥夺担任公职权利等。长期自由刑在实践中极少适用。在大多数的分则法定刑设置中，自由刑与罚金刑具有可替代性，法官可以根据具体情况两者选其一，通常情况下，自由刑相对于罚金刑而言较少适用。德国刑法第 40 条规定，对于经济犯罪，法官有权并处自由刑与罚金刑。德国刑法的自由刑仅包括无期徒刑（Lebenslan-

① 德国刑法罪责理论的奠基性文献，参见 Reinhart Maurach & Heinz Zipf, Strafrecht. Allgemeiner Teil 2 §63, MN 1, 14(7th ed., 1989); Christopher Erhard, Strafzumessung Bei Vorbestraften Unter Dem Gesichtspunkt Der Strafzumessungsschuld 97, 316(1992); Hans-Gerd Meine, Der Schuldrahmen in der Praxis der Strafzumessung, Neue Zeitschrift Für Strafrecht[NSTZ] 159, 162(1994)。

② Walter Stree, in Adolf Schönke & Horst Schröder, Strafgesetzbuch. Kommentar, §46, MN 9, 105(27th ed., 2006).

glich)与有期徒刑(Zeitig)两种形式。只有种族屠杀罪(Volkermord)与谋杀罪的法定刑属于绝对的无期徒刑。

有期徒刑的刑罚强度为一个月至十五年。相对于其他国家刑法中有期徒刑的最长刑期而言,德国刑法十五年有期徒刑的最长刑期在刑罚强度上显得极为轻缓。但是,德国刑罚理论通说认为,将有期徒刑的最长刑期设定为十五年具有正当性(Gerechtfertig)。因为相关刑法实证研究表明,多数犯罪人在长期自由刑的刑罚执行中段期间,已经得到了有效的行为矫正,再犯预防效果业已实现,刑罚执行后段期间刑罚功能的效益近乎为零,没有必要继续通过更为长期监禁的形式对犯罪人进行处罚和矫正。①纵观德国刑罚分则个罪法定性的设置,有期徒刑的法定刑档次主要分为以下五档:(1)超短期自由刑,一个月至六个月有期徒刑;(2)短期自由刑,六个月至二年有期徒刑;(3)中期自由刑,二年至五年有期徒刑;(4)中长期自由刑,五年至十年有期徒刑;(5)长期自由刑,十年至十五年有期徒刑。可见,在德国刑法规范体系下,处于中档法定刑强度的二年以上有期徒刑已经属于颇为严厉的刑罚,并且德国刑事法官在量刑阶段具有极为宽泛的实体自由裁量空间。

在相对自由的裁量范围内,罪责理论依然能够维持并发展衡平的基础理念,但在实现衡平的过程中突出法官量刑的能动因素,以较少的具体标准释放法官刑罚裁量必要的独立思考空间。广泛的量刑裁量空间并不意味着法官擅断,法官当然应当遵守的是始终关注犯罪行为本身在量刑中的作用力。重度犯罪行为在法定刑幅度内处以相对重罚,轻度犯罪行为处以相对轻度刑罚——上述基本的量刑衡平原则是显然不容推翻的、扎根于一切量刑理论的规范内核。在此基础上,法官能动地根据刑法典的规范要求使量刑的犯罪预防价值与衡平理念融合,实现价值取向上的一体化。

应当注意的是,与德国主流量刑理论突出能动性罪责概念截然不同的是,以美国刑法理论为代表的判例法没有赋予法官根据罪责确定个案量刑

---

① Reinhard Maurach, Et. Al., Strafrecht Allgemeiner Teil, at 497(7th ed. 1999).

幅度的权力，而是以系统化的量刑指南代替法官量刑裁判及其说理环节。如何在以《德国刑法典》罪责理论为代表的德国量刑模式与《美国联邦量刑指南》为典型的美国量刑模式之间进行和理性分析与模式选择，是我国刑法量刑改革必须面对的问题。笔者认为，相对合理的选择路径是，以罪责概念为核心建构刑法量刑原则的基础规范，通过坚实的司法实践及相关数据统计，分析实践中各类犯罪的实际情况，确定细化的量刑参考标准，以此填充量刑原则中抽象的概念和标准。

（二）以罪责为量刑基础的制度优势

基于量刑理论与现阶段司法实践之间的巨大差异，可能存在的一种质疑是，将罪责作为建构量刑原则的基石，实际上掩盖了个案难以全面实现正义且公正量刑结果的无奈现实。

然而，笔者认为，通过量刑指南预先精细化的规范设置附加法官的规范适用行为以谋求选定恰到好处的刑罚幅度甚至是确定刑罚点，从某种程度而言属于机械且不切实际的理论假设。立法机关或者由刑法专家组成的量刑规范委员会预先设置的量刑指南规范从成型那一刻起，就已经开始以静止的规范形态应对变化的犯罪行为样态与复杂的行为人主观心态，注定无法应对量刑个体化的实际需求。以罪责为核心对犯罪人进行量刑，至少能够（尽管也只是在有限的层面）解决规范量刑理论的机械化倾向。

罪责概念的最大解释性障碍在于刑罚裁量过程完全建筑于“罪责”概念之上，而罪责本身是一个饱受争议的概念。德国刑法理论界对其进行了错综繁杂的诠释，至今仍未形成相对一致的意见。同时，法官基于个体化的理解对罪责概念亦进行了不同定义，德国刑法理论界的实证研究表明，法官对罪责概念的不同意见数量及其观点差异极度明显。这就决定了量刑过程中可能难以避免出现罪责确定及其量化分阶的不一致结论，最终导致罪刑关系失衡与刑罚不均问题。

笔者认为，基于量化结论差异产生量刑失衡乱象是当前所有量刑理论均存在的解释论障碍与难题，并非以罪责概念建构量刑原则的单一性缺陷，不能因为这一点而排斥借鉴罪责概念合理内核的可能性。并且,实际上只有罪责概念能够在一定程度上以相对明确的规范依据弱化量刑失衡。

罪责融入了严格罪刑相适原则忽略的刑罚实用主义价值的现实需求,对于待量刑案件均采取个体化裁量的方法,充分发挥这一制度优势,能够在很大程度上合理化解量刑失衡的公平性质疑。个体化罪责判断的突出特点在于摒弃了犯罪行为及其伴随状况对于量刑结果的决定性影响,使近似案件的类化可比性不再如此突出,这显然会缓释罪刑失衡关系与所谓同案异罚问题对量刑公正性提出了强烈质疑与社会公众压力。刑罚措施在有限的规范框架内尽力调和着传统刑法法益保护理念与现代刑法社会防卫之间的部分矛盾与观念冲突。罪责强调犯罪预防目标价值在量刑过程中执行平衡个案刑罚强度分配的理论优势,业已得到德国刑法刑罚论主流观点的肯定与进一步阐释。①

德国刑法量刑实践大量适用罚金刑,特别是对于经济犯罪大量适用罚金刑,就是对罪责理论最好的实践诠释。这主要是基于刑罚效果最优化的考量。根据德国刑法总论刑罚论通说的观点,以罚金刑替代中短期自由刑更能让犯罪人感受犯罪行为受到惩治所带来的痛苦,从长远的角度而言预防效果更为明显。②

高频率地适用罚金刑的实务操作可能难以平复被害人的伤痛,无法在刑罚实体处遇层面获取被害人的认同。笔者认为,对于该种质疑的理性回应是,高频率地适用罚金刑更符合量刑的价值目标。社会对适用刑法的主要期许在于整体上保障规范秩序的安定与实现犯罪与责任的适应与均衡,其次才能腾出精力去体察具体被害人或者特定损失的弥补——后者主要应当是由民事法律提供实体与程序的救济方案,刑法过于关注怎样通过报应犯罪人实现对被害人心理创伤的抚慰,显然容易导致目标价值错位。关键

① Howard Becker, Außenseiter. Zur Soziologie Abweichenden Verhaltens 3(2001); Michael Bock, Kriminologie, MN 169(2000); Heike Jung, Kriminalsoziologie 75(2005).

② Hans Krause & Hans Thoma, Strafrecht Allgemeiner Teil, at 98(2d ed. 1998).

在于依靠严格执行每一个判决书所设定的罚金刑，强化刑罚裁量与执行的权威，确保刑罚能够与罪责、人身危险性相适应。

(三) 刑罚裁量模式选择与量刑基准确定

《德国刑法典》规定的量刑原则以罪责概念为核心，决定了其刑罚裁量模式通过罪责中介，将责任转换为特定的刑罚量度。对于此种刑罚裁量模式的一种可能的质疑是，罪责即非行为内容的现实描绘，也非行为人主观恶性的直接反映，在罪责判断的基础上确定刑罚存在正当性疑虑。实际上，罪责是在充分考量涉案行为及行为人基础上的责任确认。从行为与行为人到罪责，再从罪责到刑罚——在整个刑罚裁量过程中，罪责并非"行为(行为人)与刑罚之间的兑换率"，而是刑法规范与社会价值并重评价下的对刑罚性质与量度进行确认的独立内容，是与行为(行为人)与刑罚等量的规范概念。

笔者认为，量刑是根据刑法规范与社会价值观念正当分配刑罚的裁断过程，规范要素取决于涉案行为与犯罪人个体状况，观念要素取决于社会公众对刑事司法过程的一般性文化影响。规范要素只能实现基本法律元素的相对确信与基本罪责等级的粗略划分(例如，《德国刑法典》分则个罪经常使用的轻度、中度、重度犯罪与刑罚梯度划分，我国刑法典分则个罪的量刑阶梯通常表现为若干档次)。在文化的整体样态中，主流文化与另类文化①共同对量刑过程产生民主性文化制约，其中，另类文化更是基于文化多样性而导致刑罚结论满意度差强人意的主要影响力。这也决定了任何事先设定的细微幅度法定刑是无法包容文化差异与个案特质的不当刑法技术垄断与擅断。因此，刑罚裁量模式的正当性与否不应由"同案同罚、类案类罚"或者社会舆论普遍观点等单一化、倾向性标准来判断。

确定量刑基准的参考性指标是极为重要的问题。在刑法规范已经确定刑罚幅度的情况下允许法官在量刑过程中进行独立性选择已经成为德国刑

① Howard Becker，Außenseiter. Zur Soziologie Abweichenden Verhaltens 3(1981).

法量刑理论通说,但究竟应当如何根据刑罚裁量规范要素、社会价值观念、犯罪预防需求进行合理选择,不无疑问。这也是我国刑法量刑改革必须考虑的问题。

从表面上看,最为保险的路径显然是所谓的"启始居中选择法",即在量刑幅度内选择中间点作为个案的刑罚裁量起始点,随后再根据具体案件的伴随状况作出上下调整。然而,强调行为人矫正与再犯预防的罪责概念势必排斥"起始居中选择法",因为该种方法要求的量刑起始点没有在量刑的第一环节预留犯罪预防指标发挥实用功能的空间。在量刑基准的选择阶段融入犯罪预防的量刑理念,应当采取"起始最低选择法",即在量刑幅度内选择最低点作为个案的刑罚裁量起点。

以罪责概念为核心建构的量刑原则,在刑罚裁量全过程持续强调预防价值,意味着在量刑基准选择阶段就植入矫正与再犯控制的理念。是否应当在量刑基准确定阶段单纯地根据规范要素凸显罚当其罪的正当报应理念?因为在量刑基准确定环节考量概念模糊的罪责,势必导致刑罚预防犯罪功能的发挥依托于含混不清、游离规范要素之外的量刑标准。

在德国刑法量刑理论中,反对罪责理论基本原理的规范理论批判以罪责概念为核心在量刑全过程持续强调预防价值的观点,认为不应当在量刑基准选择阶段就植入矫正与再犯控制的理念,而应当单纯地根据规范要素凸显罚当其罪的正当报应理念。在对罪责理论进行批判的相关文献中,规范理论主张,在量刑基准确定环节考量概念模糊的罪责,势必导致刑罚预防犯罪功能的发挥依托于含混不清、游离规范要素之外的量刑标准。①安德鲁·冯·赫希、尼尔斯·加里博格、安德鲁·艾希沃什等学者陆续提出了改进后的规范理论:为了纠正罪责理论在量刑过程中片面强调不确定的预防

① Heinz Schöch, Strafzumessung Und Verkehrsdelinquenz 80, 91(1973); Heinz Schöch, Grundlagen und Wirkungen der Strafe, in Festschrift Für Schaffstein 255, 258(1975); Christoph Reichert, Intersubjektivität Durch Strafzumessungsrichtlinien 280(1999); Eckhard Horn, in Systematischer Kommentar Zum StGB §46, MN 33(7th ed., 2001).

价值与矫正行为人的不切实际追求，不仅应将犯罪本身作为量刑的决定因素，而且应将犯罪本身作为确定量刑基准唯一标准，以此实现罪刑相适。①

其实，规范理论所指称的“规范”并不具有刑罚原则及其包容的具体规范的完整内涵，其本质上仍然是对犯罪行为在刑罚裁量中的狭隘强化。所以，规范理论实际上并不在于突出刑罚规范的独占性地位，而是回归到将犯罪行为作为刑罚裁量唯一或者占据绝对优势的标准。这显然已经被《德国刑法典》第46条第2项所设定的量刑原则所摒弃。罪责理论坚持的在量刑各个阶段考量矫正与预防指标应当是符合德国刑法典规范要求的。不确定的罪责概念配之以刑罚规范与注重矫正及预防实效的社会价值规范，是现阶段实现德国法律体系及其判例实践追求的理性量刑的可行路径。

社会公众刑罚观念妥协并非刑法民主性的要义，但法官在量刑过程中整合社会价值与需求必定是刑法民主性的应有之义。②刑罚规范的知识体系与社会公众刑罚观念的融合要求法官不能脱离作为社会民众一员的角色定位进行量刑裁判，而是应当受到社会价值的制约并在量化刑罚程序中发掘个案中行为人罪责的社会性。同时，法官应当时刻注意避免重刑化倾向，根据行为人的罪责在法定刑确定之后从最低点开始根据个案情形进行适度调整，为刑罚矫正预留足够空间。

罪责理论坚持以法定刑最低点确定量刑基准，强调了刑罚的必要性原则，在量刑初始阶段即实现了与罪刑相适原则的实质性契合。联邦宪法法院(Bundesverfassungsgericht)多次在判例中指出了根据罪责理论进行量刑能够体现刑罚适度。③因此，在德国刑法量刑实践中，法官必须在法定刑确

---

① Andrew Von Hirsch & Nils Jareborg, Strafmaß und Strafgerechtigkeit(1991); Andrew Von Hirsch, Censure and Sanctions(1993); Nils Jareborg, Humanity and Sentencing, in Scraps of Penal Theory 107(2002); Andrew Von Hirsch, Fairness, Verbrechen und Strafe: Straftheoretische Abhandlungen 131(2005); Andrew Von Hirsch & Andrew Ashworth, Proportionate Sentencing(2005).

② Franz Streng, Die heranwachsende Juristengeneration und die Aufgabe des Strafrechts, in 47 Bewährungshilfe, 422, 434(2000).

③ BVerfGE 28, 386(391); BVerfGE 45, 187(253); BVerfGE 73, 206(253).(BverfGE 为Bundesverfassungsgericht“联邦宪法法院”的缩写。)

定幅度内的最低点进行量刑，除非存在偏离最低量刑基点的正当性事由。

罪责概念所坚持的在量刑各个阶段考量矫正与预防指标是符合量刑过程规范化要求的。有必要在我国刑法典量刑原则部分确立刑罚裁量应当融入矫正与预防的指标。由不确定的罪责概念配之以刑罚规范与注重矫正及预防实效的社会价值规范，是对量刑原则进行优化的有效方式，也是实现刑罚规范及其判例实践追求的理性量刑的可行路径。

二、非刑罚处罚刑事适用方法的创新

（一）建构独立的单位犯罪、经济犯罪非刑罚处罚体系

单位犯罪、经济犯罪危害社会经济秩序，应当追究当事人的刑事责任，但有必要进行区分，选择经济犯罪中社会危害可弥补、犯罪人及犯罪单位可矫正的案件，适用非刑罚处罚，节省经济犯罪刑罚处罚所需要的资源及成本。建构独立的单位犯罪、经济犯罪非刑罚处罚体系，特别是在检察环节对单位犯罪、经济犯罪案件适用相对不起诉并附加非刑罚处罚，具有必要性与可操作性。

1. 建构独立的单位犯罪、经济犯罪非刑罚处罚体系的必要性分析

经济犯罪非刑罚处罚的实体性法律效果必定是对涉嫌经济犯罪的单位及主要负责人员免予刑事处罚。因此，国内外刑事司法实践中均有不少观点认为，对经济犯罪适用不起诉决定及轻缓的非刑罚处罚措施有宽容甚至纵容经济犯罪之嫌。①其论证依据为，涉案单位或者自然人通过认罪且支付赔偿获取相对不起诉以及免予刑罚处罚的实体处分，在一定程度上折射出以经济补偿代替刑罚的刑事司法处遇倾向，不利于司法公正的实现。相对不起诉放弃了实体定罪机制，而免予刑罚处罚的适用放弃了刑罚处罚的强

① 龙宗智：《经济犯罪防控与宽严相济刑事政策》，《法学杂志》2006 年第 4 期；Benjamin Greenblum. Judicial Oversight of Corporate Deferred Prosecution Agreements[J]. 105 Columbia Law Review 1863(2007)。

烈震慑功能，有可能成为大型单位以及相关自然人主体在实施经济犯罪之后逃避刑事责任的途径，从而弱化或者扰乱刑事法律体系追究单位与经济犯罪刑事责任的实体基础与程序运作。当然，在理论上也有不少观点支持对经济犯罪的轻刑化、非刑罚化处理。①

笔者认为，单位犯罪、经济犯罪案件相对不起诉能够拓展非刑罚处罚在刑事司法过程中充分发挥检察权对实然经济犯罪的遏制作用与对未然经济犯罪的监管作用。审判机关适用经济犯罪免予刑罚处罚亦能起到同样的效果。办理重大经济犯罪案件的司法裁量工作同样必须重视指控犯罪法律效果与社会效果。重大经济犯罪案件起诉或者定罪适用刑罚后的大型单位强制关闭、大规模失业等附带性结果容易引发一系列社会问题。因此，司法机关极有必要利用非刑罚处罚这一缓冲机制有效解决经济犯罪行为责任问题与刑事司法行为社会成本控制问题。相对于起诉经济犯罪或者直接判处巨额罚金刑而言，相对不起诉或者免予刑罚处罚肯定是一种相对轻缓的非刑罚处遇程序。然而，程序的公正性并不必然取决于震慑力度的强弱，而在于程序本身运行的透明性、平等性及合理性。关键在于司法机关在内部制定了较为严格的经济犯罪非刑罚处罚实体条件与程序规范，指导一线办案的检察官、法官在相对一致的标准下选择起诉或者不起诉、适用刑罚或者免予刑罚及其对应的刑事和解内容，确保经济犯罪案件非刑罚程序适用的公正性。

2. 建构独立的单位犯罪、经济犯罪非刑罚处罚体系的执法能力基础

首先，必须在司法理念与司法能力层面塑造坚实的检察官法官的职业能力，以具有权威效应的司法能力保证经济犯罪案件相对不起诉及免予刑罚处罚等非刑罚处罚程序的顺利运行。例如，上海市检察机关已经根据区域情况在各级检察院建立相关的金融犯罪、航运犯罪、知识产权犯罪等专门案件的办案科室或者办案组，以专业化的职业能力和知识储备应对经济犯

① 柯葛壮、张震：《经济犯罪非刑罚处罚及程序研究》，《社会科学》2007 年第 9 期；荆忠、俞湘静：《论经济犯罪的轻刑化》，《犯罪研究》2005 年第 2 期。

罪案件的挑战。这就为公正、准确且高效地适用经济犯罪案件非刑罚处罚措施奠定了坚持的职业能力基础。

其次，今后的司法实践中，有必要对经济犯罪案件非刑罚处罚程序配备具有丰富经济犯罪办案经验的检察官、法官，以此保证经验丰富的检察官、法官群体在办理重大疑难经济犯罪案件过程中形成了强烈的司法职业能力与职业文化，保障社会正义的实现，尽力使用一切合法合理的方法形成公正的不起诉决定、免予刑罚实体结果与程序运作。特别是在当前社会对于司法权威存在或多或少质疑的背景下，①检察官、法官不能将完成经济犯罪案件非刑罚处罚程序视为一项普通的工作，应当高度重视自己在被告单位、被告人、辩护律师、被害人以及社会公众面前的形象——公正、严明、诚实的检察官和法官在经济犯罪非刑罚处罚司法实践中更容易获取被告单位、被告人及其辩护律师的信任，各项司法工作会因此而顺利开展。与此同时，各级司法机关还应当定期组织经济犯罪案件检察、审判业务培训，通过学习研讨培训的方式提高办案质量。

3. 单位犯罪、经济犯罪非刑罚处罚程序操作中的注意事项

（1）信息及时披露。

由于当前我国刑事司法实践中并没有强制性要求检察官公开不起诉决定书以及法官公开判决书文本内容的规定，不起诉程序以及免予刑罚处罚等非刑罚处罚实践操作的透明度与公开性处于检察权与审判权的自由裁量范围。在这种条件下建构完善的经济犯罪案件非刑罚处罚机制，显然无法满足社会公众对司法公正与司法透明的强烈呼唤。②

---

① 萧瀚：《法官为何自损威仪？》，《财经》2009年第19期。

② 这已经被国外的司法实践所证明。例如，在2007年之前，美国联邦检察官办理的部分公司犯罪暂缓起诉案件没有进行公开，部分暂缓起诉案件在辩诉交易过程中则约定涉罪公司必须在其官网公布辩诉交易的最终文本。学者、辩护律师、社会公众强烈批评联邦检察部门暂缓起诉及辩诉交易本文内容缺乏足够的透明度，不仅无法使社会公众全面了解犯罪公司牵涉的不法行径，保证公共知情权与监督权的有效性，而且不利于涉罪公司的辩护律师深入研究辩诉交易程序，影响其行使公司犯罪辩护权。参见 Christopher Wray & Robert Hur. The Power Of The Corporate Charging Decision Over Corporate Conduct[J]. 116 Yale Law Journal 306(2007)。

笔者认为，有必要对检察机关、审判机关办理的重大经济犯罪案件非刑罚处罚的适用情况设置明确的信息公布规则，明确规范检察机关、审判机关通过公告、新闻发布会、网络等媒介公布适用非刑罚处罚措施的经济犯罪案件情况。在时机成熟的情况下，应当进一步要求司法机关出台执法规范，明确规定经济犯罪适用非刑罚处罚起诉案件信息强制性披露制度，将每个经济犯罪相对不起诉、免予刑罚案件的决定文件以及相关的刑事和解文本备置于司法机关网站供社会查询浏览，以确保公众对检察权、审判权运行的广泛知情与一般监督。

（2）健全法律文书检索系统。

由于经济犯罪案件情况相对复杂，为了减少经济犯罪非刑罚处罚法律文书不统一的问题，有必要为承办经济犯罪案件非刑罚处罚程序的检察官、法官提供充分的信息技术支持，健全经济犯罪案件非刑罚处罚适用情况档案系统，使其可以便捷地查询与经济犯罪案件非刑罚处罚程序相关的主题信息，主要包括不起诉决定书、免予刑罚判决书、犯罪嫌疑人认罪文书样本、和解协议等。

（3）监督机制。

必须落实与完善相关监督机制，使经济犯罪案件非刑罚处罚司法适用保持相对统一。经济犯罪案件非刑罚处罚内部监督机制采用多层级、多领域的监督模式：下级司法机关向上级司法机关汇报经济犯罪案件的执行情况；各级司法机关定期就重大或异常案件进行讨论；强调对经济犯罪案件非刑罚处罚的办理确立科学的考核体系和考评办法；经济犯罪案件的辩护律师以及被害人的诉讼代理人一旦发现当事人在非刑罚处罚程序中受到不公正待遇，有权直接联系检察委员会或审判委员会办公室，陈述问题、质疑实体或程序的合法性。

（4）创新单位犯罪、经济犯罪的监管制度。

有必要建立单位犯罪、经济犯罪不起诉后强制性检察监管制度，要求承认经济犯罪的单位对内部监管机制进行结构性的重构，执行严格的合规程序，即为了监管、预防、震慑经济犯罪专门设计内部犯罪风险控制机制。检察机关设立专门的经济犯罪控制与预防部门，有权强制要求认罪的经济犯罪公司接受检察机关经济犯罪控制与预防部门的工作人员担任内部监管职务，协助单位保证合规程序的正常运转，降低单位经济犯罪的案发可能。在试点运行成功的条件下，在单位经济犯罪案件不起诉程序中附加强制性内部监管机制可以强化检察机关工作人员在单位内部的监管权限，使其有权在省级以上检察机关的指导下评估、建议、修改单位治理的规章，解雇违纪违法职员，直接以单位名义雇用审计人员、律师在单位内部针对审计、法律问题进行尽职调查。

单位犯罪强制性检察内部监管机制有利于快速提高单位治理效率，特别是控制经济犯罪风险。检察机关监管人员不仅能够成为认罪单位财务上的监管者，而且可以深入单位内部管理流程全方位执行经济犯罪预防计划。当然，一个不容忽视的问题是，检察机关要求建立的强制性内部监管机制所耗费的高管理成本在一定程度上对认罪单位造成经济压力。例如，美国司法部率先探索实施经济犯罪检察机关内部强制性监管，但是，根据相关的数据统计显示，大型的涉案公司仅监管费用一项平均高达 600 万美元。①此外，以检察机关为主导的监管人员以治理专员的身份介入单位事务亦存在正当性疑虑。因此，节省管理成本、明确法律监管与内部治理界限是经济犯罪非刑罚处罚程序如何适用强制监管实践需要不断思索的疑难问题。

（二）创新与经济社会多元化发展相匹配的系统非刑罚处罚方法

经济社会多元化发展的趋势要求针对一般犯罪的非刑罚处罚形成多层次、多元化的方法体系，从而满足针对不同类型犯罪人恰到好处地适用非刑罚处罚措施的司法实践需求。

1. 剥夺犯罪人资格和权利

我国刑法将剥夺政治权利等资格刑作为附加刑置于刑罚体系，但资格

① Vikramaditya Khanna & Timothy Dickson. The Corporate Monitor: The New Corporte Czar[J]. 105 Michigan Law Review 1713(2007).

刑的种类极为有限，无法针对犯罪行为和犯罪人特点进行适用，有必要在更为广泛的层面拓展剥夺资格和权利型的处罚。为此建议，可以在非刑罚处罚的体系内适当增加各种类型的剥夺资格和权利的处罚，通过非刑罚的方式规范免予刑罚犯罪人的行为，不仅实现震慑犯罪的目的，而且达到预防犯罪的实效。

实施商业贿赂犯罪的，可以规定在一定期限内禁止从事相关经济领域的活动，属于律师、会计师、审计师、拍卖师、清算师等特殊中介组织工作人员的，可以进一步规定剥夺其执业资格。实施交通肇事犯罪的，可以规定在一定期限内禁止从事交通运输活动。实施金融证券犯罪的，可以规定禁止从事证券、期货、基金、银行等行业工作。实施贪污贿赂渎职犯罪的，可以规定在一定期限内禁止从事公务性工作。上述非刑罚处罚措施针对犯罪行为轻微没有必要予以刑罚的犯罪人。

虽然《公司法》《证券法》中已经设置了剥夺从事相关领域董事、经理、监事等高级管理人员职位资格的规范，但由于其没有配套的程序规定，尤其是处罚监管机制缺失，实践操作中并不规范。将此类剥夺特定资格和权利的处罚作为免予刑罚犯罪人的一种实体处遇，置于规范化的非刑罚处罚刑事适用体系进行整体运作，由司法机关进行全程监控，可以切实防止剥夺资格或者权利适用中的失控或者虚置。

2. 惩罚性赔偿

惩罚性损害赔偿(punitive damages)，也称示范性的赔偿(exemplary damages)或报复性的赔偿(vindictive damages)，是指法庭所作出的赔偿数额超出实际的损害数额的赔偿。惩罚性赔偿具有补偿受害人损失，但更重要的是惩罚和遏制不法行为，是英美法系中普通法的一种法律救济措施。惩罚性赔偿最突出的特点就在于“惩罚性”——不以实际损失的发生为适用前提，赔偿数额不以实际损害为标准。惩罚性赔偿通过对故意的、恶意的实施不法行为的人强加更重的经济负担，来惩罚和制裁不法行为，它是在补偿性赔偿金之外，要求侵权行为人另行支付款项，并不以受害人所遭受损失为主要依据，它的功能不仅在于弥补受侵害人所遭受的损失，而且在于惩罚和制裁严重过错行为。

但是，由于惩罚性赔偿具有明显的惩罚功能，民法理论与实务中对其责任实现的性质存在极大争议，认为其具有部分刑事处罚的性质，不属于侵犯责任法的范畴。①笔者认为，正是惩罚性赔偿的惩罚性特征决定了该种制裁方式可以纳入非刑罚处罚体系，对于犯罪行为造成被害人损失但没有必要予以刑罚处罚的，可以适用惩罚性赔偿。

犯罪人主观上具有恶意或者严重过失，实施犯罪行为造成被害人损失，司法机关要求其承担惩罚性赔偿责任，以示刑法对于此类危害行为的强烈否定。同时，从刑法适用经济性的角度，有的案件没有必要对犯罪人处以刑罚措施，要求其在经济上对被害人进行全面赔偿以及惩罚性赔偿的处罚意义、补偿意义、教育意义更为明显。例如，初次酒后驾驶即造成被害人重伤或者死亡。从被害方的角度分析，家人更为需要的是实质性的赔偿，通过惩罚性赔偿部分的加重赔偿，被害人方面的经济生活压力能够得以明显释缓。从犯罪人的角度分析，一旦因其偶然实施的犯罪行为承担刑罚责任，不仅当前的生活陷入困境，而且今后仍然存在回归社会困难的疑问，通过惩罚性赔偿接受教育重新投入社会生活，更有利于其改造。

当然，惩罚性赔偿不以实际损失为限，其数额高于甚至远远高于实际损失，司法机关在计算惩罚性赔偿金额时必须综合考量。惩罚性赔偿过少不足以制裁和惩罚犯罪行为，过高赔偿又不合实际，犯罪人无法承受，导致判决成为“空判”。司法机关应当根据案件情况及犯罪人承受能力，充分运用自由裁量权，酌情确定赔偿数额，保证惩罚性赔偿的合理性。

3. 建议主管部门剥夺荣誉称号

对单位以及自然人实施的知识产权犯罪等经济犯罪，应当增设剥夺荣誉称号这一非刑罚处罚措施。单位作为经济活动主体，享有名誉权、荣誉

① 曾世雄：《损害赔偿法原理》，中国政法大学出版社 2001 年版，第 27 页。

权，单位的荣誉权能够给公司带来经济利益，如“信用单位”“产品质量优质奖”“知识产权示范创建单位”等。这些荣誉称号是单位在经济的自由竞争中优势所在，单位享有荣誉对其核心竞争力具有重要影响，实际上决定了经济效益。剥夺单位荣誉权虽然不是罚金刑，却有经济处罚的功效。科研单位等工作人员实施知识产权犯罪的，同样应当剥夺相关的个人荣誉称号，谴责其犯罪行为，通过针对性的非刑罚处罚措施进行惩治与教育。因此，司法机关有必要通过司法建议书的形式，要求公司主管部门等有权单位剥夺犯罪公司、犯罪人的荣誉称号。

第五节　非刑罚处罚刑事适用的配套程序

非刑罚处罚刑事适用的配套程序为非刑罚处罚的公正与顺畅运行提供了机制动力，是非刑罚处罚充分发挥功能的保障。

一、建构非刑罚处罚检察监督制度

检察机关应当对非刑罚处罚刑事适用的条件、范围、标准等实体合法性以及程序运作中的合法性进行全程法律监督，保证非刑罚处罚刑事适用处于公正的运行状态，防止非刑罚化措施的滥用。

对于检察环节的非刑罚处罚刑事适用，应当设置上提一级的监督模式，即由上一级检察院对下级检察院暂缓起诉（不起诉）及非刑罚处罚的合法性进行监督。被害人或者其近亲属及其诉讼代理人、被非刑罚处罚人以及被非刑罚处罚单位对暂缓起诉（不起诉）决定或者非刑罚处罚不服，可以自收到暂缓起诉（不起诉）决定书后七日以内向上一级检察院申诉。上一级检察院对被害人不服不起诉决定的申诉进行复查后，应当在一个月内作出复查决定。上级检察院经复查作出起诉决定的，应当撤销下级检察院的暂缓不起诉决定，交由下级检察院提起公诉。上级检察院经复查认为非刑罚处罚具体措施适用不当的，应当撤销相关措施，根据案件情况适用适当的非刑罚处罚。

人民法院适用的非刑罚处罚，应当将相关判决、裁定、决定通知同级人民检察院，人民检察院接到通知后应当进行审查，检察人员可以向犯罪人所在单位和有关人员调查，也可以向有关机关调阅有关材料。经审查认为非刑罚处罚适用不当，由检察长决定，向批准或者决定非刑罚处罚的法院提出纠正意见。人民检察院向批准或者决定非刑罚处罚的法院送交不同意非刑罚处罚的书面意见后，应当监督其立即对非刑罚处罚的结果进行重新核查，并监督重新核查的结果是否符合法律规定。对核查不符合法律规定的，应当依法提出纠正意见。

二、建构融入非刑罚处罚的暂缓起诉、不起诉程序

有必要创建融入非刑罚处罚的新型暂缓起诉程序，并与不起诉形成制度对接。对于犯罪情节轻微不需要判处刑罚的犯罪人或者犯罪单位，检察机关可以决定处以非终局性的程序处理措施——暂缓起诉。在实体处遇上，检察机关为犯罪人或者犯罪单位设定义务，规定在暂缓起诉的期间内，犯罪人或者犯罪单位必须积极主动与被害人进行刑事和解并赔偿损失、接受社区监督管理、进行戒毒治疗、参与就业培训、改革公司管理、强制在公司内部设立经济犯罪预警机制等非刑罚处罚。犯罪人或者犯罪公司在规定期间内没有违反上述义务的，检察机关作出终局性的程序处理措施——不起诉。建议参考以下方案建构融入非刑罚处罚的暂缓起诉、不起诉程序。

1. 暂缓起诉的启动流程

检察机关公诉部门或者未检部门的承办检察官对案件及犯罪嫌疑人的情况进行初步审查。认为符合适用条件的，可以适用附加非刑罚处罚措施的暂缓起诉程序。承办检察官在合理的期限内要求犯罪嫌疑人提交签名的保证书，承诺保证非刑罚处罚措施的执行。有必要的，检察机关还可以要求

犯罪嫌疑人通知与其共同生活的近亲属及其所在单位或学校或社区代表提交担保书。承办检察官制作暂缓起诉报告，明确犯罪嫌疑人的基本情况、案情、考察代表情况、非刑罚处罚措施、考察期限、其他附带性义务等，经公诉、未检部门负责人审核后，报检察长或者检察委员会审批。检察长或者检察委员会批准后，制作正式的暂缓起诉决定书，由承办检察官通知犯罪嫌疑人及协助考察家属或者社区代表等领取决定文件并当场签订暂缓起诉考察协议。暂缓起诉决定书应当送达移送案件的公安机关，并报上级检察机关。

2. 暂缓起诉的执行主体

由于暂缓起诉应当设置非刑罚处罚考察期，在考察期内由各级检察机关公诉部门以及未检部门的承办检察官直接负责被暂缓起诉人执行非刑罚处罚情况的考察，显然存在人案矛盾的问题。为此建议，应当增加基层检察机关工作人员编制，专设暂缓起诉考察部门，由该部门的检察官专门负责暂缓起诉的具体执行。同时，积极争取被暂缓起诉人的家庭、学校、社区力量，共同对其执行非刑罚处罚的情况及日常学习工作生活进行动态监督，以便于客观公正地分析考察期表现。

3. 非刑罚处罚适用情况考察及处理

负责暂缓起诉考察工作的检察官应要求犯罪嫌疑人每月到检察机关向负责该案的检察官汇报考察情况，并提交书面材料。负责考察工作的检察官根据案件情况定期对犯罪嫌疑人及其学校或单位、社区进行实地考察，监督非刑罚处罚的执行情况，制作书面监督考察材料存档。考察期内一旦发现犯罪嫌疑人不予执行非刑罚处罚的，由负责的检察官向本部门负责人汇报后，报检察长或者检察委员会批准，即时撤销暂缓起诉决定，对犯罪嫌疑人提起公诉。考察期结束后非刑罚处罚措施得以全面有效执行的，由负责监督工作的检察官制作考察合格报告，报本部门领导审查后，由检察长或者检察委员会决定对犯罪嫌疑人作不起诉处理，并制作不起诉决定书，送达、通知有关当事人，并报上级检察机关备案。同时，应当完善暂缓起诉、不起诉配套制度，明确任何单位和个人不得对最终不起诉的犯罪嫌疑人进行歧视或给予不公正的待遇，防止因为一时犯罪导致刑事污点跟随一生，影响犯罪嫌疑人升学、就业。

三、建构独立的非刑罚处罚裁量程序

非刑罚处罚刑事适用相对于传统的刑罚裁量而言，采取了相对强有力的非刑罚化措施。这就要求非刑罚处罚措施的适用必须具有公正的程序保障维护其法律适用权威。笔者主张，在检察和审判环节，有必要通过建构独立非刑罚处罚裁量程序实现该项任务。当前量刑程序改革的理论论证与实践探索已经开始要求“量刑程序的诉讼化”，[①]这也为建构独立的非刑罚处罚裁量程序提供了理论与实践基础。

1. 建构独立非刑罚处罚裁量程序的必要性分析

现阶段定罪与非刑罚处罚裁量程序合一的模式，不能凸显出非刑罚处罚裁量程序的重要性，被害人的程序地位没有在非刑罚处罚审判环节进行有效体现。事实上，刑事诉讼法并没有明确规定审判程序中的定罪与量刑程序必须合一，因此定罪与非刑罚处罚程序分离也并不违反现行刑事诉讼法规定。非刑罚处罚裁量程序显然属于审判机关自由裁量的范围，应当在法律适用过程中赋予司法机关一定的自主权，充分自主地运作非刑罚处罚程序。同时，通过促进控辩双方就是否适用非刑罚处罚、具体运用何种非刑罚处罚措施等问题进行辩论，合理限制审判机关的实体自由裁量边界，融入被害人的合理诉求，进一步完善非刑罚处罚刑事适用的公正性与合理性。

非刑罚处罚措施是对于犯罪情节轻微的刑事案件适用法律的实体结果。非刑罚处罚具有丰富多样的形式，在法律适用功能层面亦表现出明显的多重性。相对独立的非刑罚处罚裁量程序，正是实现非刑罚处罚多重制度功能的有效程序平台。非刑罚处罚中有经济类、精神类、资格类等多种处

---

① 陈瑞华：《论量刑程序的独立性——一种以量刑控制为中心的程序理论》，《中国法学》2009年第1期。

罚手段，执行上述处罚的方式以及程度根据案件情况又各有不同。非刑罚处罚的功能既有惩罚，又有救济；既有报应，又有补偿；既有训诫教育，又有严厉处理。要正确选择适用不同非刑罚处罚方法，全面发挥非刑罚处罚功能，司法机关必须考虑犯罪过程中的裁量事实，又要考虑犯罪行为之外的裁量事实；既要考虑对犯罪人的刑事制裁措施，又要考虑社会以及犯罪人自身的可接受程度；既要保护被害人的权利，又要兼顾犯罪人的社会生活发展性需求。独立的非刑罚处罚裁量程序能够通过全面的程序解决上述各种因素。

2. 具体方案

在我国现有刑事诉讼程序框架和实践模式下，建议参考以下方案建构独立的非刑罚处罚裁量程序。

在审查起诉阶段，公诉部门受理案件后认为具有适用非刑罚处罚条件的，可以向犯罪嫌疑人委托的律师、被害人及其诉讼代理人发出《听取意见通知书》，载明律师发表意见的时间与地点。确认律师需要发表意见的，安排两名以上承办检察官在接待室听取当事人及律师对于适用非刑罚处罚的意见，记录其法律理由。当事人及律师提出新证据的，公诉部门应当做好证据审查复核工作。对于当事人及律师提出确需公诉部门收集、调取且影响犯罪嫌疑人是否应当适用非刑罚处罚的证据，公诉部门应当及时自行或者建议公安机关或者本院自侦部门收集、调取。对于收集、调取证据的情况，应当及时向当事人及律师反馈。被害人及其诉讼代理人对适用非刑罚处罚的合法性与合理性提出质疑的，公诉部门应当重视非刑罚处罚刑事适用的合法性与合理性审查。

在法庭调查阶段，法官在引导控辩双方调查定罪事实之后，全面调查与刑罚以及非刑罚处罚有关的事实。

在法庭辩论阶段，控辩双方对定罪问题形成一致性意见的，对刑罚以及非刑罚适用问题发表意见。为了保障被告人能够有效地行使辩护权，审判法官应当告知被告人及其辩护人可以就是否应当免予刑罚问题发表意见。

公诉人对此提出公诉意见。

在被告人最后陈述阶段，审判法官应当明确告知被告人可以就与刑罚或者非刑罚适用有关的问题进行陈述，以保障被告人最后陈述权的有效行使。

在法庭评议阶段，定罪问题解决之后，突出在刑罚裁量或者非刑罚裁量的评议程序中，为了保证刑罚或者非刑罚处罚裁量的适当性，人民法院应当决定就量刑问题重新开庭，组织控辩双方查明有关事实。

被害人有权全程参与刑罚裁量、非刑罚处罚裁量活动的全过程，自主提出与非刑罚处罚相关的事实信息与处理方案。检察官和法官在非刑罚处罚裁量程序中必须高度重视被害人的意见和因素。

(1) 犯罪嫌疑人（被告人）提出非刑罚处罚建议的，必须保障被害人发表意见的权利。检察官、法官应当注意听取被害人提出的意见。被害人既可独立发表意见，又可委托诉讼代理人发表意见，还可提交书面意见。

(2) 被害人有权参与非刑罚处罚裁量依据事实的证明过程。被害人是案件的当事人，是犯罪活动的被侵害者，一般亲身经历了案发经过，通常较为了解案情，并可能掌握一些证据或者证据线索。建立独立的非刑罚处罚裁量程序，应当切实保障被害人的证明权利，被害人无论是否到庭参加诉讼，都应允许其向法庭提交证明事实的证据或者证据线索。为了证明与刑罚处遇或者非刑罚处罚相关的事实，被害人有权申请新的证人到庭，申请调取新的物证、书证，申请补充鉴定或者重新鉴定。对于这些请求，人民法院经审查认为对证明待证事实有重要影响的，应予准许。

(3) 保障被害人知悉适用非刑罚处罚理由的权利。检察官、法官适用非刑罚处罚必须在不起诉书、判决书中说明理由。在非刑罚处罚裁量程序中，检察官、法官在认证、制作裁判文书时，应就是否采信与刑事制裁措施有关的证据、是否采纳相关意见、为何如此非刑罚处罚等进行充分的说理。

图书在版编目(CIP)数据

金融市场刑事法律适用与风险防控/谢杰,朱以林著.—上海:上海人民出版社,2019
ISBN 978-7-208-16117-7

Ⅰ.①金… Ⅱ.①谢… ②朱… Ⅲ.①金融-刑事犯罪-刑法-法律适用-中国②金融市场-风险管理-研究-中国 Ⅳ.①D924.335②F832.5

中国版本图书馆CIP数据核字(2019)第219317号

责任编辑 秦 堃
封面设计 一本好书

金融市场刑事法律适用与风险防控
谢 杰 朱以林 著

出 版 上海人民出版社
(200001 上海福建中路193号)
发 行 上海人民出版社发行中心
印 刷 常熟市新骅印刷有限公司
开 本 720×1000 1/16
印 张 27
插 页 4
字 数 369,000
版 次 2020年5月第1版
印 次 2020年5月第1次印刷
ISBN 978-7-208-16117-7/D·3499
定 价 108.00元